国家社科基金
后期资助项目
GUOJIA SHEKE JIJIN HOUQI ZIZHU XIANGMU

赣方言古语词探源与论析

An Exploration of the Origins and the Analyses of the Ancient Words in the Gan Dialect

肖九根　著

中国社会科学出版社

图书在版编目(CIP)数据

赣方言古语词探源与论析/肖九根著.—北京:中国社会科学出版社,2017.7
ISBN 978 - 7 - 5203 - 0818 - 2

Ⅰ.①赣…　Ⅱ.①肖…　Ⅲ.①赣语—方言研究　Ⅳ.①H17

中国版本图书馆 CIP 数据核字(2017)第 187434 号

出 版 人	赵剑英
责任编辑	喻　苗
责任校对	沈丁晨
责任印制	李寡寡

出　　版	中国社会科学出版社
社　　址	北京鼓楼西大街甲 158 号
邮　　编	100720
网　　址	http://www.csspw.cn
发 行 部	010 - 84083685
门 市 部	010 - 84029450
经　　销	新华书店及其他书店

印　　刷	北京君升印刷有限公司
装　　订	廊坊市广阳区广增装订厂
版　　次	2017 年 7 月第 1 版
印　　次	2017 年 7 月第 1 次印刷

开　　本	710×1000　1/16
印　　张	21.5
插　　页	3
字　　数	386 千字
定　　价	89.00 元

凡购买中国社会科学出版社图书,如有质量问题请与本社营销中心联系调换
电话:010 - 84083683

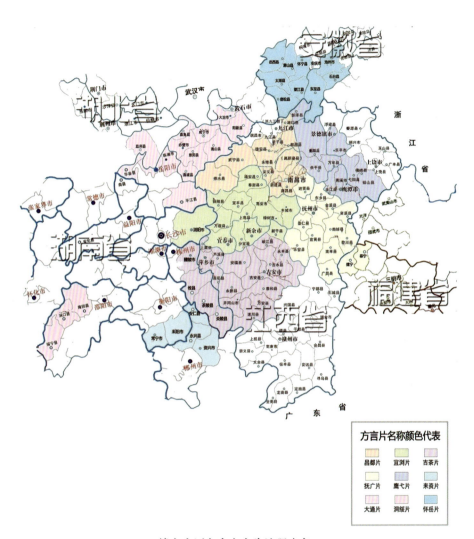

赣方言区九大方言片地理分布

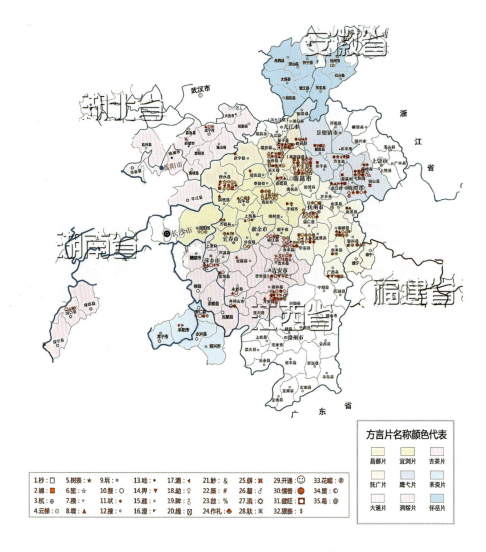

35 条赣方言古语特征词地理分布

国家社科基金后期资助项目

出 版 说 明

后期资助项目是国家社科基金设立的一类重要项目，旨在鼓励广大社科研究者潜心治学，支持基础研究多出优秀成果。它是经过严格评审，从接近完成的科研成果中遴选立项的。为扩大后期资助项目的影响，更好地推动学术发展，促进成果转化，全国哲学社会科学规划办公室按照"统一设计、统一标识、统一版式、形成系列"的总体要求，组织出版国家社科基金后期资助项目成果。

全国哲学社会科学规划办公室

序

汉语词汇的历史研究，可以从两个方向入手，在多数情况下，我们依据历史文献，从古到今，观察历代文献所使用或记载的词汇成分，考察不同时代汉语词汇的面貌，由此了解汉语词汇在历史变化中不同成分增入与消减的情况。当然，我们也可以反过来，从当今或某个历史平面出发，对处在同一共时平面的词汇成分，向上追溯，由今及古，考察词汇的历时变化。两个方向，切入的角度不同，其观察和分析的着力点也不相同，得到的结果也会有差异。

语言存在于应用之中，并且通过应用互相传授而代代传承。在漫长的汉语历史发展过程中，汉语除了在汉族群体内递相传授之外，还可能出现两个方面的变化，一是本群体内部的分化，群体中不同的成员在学习和使用自己的语言时，由各种原因发生各种变化，不同的变化在不同的人群中留存，逐渐造成语言的分歧和分化；二是与其他的语言群体发生接触和交流，在交流中受其他语言的影响而发生变化。

通常认为，方言作为一种语言的变体，是分化的结果。分化可能是使用同一种语言的人们因为长期互相隔绝或相对隔绝，导致语言传承过程中的各种变异形成的差异，在不同地域的人群中累积而成；但是，还有一种可能，就是语言接触过程中，本来使用其他语言的群体接受了某种语言，同时，他们又把自己原有的某些语言习惯带进了这种语言，从而导致这种语言的局部性变化，也形成了复杂的汉语方言关系。

关系复杂的汉语方言，在西方学者眼里，往往被看作不同的语言，这显然与民族传统的差异有关。当今正在为维持走向松散统一的欧盟而努力西方社会，他们的民族观和语言观趋向分离，形成了今日印欧语系中的众多语言。而中国的社会，很早就有大一统的倾向，春秋战国虽然诸侯众多，纷争频繁，但"天下"和"天子"的概念却是深入人心的，当时的人们就是在这样的观念之下"周游列国"。中国历史上，"国"在很长时期内，都只是一个相对独立的行政概念，上面另有统辖他们、代表一统天下的"天子"。到秦汉时期，这种大一统的格局完全定型，大一统的中国，不仅在政治和军事方面，更在思想文化和语言文字等多个方面，展示出自己的凝聚力，其中秦始皇的书同文政策，确定了汉字的统一标准，影响至今。

统一的汉字跨越了时空的限制，对于汉语产生深远影响。使用不同方言的人们，采用同样的汉字彼此沟通，方言与汉字形成了密切的对应关系。这种对应关系进而渗入语音层面，至今从事汉语方言研究的学者，都会从《广韵》等古代语音系统中，寻找现代方音的"根"。因此，尽管汉语方言间的差别很大，但通过汉字的记录，方言口语在向书面语转化后，在一定程度上弥合了这种差别。当然，记录方言口语的汉语文献并不能消除方言的隔阂，像清代韩邦庆《海上花列传》这样在人物对话中大量直录方言的书籍，其他方言区的读者还是很难读懂的。但在一种文献中，汉字同时记录共同语和方言，使得二者的界限淡化；同时，各地人们采用书面语写下的文辞，则具有跨方言的特点，汉字的这些功能，强化了我们在语言上的认同感。从情感上看，我们对汉语的认同感，出自我们对自己民族文化的向心力，它与我们对自己文化和自己民族的认同感是一致的，这种认同感强化了彼此之间的情感关联，也有益于彼此通过语言的交流。

由于复杂的历史关系，由语言使用的历史过程中产生的种种分化性的变化，最后都沉积在某一个语言使用群体的用语中，形成了独具特色的地域方言。因此，在共时的地域方言之中，内部包含了各种丰富的历史关系，不是仅仅通过追寻一条或两条线索就可以厘清的。

赣方言区地处内陆，与今北方方言的西南官话和江淮官话区，以及湘、吴、闽、客家等方言区毗邻，这些地区人们在数千年间的来往交流，形成了复杂的语言历史关系，也铸就了今天赣方言的面貌。复杂的历史背景，使得要厘清积存在赣方言中的这些关系，成为一件很困难的事。

肖九根是一位有心人，也是一位老成、执着的学者，他热爱自己的母方言，孜孜不倦，长期致力于探寻积存在自己母方言中的各种历史语言关系，结合文献梳理和田野考察，搜集了大量资料，并采用多维方言史观对这些材料展开分析。本书是他多年钻研的一个结晶，其中从词汇的角度，不仅梳理了留存在当代赣方言中的上古以前古楚语和古吴语的成分，也一一清点了秦汉以下历代汉语留在当代赣方言中的痕迹，为客观、历史地了解赣方言做了切实的工作，也为我们对其他方言历史面貌的了解和分析提供了有益的借鉴。

欣闻本书有幸得到国家社科基金后期资助，将由中国社会科学出版社正式出版，谨作小序，以表祝贺。

俞理明

2017 年 3 月

目　　录

绪　　论

　　"方言"之义，古今略异。古称之"殊方异语"，亦即邦国异族言语。两千多年前，西汉扬雄"考九服之逸言，标六代之绝语，类离词之指韵，明乖途而同致"（晋·郭璞《方言注序》），写下了《輶轩使者绝代语释别国方言》（简称《方言》）这部"悬日月不刊"的"奇书"，实际上就是一部异邦殊方多语种比较的词汇学著作。据考察，其中除含东齐、青徐、南楚、秦晋殊言之外，还有夷、蛮、狄、氐羌、燕代等方异语。而今之"方言"，则属民族共同语的一种地域变体，亦谓同一语言的不同变体。

　　赣方言是汉民族共同语的一种地域变体。从其胚胎孕育至珠璧生成乃至发展演变的过程看，赣方言沟通了赣鄱①历史的上古下今，它不仅是赣鄱地区人民共同生活的基础，也是赣鄱人民感情联络的纽带，同时还是赣鄱文化的重要载体和表现形式。赣方言发展史，实质上就是赣鄱发展史的缩影，因为赣鄱历史发展进程中每一阶段的政治、经济、文化诸方面，都在赣方言里留下了深刻的印记。深入研究赣方言，不仅对于认清赣鄱方言史乃至民族史有着重要意义，而且也为客观而科学地构建汉语史提供了一定的参考依据。可以这样说，无论研究赣方言的哪个方面，都会获益良多。

---

　① 注：赣江为赣省第一大河，自古以来成为贯穿境内南北水上交通的大动脉，它与其他河流一起汇入境内第一大湖——鄱阳湖，构成了鄱阳湖水系；环鄱阳湖水系的广大地区（囊括25个县市，面积约达4万平方公里）又是境内第一大平原——鄱阳湖平原，因而赣省人民常以"赣鄱"称代赣省全境。不过，本书"赣鄱"之谓大多情况下是指境内赣方言区域，因为赣江主流部分和鄱阳湖平原均在赣方言区，下文未作特别说明的，均与此同。

一 本选题的研究对象

选题以赣方言古语词为研究对象，力图把它的发展变化置于整个民族历史的社会大背景下，通过借鉴考古学、历史学、词汇学、理论语言学、地理语言学、汉语方言学、社会语言学、人类文化学等相关学科的研究成果，探寻和论析赣方言词汇产生以及演变的过程，从而揭示其发展变化的一般规律。

为了明确选题的研究对象，下面从两个层面对古语词作一个大致范围的界定。

1 古语词的界定

古语词的讨论发轫于 20 世纪 50 年代。至于何为古语词，学者们的界定不一。《辞海》定义，古语词是"由于词汇的发展和变化，在现代语言中已经用别的词代替了的古代的词。如'足'（脚）、'目'（眼睛）等。"① 张静在他主编的《现代汉语》中也有类似看法："真正的古语词是指这样一些词：它也标志着古今人们生活中必不可少的事物和现象，致使这些事物和现象又被人们改用了新的名称，造成了新词和旧词并存的局面，这样的旧词对新词来说，就是古语词。"② 但他认为历史词和传承词都不属于古语词。而邢福义、黄伯荣等则认为，古语词不仅包括文言词，还包括历史词，只是这些词在现代汉语特别是口语中很少使用。③ 胡裕树主编的《现代汉语》对它又是这样下的定义："古语词是指现代汉语中少用而多见于古代文献的词。"④ 综观各家，异中有同，就是：古语词来源于古汉语文献，现代汉语仍在使用，仅是"少用"而已。据此，我们把它界定为：古语词是那些来源于古汉语词汇系统中，至今民族共同语（即普通话）少用或不用而在地域方言中仍在使用的词语。

---

① 《辞海》，上海辞书出版社 1979 年版，第 120 页。
② 张静：《现代汉语》下册，1979 年，第 385—386 页。
③ 邢福义：《现代汉语》，高等教育出版社 1993 年版，第 220 页；黄伯荣、廖序东：《现代汉语》上册，高等教育出版社 2002 年版，第 310 页。
④ 胡裕树：《现代汉语》，上海教育出版社 1995 年版，第 286 页。

2　赣方言古语词范围的确定

赣省处于长江中下游的南岸，素有"吴头楚尾，粤户闽庭"之称。因其特殊的地理位置，决定了赣方言是一个兼收并蓄的开放体系，这在不同历史层次的词汇中有所反映。据学者研究，赣方言词汇既有土著语和百越语的根基，又有吴楚语的浸润，更有中原雅言的巨大影响，是一种由多语源相互渗透、相互融合的产物。① 因此，在确定赣方言古语词范围之前，还必须对其底层成分的原则标准进行确认。

（1）底层成分确认的原则标准

什么是语言底层成分？所谓的语言底层成分就是"当一个地区的语言被另一种新来的语言取代的时候，'战败'语言的某些成分有可能残留下来成为战胜语言的底层成分"。② 而"底层语言的产生必须有民族底层作为前提"。③ 那么，赣域的底层民族是什么呢？历史上，夏朝以前赣鄱地区出现过"三苗族"。有两则材料为证：其一，"尧、舜、禹时代，南方存在着一个强大的部落集团，即'三苗'和'三苗国'，或称'有苗氏'、'苗民'。据战国时吴起说：'昔者，三苗之居，左彭蠡之波，右洞庭之水，文山在其南，而衡山在其北'。……'三苗'和'三苗国'的地域，大致在今江汉、江淮平原和江西、湖北、湖南一带，是可以肯定的。"④ 彭蠡即今鄱阳湖之古称。其二，"'三苗'时期，由于不断遭到尧、舜、禹的进攻，又一次被迫大迁徙。……三苗的另一部分经过'放驩兜于崇山'之后，进入了鄱阳、洞庭两湖以南的今江西、湖南崇山峻岭之中，被称为'南蛮'，那里后来虽然已没有苗族，但人们确知曾是苗族先民的旧地。《太平寰宇记》指出，'庐山记云：柴桑彭湖之郊，古三苗国。'所谓柴桑彭湖之郊，就是鄱阳湖周围，即今江西和安徽大部分地区。"⑤ 商周时期，赣域有"百越族"。其时天下分为九州岛，赣域分属荆、扬二州。"据《尚书·禹贡》和《史记·夏本纪》，'淮海惟扬州'，孔安国注云：'北据淮，南距海'，说明它的领域北至淮河，东南至海，扬州西与荆州为邻，以鄱阳湖为界，包括今江苏、安徽南部、江西东部、浙江、福建及岭南地区。"⑥ 这样看

---

① 余悦、吴丽跃：《江西民俗文化叙论》，光明日报出版社1995年版，第366—374页。
② 周振鹤、游汝杰：《方言与中国文化》，上海人民出版社1986年版，第238页。
③ 同上。
④ 伍新福：《三苗历史探考》，贵州人民出版社1992年版，第1页。
⑤ 《苗族简史》编写组：《苗族简史》，贵州民族出版社1985年版，第7页。
⑥ 田继周：《秦汉民族史》，四川民族出版社1996年版，第328页。

来，古苗语和百越语（即今壮侗语的母语）无疑就是赣方言的底层成分了。

至于语言底层成分的原则标准，研究汉语南方方言古百越语底层词或底层现象的有关专家已确认为：

　　一、这一类型底层母语与习得语言的关系属于"战胜"与"战败"的关系，而且底层母语已死亡。所以，有必要假设一个与"战败"语言有血缘或直接继承关系的现行语种为研究的参照点。拟议中的古百越语是指今侗台语族及其他东南亚语种分化之前的母语，所以可以以现今侗台语族或其他东南亚语种作为研究的参照点。

　　二、底层成分必须有历史人文背景。即古百越语的底层只能在古百越族活动栖息的范围内寻找。《汉书·地理志》颜师古注引臣瓒语云："自交趾至会稽，七八千里，百越杂处，各有种姓。"今天的考古学、历史学研究也表明，古百越族活动、栖息的范围大致在今长江以南的广大地区。所以，汉语里的古百越语底层成分只能在今长江以南的汉语南方方言中寻找。

　　三、在文献记载中，这些成分仅使用于南方，今天仍为汉语南方方言和侗台语族、东南亚有关语种所共有，而不见于汉语北方方言。

　　四、虽不见于文献记载，但为汉语南方方言和侗台语族、东南亚有关语言所共有。

　　五、古代字书、韵书等虽有记载，但未说明通行区域，从汉语本身的发展历史又无法说明和解释的，今天不见于汉语北方方言。

　　上述三、四、五3点在游汝杰1986年《方言与中国文化》里作为划分同源词和底层词的原则。①

这些原则标准，我们认为同样也适用于赣方言底层成分的研究。

（2）赣方言古语词范围的确定

赣方言古语词的范围，即从远古至清代能够在文献中查考得到，今天仍在赣方言区人们日常生活中使用的词语，其中包括：一来源于除字书或韵书之外的古汉语文献，至今民族共同语少用或不用而在赣方言区依然活跃在人们口语中的词语，这是赣方言古语词中最主要的部分；二来源于古

---

① 陈忠敏：《作为古百越语底层形式的先喉塞音在今汉语南方方言里的表现和分布》，《民族语文》1995年第3期。

代其他方言或语种的词语，尽管时代久远，然而那些词语现在仍为赣方言区不少地方使用（除普通话外，不排除其他方言区或次方言区也在使用）；三是那些赣方言区人们口语中常用的却又貌似"有音无字"，实则可以从古代韵书或字书里查考其本字之类的词语，如"覒"（瞪眼）、"赾"（追赶）、"醭"（酒上白毛）、"勘"（器物磨损）、"挦"（拔毛）等，这些单音词都可以在《广韵》或《集韵》中得到查考，有的甚至可以在《说文》以及《方言》等其他辞书中找到。

二　与研究对象有关的历史现状

20 世纪 30 年代，就有人开始了赣方言的研究。那么，谁是赣方言研究的肇始者？迄今为止，学界一般认为，罗常培是最早开始研究赣方言的学者。其实，在他之前，赣省南康一个名叫邬心普（字荣治）的人就对它进行过研究，并且在他的《赣方言考》稿本里最早使用了"赣方言"这一名称。① 其书稿还专辟"赣方言字考"，把它作为稿本中的一个重要内容从音义方面作出考释。② 其次在音韵、词汇等方面对赣省单个方言作了较为完整记录与分析的才是罗常培。诚然，不可否认，罗常培的《临川音系》（1940）对赣方言的研究是具有真正意义上的开拓之功。③ 在这部著作里，他不仅完整地记录、分析了音系，而且还从"天时""地理""动物"等二十多个类别方面系统地考察了临川的特殊词汇，这是赣方言词汇研究的一个良好开端。

但是，从 20 世纪 40 年代初（《临川音系》出版之后）至 70 年代末，赣方言词汇研究这一领域几乎一片空白，只有余心乐《赣西北方言词考释》（1964）一文而已。

赣方言词汇研究出现复苏的生机，还是始于 20 世纪 80 年代初。熊正辉率先在《方言》期刊上推出了具有重要学术价值的系列论文，其中有几篇是有关词汇的，如《南昌方言里的难字》（1980）、《南昌方言词汇》（1982、1983）；还有颜森《高安（老屋周家）方言词汇》（1982）、《新干方言本字考》（1983）；此后，其他学者也发表了一系列论文，如谢留文

---

① 注：据李军博士研究推断，该稿应成于 1936 年之前，今藏南京图书馆。
② 李军：（2006）博士论文《近代江西赣方言语音考论》（稿），第 2—3 页。
③ 罗常培：《临川音系》，商务印书馆 1940 年版。

《南昌县（蒋巷）方言词语举例》（1993）、陈昌仪《江西余干方言词汇》（1995、1996）。与此同时，其他各地的学术刊物，先后也陆续发表了一些有关赣方言词汇的研究论文，如孙刚《铅山方言本字考》（1985）、刘宗彬等《吉安方言中的古语拾零》（1995）、马春玲《萍乡方言词汇管窥》（1996）等。

最近十余年，赣方言词汇研究在继承中有所发展。一方面，有的学者采用考证、训释方法，厘清方言词的历史来源或层次。论文如谢留文《汉语南方方言几个常用词的来历》（2000）、《赣语"公鸡"的本字及其反映的读音层次》（2006）通过考证常用词来源及本字，以确立其音韵地位及读音层次。陈昌仪等《江西汉语方言主要常用口语本字考》（2003）通过考释日常口语，求其本字音义与广、集韵的对应关系。覃远雄《部分方言否定语素"冇/冒"所反映的读音层次》（2007）以湘赣方言否定词素的读音，探明其来历及历史层次。邵百鸣（2003）、温美姬（2006）、肖萍（2008）等论文也属此类。另一方面，有的学者运用类型比较与地理分析方法，考察方言之间的关系。主要体现在：1. 从词汇特征方面探讨方言关系。论文如（美）罗杰瑞《从音韵看汉语方言》（2006）把汉语七大方言分成三大区块，吴、湘、赣属于中区，认为全浊声母变为清声送气这一特点不能成为赣语区别于其他方言的充足理由，而应根据特征词把赣与客、吴等方言区别开来；还认为尽管客、赣多有近似，但"客家话属于南部方言群，而赣语属于中部方言群"，二者词汇存有重要差异。张振兴《闽语及其周边方言》（2000）、《赣语几个重要字眼的方言研究启示》（2010）列举特征词以阐明闽语与周边方言的关系，认为"赣语处于吴语与湘语之间，又处于闽语、粤语、客家话与北方官话之间"，"具有明显的方言过渡性质"。李如龙《论闽语与吴语、客赣语的关系》（2001）[①] 也是着重从常用词这方面论述闽北和闽西北方言与赣方言的特殊关系，并就闽语已赣语化问题寻找成因。此外，还有一些类似的研究，如练春招（2000）、林亦（2001）、严修鸿（2001）、温昌衍（2003、2009）、刘泽民（2004）、罗昕如（2006）等论文。2. 从方言接触和地域分布方面分析方言关系。论文如李永新《汉语方言中的混合形式——以湘语和赣语交界地区的方言为例》（2011）、《湘江流域汉语方言的区域性特征》（2011）等通过湘赣语中一些词语词形演变的混合形式与区域分布状况，以及声调分布、声母分布和词形分布等现象，考察其词源及分布特点，并从跨方言属性的区域特

---

① 李如龙：《汉语方言的比较研究》，商务印书馆 2001 年版，第 204—208 页。

征分布中得出结论。另据笔者陋见，还有学者把语法与词汇或语音与词汇结合一起论述方言关系的，如蒋冀骋（2004）、储泽祥（2004）、邵宜（2006）等论文。

当然，最为可喜的是出版了多部学术专著。据其研究的侧重点不同，大体可以分为三类：第一，立足于赣方言某一具有代表性的单点，从语音、词汇、语法诸方面作可靠而详细的记录与描写。如魏钢强的《萍乡方言志》（1990）、颜森的《黎川方言研究》（1993）、唐爱华的《宿松方言研究》（2005）、张燕娣的《南昌方言研究》（2007）、胡松柏的《铅山方言研究》（2008）等。第二，全面而系统地介绍整个赣方言的基本面貌，以陈昌仪（1991、2005）为代表。《赣方言概要》是第一部全面而系统地研究赣方言的专著。这部三十万字的专著，"从积累数据到成书历时30年，可以说凝结着笔者大半辈子的心血。"① 在这部专著中，词汇专列一章，并从不同的角度进行开创性的探讨，如"不同历史层次的活化石""特殊词语""十三个代表点方言词条比较"等，其材料翔实，内容丰富，兼备学术性与实用性两大特点。《江西方言志》从语音、词汇、语法三个层面进行调查，广涉全省90多个市县中的70个具有代表性的市县，其中赣方言区市县占有48个。② 毫无疑问，它对赣方言乃至整个汉语方言研究，必将产生积极影响。第三，着眼于方言与方言之间关系比较，以反映各自的基本特点，从而揭示出它们的本来归属。这方面的力作有：一是李如龙、张双庆的《客赣方言调查报告》（1992），第一部客赣方言比较研究的专著；二是刘伦鑫的《客赣方言比较研究》（1999），"它不仅将客赣方言本身的研究推上了一个新台阶，对其他方言的研究、汉语方言学、汉语史和语言理论的研究都具有积极的意义。"③ 两部鸿篇巨制的一个共同特点，就是都把方言词汇研究置于一个重要地位。另外，胡松柏的《赣东北方言调查研究》（2009）是国家社科项目"赣语、吴语、徽语、闽语、客家话在赣东北的交接与相互影响"的终结性成果，④ 它对赣东北方言作了一个较为全面的综合调查，其中介绍了方言词汇方面的接触情况，阐述了其接触过程中的特点及规律，具有较高的学术价值。这里还值得一提的是，曹廷玉的《赣方言特征词研究》（2001）和胡松柏的《赣东北汉语方言接触研究》（2003）两篇博士学位论文从不同侧面对具有地方特色的赣

① 陈昌仪：《赣方言概要》，江西教育出版社1991年版，第1页。
② 陈昌仪：《江西省方言志》，方志出版社2005年版，第917页。
③ 东石：《〈客赣方言比较研究〉评介》，《南昌大学学报》2000年第3期。
④ 胡松柏：《赣东北方言调查研究》，江西人民出版社2009年版，第1页。

方言词汇也作了有益的、富有成效的探讨。

在词汇研究的成果中，最重要的、具有划时代意义的莫过于由李荣主编、江苏教育出版社出版的《现代汉语方言大词典》。在其分册中，研究赣方言的就有三部——熊正辉《南昌方言词典》（1995）、颜森《黎川方言词典》（1995）和魏钢强《萍乡方言词典》（1998）。这三部词典的问世，不仅便于人们查考方言词语的意义，更为重要的是学者们还可以据此进行方言方面的专题研究，实是赣方言词汇研究史上的一个里程碑。

纵观半个多世纪赣方言词汇的研究，其性质无疑基本上还是属于现代方言研究的范畴。它体现了两个"共时平面"上的特点：其一，大多数研究侧重于对赣方言的语言事实进行共时平面上的分析描写，它厘清了大量的方言事实，揭示了现代赣方言的基本面貌。这是非常必要的，也是不可缺少的，这对于我们认清赣方言的性质特点有着十分重要的作用。其二，相当一部分研究侧重于对客、赣两种方言的语言现象进行共时平面上的比较分析。这也是非常必要的，这是探明方言归属不可或缺的有效手段之一。一言以蔽之，这些研究成果都具有不可低估的学术价值与参考作用，它们对以后赣方言或赣与其他方言关系研究的进一步深入，对汉语方言学乃至汉语史进行客观而科学的构建都具有重要的理论意义和实践价值。

从上所知，赣方言的词汇研究，经过学者们的共同努力已经取得了很大的成绩。不过，从总体上看，赣方言词汇较之其音韵研究，还是薄弱了许多；与其他方言区相比，其词汇研究步伐也显得有些滞后。就其整个成果而言，赣方言词汇研究还存在着一定的局限性，它以一种倾向掩盖了另一种倾向。也就是说，大多仅注重方言词汇共时平面上的分析研究而忽视其历时源流方面的探究论析。除零星的几篇论文外，我们至今还未见到过一部系统的以历史时代为经，以古籍语料为纬，从历时的层次上对赣方言词汇进行溯本探源的专著，这于赣鄱有着"只几个石头磨过"① 的悠久发展史来说，确是很不相称。其实，关于赣方言词汇，还有许多问题需要探讨，诸如方言词汇由哪些成分构成？其历史层次怎样？在何种机制下形成与发展的？其动因是什么？有何特点和规律？其地域分布是何状态？与其

---

① 注：据考古发现，赣省还在距今约 50 万年之前的旧石器时代，就揭开了人类社会发展史的序幕。毛泽东同志把这悠久的发展史形象地比喻为"只几个石头磨过"，故此引用之。详参臧克家《毛泽东诗词〈贺新郎·咏史〉鉴赏》（第二版），河南文艺出版社 2005 年版，第 283 页。

他方言（除客家外）究竟有何关系等等，都值得我们去深入思考。所以，本研究试图对其历史层次与共时分布及其相关理论问题作一全面而系统的考察和阐释。

三　选题缘起与语料来源

1. 选题缘起

"当语言学乃至整个人文科学进展到一定深度时，都要追问语源问题。"① 当然，方言学也不例外。

如前所述，赣方言词汇研究成绩喜人，已经达到了一定的深度和广度，这为以后进一步开展赣方言或客、赣方言词汇研究创造了良好的条件，也为将来构建较为完备的方言学和汉语史提供了重要参考。不过，"前修未密"，迄今为止还没有哪位学者去"追问"赣方言的"语源问题"，真正从历时纵向层面上全面展现赣方言词汇的基本面貌。

其实，赣鄱地区是一座不知经过了多少历史年代积淀而需待开采的语言"化石"富矿。十几年前，笔者以中国社会科学院语研所的《方言调查词汇表》为蓝本，对赣省毛泽东祖籍地——吉水县八都镇的方言词汇作过全面调查和记录。调查之后，笔者深感赣方言词汇值得研究，只是当时对其仅作了一点共时平面上的描写，还未对其作历时层次上的考察。现在，笔者以整个赣方言区的古语词为研究对象，目的就在于试图揭示出赣方言悠远绵长的历史渊源，它与南方其他方言一样，也是一种历经它自身与其他诸多语言共同匹配、相互融合而形成的产物。

2. 研究语料的来源

20 世纪 80 年代以来，赣方言研究有了很大的进展，不仅发表了一系列文章，更重要的是还出版了几部颇有分量的专著和词典。这些研究成果，为赣方言的发展变化作历时考察以及赣方言古语词的本源探究提供了大量可用的语料。李荣先生曾经说，方言调查的研究成果，不仅可以"查考方言词语的意义"，"可以据此从事专题研究"，而且还"可以取用其中

---

① 陈保亚：《论语言接触与语言联盟——汉越（侗台）语源关系的解释》，语文出版社 1996 年版，第 294 页。

的语料。"① 据此，考察赣方言古语词，主要利用以下成果作为语料来源：

（1）李荣主编的《现代汉语方言大词典》分册：熊正辉《南昌方言词典》、魏钢强《萍乡方言词典》、颜森《黎川方言词典》等；

（2）陈昌仪主编的《江西方言志》、各个县市方志；

（3）许宝华、宫田一郎主编的《汉语方言大词典》；

（4）有关赣方言研究专著：陈昌仪《赣方言概要》、李如龙和张双庆《客赣方言调查报告》、刘纶鑫《客赣方言比较研究》等；

（5）有关赣方言研究论文；

（6）本人实地调查所得的第一手语料。

另外，还参考一些与赣方言紧密相关的其他地方数据，② 包括官话、吴语、闽语、粤语、客话、湘语等方言区。官话方言点有成都、昆明、南京、武汉、九江，吴语有上海、苏州，闽语有厦门，粤语有广州，客话有梅县，湘语有长沙。用其语料，主要考察赣方言与其相互接触、相互影响的渊源关系。

四　本研究的作用、意义、理论以及预期目标

1. 研究的作用

词汇是语言的建筑材料，没有词汇就难以建成语言这座大厦。研究构成语言的材料——词汇，可以说是语言研究中十分重要的一环。汉语方言词汇是汉语词汇系统中的一个重要组成部分，研究方言词汇对于丰富和发展汉民族共同语具有不可低估的作用。关于这一点，语言学界的先辈和时贤们不乏真知灼见，并对此作过精辟论述。早在 20 世纪 60 年代初，丁声树先生就曾撰文提出要加强汉语方言词汇的研究，③ 这在当时引起了语言学界的极大重视，并且已经有了一个良好的开端。后来，由于众所周知的原因，方言词汇研究如同整个语言研究的命运一样，一度陷入停滞状态。直到 20 世纪 70 年代以后，方言词汇才出现一些研究成果，但与语音等研究相较而言，还是滞后了许多。这样，在将要跨入 21 世纪之际，又有学

---

① 李荣：《现代汉语方言大词典·分地方言词典总序》，江苏教育出版社 1995 年版，第 1 页。

② 主要参看许宝华、宫田一郎《汉语方言大词典》，中华书局 1999 年版；李荣《现代汉语方言大词典》。

③ 丁声树：《关于进一步开展汉语方言调查研究的一些意见》，《中国语文》1961 年第 3 期。

者再次呼吁要进一步加强汉语方言词汇的研究，认为深入开展汉语方言"词汇层面的多课题研究，对建立具有中国特色的汉语词汇体系和汉语词汇学理论将作出无可替代的贡献。"① 不过，毋庸讳言，目前"汉语史研究中最薄弱的部分应该说是语汇研究"② 这一局面，仍未得到根本性的改变。就赣方言词汇研究而言，经过前辈时贤的共同努力，已经取得了可喜的成绩，奠定了较厚的基础，但也无可否认，有些方面（如历史研究）仍然显得比较薄弱，还有继续深入的必要。

2. 研究的意义

赣方言是汉语传统方言分类中的七大方言之一。从其形成与发展的时间看，历史十分悠久，词汇的民族文化底蕴也十分深厚。追溯赣方言词汇的初始起源，厘清它的历史层次，揭示它的发展规律，以今证古或古今互证，以剖解它的词义理据及其文化内涵，这项工作虽然十分艰辛却是非常有意义的。

具体地说，研究赣方言词汇的意义，大略有以下几方面：

（1）通过索本探源，可以追溯一些活的方言古语词的最初起源，探明其发展演变的历史轨迹，这不仅有助于厘清汉语词汇、词义流变的一些线索，还有利于汉语词义的丰富与发展。

在赣方言区，人们口语中经常使用一批具有活的古语"化石"性质的词语。由于人们日常生活中须臾离不开那些词语，以至于完全淡漠了其古老的色彩。如"话"这个词，在赣方言中用为动词比用作名词的概率要大得多，有"说"或"告诉"的意思，是一个通行于整个方言区具有典型地方特征的词语，其构词能力极强，由它构成的词语如"话事"（说话）、"话法"（说法）、"话不定"（说不定；也许）"话人家"（指女孩找婆家）、"话正了"（说妥了）、"话梦话"（说梦话）、"话得正"（说得成）、"话不正"（不会说；没法说或谈不成）等。其实，"话"作动词用于"说"或"告诉"义由来已久，如《尚书·盘庚》："盘庚，惟涉河以民迁。乃话民之弗率，诞告用亶。"此处的"话"就有"说"或"告诉"之意。《尔雅·释诂》释之："话、猷、载、行、讹，言也。"陆德明《经典释文》："话……马云：告也，言也。"而"话语""话题"等义均为动词"说"或"告

---

① 许宝华：《加强汉语方言词汇研究》，《方言》1999 年第 1 期。
② 吕叔湘：《汉语研究工作者的当前任务》，《吕叔湘文集》第四卷，商务印书馆 1992 年版，第 38 页。

诉"义引申衍化而来的。又如"酾酒"一语也非常古老，有"滤酒"和"斟酒"两个义项。《诗经·小雅·伐木》曰："伐木许许，酾酒有藇。"毛传："以筐曰酾。"即"酾酒"为"滤酒"之义。而以下句子则为"斟酒"义，如《晋书·周处传》："及吴平，王浑登建邺宫酾酒，既酣，谓吴人曰：'诸君亡国之余，得无戚乎？'"《西游记》第三十四回："那大圣口里与八戒说话，眼里却抹着那些妖怪。见他在里边吃酒，有几个小妖拿盘拿盏，执壶酾酒，不住的两头乱跑，关防的略松了些儿。"在赣方言中，继承下来的是古汉语中的"斟酒"这一义项。今天赣方言区仍有80%以上的地方把"斟酒"称为"酾酒"，其对赣省境内其他方言也有渗透力。

（2）作为信息的载体——语言，其词汇（包括方言词汇）往往蕴藏着本民族古往今来丰富的社会文化信息。也可以说，透过一种方言词汇其特定内容的深层折射，人们也许可以领略到某一特定社会所展现出来的一幅幅绚丽多姿的民族风情的历史画图。

赣方言词汇，无疑也具有这样的特点，如"文身"就颇具地方特色。不知从何时起，操赣方言的人把"身躯"称为"文身"，而且今天仍有半数以上这样称呼。为何称"身躯"为"文身"呢？《礼记·王制》曰："东方曰夷，被发文身，有不火食者矣。"孔颖达疏之曰："越俗断发文身，以辟蛟龙之害，故刻其肌，以丹青涅之。"张守节《史记正义》注"文身断发"一语，引"应劭曰：'常在水中，故断其发，文其身，以象龙子，故不见伤害。'"春秋战国时期，赣域归属"越族"，又濒临江湖之滨，受"越族"影响，其地先民也有断发文身、善驾舟船的习俗。不过，先民在自己的身上绘画或刺刻带有各种颜色的花纹或图案，不完全是为了潜水时迷惑"敌人"，免遭"蛟龙"的伤害，同时它或许还是时兴的一种身饰，或许也是图腾的一种标记，这大概是"文身"称名的真正来源。"文身"一语在《左传》《战国策》《越绝》等文献中也屡有出现。很显然，它再现了远古时代干越族人民濒水劳作以及乡土风情的真实生活。又如"开面"一词，同样隐含着地方民族文化中逝去的一段漫长历史。还在20世纪五六十年代，赣地还有为出嫁前的未婚女孩饰容修脸的风俗。因为未婚女孩出嫁之前是从不修脸的，只有到出嫁时才由亲朋好友为她进行初次修脸，故称之"开面"。"开面"就是"开脸"的意思。这一习俗，疑与吴地的影响有密切关系，因为吴域早已盛行。明·祝允明《野记》载："嘉定有少年曰徐达，巧黠而亡赖，闻一家将嫁女，借持栉具去为女开面，即复谋为婚筵茶酒。"如此看来，"开面"之俗走过的历史路程还是不短的。显而易见，"语源求义"最能揭示古语词深层所蕴藏着的文化内涵。正如有的学者所说的："通过推求词的语源——事物得名之由以阐发词的义蕴。"①

（3）把活的方言词汇与古文献结合起来考察，不仅可以探明其源头及其所包含的地方文化内涵，更重要的是还可以借此为桥梁，透过其不同的历史"层次"或"底层"现象的分析，探寻民族迁徙与融合的历史过程，从而有助于认识本族语与其他方言之间的诸种关系。

前已有述，赣鄱地区春秋战国时属百越族，又为吴、越、楚纷争之地，这给赣方言词汇遗下了不可磨灭的影响。如"舞"［u²¹³］，赣方言使用率极高，据邵百鸣研究，它来源于原始百越语，意为"做、搞、弄"。今壮侗语系中许多少数民族语言中的"做"音［we］，似与"舞"音同源。又如表达"知道"或"了解"语意的"晓"［ɕiɑu²¹³］，来源于原始楚语，《方言》云"楚谓之党，或曰晓"，今赣方言区广为使用。"蚗螃子"［tɕia³⁵ lau tsɿ］一语，源于原始吴语，《方言》曰："蜙蚗，齐谓之荨蠢；楚谓之蟪蛄，或谓之蛉蛄；秦谓之蜙蚗。自关而东谓之蚼蟟。或谓之萱蟟，或谓之蜓蚞，西楚与秦通名也。"今南昌话称"蝉"为"借劳子"，与"蚗螃子"似同。② 这些沉积的语言底层"化石"是民族史实的真实记录，它不仅为地方民族史的研究提供了重要线索，而且为地域方言史乃至汉语史的研究提供了可靠的、活生生的证据。

（4）大型汉语辞书收录词语及其义项较为全面而详尽，给人们学习和研究带来了极大的便利。但是，白璧还有微瑕。无论词语义项还是释义或引证等方面，辞书均不可避免地会存在一些失收、不确或阙例等方面的瑕疵，而方言词汇的证讹补阙之功则恰巧能够完好地弥补这一点。

在赣方言古语词的考证中，也遇到过这些情况。例如，牲畜的舌头用"招财"来婉称，它通行于赣客方言区的大多数地方和官话区四川成都，这是因为"舌"与"蚀本"的"蚀"音近而避讳。"招财"一语用于数个方言区，不是偶然的，它有一定的历史年载，至少宋代就已出现。张任国《柳梢青》："挂起招牌。一声喝彩，旧店新开。熟事孩儿，家怀老子，毕竟招财。"后世文献用得就更多了。元·刘唐卿《降桑椹蔡顺奉母》第一折："招财进宝臻佳瑞，合家无虑保安存。"明·罗贯中《三遂平妖传》第九回："那法师摇着法环走来任迁架子边，看着任迁道：'招财来，利市来，和合来，把钱来！'"而《汉语大词典》不但失收了"招

---

① 蒋冀骋、吴福祥：《近代汉语纲要》，湖南教育出版社 1997 年版，第 360 页。
② 邵百鸣：《南昌话词汇的历史层次》，《江西社会科学》2003 年第 6 期。

财"一语，就连童孺耳熟能详的"招财进宝"也漏收了。有的词语已收却又缺失古籍例证，如"眠梦"意为"做梦"，它是赣方言中使用率非常高的一个特征语。《汉语大词典》收录了这一词条，但是仅引许地山的《枯杨生花》为例证。其实，"眠梦"一词早已出现于唐代敦煌文献或诗词里，宋元文献也使用不少，如宋·晁元礼《河满子》词："眠梦何曾安稳，身心没处安排。"元·关汉卿《拜月亭》第三折："我这些时眼跳腮红耳轮热，眠梦交杂不宁贴。"此处略举几例，可见一斑。不容置疑，上述问题大型辞书在所难免，而方言词汇的研究对辞书的编纂、修订与补充都会有所裨益。

3. 研究理论以及预期目标

本研究以历时词汇学理论为指导，运用方言"多元结构体"及其变化中"时间·空间·语主"三维向量观来审视传统的方言发展一维观，并结合赣方言的实际，重新甄辨赣方言词汇的构成成分，着重地推求其词汇成分中古语词的语源，进而探论其发展变化的一般事实和基本特点。

本研究预想达到这样一个目标：在对赣方言古语词进行溯本探源的基础上，具体考察赣方言各个历史时期词汇的基本面貌，并对其形成机制、构词理据、发展动因等理论问题给予合理而科学的阐释，同时还就其同历史文化、社会生活、地域分布、民族迁徙与交融关系等问题进行深入探讨，从而揭示其发展变化的一般规律，为汉语词汇史的科学构建提供一定的具有实用价值的可资参考。

五　研究的主要内容和基本方法

1. 主要内容

从赣方言研究的历史和现状看，词汇研究虽已取得了不少成绩，但也存在着明显的不足，尤其是其对古语词历时层面上的系统考察，几乎还处于类似拓荒的初始阶段。诚然，这与其词汇量大，成分复杂，很难找到像语音、语法那么强的规律有一定的关系。词汇研究难度大，而古语词研究的难度就更大，即使要研究也难以面面俱到，包揽无遗，本研究也不例外。

因此，本研究内容主要集中在以下几个方面：

（1）探讨赣方言的形成及其词汇的历史层次；

（2）厘清赣方言词汇的构成成分，并着重对其词汇中的汉语古语词作索源互证研究，同时适当地关注其嬗变的势态；

（3）阐释赣方言词汇的形成机制与动因；

（4）剖析赣方言词义的发展变化；

（5）在所述基础上，进而探论赣方言词汇的主要特征；

（6）考察赣方言词汇地理分布特点及成因；

（7）审视赣方言与其他方言之间的相互关系。

2. 基本方法

方法问题，是科学研究中的一个重要问题。前辈时贤都非常重视这一问题，他们在自己的著作中往往要用一定的篇幅来谈方法问题。这是因为，只有方法得当，才能达到事半功倍的效果。

根据赣方言词汇的实际情况，本研究主要运用以下几种基本方法：

（1）语源求义与方言实证相结合的方法

有学者说：“探求语源，就是追溯事物得名之由，或某个词语的历史来源。”[①] 本研究的主要任务之一，就是要探求古语词的语源，然后以活的方言实证它的意义。这样古今互证的目的，就是弄清楚某个方言词的“得名之由”和“历史来源”，如上所举的“文身”与“开面”称名之源，就是如此。

（2）历时考证与共时分析相结合的方法

在本研究中，这两种方法交互使用，相得益彰。

历时考证是为了探明古语词所反映的历史层次，它不仅可以观察某一阶段的语言现象，还可以从整体上把握它的发展脉络，从而揭示方言古语词源与流的历史过程。与它相辅相成的共时分析，则是就某一历史时段的语言现象从同一时点的平面上进行剖析，目的是分别考察各个不同历史时段的语义是否发生变化以及怎样变化；与此同时，还要将它同其他方言进行比较，进而弄清本方言与其他方言的各种关系。

（3）钩稽旧注与音形索义相结合的方法

有些词语大型辞书（如《汉语大词典》）未见收录，有的即使已经收录而义项阙失或释义不确，而这在古文献的少量著作中往往就有一些零星散见的词语考释，甚为精当。因为这些材料零散，至今还未被纳入辞书或

---

① 蒋宗福：《四川方言词语考释》，巴蜀书社 2002 年版，第 25 页。

未被列为义项，所以在赣方言词语考释中，认真地做一番旧注钩沉工作还是很有必要。

此外，通过字或词的语音与形体分析来探求其义，这是传统训诂学考释语义的重要方法。"因声求义"不只可以破假借、求本字，还可以用来探求字或词的同源问题；而"以形索义"则是探寻字或词本义最有效的方法，有些疑难迎刃而解就是通过解剖它的形体结构而获得的。

（4）比类归纳与推演现象相结合的方法

比类归纳，是词语考释中最常用而又比较可靠的一种方法。这种方法"就是把同一类型的语言材料排比在一起，然后根据上下文的语境，归纳出词义来。"它"有两种情况：1. 是把出现某一词语的若干句子归纳排比在一起；据上下文玩索推敲，确定其词义。……2. 将同一类的句子排比在一起，加以比较，藉以明白所释词的词义。"① 这一方法，当然同样也适用于方言词语的考释。

推演，"就是利用一般存在的语言事实，推论出某种语言现象可能存在。"② 赣方言的源流已有很长的历史了。它的源头在哪里，又形成于何时，目前众说纷纭，尚无定论。倘要解决这一悬而未决的问题，不单要关注已经存在的语言事实，还应结合民族史、文化史、移民史等方方面面的综合因素来演绎、推理，这样才能真正找到它的语言现象何时存在、来自何方、形成于何时的正确答案。

（5）语言事实与社会文化相结合的方法

语言是一种社会现象，它的存在与社会息息相关。"社会生活任何变化，哪怕是最微小的变化，都会或多或少地在语言——主要在语汇——中有所反映，因为语言是社会生活所赖以进行交际活动的最重要的交际手段。"③ 因此，在研究过程中，力求把方言词汇所反映的语言事实与当时的社会时代背景联系起来，避免把语言同社会割裂开来。否则，人们就难以理解方言词汇所反映的语言事实。如"出恭""东司"之类的古言雅语，今天在宜春、萍乡、万载、抚州、南城、修水、清江、余干、南丰等地，不只是城镇居民的日常用语，还是乡村中老年文盲、半文盲的大白话。为何会出现这种语言现象？毋庸置疑，它与一定的社会历史背景是分不开的。

---

① 蔡镜浩：《魏晋南北朝词语考释方法论——〈魏晋南北朝词语汇释〉编撰琐议》，《辞书研究》1989 年第 6 期。

② 向熹：《简明汉语史》（上），高等教育出版社 1993 年版，第 8 页。

③ 陈原：《社会语言学》，学林出版社 1983 年版，第 225 页。

　　语言是一种符号，也是一种文化载体，二者之间关系十分密切。美国人类学家 A. 怀特说："人类的全部文化（文明）依赖于符号。正是由于符号能力的产生和运用才使得文化得以产生和存在，正是由于符号的使用，才使得文化有可能永存不朽。没有符号，就没有文化，人就仅仅是动物而不是人类了。"① 可以说，任何民族语言都载负着本民族深厚的文化内涵，是本民族古老文化的"活化石"，而文化词语正是这种"活化石"的结晶，地域方言无疑也是如此。显然，如果离开了文化，许多民族或方言词语就难以理解；同样，如果离开了本族语言或方言，本族或地域文化也难以考察。鉴于这一点，结合文化现象来研究方言词汇，是本项研究一个不可缺少的内容。

　　以上方法，在研究中不是截然分开的，有时几种方法会自觉或不自觉地同时使用。除了上述方法外，还用到了其他方法，如统计分析与逻辑论证等方法。

六　本研究需要说明的几点

　　在本研究的过程中，还涉及以下一些问题，有必要在此作些说明。

1. 对本研究行文方式的说明

　　在探求语源的过程中，一般情况下，每个词表述的体例是：先列方言词和方音，次训方言词义，再以古代辞书如字书或韵书释其古音义，然后按时代顺序征以历代文献而证之。方言词中，若有音义而无字形的，则以符号"□"代之。

　　为省篇幅，同一字或语素在数个例词中出现，其古音义仅在首例中作考释。如"攒劲"的"劲"首次考释了其古音义，以后出现的例词（如"起劲"的"劲"）就从略。双音或多音词，先考释首个语素古音义，次考第二个，以此类推。考释首个语素时，列其古调类、韵部、反切注音和释义；次个语素若调类或韵部同首个，那就列其反切注音与释义，略其调类或韵部。例如，"怂恿"一词，《广韵》中"恿"的调类和韵部同"怂"，故仅列"恿"的注音"余陇切"及释义"怂恿，劝也"。又如"云梯"一词，《广韵》中"梯"的调类同"云"，故"梯"就列其韵部、反

---

　　① A. 怀特：《文化科学》，浙江人民出版社 1988 年版，第 31—32 页。

切注音和释义。如一个词有多个义项，一般第一义项下列其古音义，其他义项从略。例如，"撇脱"一词三个义项，则第一义项下列其古音义，其余义项略去。

例词中的标音以南昌方音为主，南昌方音中没有的则标本区其他地方的方音。方音以 [ ] 中国际音标标出，一般以第一个列出的地区方音为代表；有的例词通行全区大多数地区，而文中又未指明具体地区的，其音则为南昌方音。

各地方音声调，主要依据《江西省方言志》，另参各市县方志；南昌方音声调主要以熊正辉《南昌方言词典》为准，黎川、高安、新干以颜森《黎川方言词典》等成果为准，萍乡以魏刚强《萍乡方言词典》为准。另外，从第二章起所标方音声调的调值均以上标的阿拉伯数字表示，如"口 [ŋa¹³]"；如同一例词多个地区声、韵母相同，而声调调值不同，则一律不标声调，仅标声、韵母，如例词"口"修水、乐平、横峰、高安、上高、万载、新余、东乡、临川、萍乡、吉安、吉水、永丰、泰和等地均读 ŋa，宜黄、莲花则念 a。

双音或多音词中出现的轻声，一律标作中轻声 [口·]，如"葫芦 [fu³⁵lu·]"中的"芦"标为" [lu·]"。

至于变调，本区各方言片皆存此现象，且其类型复杂多样，须做专门的调查研究才能厘清其声调特殊的变化规律，而这又非仅凭个人或一项课题所能解决得了的。如南昌方言，"滗"按规律应读阴入 [piʔ⁵]，今变调读阴去 [pi³⁵]。又如萍乡方言，"搋"本读阴平 [tsʻœ¹³]，变调读上声 [tsʻœ³⁵]；"牯"本读上声 [ku³⁵]，而其变调或读 [ku⁵]、[ku⁴] 等不同调值。鉴于变调情况十分复杂，又限于本人力量和本项研究任务，所以本研究笔者采用学界通常的方法，除轻声外，例词一律只标本调，不标变调。

再则，第三章至第五章，每个历史时代按其问题性质、特点所做的古语词探源，均以汉语拼音方案字母 A—Z 的顺序排列。

确定语源历史时代的原则：首先以古代辞书之外的历代文献所出现的时代为准；如果时代偏晚，那就以古代辞书出现的时代为准。引用辞书之外的书证材料，倘若没有与辞书同时代的，就以晚于辞书的为其引证。在引证有关文献时，同一时代的，则标明第一例的朝代、作者和篇名，以后只标作者与篇名，如唐·李贺《南园》诗之二："宫北田塍晓气酣，黄桑饮露窣宫帘。"刘禹锡《插田歌》："田塍望如线，白水光参差。"不同时代的，一般三者都标示出来。而史书一般不标示朝代和作者，只标明书名，如《宋史·河渠志》："开方田，随田塍四面穿沟渠。"又，四大古典名著《三国演义》《西游记》《水浒传》以及《红楼梦》，因其深入人心，故也未标示朝代和作者。

在古今互证的列举中，有些赣方言例词的右下角标有六号字，这是对该词的释义。

为了行文的需要，文中常用"××方言""××语"或"××话"之类术语，如吴方言与吴语、客家方言与客家话或客话、江淮方言与江淮官话或江淮话等，通常情况下其含义是等同的。不过，笔者行文中的"赣语"与"赣方言"，二者含义略有不同，前者多指汉语"赣方言"形成以前赣鄱地区的用语，只是少数地方与汉语"赣方言"等义。

2. 本研究语料的调查和合作者

与本研究相关的赣方言语料，除借鉴、吸收学者们的研究成果外，笔者还把赣省所有的方志通阅了一遍。与此同时，编出词汇表，对赣方言区各个片的有关人士或采访记录，或问卷调查，或田野实地考察，掌握了大量的第一手语料。

下面是 2007 年接受赣方言调查的合作人：

黄　光，男，70 岁，小学退休教师，江西吉水人

许庭源，男，65 岁，中学退休教师，江西弋阳人

徐小林，男，55 岁，初中文化，工人，江西吉安人

杜华平，男，42 岁，硕士，副教授，江西南康人

曾生根，男，39 岁，初中文化，农民，江西吉水人

刘亚律，男，37 岁，博士，副教授，江西南城人

李舜臣，男，35 岁，博士后，副教授，江西永丰人

邱进春，男，34 岁，博士，副教授，江西崇仁人

徐　静，女，29 岁，硕士，讲师，江西永修人

肖明华，男，28 岁，硕士，讲师，江西泰和人

刘小明，男，28 岁，硕士，讲师，江西峡江人

上述人士除黄光、许庭源、徐小林、曾生根几位之外，其余均为笔者的同事，他们都来自赣省各个市县以及乡镇农村。其中，只有两三位因攻读博士学位而短暂地离开过几年之外，大多长期工作、学习、生活在赣省域内。日常生活中，特别是与家人一起时，他们都以家乡话进行交流。调查时，同仁刘亚律、李舜臣、邱进春、肖明华非常细致地把方言词汇中语义的细微差别，一一标示出来。可以说，他们提供的资料很珍贵，存真度

是很高的，其参考价值也是不言而喻的。值此机会，笔者谨向所有的合作者，表示最诚挚的感谢！

接受笔者调查的，还有汉语言文学专业的成教本科生。他们是：

周基波，男，28 岁，教师，江西乐安人

刘素红，女，25 岁，教师，江西乐安人

罗志燕，女，24 岁，教师，江西乐安人

贾朝霞，女，26 岁，教师，江西高安人

王　静，女，24 岁，文职员，江西宜春市人

欧阳娟，女，25 岁，教师，江西星子人

丁细妹，女，25 岁，文职员，江西修水人

万小菊，女，26 岁，教师，江西南昌市郊人

罗华妹，女，22 岁，教师，江西南昌市人

这些接受调查的成教本科生，最大的优势就是一直工作、生活在基层。他们不仅每天感受着地地道道的方言土语的氛围，而且还是方言土语的直接实践操作者。接受调查时，他们大都以双语（即方言与普通话）进行阐释，可信度还是比较高的。

2015 年，笔者趁着假期等不同时间、不同场合又一次进行了较大规模的实地调查，接受调查的107 人关涉不同地区、不同层次、不同年龄。为了感谢他们的大力支持，现将其名单列录于后：

王福明，男，47 岁，教师，江西彭泽人

游泽遒，男，47 岁，教师，安徽宿松人（宿松话）

高良国，男，40 岁，教师，江西彭泽人

刘会玉，女，38 岁，教师，江西彭泽人

江章和，男，44 岁，教师，江西彭泽人

王　斌，男，36 岁，教师，江西湖口人

王新苗，男，40 岁，教师，江西湖口人

徐玉娟，女，34 岁，教师，江西湖口人

周婧娜，女，31 岁，教师，江西湖口人

付琴琴，女，37 岁，教师，江西湖口人

夏思颖，女，25 岁，教师，江西湖口人

殷国华，男，42 岁，教师，江西湖口人

郭秋香，女，49 岁，教师，江西星子人

欧阳金保，男，36 岁，教师，江西星子人

张立柏，男，38 岁，教师，江西都昌人

熊美秋，女，51 岁，教师，江西星子人

宋　渭，女，50 岁，教师，江西星子人

宋　汶，女，51 岁，教师，江西星子人

季丽华，女，44 岁，教师，江西峡江人

王汉正，男，44 岁，教师，江西峡江人

姚国莲，女，36 岁，教师，江西峡江人

杨振群，男，47 岁，教师，江西峡江人

杨义根，男，47 岁，教师，江西吉水人

彭建华，男，44 岁，教师，江西峡江人

张振芳，男，43 岁，教师，江西永丰人

贺和平，男，44 岁，教师，江西永丰人

余美琴，女，44 岁，教师，江西永丰人

宋秋英，女，37 岁，教师，江西永丰人

胡春花，女，35 岁，教师，江西永丰人

肖承红，女，43 岁，教师，江西永丰人

杨松海，男，41 岁，教师，江西永丰人

廖祖国，男，40 岁，教师，江西泰和人

郭来娣，女，46 岁，教师，江西泰和人

曾小蔚，女，34 岁，教师，江西泰和人

谭　云，女，36 岁，教师，江西泰和人

胡小红，女，38 岁，教师，江西泰和人

张丽华，女，48 岁，教师，江西泰和人

刘平云，男，34 岁，教师，江西泰和人

张祖芳，女，32 岁，教师，江西泰和人

黄太升，男，60 岁，教师，江西安福人

彭六平，男，47 岁，教师，江西安福人

钟素英，女，53 岁，教师，江西安福人

彭广胥，男，70 岁，教师，江西安福人

刘根花，女，29 岁，教师，江西莲花人

谢小臻，女，37 岁，教师，江西莲花人

刘灿清，男，43 岁，教师，江西莲花人

贺　琳，女，37 岁，教师，江西莲花人

金　蓉，女，39 岁，教师，江西莲花人

贺艳平，女，33 岁，教师，江西莲花人

周金怡，女，40 岁，教师，江西莲花人

彭云飞，女，38 岁，教师，江西吉水人

康招妹，女，91 岁，农民，江西吉水人

肖寿生，男，66 岁，农民，江西吉水人

徐润香，女，74 岁，银行职员，江西吉水人

张建明，男，48 岁，银行干部，江西吉水人

周洪芳，女，43 岁，商店职员，江西吉水人

陈慧明，男，39 岁，教师，江西吉安人

刘苏平，男，46 岁，教师，江西吉安人

傅佩珍，女，38 岁，教师，江西吉安人

夏　蓉，女，42 岁，教师，江西吉安人

王水玉，女，45 岁，教师，江西吉安人

傅美玲，女，34 岁，教师，江西吉安人

李昭昭，女，45 岁，护士，江西新建人

罗运姅，男，75 岁，农民，江西横峰人

罗会海，男，43 岁，农民，江西横峰人

张晓庆，男，46 岁，公务员，江西上饶人

黄香华，女，53 岁，农民，江西余江人

周其员，男，75 岁，农民，江西贵溪人

范细蝉，女，50 岁，农民，江西高安人

梁忠吉，男，46 岁，司机，江西鹰潭人

杨晓林，男，49 岁，农民，江西宜丰人

曾海军，男，44 岁，农民，江西丰城人

熊细弟，男，43 岁，农民，江西新建人

夏荣艳，女，41 岁，商人，江西丰城人

孔秋娥，女，43 岁，农民，江西南城人

汪淑萍，女，44 岁，农民，江西东乡人

吴会琴，女，44 岁，商人，江西抚州人

王国平，女，43 岁，农民，江西丰城人

张书银，男，74 岁，农民，江西吉安人

张文波，男，46 岁，农民，江西吉安人

肖水莲，女，70 岁，农民，江西吉安人

张文清，男，41 岁，工人，江西吉安人

廖经斌，男，79 岁，农民，江西兴国人

罗 蓉，女，42 岁，化验员，江西樟树人
程得时，男，85 岁，农民，江西婺源人
刘连招，女，75 岁，农民，江西遂川人
帅 璐，女，24 岁，研究生，江西抚州人
饶敏燕，女，24 岁，研究生，江西万年人
吴萧寒，女，23 岁，研究生，江西高安人
张贵艳，女，24 岁，研究生，江西新建人
廖梅珍，女，24 岁，研究生，江西万安人
姚文琴，女，24 岁，研究生，江西丰城人
陈丽仔，女，25 岁，研究生，江西吉水人
王 琦，女，20 岁，大学生，江西安义人
陈 婉，女，20 岁，大学生，江西新干人
李 思，女，21 岁，大学生，江西丰城人
万 玲，女，20 岁，大学生，江西新建人
黄露梅，女，19 岁，大学生，江西分宜人
张 清，女，20 岁，大学生，江西萍乡人
严迎迎，女，19 岁，大学生，江西萍乡人
欧阳会，女，20 岁，大学生，江西宜春人
章春仙，女，20 岁，大学生，江西余干人
王 林，女，20 岁，大学生，江西永新人
艾 青，女，19 岁，大学生，江西鹰潭人
龙丽丽，女，20 岁，大学生，江西永新人
徐鸿波，男，21 岁，大学生，江西宜春人
施佳梅，女，21 岁，大学生，江西抚州人

第一章 赣省人文历史与赣方言形成的历史层次

第一节 赣省人文历史与方言概况

唐代著名诗人王勃在《滕王阁序》中盛赞赣省"物华天宝","人杰地灵"。千百年来,赣鄱这块红色的土地,不仅生产了"吴王金戈越王剑",而且还孕育着独特的人文历史;赣鄱这泓神奇的江水,不但滋养了无数"文章节义俱高"的俊才人杰,同时还泽润着各类绚丽多姿的语言奇葩。

一 人文历史

赣省人文历史源远流长,其演绎的民族语言文化内容也十分丰厚。远在数十万年乃至数万年前,赣鄱先民就在这块土地上劳作、生息、繁衍,并创造着自己的语言文化。据 20 世纪中叶至末期考古发现,赣省的文化遗址仅石器时代就多达数百处,其中旧石器时代的有:乐平涌山岩洞(距今约 50 万年)、萍乡竹园山洞穴(距今十多万年)、安义潦河北岸(距今约 5 万年)、新余打鼓岭与龚家山(距今 4 万—5 万年)以及万年仙人洞、吊桶环洞(下层,距今 1.5 万—2 万年)。[①] 另据出土文物发现,距今八九千年的万年仙人洞陶器上就镌刻着文字符号;尔后的山背文化(距今约 5000 年)以及筑卫城—樊城堆文化(距今 4500—5000 年)遗存中的陶器上也刻画着文字符号。更令人惊奇的是,清江吴城出土的商代陶器与石范上的文字符号,其中竟有不少与中原的一致。

从远古至夏朝,赣省为"三苗"族(亦称苗蛮族)所居。后来,三苗族被中原华夏族所征服,从此"三苗"之称也就匿迹了。商周至战国,赣

---

① 李国强、傅伯言:《赣文化通志》,江西教育出版社 2004 年版,第 54 页。

省归属于庞大的"百越"体系,一度又是吴、越、楚这三个诸侯国的争雄之地,且从西周开始,周王朝就在赣建立了"应""艾"两个地方政权,使赣掌控在中央政权统治之下。

此外,赣省历来是一个开放的地区。从新石器时代起,赣省先民除与中原交往之外,同长江中下游以及东南沿海诸省也有密切的交往。处于这样的社会大环境下,赣方言呈现出复杂多样的成分,那是情理之中的事情。正因为这样,赣方言才被学者认为是一种由诸多语言激烈碰撞而产生的多源头、多元性、多特色的产物。而赣方言的词汇成分,也凸显出这样一种独具的特色:既有苗蛮语和百越语沉积的底层成分,又有吴楚语的遗留成分,既有其他方言或语种的影响或借用成分,还有中原华夏汉语的基础成分。当然,不容否认,中原华夏汉语的词汇成分是其中最主要、最基本的语言成分,它对汉语赣方言的形成与发展,具有方向性的决定意义。

而后的秦汉帝国,又把赣省视为其平闽越、灭南越的南疆军政要地,在赣省增设了郡县二级政区(秦汉之间,赣省实则就已奠定了今天行政区划的基础)。而且,秦始皇还多次用兵于赣,并实行移民杂居政策,这样使其语言文化给赣以更加直接的影响。"汉承秦制",汉高祖、汉武帝也多次在赣屯兵作战,并进行大规模的人口迁移,大量北民在赣省扎根落户。显而易见,这是原始赣语(即赣都土著语)蜕变为汉语方言的一个非常重要的时期。魏晋以降,北方战争频发,屡有北方移民入居赣省,这也给赣方言带来了不少的变化。实际上,从秦汉时期起,赣都语就已融汇到汉民族这个大的语言文化圈之中了。

二　境内方言概况

赣省历史悠久,语言现象也复杂多样。据有关专家调查研究,境内汉语方言不仅有赣方言、客家方言、江淮官话、西南官话、吴方言、徽语,赣东北弋阳、玉山、上饶一带以及赣南赣县、兴国还有一些闽语点或少量闽语村,只不过使用人数很少而已。此外,境内各地还存有其他一些方言土语,甚至少数民族语言如瑶语、畲语等。

仅以赣省境内的汉语方言而言,其种类多样,众彩纷呈,特色各异。以下将分别述之。[①]

---

① 注:赣省境内各方言特点,材料主要取自颜森《江西方言的分区(稿)》(载《方言》1986 年第 1 期),因为时下还没有出现第二家如此全面而细致地描写赣省各个方言的更具权威性的研究成果;另外还参阅刘纶鑫《客赣方言比较研究》(中国社会科学出版社 1999年版)、詹伯慧《汉语方言及方言调查》(湖北教育出版社 2004 年版),在此谨致谢忱。

1. 赣方言

赣方言是赣省境内最大的一支方言，它主要分布于赣江中下游和抚河流域及鄱阳湖地区60多个市县，几乎覆盖了全省面积和人口的三分之二。此外，湘东、鄂东南、皖南、闽西北、湘西南也有赣方言。根据《中华人民共和国行政区划简册》（2004）提供的数据，说赣方言的人口大约赣2900万，皖450万，鄂530万，湘900万，闽27万，总计4800万左右。学者们把它分为九个片区（此略，详见下文"赣方言的分区"）。

境内赣方言的主要特点是：古全浊声母今读塞音、塞擦音时，为送气的清音。遇摄三等鱼韵、流摄一等、臻摄开口一等和梗摄开口二等（白读）字，许多地方主要元音是 [ɛ]（或相近的 [e、æ]），如南昌市：锯 [kiɛ˥]、狗 [kiɛu˩]、根 [kiɛn˥]、耕 [kiɛn˥]。梗摄字一般都有文白两读。影母字开口呼读 [ŋ] 声母，不读零声母。"大小"的"大"读徒盖切。"菜梗"的"梗"绝大多数地方有 [u] 介音。"搬班"两字韵母不同，"官关"两字大部分地方韵母也不同。除吉莲片（按：即今吉茶片）基本无入声外，其他绝大部分地方有入声。太阳叫"日头"或"热头"（少数地方"日热"不分）。下雨说"落雨"。站立大部分地方说"徛"，吉莲片说"立"。吃饭、喝茶说"喫饭喫茶"。交合说"戳"。第三人称代词说"渠"。"我的"说"我箇"。"坐着喫"说"坐到喫"。

2. 客家方言

客家方言主要分布在赣省南部：寻乌、安远、定南、龙南、全南、信丰、大余、崇义、上犹、南康等地。而赣县、于都、兴国、宁都、石城、瑞金、会昌、瑞金、广昌、永丰、万安、遂川、吉安、万载、萍乡、修水、吉水、泰和等地则属"半客"地区，既有说客家方言的，也有说赣方言的。此外，赣西北铜鼓县，也有60%以上的人口说客家方言。

客家方言的主要特点是，"我"说"𠊎"，"我的"说"𠊎介"，"吃饭、喝茶"说"食饭、食茶"（崇义县城说"吃"，乡下说"食"），"交合"说"鸟"，把东西藏起来说"㧡"，"是"说"系"，衣服被钉子挂破说"烂了"，不说"破了"，"活的"说"生介"（如说"生鸡、生鱼"，不说"活鸡、活鱼"）。"裤"字读 [f] 声母，"扶扶病人到医院去"字读 [pʻ] 声母，起风的"起"读 [ɕ] 声母，姓关的"关"读 [k] 声母，关门的"关"读 [kʻ] 声母。古上声浊声母字（主要是全浊声母字）有许多读阴平。影母字开口呼拼零声母，而不拼 [ŋ] 声母。这些都与赣方言（或赣方言的大多数地区）明显不同。

3. 官话

官话分为南北两类。赣北长江沿岸的九江市、九江县、瑞昌县大部分乡镇说江淮官话，而赣南的赣州市区、信丰县城及嘉定镇、桃江乡则说西南官话。不过，由于长期受赣方言或客家话的影响，它们各自都带有赣方言或客家话的某些特征。

官话的主要特点是，古全浊声母今读塞音、塞擦音时，平声送气，仄声不送气，都是清音。九江市：驼［t'o˦］、大［ta˩］。赣州市：驼［t'o˩］、大［ta˩］。但九江、瑞昌、信丰三县古入声字今有部分读送气音（瑞昌较多些），这反映出赣方言和客家话的影响。

除信丰无入声外，其他四处①都有入声，不分阴阳。赣州市的调值和信丰的调类属西南官话型，赣州市：阴平［˦］33，阳平［˩］31，上声［˥˧］53，去声［˩˧］13，入声［˥］5。信丰：阴平［˦］33，阳平［˥˧］53，上声［˩］31，去声［˩˧］13，古入声今归阳平。赣州市大量的古入声字今入、去两读：白＝百［pæ˩］和［pɛʔ˥］两种读法都很普遍。信丰古入声今归阳平：力＝犁［li˩］、拔＝爬［p'a˥˧］。

五处②都不分尖团（瑞昌有少数例外）：酒＝九。"搬班，官关"两对字都不同音（九江市"官关"同音，例外）。梗摄字都无文白两读的区别，与赣方言和客家话明显不同。

大小的"大"除九江县读［tai˦］（徒盖切）外，其余四处都读［ta］或［ta］（唐佐切，去声或阳去）。

九江、瑞昌官话有舌尖后圆唇元音［ʮ］（猪如鱼雨春润出），"马花八发"等字读后元音［ɑ］韵母，［t、t'、n、l、ts、ts'、s］不拼［u］韵或［u］介音，这些是这一带方言的特征。

九江、赣州等处"太阳"都叫"日头"，"刮风"都说"起风"，都说"我的"，不说"我箇"或"偓介"。除瑞昌说"落雨"和"徛"外，其他四处说"下雨"和"站"。赣州市和信丰菜梗的"梗"读开口呼，无［u］介音，九江、瑞昌菜梗叫"菜管"。

4. 吴方言

吴方言主要分布在赣东北的上饶市、上饶县、广丰县和玉山县，德兴县的龙头山也说吴方言。

---

① 指九江市、九江县、瑞昌县和赣州市。
② 指九江市、九江县、瑞昌县、赣州市和信丰县城，下文提到的"四处"也属此范围之内，不另作注。

　　吴方言的主要特点是，塞音、塞擦音声母三分，清浊对立，古全浊声母字今读塞音、塞擦音时为 [b、d、g、dz、dʑ] 一类浊音。平上去入四声各分阴阳共八个声调。入声均收 [-ʔ] 喉塞韵尾。有较丰富的连读变调现象。

　　广丰、玉山分尖团，上饶不分。

　　泥母、来母字今洪音前分别读 [n] 和 [l]（上饶有例外，少数字 [n、l] 不分）。以玉山为例：怒 nuə ˩˥≠路 luə ˩˩ 脑 naɯ ˥˩≠老 laɯ ˥˩ 难 nɔ̃ ˩≠拦 lɔ̃ ˩。

　　"猪"的白读音都是 [tɑ]，"大大细"都读 [do]，唐佐切，"鱼"读 [ŋ ˩˥]上饶、[ŋɤ ˩˥]广丰、[ŋɤ ˩]玉山。"官、关""搬、班"都不同音（玉山姓关的"关"读 [kuã ˧]，与"官"同，关门的"关"读 [kuŋ ˧]，与"官"异，与"公"同）。"桶"字广丰和玉山读阳上，全省其他地方都不读阳上。

　　刮风都说"起风"。下雨上饶、广丰说"落雨"，玉山说"ᶜdŋ ˥˩雨"。站立都说"徛"（上饶读阳上，玉山、广丰读阳平）。把东西藏起来说"囥"。"吃饭、喝茶"上饶说"喫饭、喫茶"，广丰说"tiEʔ ˥饭、tiEʔ ˥茶"，玉山说"tiIʔ ˥饭、tiIʔ ˥茶"，交合说"戳"。"顽到街上去顽"说"嬉"。"肚子"广丰、玉山说"腹 [puʔ ˥]"（肚子饿了说"腹饥"）。"站着说"上饶是"徛到话 [ua ˩˥]"，广丰是"徛到曰 [yæʔ ˩˥]"，玉山是"徛到讲 [kɔ̃ŋ ˥]"。

　　5. 徽语

　　徽语是人们听起来最为难懂的一种方言，主要分布于赣北偏东的婺源县、德兴县、浮梁县等地。徽语的词汇与附近的赣方言、吴方言等方言没有很大的不同，而最大的差别在语音方面，特别是它的韵母。

　　下面列举德兴县城、婺源县城、江村（旧浮梁县北部乡名）三处的若干字音，每个字后面注三个音，按照一德兴、二婺源、三江村顺序排列：

多 tu ˥ tuə ˩ to ˩˥	歌 ki ˥ kɣ ˩ kɣ ˩˥	爬 p'o ˩ p'ɣ ˩˥ p'o ˩
写 si ˥˩ seʔ ˩˥ çiɜ ˩˥	瓜 ko ˥ kɣ ˥ ko ˩˥	蛆 ts'ɜ ˩ ts'i ˥ ts'iɛ ˩˥
来 li ˩˥ lə ˥ la ˥	该 kua ˥ kə ˥ kɣ ˩˥	街 ka ˥ ke ˥ tɕia ˩˥
雷 li ˩˥ lə ˥ lɣ ˥	皮 p'ɜ ˩˥ p'i ˥ p'əi ˥	水 çyə ˥˩ çyʔ ˩˥ çy ˩˥
桃 t'ɑu ˩˥ t'ɔ ˥ t'ɑu ˥	桥 tɕ'au ˩˥ tɕ'ɔi ˥ tɕ'io ˥	
狗 tɕiau ˥˩ tɕiɜ ˥ tɕuɛi ˩˥		
南 lã ˩˥ lɯm ˥ lɔ̃ ˥	甲 ko ˩˥ kœ ˥˩ ko ˥	盐 iɜ̃ ˩˥ iĩ ˥ iĩ ˥
林 lɣŋ ˩˥ lai ˩˥ lən ˥	安 u ˥ ŋũm ˥ ɣŋ ˩˥	热 ȵiɛ ˥ ȵie ˥ iɜ ˥

　　上述例子中，"歌"字"来"字有读［i］韵的，古开口韵有读今合口的，上声字有读短调收［-ʔ］尾的，一、二等字有读细音的，三、四等字有读洪音的。别的方言收［ŋ］尾的字，徽语可能收［m］尾或读开尾韵。这些都比较特殊。

　　声母的主要特点是，古全浊声母今读塞音、塞擦音时为送气的清音，这与赣方言、客家话相同。能区分尖团字。泥来母今洪音字都读［l］声母。

　　婺源平、上、去声各分阴阳，共六个声调，没有入声，古入声字全归阳去。阴上读21短调，收［-ʔ］喉塞韵尾。德兴、江村有阴平、阳平、上声、阴去、阳去、入声六个声调。德兴入声限于古入声清声母字和部分次浊声母字，古入声浊声母字归阴平。江村入声限于古入声清声母字，古入声浊声母字全归阳去。

　　江村有［-n］作名词儿尾现象，即在开尾或元音韵尾后直接加上［-n］：歌［kɤ˩］—歌儿［kɤn˩］、袋儿［tˈɤn˦］、盖儿［kɤn˦］、奶儿［lan˥］吃奶儿、事儿［xɤn˦］（"师柿"两字也读［xər］）、竹儿［tʂoun˥］竹子。

　　至于赣东北乃至赣南地区的一些闽语点和少数闽语村，虽然从明清至今历经数百年之久，但究其特点如何，尚且一直无人问津，更何况其他莫名的方言土语呢。

　　赣省境内何以出现如此丰富多彩的语言现象呢？究其原因，我们认为主要有以下几方面：或居民迁徙所致，或政区划分而成，或地邻壤接使然。如境内的客家方言，人众地广，是仅次于赣方言的一支重要的汉语方言。客家方言虽说是历史上几次大规模北人南迁所形成的，但是明代之前入赣并一直定居下来的客籍基本上与本地人融为一体了，其语言也不例外。而今天境内的客家方言，是明末清初客家人为避战乱从广东、福建等地迁入而来的。

　　方言区的形成，与其历史行政区划也有一定的关系。在赣省的发展史上，一些市县行政区划的隶属关系几经变更，这也使其语言现象发生了一些变化。如赣东北的乐平地区，宋、元两代行政隶属江浙，从明代起则归属赣省；赣中的安福地区，秦汉时以安平、安成二县分属于扬州豫章郡和荆州长沙郡；赣西的萍乡市，汉代一度也是分属于豫章郡和长沙郡的。因此，这些地区被打上隶属政权之地的语言烙印，是必然的。今天赣省上饶、玉山、广丰一带的吴方言，德兴、婺源、景德镇浮梁一带的徽语，与其地历史上的行政所辖也是密不可分的。汉代，玉山、铅山归为会稽郡，婺源属丹阳郡；元代，信州、饶州、铅山仍归江浙所辖。而婺源，则从中唐置县之后的一千多年就一直隶属安徽歙州（南宋后改徽州），直到 1934 年才划归赣省。又如，"从西晋到隋代，闽西北的建安郡两度划归江西的江洲和抚州，前后历时 260 年。这是闽西北盛行赣方言的重要历史背景。"①

地缘关系以及经济优势，也是引起其地方言接触甚至融合的一个重要因素。如上饶、玉山、广丰等地自古就与江浙交往甚密，并且有着说吴方言的悠久历史，曾长居上饶一带的南宋著名词人辛弃疾也留下了"醉里吴音相媚好"的词句。之所以如此，不单是这些地区曾有政区上的隶属关系，而更重要的还是能够利用地毗壤接的有利条件，凭借江浙强劲的经济文化优势（尤其当代）来发展自己，这是吸引这些地区与之保持密切联系的关键所在。了解了这一点，我们就不难理解无论历史上政区如何更改，他们自古至今始终不改以吴方言为其交际母语的缘故。

第二节　赣方言的形成及其分区

人类语言文化史告诉我们，人类的形成与发展始终伴随着人类语言文化的形成与发展。自从有了人类社会，也就有了与之相适应的语言文化。可以说，人类社会形成与发展的历史，同时也是一部人类语言文化产生与发展的历史。赣鄱地区的人类社会史与语言文化史，也是这样演绎、发展的。

考古发现，远在数十万年前的旧石器时代，赣鄱地区便揭开了其社会历史发展的序幕。② 从那时起，赣鄱先民就在这块土地上，不仅创造着自己的民族历史，同时还创造着自己的语言文化。

一　赣方言的形成

赣鄱地区有着得天独厚的地理优势。它地处长江中下游南岸，北顶中原，南连百粤，西毗荆楚，东邻吴越，不仅为华东地区的腹地，还是整个南中国的交通枢纽，唐代诗人王勃誉之为"襟三江而带五湖，控蛮荆而引

---

① 陈章太、李如龙：《闽语研究》，第 221 页，转引自胡兆量《中国文化地理概述》，北京大学出版社 2001 年版，第 89 页。

② 李国强、傅伯言：《赣文化通志》，江西教育出版社 2004 年版，第 53 页。

瓯越"。这种地理位置不但决定了赣都地区政治经济的开放性，还决定了其语言文化也是一个开放多元的体系。

1. 有关赣方言形成的学术探讨

赣方言究竟形成于何时，从 20 世纪三四十年代起，学者们就一直对之进行多方面的探讨与论述，虽未取得一致的意见，但这使人们对赣方言的性质有了进一步的认识。

对于赣方言的形成问题，最早论及的是罗常培《临川音系》（1936）中关于客、赣方言"同系异派"说。随后，袁家骅《汉语方言概要》（1960）中也谈到北人南迁，中原汉语对赣方言形成的影响。但令人遗憾的是，两部专著都未明确指出赣方言形成的时间。

此后，又有不少学者对赣方言的形成问题作了较为深入的探索与研究，提出了许多不同的观点。其中最有代表性的是以下几种。

（1）周振鹤、游汝杰主张赣客方言形成于中唐。"中唐以后这样大量的北方人民进入江西，使赣客语基本形成，而且随着北方移民逐步向赣南推进，赣客语这个楔子也越打越深，不但把吴语和湘语永远分隔了开来，而且把闽语限制在东南一隅。"[1]

（2）陈昌仪主张赣方言形成于东汉。"两汉县的设置在赣语形成的第一阶段起了决定性的作用。中原人第一次大批涌入，促使了中原文化的传播，促进了中原汉语与土著语言的融合。这一融合过程大约到东汉末期才完成。这大概就是具有特色的原始赣语没能引起扬雄的关注，没能在《方言》中得到应有的反映的原因。"[2]

（3）颜森主张赣方言形成于西汉。"汉高祖时设豫章郡，郡治南昌，下辖 18 个县。赣语区的形成当从这个时期起就已初具规模。据通志记载，豫章郡的分布遍及今江西四方。西汉豫章郡的居民已达 6.7 万多户，人口 35 万多人。既有人口就有语言和方言，有了人口也才谈得上设置郡县。所以，豫章郡和 18 县的设置是江西地区经济文化发展的必然结果，也是赣方言开始形成的具体表现和证据。"[3]

上述学者所谈赣方言形成问题，大多聚焦于汉代以后几次北民南迁大潮对赣方言形成的影响。[4] 不可否认，这是影响赣方言形成因素中最重要

---

[1] 周振鹤、游汝杰：《方言与中国文化》，上海人民出版社 1986 年版，第 42 页。

[2] 陈昌仪：《赣方言概要》，江西教育出版社 1991 年版，第 4 页。

[3] 颜森：《赣语》，侯精一主编《现代汉语方言概论》，上海教育出版社 2002 年版，第 141 页。

[4] 按：颜森主要从郡县设置、人口增长、经济发展诸方面对赣方言的形成作出时间上的定位，可谓另辟蹊径。

的一个方面。但是，秦汉之前的族群互动、地域文化传统或语言文化底层等，这些重要因素对赣方言的形成与衍化产生过不可忽视的共同作用，则没有得到应有的关注和重视。

2. 赣方言的形成

赣方言是南方方言中所具多源结构体的一种，这主要与赣鄱地区语言文化形成所独具的人文历史环境密切相关。先秦时期，这个地区民族文化历史的发展大致经历过以下几个阶段：远古苗蛮集团中的"三苗"文化（五帝至夏）—百越体系中"干越"文化（商、西周）—角逐争雄的吴越楚文化（春秋、战国中期）—全境归楚（又称"南楚"之地），即楚文化（战国末期至楚被灭），与之相应的也就出现了苗蛮语—百越语—吴楚语—南楚语。它们既表现出一种整体的连续性，又带有特征纷呈的阶段性。它们相互之间不可分割，有着千丝万缕的渊源关系——都是在吸收北来华夏汉语成分的基础上，相互传承，交互作用，共同构成先秦原始赣语母体的基础。

依据赣鄱地区民族文化历史的发展特点，我们认为赣方言的形成大体经历了以下三个阶段：赣语胚胎孕育期（远古时代—西周时期）；赣语原体萌芽期（春秋、战国—秦统一）；赣方言形成期（秦汉以后）。

（1）赣语胚胎孕育期：远古时代—西周时期

这是一个十分漫长的历史过程。太古时代，赣鄱地区究竟有什么部落，其语言面貌又该是怎样，这无从稽考。但是，从五帝时代至夏朝，苗蛮族长期活跃在赣鄱地区，成为赣鄱地区的土著居民，这是不争的事实。因此，人们通常把苗蛮族时的语言文化作为赣鄱地区语言文化古老的源头。

自古以来，赣鄱地区就是开放的，对各种语言文化兼收并蓄，但又不是简单地、不加选择地继承，而是在不断整合中加以兼容、吸收。

复杂的人文环境，独特的地理位置，使赣鄱地区语言文化集多源性、多样性与立体性于一体。西周之前，除土著语言文化外，赣鄱地区受到过东南沿海一带语言文化的影响，也受到过华南地区语言文化的影响，而更多的还是来自中原华夏族语言文化的影响。它们交汇、撞击、重组，最终融于一体，共同孕育着赣语的原始胚胎。

据史料记载，赣鄱地区苗蛮族活动时期，是中原华夏族尧、舜、禹统治时期。尧舜时，原始华夏语已经形成，其影响远达赣鄱地区。因为"昔尧以天下让舜，三苗之君非之，帝杀之，有苗之民，叛入南海，为三苗国"。（郭璞注《山海经·海外南经》）这次三苗族与尧帝发生战争，败后被迫从中原迁于南方（包括赣鄱地区）。这是有史可稽的一次较大规模的北语南下。其后，华夏族为了向南扩展势力和领域，舜、禹继尧之后又连续多次南征三苗族。其结果是，三苗族部分被迫他迁，部分留下与他族融合。与他族融合的苗裔，后来又融入南方庞大的"百越"族，成了殷商、西周时代主宰赣鄱地区沉浮的主人。

考古材料也发现，新石器时代，赣鄱先民与中原地区就开始了文化交流。樟树营盘里新石器时代的古文化遗址，与中原地区的文化面貌有颇多相似之处。不仅如此，先民还同长江中下游的湘、鄂、皖、苏以及东南沿海的浙、闽、粤等地的文化交流也已存在。① 夏、商、西周三代，赣鄱地区对外的文化交往已呈强劲发展的态势，这从 20 世纪中叶至末期赣鄱地区发掘的大量三代时期的文化遗址可以证明这一点。在三代文化遗址中，不少是受中原文化影响的，而商代最多，几乎遍布赣域各地。如九江龙王岭遗址的陶器，其陶片中原式的占 77.8%，土著式的仅占 22.2%；德安石灰山遗址中原式陶器的器形，甚至连受中原文化强烈影响的吴城遗址都未曾见过。专家认为，中原文化首先从赣北进入，而石灰山遗址即是其中的一块"跳板"。鹰潭角山陶窑址发现了刻符与文字，其五进制运算体系与商代晚期殷墟甲骨文属同一个计算体系。特别是吴城文化遗址的发掘，彻底否定了"商文化不过长江"的传统陈见，人们惊呼中国古代史将要改写。吴城遗址文化内涵十分丰富，单青铜器时代的堆积就分为早、中、晚三期，最晚甚至到西周初期，延续时间达数百年之久。最值得注意的是，首次发现刻画在陶器和石范上 170 多个文字符号，其笔画和形体既有自身特点，又与殷墟甲骨文相同或相似，如"五、土、中、祖、甲、网、田"字等。② 著名文字学家唐兰说："商代的吴城居民是越族，吴城文字是越族文字，受中原商文化影响而渐趋于统一。这反映吴城越文化同中原商文化的紧密联系。"③ 吴城商代文化遗址的发现，专家们认为，它揭示了在原始社会解体、奴隶社会建立的转轨时期，赣江中游地区的吴城已经"成为中原强大的商王朝的南土方国领地。"④ 20 世纪 80 年代末，新干又发掘了商代大墓，它被学术界誉为"长江中游的青铜王国"。大墓文物如青铜农具、青铜兵器、青铜礼器、青铜雕饰等，既有中原商代中期的文化因素，又有中原西周初年的文化因素，还有吴城土著的文化因素。尤其是器物造型、

---

① 李学勤：《新干大洋洲商墓的若干问题》，《文物》1991 年第 10 期。
② 江西博物馆：《江西清江吴城商代遗址发掘简报》，《文物》1975 年第 7 期。
③ 转引自邓晓华《人类文化语言学》，厦门大学出版社 1993 年版，第 40 页。
④ 李国强、傅伯言：《赣文化通志》，江西教育出版社 2004 年版，第 40 页。

纹饰上的崇虎风格，给人以强烈印象，这表明此地当时居住着信虎图腾的先民。对此，有学者指出："吴城文化的民族中，有一部分是来自中原氏羌族团的夏人、虎人、灌人和戈人，他们分批南迁，来到赣江鄱阳湖一带，与当地的土著民族结合，创造自己的文化。这也正是吴城文化中中原文化因素的来源。"①

西周文化遗址中，影响最大的莫过于新干"列鼎"墓了。据文献记载，西周时代，随葬列鼎有严格的规定。《公羊传·桓公二年》向休注："礼祀天子九鼎、诸侯七、大夫五、元士三也。"可见，这座随葬5件列鼎的大墓，是西周中期的大夫墓。20世纪70年代，新干大洋洲在仅数公里范围内，发掘了商代方国首领墓一座、西周大夫墓一座、商周至春秋时期的遗址两处。不可否认，新干乃至赣中一带在商周时期具有政治、经济上的重心地位。"如果说，吴城文化中尚存的土著性质证明中原商王朝的统治范围尚未直接抵达赣江流域的话，那末，新干西周列鼎墓的发现则说明：最迟到西周中期，中原西周王朝的政治版图便已经达到江西境内。这与《古本竹书纪年》所记载的相符：'（周穆王）三十七年，伐越，大起九师，东至于九江。'"②其实，20世纪发掘的"应监""艾监"文物，更为明确地表明，西周王朝在赣鄱地区不仅建立了"应"（今余干县境内）、"艾"（今修水县境内）等地方政权，而且还直接从中央向赣鄱地区派驻"监国"一级的官员，以加强对赣鄱地区的统治。③萍乡彭高遗址出土的甬钟，也说明了中原宗周文化对赣鄱地区文化的深刻影响。

与此同时，赣鄱文化还受到东南沿海、江汉流域乃至华南一带的广泛影响，并且涉及各个层面。在众多的新石器文化遗址中，人们发现：万年仙人洞、吊桶环洞遗址，其出现的原始稻作文化面貌与东南沿海（如浙江余姚河姆渡遗址、江苏吴县草鞋山遗址）和华南地区（如广东阳春独石仔遗址、广西桂林甑皮岩遗址、湖南玉蟾岩遗址等）的文化面貌有着密切的联系；新余拾年山遗址第一期，其陶系特征与浙江马家浜文化相似，而其大折角纹等纹饰特征又与湖南大溪文化纹饰相同；修水山背遗址的陶器文化则与江汉流域的原始文化有着密切的关联，樟树筑卫城—樊城堆遗址的陶器文化又同东南沿海、华南各地的原始文化有一定

---

①　李国强、傅伯言：《赣文化通志》，江西教育出版社2004年版，第71页。

②　同上书，第74页。

③　郭沫若：《释应监甗》，《考古学报》1960年第1期；李学勤：《应监甗新说》，《江西历史文物》1987年第1期。

的联系。此外，赣鄱地区的许多风俗如干栏建筑、短发文身、善驾舟船等，也受到古越地区的深刻影响。如广丰社山头遗址的墓葬，其葬俗显然就受东南沿海古越"割首葬仪"的影响；樟树营盘里遗址，出现了一种悬山式顶的陶质建筑模型，学者们认为它是古越"干栏式"建筑模型。这样的影响，在商周的文化遗址中也得到了反映，如信奉鸟凤等。新干商代大墓，其青铜器立耳上的浮雕鸟装饰和边栏装饰上的燕尾纹，尤其是伏鸟双尾虎形器，给人以虎鸟结合的鲜明印象。这无疑是受东南沿海东夷文化以及良渚文化的影响，也是而后"赣巨人""枭"及凤文化传统的根源。[①]

上述情况表明，赣鄱地区与外界语言文化的接触、交流、影响，其历史十分久远，范围十分广泛，内容十分丰富。

文化语言学告诉我们，语言是一定文化的表现形式，而文化又是一定语言的表达内容，二者密不可分。因此，我们认为，有文化交流，就有语言接触；有语言接触，也就有语言的相互渗透、相互影响、相互融合。

从太古时代到夏、商、西周三代，赣鄱地区的语言文化史已经走过了漫长的岁月。当人类社会翻开三代历史崭新一页的时候，孕育的赣语原始胚胎也已日趋成熟。这与人类社会历史发展的大背景也是分不开的。夏、商、西周，是我国社会由部落联盟到统一的国家体制形成并逐步走向完备的时代。商周（尤其西周）大肆向周边地区扩张，其统治范围南方已扩展到了长江流域，并直达赣中吴城地区，还在赣鄱地区建立了地方政权，以此引起民族、语言间的相互融合，甚至同化。史料以及考古材料，均做出了有力的证明。

（2）赣语原体萌芽期：春秋、战国—秦统一

春秋、战国时期，赣鄱地区为吴越楚争锋之地，因而也受到了吴越楚语言文化的影响。

在春秋战国时期的文化遗址中，人们会发现这一现象：赣鄱地区同吴越、荆楚的联系十分紧密，赣鄱文化与吴越、荆楚文化甚至出现了不同程度的交融局面。赣鄱各地发掘的遗址和墓葬，就客观而真实地反映了这一变化过程，这与赣鄱地区那时所处的特定历史阶段是相吻合的。如贵溪仙水岩崖墓群，根据其仿铜木器加上"干栏式"建筑习俗，专家推测其墓主为古越人的一支，而其陶瓷器与江苏春秋时代土墩墓中的遗物有密切关系；高安太阳墟春秋墓与苏、浙、皖的越式或吴式墓是同一风格，其出土

---

① 李国强、傅伯言：《赣文化通志》，江西教育出版社 2004 年版，第 71 页。

的青铜器既沿袭了商周形制，又具有南方越式特征；20 世纪 70 年代至 90 年代，樟树观上连续发现春秋及战国的越国贵族墓群，这进一步说明赣中一带继商代、西周之后，在政治、经济、文化上仍处于中心地位；在新建昌邑乡，还发现了地道的楚墓，其墓葬形制、随葬器物均与荆州之地的楚墓相同，这为探索"吴头楚尾"的赣文化内涵，提供了极为宝贵的实物数据。

这一时期，尽管赣鄱地区迭属吴、越、楚，但是不论吴、越还是楚，都与中原地区在政治、经济、文化方面有着频繁的交往。很显然，它们之间的频繁交往，实质上也就是赣鄱地区与中原华夏族的密切交往。其时，中原华夏人也常常涉足赣鄱地区，或进行传教活动，或从事商贸交易，或建立己方据点。据《史记·仲尼弟子列传》记载，春秋时，鲁国孔子门徒子羽，因"状貌甚恶"，孔子瞧不起他。后来，子羽"南游至江，从弟子三百人"，积极传播儒家思想，"名施乎诸侯"。"孔子闻之，曰：'我以言取人，失之宰予；以貌取人，失之子羽。'"子羽南游，率弟子在赣鄱境内传教。死后，当地人民为他树碑立亭，建"友教堂"，设"友教书院"。据说，南昌城内进贤门，城东南进贤县，就是为纪念子羽这位贤人的到来而取名的。当然，这仅是无数事例中的一例。不过，这也足以说明，赣鄱地区与中原语言文化的接触与交流，更为直接，更加密切。

考古材料也发现，春秋战国时期有北方部族南迁赣鄱地区。20 世纪 70 年代末，靖安发掘了一处春秋徐国遗址，这是最早活动于苏、皖一带的淮夷徐戎。因后与楚成为南方强国，屡遭周人征战，故被迫从苏、皖一带南徙而入赣鄱地区。郭沫若曾据高安出土的带有铭文徐器推定，徐人是在周人压迫下逐渐移入赣鄱西北部的。靖安徐器的再次出土，无疑证明郭氏推断的正确性。

春秋、战国至秦灭楚统一，吴越楚的语言文化尤其是楚地的语言文化给赣鄱地区打上了许多烙印。但是，由于悠久的历史积淀，赣鄱地区的语言文化更多的还是具有自身的独特风格，这正如清人高璜所说的："（江西）大不如吴，强不如楚，然有吴之文而去其靡，有楚之质而去其犷。"①缘于受到吴、楚语言文化源流的较深影响，加之中原语言文化与赣鄱地区苗蛮、百越语言文化之间的长期交互作用，因而一个独特的赣语混血原体就这样萌芽了。

---

① 转引自李国强、傅伯言《赣文化通志》，江西教育出版社 2004 年版，第 5 页。

　　它也是时代的产儿。春秋战国时期，是中国人类语言文化史上的一个重要的轴心时代。这个时代，不仅是中国历史大变革、大分化的时代，更是各个民族大改组、大融合的时代，这也引起了语言文化的大融合。而孔、墨、老、庄等文化巨人的出现，又开创了一个决定中华民族文化走向的"元典时代"，它孕育着语言文化大统一时代的即将来临。这一时期（甚至在西周），中原区域性的共同语（以华夏语为基础），已经发展为黄河流域乃至长江流域的共同语（汉代以后成为全民共同语的基础），并且出现了共同的统一的文学语言——雅言。这对南方各个语言文化区产生了巨大的影响，促使了南北语言文化的快速发展，加速融合。"春秋战国时期，中原毗邻的华、夷、戎、狄、蛮等大规模地融合，战国以后，秦、楚、吴、越以至徐戎、姜戎、淮夷、蜀人、庸人等都包括在'华'的概念里了。"① 赣语的原体，正是在这一特定的社会大变革时期萌芽的。尽管它与共同语或雅言存在较大的差异，但这近乎一个语言系统内的方言差异了，并不影响人们的正常交际。否则，中原子羽在赣就无法传教了。

　　（3）赣方言形成期：秦汉以后

　　先秦时期，赣鄱地区民族历史的发展经历过由苗蛮、百越（包括吴、楚）等民族与中原华夏族的融合之后，终于形成了独特的而又与吴、楚同属一个语言文化圈的原始赣语（实质上属于南楚语范畴）。而秦汉以后，原始赣语又发生了一次蜕变性的深刻变化，它由南楚语支已经逐渐演变为南方汉语方言的一支——赣方言。

　　众所周知，春秋战国的文化大潮，已经汇成了一股巨流涌进到秦汉的江河之中；而秦汉的大统一以及帝国的空前强大，又不可动摇北方汉语成为全国"通语"（实质上已经取得了民族共同语的地位）的统治地位。在秦汉开展的全国性"地同域、书同文、度同制、行同伦"的"文化大统一运动"（西汉初完成）中，北方汉语又以很快的速度扩散并影响到全国各地，加之在统一全国的过程中，秦汉多次南下征战、移民。这一切好似催化剂，无疑加速了原始赣语的进一步汉化。

　　据史料记载，在赣鄱地区，秦始皇数次至少投放了逾百万来自中原地区的军民。一次是始皇二十四年（公元前 223 年），王翦率秦六十万大军南下赣鄱灭楚（时赣鄱属楚地）；始皇二十五年（公元前 222 年），又挥师降越，设置会稽郡，统一长江流域。第二次是始皇二十六年（公

――――――――

① 李葆嘉：《中国语言文化史》，江苏教育出版社 2003 年版，第 169 页。

元前 221 年），尉雕率领五十万大军征讨闽越、南越，五路大军中的两路集结、运动于赣都地区；赵佗统领四、五万楼船水师南进，一路也途经赣境大庾岭。20 世纪 70 年代，遂川藻林挖掘的一处秦代兵器窖藏遗址，也证明了这一点。以后，秦始皇又谪迁六国官吏、贵胄、将卒、商贾南下，征发成千上万乃至数十万中原军民或"罪犯"去戍岭南，不少却在赣都地区扎根；还有北人南征楚越后，自愿或被迫留下而融入赣都本土的。

西汉，在平南越、灭闽越等开疆拓土的战争中，高祖、武帝均把赣都地区作为汉军集结、军备补给基地，并不断地进行北民南迁运动。尤其是郡府县治建立与增设之后，大批北人迁入赣都地区。如汉武帝时，就徙汝南上蔡（今河南新蔡县）人到建城（今江西高安、上高两县）。（《太平寰宇记》卷一百）公元前 111 年，汉武帝破番禺，诛吕嘉，后又屡徙中原罪人经赣都，进岭南。西汉末年，北方横遭天灾兵祸，入赣北民为数不少。东汉末年，又有大批北人南迁，甚至连豪强地主也携其宗族逃灾南方。秦汉时期，是赣都地区人口激剧增长的一个时期，以致赣都地区"从西汉平帝元始二年到东汉永和五年的一百多年间，人口净增了 1316941 丁，而同一时期全国的人口总数处于减少的下降趋势，豫章郡却增加极快，由居全国第 53 位跃居全国第 2 位，显然不完全是江西地区人口自然增长的结果，而是北方移民大量涌入而造成的人丁兴旺景象。"①

秦汉帝国为了加强赣都地区的统治，都设立县、郡地方政区。秦始皇承西周至战国设置的地方政权之后，又增设了数个县治政权；而汉高祖不仅再次增设县治政权，更为重要的是设置了豫章郡，统辖几乎等同于今天赣省大小的 18 个县。郡级政区的建立，从此使赣都地区在政治、经济、文化、军事等领域开始步入发展的快车道，同时也加快了赣都地区土著民族变为南方汉人、南楚语支转变为汉语方言的步伐。

就是在这种历史条件下，原始赣语在北方汉语的强大攻势下，不断地增加语言的新质要素，而其旧质要素一部分自行消亡，另一部分则沉积为语言成分的底层，剩下的逐渐地融汇到语言的新质成分中去。这样经过长期的日积月累，最终形成了具有新质成分的南方汉语方言——赣方言。诚然，这并不意味着北方汉语消灭了赣都土著语（或曰南楚语），而是南北族群之间经过长期的语言内核的相互作用，强势的北方汉语影响弱势的原

---

① 张翊华：《赣文化纵横说》，中国文联出版社 2000 年版，第 54 页。

始赣鄱土著语而形成的一种独具特色的南方汉语方言，而其每次影响都会给弱势语留下不同历史层次的底层成分。正因为这样，我们考察今天的赣方言，发现其中有不少古苗、百越、吴楚等语孑遗的底层成分。这正如潘悟云先生所说的："南方方言从百越时代一直到现代，不断接受北方汉语的影响，每一次影响都会留下历史层次。"①

　　一种语言的形成是一个复杂而漫长的历史过程，因其新质要素的增长与旧质要素的消亡是要经过一个从量变到质变长期积累的过程，不可能一蹴而就。赣方言形成于秦汉以后，这也是质量互变规律作用的结果。这既是民族历史长期发展的必然趋势，也是民族政治、经济、文化发展的客观要求，还与其人口迁徙、土地开发等因素密不可分，是其主观因素与客观条件在类似于平行四边形合力的作用下完成的。

　　因此，从其源流看，赣鄱地区所反映的语言具有多源体特征，而其中华夏语（或北方汉语）是构成赣方言成分中的最主要、最基本的基础成分。秦汉统一全国以后，赣省成为华夏汉民族大家庭中的一员，与之相应的语言文化也融入于汉民族的语言文化圈中，之后便形成了南方汉语六大方言中的一支。

　　魏晋之后，赣方言进入它的发展时期。尽管经历了两晋"永嘉之乱"、唐朝"安史之乱"、南宋"靖康之难"几次移民潮，但是这不可能从根本上动摇赣方言起码从"元典时代"到秦汉以后近千年来所奠定的汉语方言的根基。俞理明先生指出："由于旧有的词语成分的高使用率，它缩小了各个时代用语之间的差异，体现了语言的延续性和稳定性，保证了它作为交际工具而得以长期的使用。"② 事实也是如此。今天，我们追溯赣鄱居民（包括七八十岁高龄的文盲）日常用语的语源，其中先秦两汉的古汉语词就占有相当大的比重。也难怪，由"人统一"到"大一统"的"元典时代"（甚至三代时期）以及秦汉以后的大汉文化，就决定了中国绵延几千年来的文化走向，而且具有超越时空的穿透力。所以，我们认为，魏晋以后的语言发展变化，是属于同一语言体系内部的发展变化，它只是语言系统内部的调整，充其量只是一个量的变化，而不是质的飞跃。实际上，从古至今，语言是经常处于不断发展变化之中的（包括今天汉民族共同语以及汉语的各大方言也是如此），只是变化的性质有所不同。可以说，这应

---

① 潘悟云：《语言接触与汉语南方方言的形成》，邹嘉彦主编《语言接触论集》，上海教育出版社 2004 年版，第 313—314 页。

② 俞理明、潭代龙：《共时材料中的历时分析——从〈根本说一切有部毗奈耶破僧事〉看汉语词汇的发展》，《四川大学学报》2004 年第 5 期。

是一条亘古不变的规律。

从上述分析中，人们不难发现，复杂多变的人文历史与错综交汇的语言文化是培植多元体赣方言的沃土，是它们交互作用所形成的结果。邓晓华先生曾经在论及南方汉语方言形成的基础时，则从人类文化语言学的角度进行分析，认为古代南方文化区包括了几个区域性的文化，它们共同构成了一个文化交互作用圈，这是南方汉语方言形成的基础。这个方言形成基础（除客家话）分布的地理格局，在先秦时期就已奠定好了，因为"南方古印纹陶文化各区的分布与现代汉语南方方言的格局是基本相符的"。① 不仅如此，古代南、北还有两大语言文化区域，这两大区域南方与北方、南方各区系之间的语言文化由于频繁交往而相互影响、相互渗透、相互交融。所以，"南方汉语的形成既非完全是'土生土长'，也绝非完全是'北方迁入'。这是一个多元结构体，它的最底层系以古百越语言为基础的南方'区域共同传统'，其中又可划分为若干个文化区系，如福建的闽越，广东的南越，江西的干越，江、浙的吴越等；这是现代南方汉语方言分区的基础"。② 因此，南方汉语方言（自然也包括赣方言在内），实际上是南方与北方、南方与南方族群或族际之间语言文化经过长期的交互作用所产生的，这也反映了南方诸方言之间为什么"你中有我，我中有你"所具有的文化特征。这种多来源、多元性、多层次的南方汉语方言，其所存在的客观事实与谱系理论指导下的南方方言来自北方汉语"单线"移植论，无论如何都是会有抵触的，这也是许多人按照"单线"移植论去构拟原始吴语、原始闽语、原始赣语不能成功的深层原因。

二 赣方言的分区

1. 关于方言分区的标准问题

方言分区存在以什么特征作为标准的问题。从理论上说，语音特征、词汇特征和语法特征都可以作为分区的标准，它们既可独立使用，又可综合运用。而在实际运用过程中，却难以达到反映语言客观事实的理想效果。其原因在于，无论运用那个标准，都存有一定的片面性。例如，罗常培先生 1936 年在《临川音系》的叙论中提出，从音系的全部来看，赣方

---

① 邓晓华：《人类文化语言学》，厦门大学出版社 1993 年版，第 208 页。

② 邓晓华：《试论古南方汉语的形成》，邹嘉彦主编《语言接触论集》，上海教育出版社 2004 年版，第 279 页。

言和客家话大同小异，所以颇疑心二者"是同系异派的方言"。而袁家骅先生则指出："我们发现南昌话在词汇方面似乎更接近吴、湘、江淮诸方言，而与客家话并没有特殊的亲密关系。"① 综合运用各种标准，虽然这样能更全面、更准确地反映语言事实，但是也存在诸多问题。一是词汇操作起来难度非常大，因为词语的差异不仅在于数量庞大，而且其频度差异也大，规律性划界的特征很难找到；二是人们很少去调查、关注方言语法现象，这使语法材料极为缺乏，难以找到方言语法特征地域分布的规律。鉴于上述情况以及实践经验，学者们很少使用词汇或语法标准，大多倾向采用语音特征作为分区的标准，这样操作起来也比较容易。李荣先生说："在方言分界上，语音分布现象特别重要，因为一张图可以代表许多字。一个词就只能代表它本身，所以词汇在方言分界上重要性不大。"② 王福堂先生也持这样的主张："相对说来，语音应该是区分汉语方言的主要标准。"③ 毫无疑问，以语音特征为方言分区的主要标准，多少年来就已成为学者们的共识。因此，赣方言的分区，学者们也是以其语音特征作为主要标准。

2. 赣方言的分区及其特点

多年来，语言学界对赣方言分区及其特点展开了热烈的讨论。但这里不准备详论，只附带地简述一下。

（1）赣方言分区及其特点讨论

这一问题的讨论，始于 20 世纪 80 年代。颜森的《江西方言的分区（稿）》（1986）首开其功，它为赣方言分区及其特点的分析研究奠定了良好的基础。以后，随着赣方言调查、研究的不断深入，出版了几部专著，如陈昌仪的《赣方言概要》（1991）和《江西省方言志》（2005）、李如龙 张双庆的《客赣方言调查报告》（1992）、刘纶鑫的《客赣方言比较研究》（1999）、侯精一的《现代汉语方言概论》（2002）等，都涉及了赣方言分区及其特点问题。近些年来，学者们还就赣方言的分区及其特点问题专门发表论文进行讨论，如孙宜志、陈昌仪、徐阳春的《江西境内赣方言区述评及再分区》（2001）和谢留文的《赣语的分区稿》（2006）等。

关于赣方言的分区及其特点，影响最大的是颜森的《江西方言的分区

---

① 袁家骅：《汉语方言概要》，文字改革出版社 1989 年版，第 127 页。
② 许宝华：《吴语论丛（后记）》，上海教育出版社 1988 年版。
③ 王福堂：《汉语方言语音的演变和层次》，语文出版社 1999 年版，第 46 页。

（稿）》。"这篇文章及其附图，是后来编绘语言地图及其文字说明的基础"①，对赣省方言特别是赣方言的研究，具有十分重要的学术价值。1987年，中国社会科学院和澳大利亚人文科学院联合出版的《中国语言地图集》，就是以此为蓝本介绍赣省各大方言以及赣方言区地域分布和语言特点的。熊正辉先生对此给予了高度评价："……对江西省的汉语方言做了分区分片，介绍了各区各片的语言特点，使我们对江西省的汉语方言面貌以及与周围省份的方言的关系有了比较清楚的了解，填补了空白，为今后江西省方言的更深入的调查研究打下了良好的基础。"②

对赣方言进行分片区以及阐述其特点的研究，最具代表性的学者是颜森（2002）、陈昌仪（1991）、刘纶鑫（1999）这三家。比较他们三家的分片，大同小异，其主要差别仅在对高安、分宜、靖安、奉新、萍乡市等方言归片以及特点的不同。另外，昌靖片中，颜家有铜鼓县，陈、刘两家没有；刘家有瑞昌县（西南），颜、陈两家也没有。

孙宜志等（2001）对颜、刘两家的分区以及特点作了述评分析，认为存在"随意性和分区标准欠佳等毛病"，并结合自然地理和历史区划等因素，对赣方言提出了南、北再分区的主张："江西境内赣方言的内部差异首先表现在南区赣方言和北区赣方言之间在语言特征上的不同。这里的南区赣方言大致是指怀玉山、袁江以南的赣方言，北区赣方言大致是指怀玉山、袁江以北的赣方言，也即鄱阳湖平原及其周围各县。"③ 然后，根据各自的特点，南区再分崇仁、泰和、分宜和铅山四个片，北区也分为都昌、乐平、奉新三个片。这可谓另辟路径，对重新认识赣方言的特点以及如何更加合理地分区做了有益的探索。

谢留文的《赣语的分区（稿）》④ 在广泛吸收近二十年来赣方言研究成果的基础上，以《中国语言地图集》（1987，B11 图，颜森、鲍厚星）为根基，又一次对赣方言进行了再分片，并对赣方言各片的语言特点重新作了分析说明。这是集赣方言研究之大成又一新成果。

（2）赣方言分区及其特点

这里的赣方言分区及其特点，主要征用谢留文《赣语的分区（稿）》（2006）一文的材料，因为它反映了赣方言研究的最新成果。以下是各片

---

① 颜森：《江西方言研究的历史与现状》，《江西师范大学学报》1995 年第 1 期。

② 转引自颜森《江西方言研究的历史与现状》，《江西师范大学学报》1995 年第 1 期。

③ 孙宜志、陈昌仪、徐阳春：《江西境内赣方言区述评及再分区》，《南昌大学学报》2001年第 2 期。

④ 谢留文：《赣语的分区（稿）》，《方言》2006 年第 3 期。

的划分及其语言特点。

1）各片的划分

首先必须说明的是，《中国语言地图集》是赣方言各片再次划分的基础。因此，赣方言各片基本沿袭其中的名称，除非有特别的需要必须更名之外。

赣方言区分为以下九片（市县名后加＊号表示该市县的部分地区。该星号＊只在分片时用，具体论述时则不用。每片括号中的数字，表示其市县的个数；没有标明"市"的，即为县名）：

昌都片　南昌市、南昌、新建、永修、德安、星子、都昌、湖口、安义、武宁＊、修水＊以上江西

原昌靖片包括十六个市县，现将其中的奉新、靖安、高安、铜鼓四个市县划归宜浏片，这四个市县在语音特点上与宜春地区周围方言相近。平江划归大通片。详见下文各片语言特点说明。因为靖安已经划出去，所以本方言片名改名为昌都片。

宜浏片　宜春市、宜春、分宜、宜丰＊、上高、新干、新余市、奉新＊、樟树原清江县、靖安＊、高安＊、铜鼓＊、丰城、万载＊以上江西浏阳＊湖南

吉茶片　吉安市、吉安＊、吉水、峡江、泰和＊、永丰＊、安福、莲花＊、萍乡市、上栗（上栗、芦溪原属萍乡市的两个区，现分立为两个县）、芦溪、永新＊、井冈山＊、万安＊、遂川＊以上江西攸县＊、茶陵＊、炎陵＊（原酃县）、醴陵以上湖南

萍乡市、上栗、芦溪《中国语言地图集》划归宜浏片，颜森（2003）改划为吉茶片，本文也归入吉茶片。原宁冈县现已划归井冈山市。《中国语言地图集》醴陵归宜浏片，现根据其语言特点，划归吉茶片。

抚广片　抚州市、崇仁、宜黄、乐安、南城、黎川、资溪、金溪、东乡、进贤、南丰、广昌＊以上江西建宁、泰宁以上福建

鹰弋片　鹰潭市、贵溪、余江、万年、乐平、景德镇市＊、余干、鄱阳、彭泽、横峰、弋阳、铅山以上江西

大通片　大冶、咸宁市、嘉鱼、赤壁（原蒲圻市）、崇阳、通城、通山、阳新、监利＊以上湖北平江＊、临湘＊、岳阳＊、华容以上湖南

耒资片　耒阳、常宁、安仁、永兴、资兴以上湖南

洞绥片　洞口＊、绥宁＊、隆回＊以上湖南

怀岳片　怀宁、岳西、潜山、太湖、望江＊、宿松＊、东至＊、石台＊、池州市＊（限贵澳区部分地区，原贵溪县已划归池州市贵溪区）以上安徽

2）各片的语言特点

赣方言最重要的特点是，古全浊声母今逢塞音、塞擦音，一般读送气清音。以下是各片的主要特点：

昌都片的主要特点是：①声母送气影响调类分化。武宁例外。有两种类型：一是今声母送气与否影响调类分化，如南昌市、南昌县（塔城）、新建、安义、永修（江益）、德安。请看表1。二是古声母送气与否影响调类分化，如湖口、星子、都昌、修水＊。请看表2。②除南昌市、南昌、新建、安义外，都有浊音声母。

表1　　　　　　　　昌都片今声母送气与否影响调类分化

	平　声				上声	去　声			入　声			调类数目
	阴平		阳平		上声	阴去		阳去	阴入		阳入	
	今声母不送气	今声母送气	今声母不送气	今声母送气		今声母不送气	今声母送气		今声母不送气	今声母送气		
南昌市	[˥˩] 42		[˥] 45	[˨˦] 24	[˨˩˧] 213	[˥] 45	[˨˩˧] 213	[˩] 11	[˥] 5		[˧] 2	7
新建	[˥˩] 42		[˥˥] 55	[˨˦] 24	[˥] 45	[˧˧˦] 334	[˨˩˨] 212	[˩] 11	[˥] 5		[˧] 2	9
安义	[˩] 11		[˨˩] 21		[˨˩˦] 214	[˥] 55	[˨˩˦] 214	[˨˦] 24	[˥] 5		[˧] 2	7
南昌	[˦˦] 44		[˧˥] 35	[˨˦] 24	[˨˩˧] 213	[˧˥] 35	[˨˩˧] 213	[˩] 11	[˦] 4		[˩] 1	7
永修	[˧˥] 35	[˨˦] 24	[˧˧] 33		[˨˩] 21	[˥˥] 55	[˦˦˥] 445	[˨˩˨] 212	[˥] 5	[˦˥] 45	[˧] 3	10
德安	[˦˦] 44	[˧˧] 33	[˥˩] 42		[˧˥˦] 354	[˧˥] 35	[˨˦] 24	[˩˨] 12	[˥] 5	[˦˥] 45	[˨˧˨] 232	10

表2　　　　　　　　　昌都片古声母送气与否影响调类分化

	平声				上声	去声			入声				调类数目
	阴平		阳平		上声	阴去		阳去	阴入		阳入		
	古声母不送气	古声母送气	古声母不送气	古声母送气	上声	古声母不送气	古声母送气		古声母不送气	古声母送气	古声母不送气	古声母送气	
湖口	[ ] 42		[ ] 11		[ ] 24	[ ] 35	[ ] 213	[ ] 13	[ ] 35	[ ] 213	[ ] 13		6
星子	[ ] 33		[ ] 24		[ ] 31	[ ] 55	[ ] 214	[ ] 11	[ ] 35		[ ] 11		7
修水	[ ] 34	[ ] 23	[ ] 13		[ ] 21	[ ] 55	[ ] 45	[ ] 22	[ ] 42		[ ] 32		9
都昌	[ ] 33		[ ] 334		[ ] 342	[ ] 325	[ ] 11	[ ] 11	[ ] 5	[ ] 2	[ ] 3	[ ] 1	10

宜浏片的主要特点是：止摄开口三等精、庄组字与知三、章组字因为声母的不同韵母有别。只有丰城例外。请看表3：

表3　　　宜浏片止摄开口三等精、庄组字与知三、章组字韵母有别

	止摄精、庄组声母字				止摄知三、章组声母字			
	子	字	死	事	知	纸	是	屎
靖安	ᶜtso	t'eᵊ	ᶜso	soᵊ	ᶜte	ᶜte	soᵊ	ᶜso
奉新	ᶜtsu	t'uᵊ	ᶜsu	suᵊ	ᶜtiə	ᶜtiə	səᵊ	ᶜsə
高安	ᶜtsu	ts'uᵊ	ᶜsu	suᵊ	ᶜtɵ	ᶜtɵ	sɵᵊ	ᶜsɵ
宜丰	ᶜtsu	ts'uᵊ	ᶜsu	suᵊ	ᶜtə	ᶜtə	ɕiəᵊ / hiəᵊ	ᶜsə
上高	ᶜtsu	ts'uᵊ	ᶜsu	suᵊ	ᶜtɵ	ᶜtɵ	sɵᵊ	ᶜsɵ
万载	ᶜtsu	ts'uᵊ	ᶜsu	suᵊ	ᶜtʂʅ	ᶜtʂʅ	ʂʅᵊ	ᶜʂʅ
丰城	ᶜtsɿ	tsɿᵊ	ᶜsɿ	sɿᵊ	ᶜtʂʅ	ᶜtʂʅ	ʂʅᵊ	ᶜʂʅ
樟树	ᶜtsɿ	tsɿᵊ	ᶜsɿ	sɿᵊ	ᶜtʃʅ	ᶜtʃʅ	ʃʅᵊ	ᶜʃʅ
新干	ᶜtsɿ	tsɿᵊ	ᶜsɿ	sɿᵊ	ᶜtʃʅ	ᶜtʃʅ	ʃʅᵊ	ᶜʃʅ
新余	ᶜtsɿ	tsɿᵊ	ᶜsɿ	sɿᵊ	ᶜti	ᶜti	ɕiᵊ	sɵ

	止摄精、庄组声母字				止摄知三、章组声母字			
	子	字	死	事	知	纸	是	屎
分宜	꜀tsu	ts'u꜔	꜀su	su꜔	꜀tsɿ	꜀ti	sɿ꜕	꜀sɿ
宜春市	꜀tsɿ	tsɿ꜔	꜀sɿ	sɿ꜔	꜀tʃ̩	꜀tʃ̩	ʃ̩꜕	꜀ʃ̩
浏阳	꜀tsɿ	tsɿ꜔	꜀sɿ	sɿ꜔	꜀tʂ̩	꜀tʂ̩	ʂ̩꜔	꜀ʂ̩

　　吉茶片的主要特点是：①有丰富的鼻化韵，吉安市、峡江例外。韵母数目少，一般在三十几个到四十多个。请看表4。②绝大多数方言没有入声。古清声母入声字除遂川外，今都读阴平。古全浊声母入声字今大多读去声。遂川古清声母入声字今读阴去，古全浊声母字今读阳去。万安、永丰、醴陵有入声调，但无入声韵。请看表5。

表4　　　　　吉茶片咸深山臻宕江曾梗通九摄的鼻化韵现象

	咸	深	山	亲	汤	虹	灯	生	东
吉安市	꜀꜍han	ₒsɛn	ₒsan	꜀tɕ'in	꜀t'ɒ	꜀kɒŋ	꜀tɛn	ₒsaŋ	꜀tuŋ
安福	꜍hãŋ	ₒsẽn	ₒsãŋ	꜀ts'ẽn	꜀t'õŋ	kõŋ꜔	꜀tẽŋ	ₒsãŋ	꜀tõŋ
永新	꜍hã	ₒsɛ̃	ₒsã	꜀ts'ɛ̃	꜀t'õ	ɔ̃꜔	꜀tɛ̃	ₒsã	꜀tõŋ
莲花	꜍hã	ₒsẽ	ₒsã	꜀tɕ'ĩ	꜀hõ	õ꜔	꜀tẽ	ₒsã	꜀tõŋ
遂川	꜍hãn	꜀çĩ	ₒsãn	꜀tɕ'ĩ	꜀t'õ	kõ꜔	꜀nã̃n	ₒsã	꜀tə̃
峡江	꜍han	꜀çin	ₒsan	꜀tɕ'in	꜍hoŋ	꜍koŋ	꜀tɛn	ₒsaŋ	꜀tuŋ
萍乡市	꜍hã	ₒʂə̃n	ₒsã	꜀ts'ĩŋ	꜀t'ɔ̃	kɔ̃꜔	꜀tɛ̃	ₒsã	꜀tõŋ
永丰	꜍hæ̃	꜀çĩ	ₒsæ̃	꜀tɕ'ĩ	꜀t'ɔŋ	꜍fəŋ	꜀tæ̃	ₒsã	꜍tõŋ
泰和	꜍hãn	꜀çĩ	ₒsãn	꜀tɕ'ĩ	꜀t'õŋ	꜍fɔ̃ŋ	꜀tɛ̃	ₒsãŋ	꜀tə̃ŋ
万安	꜍hɛ̃	꜀çĩn	ₒsãn	꜀tɕ'ĩn	꜀t'õŋ	꜍fɔ̃ŋ	꜀tɛ̃n	ₒsãŋ	꜀tə̃ŋ
醴陵	꜍haŋ	ₒsən	ₒsaŋ	꜀tɕ'iəŋ	꜀t'õŋ	kõŋ꜔	꜀tẽŋ	ₒsãŋ	꜀tõŋ

表5　　　　　　　吉茶片的调类（注：泰和方言今阴平有两个声调）

	平声		上声		去声		入声		调类数目
	阴平	阳平	阴上	阳上	阴去	阳去	阴入	阳入	
吉安市	[˧˦] 34	[˨˩] 21	[˥˧] 53		[˨˩˧] 213		[˧˦] 34	[˨˩˧] 213	4
萍乡市	[˩˧] 13	[˦] 44	[˧˥] 35		[˩] 11		[˩˧] 13	[˩] 11	4
永新	[˧˥] 35	[˩˧] 13	[˥˧] 53		[˧] 33		[˧˥] 35	[˧] 33	4
莲花	[˦] 44	[˩˧] 13	[˥˧] 53	[˧˥] 35	[˨] 22		[˦] 44	[˨] 22	
安福	[˦] 44	[˨˩] 21? [˩˨] 12	[˥˧] 53	[˧˩] 31? [˩˧] 13	[˨] 22		[˦] 44	[˨] 22	4
泰和	[˥˥/˧˥] 55/35	[˧] 33	[˥˧] 53		[˨˩] 21		[˥˥] 55	[˨˩] 21	5
吉水	[˧˧˦] 334	[˩] 11	[˥˧] 53		[˨˩˦] 214		[˧˧˦] 334	[˨˩˦] 214	4
峡江	[˦] 44	[˥˧] 53	[˨˩] 21		[˨] 22			[˦] 44	4
井冈山	[˧˥] 35	[˥˧] 53	[˩˧] 13	[˧˥] 35	[˥˧] 53	[˧˥] 35	[˧˥] 35	[˥˧] 53	3
遂川	[˥˧] 53	[˧] 33	[˧] 33	[˧˥] 35	[˥˥] 55	[˨˩˧] 213	[˥˥] 55	[˨˩˧] 213	6
永丰	[˥˥] 55	[˩] 11	[˧˩] 31		[˨˩˧] 213		[˦˥] 45		5
万安	[˧˦] 34	[˨˧] 23	[˧˩] 31		[˨˩˨] 212		[˥] 5		5
攸县	[˦] 44	[˨˩˧] 213	[˥˧] 53		[˩] 11		[˦] 44	[˩] 11	4
醴陵	[˥˥] 55	[˨˦] 24	[˧˩] 31		[˧] 33		[˦˥] 45		5

　　抚广片的主要特点是：①古透、定母开口一等字声母白读为［h］。部分方言开口四等声母白读为［h/ɕ］，合口一等白读为［h/f］。请看表6。宜浏片和吉茶片少数方言也有此特点。②入声分阴阳入的方言，阴入调值低，阳入调值高。只有广昌例外。③古全浊上声今有一部分字读阴平。吉茶片和鹰弋片一些方言也有此特点。抚广片有些方言古次浊上声今也有一部分字读阴平，如南丰、广昌。④东乡、资溪、抚州市、黎川、南丰、广昌韵尾［-m　-n　-ŋ］和［-p　-t　-k］俱全，赣方言其他地方少见。⑤古来母字今齐齿呼多数方言有读［t］声母现象。

表6 抚广片古透、定母字的读音

	大	桃	偷	汤	邓	条	听	肚	断	痛
进贤	hai⁼	₌hau	₌heu	₌hoŋ	heŋ⁼	₌tʻieu	₌tʻiaŋ	ᶜtu	tʻuon⁼	tʻuŋ⁼
东乡	₌hai	₌hau	₌heu	₌hoŋ	₌heŋ	₌tʻieu	₌tʻiaŋ	ᶜtu	₌hon	tʻuŋ⁼
抚州	hai⁼	₌hau	₌heu	₌hoŋ	heŋ⁼	₌tʻieu	₌tʻiaŋ	tʻu⁼	₌hon	tʻuŋ⁼
金溪	hai⁼	₌hau	₌heu	₌hoŋ	heŋ⁼	₌tʻiau	₌tʻiaŋ	tʻu⁼	₌hoŋ	tʻuŋ⁼
崇仁	hai⁼	₌hau	₌heu	₌hoŋ	heŋ⁼	₌tʻiau	₌tʻiaŋ	ᶜfu	tʻuon⁼	hŋ⁼
宜黄	hai⁼	₌hou	₌heu	₌hoŋ	heŋ⁼	₌çiau	₌çiaŋ	ᶜfu	₌hon	hŋ⁼
乐安	hai⁼	₌hau	₌heu	₌hoŋ	heŋ⁼	₌tʻiau	₌tʻiaŋ	ᶜfu	ton⁼	hŋ⁼
南城	hai⁼	₌hou	₌hiou	₌hoŋ	heŋ⁼	₌tʻiau	₌tʻiaŋ	ᶜfu	hen⁼	hŋ⁼
黎川	hai⁼	₌hou	₌heu	₌heŋ	₌hiau	₌hiaŋ	ᶜhu	₌hon	hŋ⁼
南丰	hai⁼	₌hau	₌hieu	₌hoŋ	hieŋ⁼	₌hiau	₌hiaŋ	ᶜhu	₌hon	hŋ⁼
广昌	hai⁼	₌hau	₌hou	₌hoŋ	heŋ⁼	₌hiau	₌hiaŋ	hu⁼	₌hon	hŋ⁼
建宁	hai⁼	₌hau	₌həu	₌hoŋ	₌heŋ	₌hiau	₌hiaŋ	ᶜhu	₌hon	tʻuŋ⁼
泰宁	hai⁼	₌ho	₌hei	₌hoŋ	hon⁼	₌hiau	₌hiaŋ	ᶜtu	tʻuan⁼	hŋ⁼

鹰弋片的主要特点是：①第三人称单数"渠他"一般读送气清音[kʻ]或[tçʻ]，只有弋阳读零声母。赣方言其他地方一般读不送气清音。②第一人称代词"我"多说"阿""阿里"。赣方言抚广片一些方言和宜浏片、吉茶片个别方言也说。③多数方言梗摄字没有[aŋ iaŋ uaŋ]的白读系统。请看表7：

表7 鹰弋片梗摄字的读音

	冷	生	争	病	命	名	姓	听	星
彭泽	ᶜlən	ₒsən	₌tsən	pʻin⁼	min⁼	₌min	çin⁼	tʻin⁼	₌çin
鄱阳	ᶜlən	ₒsən	₌tsən	₌pʻin	₌min	₌min	çin⁼	₌tʻin	₌çin
横峰	ᶜlen	ₒsen	₌tsen	pʻiŋ⁼	miŋ⁼	₌miŋ	çiŋ⁼	₌tʻiŋ	₌çiŋ
铅山	ᶜlen	ₒsen	₌tsen	pʻiŋ⁼	miŋ⁼	₌miŋ	çiŋ⁼	₌tʻiŋ	₌çiŋ
贵溪	ᶜləŋ	ₒseŋ	₌tseŋ	pʻiŋ⁼	miŋ⁼	₌miŋ	çiŋ⁼	₌tʻiŋ	₌çiŋ
余江	ᶜlen	ₒsen	₌tsen	pʻin⁼	min⁼	₌min	çin⁼	₌tʻin	₌çin
弋阳	ᶜlɛn	ₒsɛn	₌tsen	pʻin⁼	min⁼	₌min	çin⁼	₌tʻin	₌çin

大通片的特点是：①遇摄合口一等端系字与帮、见系字韵母不同。请看表8。②大通片靠近江西西北部昌都片的赤壁、崇阳、通城以上湖北、平江、岳阳以上湖南等地有浊音声母。③阳新、大冶、通山同一韵见系和非见系韵母不同。例如：阳新　轻 $_⊂$tɕ'iɐn ≠ $_⊂$ts'in，巾 $_⊂$tɕiɐn ≠ 津 $_⊂$tsin；大冶　计 tɕi$^⊃$ ≠ 济 tsɐi$^⊃$；通山　鸡 $_⊂$tɕi，计 tɕi$^⊃$｜｜低 $_⊂$tæi，齐 $_⊂$ts'æi。

表8　　　　　　大通片遇摄合口一等端系字与帮、见系字的韵母

	赌	土	图	路	粗	布	姑	苦	胡	乌
阳新	$_⊂$tau	$^⊂$t'au	$_⊆$t'au	$_⊂$lau	$_⊂$ts'au	$_⊂$pu	$_⊂$ku	$^⊂$k'u	$_⊆$xu	$_⊂$u
大冶	$^⊂$tau	$^⊂$t'au	$_⊆$t'au	lau$^⊃$	$_⊂$ts'au	pu$^⊃$	$_⊂$ku	$^⊂$k'u	$_⊆$xu	$_⊂$u
通山	$^⊂$tau	$^⊂$t'au	$_⊆$t'au	lau$^⊃$	$_⊂$ts'au	pu$^⊃$	$_⊂$ku	$^⊂$k'u	$_⊆$fu	$_⊂$vu
咸宁	$^⊂$tau	$^⊂$t'au	$_⊆$t'au	lau$^⊃$	$_⊂$ts'au	pu$^⊃$	$_⊂$ku	$^⊂$k'u	$_⊆$fu	$_⊂$u
嘉鱼	$^⊂$təu	$^⊂$t'əu	$_⊆$t'əu	ləu$^⊃$	$_⊂$ts'əu	pu$^⊃$	$_⊂$ku	$^⊂$k'u	$_⊆$xu	$_⊂$u
赤壁	$^⊂$tou	$^⊂$t'ou	$_⊆$t'ou	lou$^⊃$	$_⊂$ts'ou	pu$^⊃$	$_⊂$ku	$^⊂$k'u	$_⊆$hu	$_⊂$u
崇阳	$^⊂$təu	$^⊂$t'əu	$_⊆$t'əu	ləu$^⊃$	$_⊂$ts'əu	pu$^⊃$	$_⊂$ku	$^⊂$k'u	$_⊆$fu	$_⊂$u
通城	$^⊂$tou	$^⊂$t'ou	$_⊆$t'ou	lou$^⊃$	$_⊂$ts'ou	pu$^⊃$	$_⊂$ku	$^⊂$k'u	$_⊆$fu	$_⊂$u
平江	$^⊂$təu	$^⊂$t'əu	$_⊆$t'əu	ləu$^⊃$	$_⊂$ts'ɯ	pu$^⊃$	$_⊂$ku	$^⊂$k'u	$_⊆$fu	$_⊂$vu

耒资片的特点是："搬、班"同音，"官、关姓"同音，赣方言区其他地方几乎都不同音。请看表9：

表9　　　　　　　耒资片"搬、班""官、关姓"的读音

	耒阳	常宁	安仁	永兴	资兴
搬	$_⊂$pā	$_⊂$pā	$_⊂$pā	$_⊂$pā	$_⊂$paŋ
班	$_⊂$pā	$_⊂$pā	$_⊂$pā	$_⊂$pā	$_⊂$paŋ
官	$_⊂$kuaŋ	$_⊂$kuaŋ	$_⊂$kuaŋ	$_⊂$kuaŋ	$_⊂$kuaŋ
关姓	$_⊂$kuaŋ	$_⊂$kuaŋ	$_⊂$kuaŋ	$_⊂$kuaŋ	$_⊂$kuaŋ

洞绥片的特点是：古透定母字今白读声母[h]，与江西赣方言抚广片同，但古来母字今齐齿呼不读[t]声母。

怀岳片的特点是：①山摄合口一等桓韵和咸摄开口一等覃韵、山摄开口一等寒韵的见组字韵母相同。请看表10。②古全浊声母入声字归阳去，

古清声母入声字岳西、宿松、东至今读入声，其他都归阴去。今有入声的方言都只有入声调，没有入声韵。

表 10　　　　　怀岳片山摄合口一等桓韵和咸摄开口一等覃韵、
山摄开口一等寒韵字的韵母

	官	宽	碗	感	含	肝	寒
岳西	꜀kon	꜀k'on	꜂uon	꜂kon	꜁xon	꜀kon	꜁xon
宿松	꜀kon	꜀k'on	꜂uon	꜂kon	꜁xon	꜀kon	꜁xon
潜山	꜀kon	꜀k'on	꜂uon	꜂kon	꜁xon	꜀kon	꜁xon
怀宁	꜀kon	꜀k'on	꜂uon	꜂kon	꜁xon	꜀kon	꜁xon
太湖	꜀kon	꜀k'on	꜂uon	꜂kon	꜁xon	꜀kon	꜁xon
望江	꜀kon	꜀k'on	꜂uon	꜂kon	꜁xon	꜀kon	꜁xon
东至	꜀kon	꜀k'on	꜂uon	꜂kon	꜁xon	꜀kon	꜁xon

第三节　赣方言古语词的历史层次

要研究古语词，就必须要切分它的历史层次。而要切分它的历史层次，就必须要明确其所处的历史时代。因此，确定其历史分期便成了解决其历史层次的首要问题。

一　历史分期问题的确定

任何事物的形成与发展，都有其所经历的不同历史阶段。这不同的历史阶段所呈现的特点，是事物整体中表现出来的阶段性特点，而这阶段性特点又是构成事物整体特点中所不可或缺的重要组成部分。语言（包括方言）的发展变化，大概也不例外。对于这一点，向熹先生有过精辟论述，他说："任何社会现象总是经历过不同的历史阶段而发展成的。人们可以根据这些现象在各个发展阶段中显示出来的不同特点进行历史分期。分期的工作做得好，可以突出事物发展的阶段性特点，从而有利于人们深入了解事物发展的历史全貌及其发展规律。语言是一种特殊的社会现象，它的发展也有阶段性，也可以进行历史分期。"[1] 至于如何分期以及分期的目的

---

① 向熹：《简明汉语史》（上），高等教育出版社 1993 年版，第 40 页。

意义，赵振铎先生说："研究历史应该注意它的分期，分期的目的在于使历史的线索更加明显。在汉语发展的每个历史阶段内部，又可以根据它的具体情况分为若干时期。"① 向、赵的论述，对语言（包括方言）研究具有普遍性的指导意义。

因此，要对赣方言古语词进行纵深层面上的寻本探源，就必须给它作分期断代的处理，厘清它的历史层次，这是进行历时分析的必要步骤。

关于汉语史分期，由于学者们所用标准有异，因而分期也不完全一样，而其中相左的多是中古期上限与下限时间的确定。② 据考察，在汉语史或词汇史分期大体一致的，有王力（1980）、向熹（1993）、赵振铎（1994）和徐朝华（2003）等学者。最近，郭锡良先生（2013）在王力的基础上又提出了新的主张，认为应从上古期中切出远古期，近代期中分出近古期。③ 参照以上几位学者对汉语史的分法，结合赣方言形成与发展的历史特点，现将古汉语词汇史也分为上古、中古和近代三个时期，以供本研究古语词探源之用：

（1）上古期（？—公元 3 世纪初），即先秦、秦汉时期，其中分两个阶段：

A. 前期（？—公元前 3 世纪末），先秦；

B. 后期（约公元前 2 世纪初—3 世纪初），秦汉。

（2）中古期（约公元 3 世纪初—13 世纪末），即魏晋南北朝、隋唐五代、宋代时期，其中分三个阶段：

A. 前期（约公元 3 世纪初—6 世纪末），魏晋南北朝；

B. 中期（约公元 6 世纪末—10 世纪中），隋唐五代；

C. 后期（约公元 10 世纪中—13 世纪末），宋代。

（3）近代期（约公元 13 世纪初—19 世纪末），即元、明、清时期，其中也分三个阶段：

A. 前期（约公元 13 世纪初—14 世纪中），元代；

B. 中期（约公元 14 世纪中—17 世纪中），明代；

C. 后期（约公元 17 世纪中—19 世纪末），清代。

二 赣方言古语词的历史层次

赣方言是一种多源头的南方汉语，它的形成与发展经过了一个漫长的

---

① 赵振铎：《论先秦两汉汉语》，《古汉语研究》1994 年第 3 期。

② 参见俞理明《中古汉语的分期和词类研究》（稿）。

③ 郭锡良：《汉语史的分期问题》，《语文研究》2013 年第 4 期。

历史过程。在这个极为漫长的历史过程中，除苗蛮语、百越语以及吴楚语的源头外，更重要的是它长期受到中原汉语的深刻影响，最终汉化成为南方一大汉语方言。成为汉语方言之后，它仍在不断地接受中原权威汉语的影响，直到今天还是这样，而处于弱势群体的苗蛮、百越、吴楚等语则转而成为孑遗的赣方言底层。例如，"睇"，《说文》云其"南楚"语；"藻"，郭璞《尔雅》注其"江东"语；"革"，《方言》称其"南楚江湘之间代语"。诸如此类，皆为赣方言的底层成分，而方言区的人们今天仍常用不衰。

不过，由于赣方言底层的历史绵远，成分复杂，又无三代之前的文献征用，故难以确定其历史层次。鉴于这一点，我们只有聚焦于上古（夏商周时期起）至近代（元明清时期止）的汉语文献，以之作为汉语南方方言——赣方言孕育、形成以及发展之历史层次的佐证材料。因为"语言有巨大的稳固性，现代语言的各个要素在奴隶制时代以前的远古时期就已经奠定下了基础。现代汉语在建筑材料和结构规律方面和古代汉语有不小的差别，但是作为语言基础的基本词汇和语法构造和古代汉语却有一脉相承的关系。这个时期是汉语发展的源头，汉语后来的发展变化都和它有这种和那种联系。"① 所以，我们认为，夏商周直至春秋战国时期是赣方言源头及其母体奠定基础的关键时期，秦汉以后则是赣方言形成的重要时期，而魏晋以降应是赣方言逐渐成熟的发展变化时期。赣鄱地区出土先秦以来的大量器物和文献，也为这提供了最富价值的有力证据。

据此，赣方言词汇历史层次也初步划分为上古期（先秦至秦汉时期）、中古期（魏晋至唐宋时期）和近代期（元明清时期）。赣方言主要孕育、形成于上古期，其构词特点是以原生和派生的单音词为主，双音词只占其中的极少数；中古期是赣方言发展变化不断整合的时期，这一时期又是词的复音合成阶段，故其词汇以双音词占优势，也出现了极个别的多音词；而近代，赣方言经过整合之后进入一个相对平稳的发展时期，基本上是双音词，并且还出现了相当部分的多音词。不过，无论哪个时期，也不管它具有什么样的特点，都不可避免地还会有语言之间的相互接触，也会有词汇的影响与扩散，而这又会给语言或方言造成不同历史时期的层次范围。所谓层次范围，"是事物中具有一定结构、功能及梯级等级的相对独立的层次部分。""语言也是如此，是一种有序的异质系统，人们可以从共时横

---

① 赵振铎：《论先秦两汉汉语》，《古汉语研究》1994 年第 3 期。

向的差异，看出历时纵向的层次。"①

　　总而言之，赣省悠久的人文历史孕育着丰富的语言景观，不要说境内存在着其他民族语言和汉语的各种方言，单就赣方言而言，各片的方言土语就尽显各自本色。赣方言形成与发展的历史十分长远，也十分复杂，从其胚胎培植到萌芽形成乃至发展变化的整个过程，至少经历了数千年，其间的民族以及语主也几经变更。就是在这十分漫长的历史积淀过程中，赣方言形成了来源各异、层次不同的词汇构成成分。这些来源各异、层次不同的词汇成分，在以下各章的内容中将逐步展开讨论。

①　严学宭：《新喻市方言词读音成分的层次性》，《民族研究文集》，民族出版社 1997 年版，第 285 页。

第二章　赣方言古语词与其底层遗留成分

赣方言是一种多源融合语，所以其词汇构成成分也是多源的。据目前所知，赣方言词汇的构成成分来源于以下几方面：苗蛮语和百越语的底层成分，吴楚语的遗留成分，其他方言或语种的影响或借用成分以及中原华夏汉语的基础成分。当然，赣都人民在社会生产、生活实践中的自创成分，也是其来源之一。不过，由于没有历史文献可考，难以甄别其产生的历史时代，故而其自创成分暂不属于本选题研讨范围之列。

那么，如何确定赣方言词汇成分的来源呢？对于这一问题，我们判断的原则是，凡古代文献（包括辞书）和现代学者的研究成果未直接或间接指明某一词语属于某地方言或某一语种者，且能从华夏汉语本身的发展史予以说明和解释的，均被认为是来源于华夏汉语的词汇成分。以下各章词语的探源考释，基本上以此为依据。

本章着重探赜赣方言中的苗蛮语、百越语以及吴楚语，也涉及一些其他方言或语种。千百年来，它们给赣方言词汇的影响是深刻的，一直是赣方言词汇成分中的重要组成部分，并成为赣方言词汇系统中的底层成分、遗留成分以及借用成分。

第一节　苗蛮语和百越语沉积的底层成分

前已所述，赣方言像其他南方方言一样，是由多元成分构成的，而原始苗蛮语和古越语则为原始赣语胚胎滥觞的重要源头。后来，只是在中原华夏族语言文化的强大攻势下，经过长期不断地影响、侵蚀、融合，终至汉化，才使其中的一部分成为赣方言的底层。今天，方言区的人们仍然习用这些底层成分，只是没有察觉到而已。

一　苗蛮语沉积的底层成分

远古时期（大概原始社会末至夏禹时期），苗蛮族先民在赣鄱流域劳动、生息、繁衍。"蛮"是古代苗瑶族的自称，其义是"人"；"苗"，甲骨文专指水田萌发和生长的禾苗。苗蛮是南方稻文化的首创者，赣鄱万年仙人洞遗址（7000 年前）、修水山背遗址和樟树樊城遗址（两处距今均5000 年以上）等处发现了水田耕作的文化遗存，故"苗"又是苗蛮之象。苗蛮族曾长期生于斯，长于斯，留下了深层积淀的语言成分。尽管这一底层成分没有多少文献资料可征，但是根据"文化波震"原理，远离赣鄱地区的苗蛮语因为语言"波震"现象至今还保存着那个时代苗蛮语某些方面的原貌特征。这些原貌特征，在前辈或时贤研究的相关成果中也有所反映，我们可以利用这一有利条件，使之与现代赣方言中的语言事实比照，从而探出古苗蛮语在赣方言中孑留下来的底层遗迹。

下面主要采撷学者们的研究成果，① 并结合笔者对赣方言实地调查的语言现象进行分析。词汇中的例子，大多集中反映了与社会生活息息相关的事物名称、人的行为动作或事物发展变化以及人或事物情态性质。其中，有些例子或是苗瑶、壮侗语同源的，或为苗蛮、华夏汉语合璧的。

1. 表示人的称谓以及事物名称的苗蛮语成分

表示这类语义的，就目前调查情况而言，赣方言中存有"妳"等部分苗蛮语底层成分，大多仅通行于赣方言区的部分市县。例如：

妳[nai^{31}]

母亲。《说文》未收。"嬭"，《广韵》上声荠韵奴礼切："楚人呼母。"《广雅·释亲》释之"母也"。又，《博雅》云："母也，楚人呼母曰嬭。""嬭"也作"妳"。《字汇》："妳，与'嬭'同。"南方汉语、闽南语、苗瑶语普遍使用，属同源词。比较：广昌 nai^4，广州 nai^4，建瓯 nai^3，仏佬 ni^4、毛难 ni^4、水 ni^4、侗 nai^4、湘西苗语 ne^7，瑶语（标敏）ŋa^2。

今赣方言区抚广广昌，② 吉茶泰和等地以及大通湖北咸宁，"母"谓之"妳"，音义皆合；吴语、粤语、闽语、江淮话等部分地区，也呼"母"为"妳"。

□ [sui^{213}]

---

① 注：部分材料取自严学宭、邓晓华、刘自齐、曹翠云等学者的研究成果，谨致谢忱。

② 注：广昌方言中，"妳"为第 4 声（去声），其实际调值是 31；为统一体例，下文所考方言例词的声调一律标其实际读音——调值，不标注第几声。

水。苗语 eu¹ 本义为"水"。远古汉语把江河叫作"水",如"汾水""洛水""渭水""易水",甚至黄河、长江最初也称为"水";苗语也把"江、河"称为"水",今天还是这样,依然保留着古称的历史遗迹。赣鄱地区的江、河,也有不少称名为"水"的,如"章水"(赣南)、"蜀水"(赣中)、"禾水"(赣中)、"赣水"(赣中)、"余水"(赣东北)、"修水"(赣北)等,是古汉语的影响或是古苗蛮语的底层,还是二者兼而有之,需考其源,方能确定。

　　口 [tʻɛ²²]

筷子。苗语 tio° 义为"筷子"。苗语不仅意义和汉语的"箸"相同,且其语音形式也与汉语上古音相同或相似。汉语语音发展线索为:dʻio°(上古)→ɗiwo°(中古)→tʂu°(近代)。《说文·竹部》:"箸,饭攲也。"王筠句读:"攲,持去也。《通俗文》:'以箸取物曰攲。'"《玉篇·竹部》:"箸,筴也,饭具也。"《礼记·曲礼上》:"饭黍毋以箸,毋嚃羹,毋絮羹,毋刺齿,毋歠醢。"陆德明释文引《说文》注云:"箸,饭攲也。"

今赣方言区抚广资溪、宜黄、黎川,昌都修水,鹰弋铅山等市县以及湖南平江,口语中仍然保留"筷子"义,如"一双口""口筒盛筷子用的竹筒";还做量词,表示"用筷子夹一次的量",如"一口菜"。

　　2. 表示行为动作或发展变化的苗蛮语成分

表示这类语义的,相较于事物称名来说要多一些。赣方言中存有"攄"等苗蛮语底层成分,其在赣方言区的通行范围大小不一,有的分布于大部分市县,有的仅是少数地区。例如:

攄 [tsa⁴²]

以五指取物。《说文》未收。《方言》卷一〇:"摣,攄,取也。南楚之间凡取物沟泥中谓之摣,或谓之攄。"郭璞注:"攄,仄加反。"可拟读 tjag。这跟壮语读 tāw²、侗语读 təi²、水语读 tāi、仫佬语读 tsāu、黔东苗语读 ta³、川黔滇苗语读 tɒ³、瑶语布努话读 tai³ 相似。①

赣方言区昌都、宜浏、吉茶、抚广等片,今还把五指取物称作"攄",如"攄牌""攄扑克"类。

　　口 [çiɛ³¹]

开裂,裂缝。苗语 shad 义为"裂缝",其音义类似于古汉语"罅"。"罅",《广韵》去声祃韵呼讶切:"孔罅。"《说文·缶部》释之"裂也。

---

① 严学宭:《民族研究文集》,民族出版社 1997 年版,第 401 页。

缶烧善裂也。"[1] 又泛指一般的开裂。

赣方言区吉茶片，今尚多用"开裂"义。如吉水话："该只木盆仔口哩缝，打不正成箍。""楼板口缝，凹七翘八高低不平哩。"

口 [ts'ɛn¹¹]

缠绑。苗语 zhant 义为"捆绑"，音义与古汉语"缠"类似。"缠"，《广韵》平声仙韵直连切："束也。"《说文》释之"绕也。"[2] 赣方言区如南昌等地，今还常用其义。

口 [ta²¹³]

杀。苗语 tie¹ 本义为"打"，引申"杀"之意。如：苗语称"杀猪"为 tie¹（打）pa⁵（猪）；而养蒿、湘西、滇东北等苗语的语音形式正是 ta⁵。古汉语用于宰杀的有："刑"，割也、杀也；"刭"，割颈也；"刜"，砍也；"刞"，杀也，等等。《国语·楚语下》云："诸侯宗庙之事，必自射牛刞羊击豕"。今赣方言昌都、吉茶等片不少地方，还常把购杀他人家里的猪称为"打猪"；苗语还有称"杀鸡"为"打鸡"的，而赣方言未存此说。

口 [suŋ²¹³]

以手力推。苗瑶语音：soŋ³标敏，loŋ⁴黔东，suŋ¹畲。赣方言音义均切合，如"口渠他一手，渠就跌倒哩"。"口"一语，赣方言昌都南昌，抚广崇仁，鹰弋鄱阳、弋阳、铅山以及吉茶吉水等地，习以用之。

口 [mi⁴⁴]

略饮少许。苗瑶语音：mi³黔东县，mit⁸勉瑶，"小口啜饮"义。赣方言区境内各片市县，多"以口饮少许为口 [mi]"，音义皆对应。如吉茶吉水话"口小口饮两口酒""口下口哩很悠闲地小口饮酒"。

口 [ŋau⁴⁴]

抬头。苗瑶语音：ŋo³标敏，ŋa⁴布依，ŋɯa³黎，ŋaːŋ⁴壮。赣方言音近义同，宜浏高安、昌都星子、吉茶吉水以及抚广抚州等市县常用"口 [ŋau]"。如吉水话："不要冒意思害羞，把脑壳头口 [ŋau] 起来。"

口 [to²⁴]

砍。苗瑶语音：to³黔东苗，dau³标敏，ntau³川黔滇苗，nto³巴哼，te⁵水，tɛ⁵毛南，tham³壮，意即"以刀斧砍"。王辅世等将其古苗瑶语形式构拟为 *nto。据调查，赣方言音义与苗瑶语甚切，也表"以刀斧砍"义，

① 吴曙光：《楚民族论》，贵州民族出版社 1996 年版，第 131 页。

② 同上书，第 133 页。

读"口［to］"音，它几乎通行于境内赣方言区的各个市县。

3. 表示情态或性质的苗蛮语成分

表示这类语义的，其数量不是很多。赣方言中仅存"革"等少数苗蛮语底层成分，其通行范围大小异同不一。例如：

革［kiɛt⁵］

老或皮色憔悴。《方言》卷一〇："革，老也。皆南楚江湘之间代语也。"郭璞注："皆老者皮色枯瘁之形也。"又云："凡以异语相易谓之代也。"《广韵》入声麦韵古核切，可拟读 kek。这跟壮语读 ke⁵、布依语读 tɕe⁵、傣语（西双版纳）读 kɛ⁵、毛南语读 cɛ⁵ 湘西苗语读 ma²qo⁵、瑶语勉话读 ku、布努话读 ci⁵ 对应。① 赣方言昌都、吉茶片许多地方，今还存有此说。如吉水乡间，做豆腐下石膏多了，人们常说"老革"或"老革革"，正是此义。虽《广韵》《说文》也收有"革"字，但无论本义还是转义均未及"老"义。

口［pi³³］

麻木。苗瑶语音：pi² 布努，bie⁵ 勉瑶，bi⁵ 标敏。其音义类似于古汉语"痹"，指因受外力压迫或受风寒侵袭而导致手脚等肢体麻木，不听使唤。如《韩非子·外储说左上》："（平公）腓痛足痹，转筋而不敢坏坐。"赣方言宜浏高安、吉茶吉水等市县今仍常用此说。如吉水话："跍蹲久哩，脚总都口［pi］个麻木了。"

口［ŋaŋ⁴⁴］

傻。苗瑶语音：ŋoŋ⁶ 布努，ŋoŋ⁵ 勉瑶，ŋaŋ⁴ 壮，ŋuːŋ⁶ 龙州，ŋaŋ² 黎，ŋoŋ³ 泰，ŋɔŋ³ 临高，ŋə³ 傣。赣方言区的不少地方如吉茶吉水、萍乡以及抚广黎川、临安、宜黄等市县，至今还把愚笨、不谙事理或不知变通称之为"口 ŋaŋ"。

邓晓华考察的苗瑶语例子，② 赣方言里还有一些。例如，"口［tʻia］"，ɖau⁴ 标敏、diu⁴ 临高、thiːu³ 壮、tiu³ 傣、thɔ³ 标语，意为"提（东西）"；"口［paŋ］"，bjaːn¹ 水、beŋ 临高，意为"拔（拔草、拔毛）"；"口［koŋ］"，kuŋ¹ 勉瑶，"虹"意；"口［pie］"，pat⁷ 水、pɛ⁶ 仫佬、bo² 黎，指"女性生殖器"。

从上述例子可以看到，赣方言词汇中的苗瑶语底层成分，大多集中地表达人或事物的具体称名、人的日常行为或事物的一般变化以及人或事物

---

① 严学宭：《民族研究文集》，民族出版社 1997 年版，第 400 页。
② 邓晓华：《客家话跟苗瑶壮侗语的关系问题》，《民族语文》1999 年第 3 期。

的情态特质等方面。这些方面都与人们的生活紧密联系在一起，是长期以来人们通过一代代言传口授继承下来的那部分最具表现力与生命力的词汇成分。

二　百越语沉积的底层成分

商周时期，在苗蛮族迁徙或融入他族之后，赣鄱地区归属于庞大的百越体系。其时，江、浙、赣、闽、粤都为百越族聚居地，而百越人则是现代壮侗语族的先民。《汉书·地理志》注："自交趾至会稽七八千里，百越杂处，各有种姓。"由此可见，其分布地域之广，拥有种姓之多。

赣鄱地区，当时由百越族的一支——干越族或曰扬越族主宰着。其中心在赣东北余干一带，赣东北与吴国接壤，东南同于越为邻，西北与荆楚相望，故与东部瓯越的关系十分密切。干越族在赣鄱地区活动时间长达一千四五百年（最少至秦灭楚止），带给这一地区语言文化的影响是前所未有的，这在赣方言词汇的底层成分中也有所反映。

1. 表示处所以及山田名称的古越语成分

赣方言中，表示这类语义的有"埠""罗""余"等古越语底层成分。例如：

埠 $[\,p'u^{21}\,]$

水陆码头。《说文解字》《广韵》和《集韵》等均未收"埠"字，而收有"步"字，却没有"码头"之意。"步"之"码头"义见于《水经注·赣水》："（赣水）又东北径王步。步侧有城，云是孙奋为齐王镇此城之渚，今谓之王步，盖齐王之渚步也。"《青箱杂记》释之："谓水津为步。"后来"步"也作"埠"。今南方还有许多地方仍以"埠"或"步"作地名，其义为"水陆码头"，如广西有八步、步头、革步；广东有杜步、关埠、黎埠、望埠；浙江有百步、航埠、陆家埠、罗埠、麻埠、麻车埠；福建有大埠岗、涂家埠；湖南有酒埠江、潘家埠。[①]

赣鄱地区也有不少这样的地名，一般多用"埠"字，如赣北南昌的"涂家埠""万家埠"，安义的"徐埠"；赣东北余干的"古埠"；赣中吉安的"作埠"，吉水的"西沙埠"，新干的"马埠"，等等。偶尔也用"步"字，如南宋时，江西西路（政区名）就有称为"长步"的。另一个类似的仅用于南方地名的就是"浦"，如"合浦""荔浦"等，它与"步"音近义同，似出自古越语的同一语源。

---

① 韦树关：《释"圩（墟、虚）"》，《民族语文》2003 年第 2 期。

从以"步"或"埠"作地名来看，它主要分布在古百越族地区。尽管这些地区今天大多已成为汉族地区，但仍不免沉积着如"步"或"埠"这样的古越语底层成分。

罗［lo³⁵］

山。"罗"是古越语的遗存。《说文解字》《广韵》等虽收有"罗"字，但为"以丝罟鸟"义，汉语里没有古越语中的义项。在百越居民住过的许多地方，至今还有以"罗"为山名的，如江西崇仁、浙江永嘉、广东清远等，都出现"大罗山"或"罗山"。实际上，此处的"罗"与"山"是古越语与汉语的同义迭用。"罗"又作"六"，现代壮侗语有类似的读音，如侗语 ljok⁸、壮语 lok⁸、临高语 lok⁸、仫佬语 lɔk⁸、毛难语 ljɔ⁸、水语 ljɔ⁸；① 还有作"渌"或"禄"的，其汉语上古音也与现代壮侗语中"山"的初始音 lu：k 很切近，似出同一语源，故为古越语的孑遗成分。另外，南昌的"上罗""下罗"等地名，有人认为其中的"罗"也属古越语的残迹。②

余［i¹⁴］

田地。在吴越的地名中，许多是以"余"为头的，如余杭、余暨、余姚、余罂、余渔、余英、余支等。由于赣鄱地区属百越之地，故也有不少这样的地名，如赣东北有余干（古名余汗）县、余干山、余干寺、余江，赣中吉水也有一个"余江"。"余"为何义呢？旧说是"发语辞"或无义词头。郑张尚芳在与侗台语对比中发现，"'余'为鱼部以母字，古音＊la→ja，今侗水语称地或田近于此音：仡佬 la³¹'地'，佯黄 za⁵、仫佬 ɣa⁵、水语 ʔɣa⁵、毛南 ʔja⁵、侗语 ja⁵'田'"。③ 并且认为，"余"不仅有"田地"的实义，而且还是中心语，与古越语中心语在前是一致的。他还说："《汉书·严助传》载淮南王刘安上书：'越人欲为变，必先田余干界中，积食粮。'可见余干正是一片粮田所在。《谈苑》：'饶州余干县有干越亭'，当原为干越一支所居，故称'余干'，意思是'干越人的田地'。"④ 与浙、湘一样，赣地还有不少以"洋""漈""寮"等字称谓的地名，这无疑也是古越语孑遗的底层成分。

---

①　中央民族学院少数民族语言研究所：《壮侗语族语言词汇集》，中央民族学院出版社 1985 年版，第 159 页。

②　邵百鸣：《南昌话词汇的历史层次》，《江西社会科学》2003 年第 6 期。

③　郑张尚芳：《古越语地名人名解义》，《温州师范学院学报》1996 年第 4 期。

④　同上。

2. 表示建筑物的古越语成分

赣方言中，表示这类语义的古越语底层成分仅存"栏"一例。例如：

栏 ［lan³⁵］

家畜住处。《说文》未收，《广韵》平声寒韵落干切释之"木名"，而非"建筑物"。百越先民为了克服南方潮湿的生存困难，创建了柱式支撑的屋楼建筑，人们称之为"干栏"，它是古越语底层的遗存。现代壮侗语还称"屋""家"为"栏"，其语音壮语读为 ra：n²、临高语 lan³、水语 ra：n²、仫佬语 ra：n²。①

我国南方自古就有"干栏"式房屋，其屋内住人，屋下养畜，广泛流行于长江流域及其以南地区。历代文献也有"干栏"的相关描述或记载。《北史·獠传》："依树积木，以居其上，名曰干阑，干阑大小，随其家口之数。"按："阑"即"栏"。《旧唐书·南平獠传》："人并楼居，登梯而上，号为'干栏'。"又，《新唐书·南蛮传下》："昙陵在海洲中……畜有白象、牛、羊、猪。俗喜楼居，谓为干栏。"

赣鄱地区新石器时代遗址中的陶屋，属于干栏式建筑。樟树营盘里遗址和贵溪仙水岩崖遗址，也发掘了西周、春秋时期古越族"干栏式"的建筑遗物。即使现在，赣鄱地区还惯用"栏"，其义为"家畜住处"，如"牛栏""猪栏"等，此实为古越语屋或家"处所"之转义。

3. 表示作物类属的古越语成分

赣方言中，表示这类语义的还存"禾""藿"等古越语底层成分。例如：

禾 ［uo³⁵］

稻子。"禾"，《广韵》平声戈韵户戈切："粟苗。""禾"在北方指小米，而在南方则指稻子。赣方言区也是如此，称稻子为"禾"。为什么南方以"禾"称"稻"而不用现成的"稻"呢？周振鹤、游汝杰对此已经做过研究："原来南方用'禾'称稻已有悠久的历史。《说文》云：'秏，稻属。从禾，毛声。'伊尹曰：'饭之美者，玄山之禾，南海之秏。'这里的南海当泛指南方。这说明南方是把稻称作'秏'的。'秏'在切韵音系是号韵晓母字，上古音可拟为 xaw。现代傣族仍保留两个古稻种名'毫安公、毫簿壳'，其中的'毫'即是傣语稻和谷的意思。其语音正跟'秏'

① 中央民族学院少数民族语言研究所：《壮侗语族语言词汇集》，中央民族学院出版社1985年版，第104页。

近。"① "其实，现在傣语中所有的稻谷名称都用'毫……'表示，并不限于两个古稻种名，如'毫糯'指糯米或糯米饭，'毫安'指籼米，具体的稻谷品种，就以'毫安……'或'毫糯……'等表示。'毫'还可以指饭，跟汉语的'饭'基本相似。"② 在南方，有的方言把稻叫"禾"（如南昌、长沙、广州等），而有的则称"谷"或"谷子"（如成都、温州、上海等）。那些地方都是百越族分布的地区，为什么同是稻而称呼不同呢？周、游进一步查考了与百越语有密切族源关系的壮侗语，发现壮侗语族称稻词的最初语音形式为 khau，后来分化成 k 系和 h 系，各自仍指稻。这样，"南方方言的'谷'借自 k 系音，而'禾'借自 h 系音。谷、禾是同源词。"③

□［$p'u^{24}$］

葫子，系瓜果菜类。壮侗语的语音形式，如侗北读作 pu^3、仫佬 pu^2、水语 pjo^6、侗南 po^6、毛南 po^6、拉珈 $plou^4$、莫语 $pəu^1$。原始古越语 ＊blɔ。赣方言区南昌、萍乡、横峰、万载、新余、宜黄、吉水、莲花等读 $p'u$，与其原始形式相合。④

藻［$p'iɛu^{24}$］

浮萍。"藻"，《说文》未收，《广韵》平声宵韵符宵切："《方言》注：江东谓浮萍为'藻'。"《玉篇·艹部》释之"萍属"。"藻"也作"藨"，如汉·刘安《淮南子·坠形》："藨生萍藻，萍藻生浮草。"壮侗语的语音形式甚为切近，如壮语读作 piu^2、毛难语 $pjeu^2$、水语 $pjeu^2$、临高语 fiu^2、布依语 $pjɔm^1$。⑤

江东一带为古越地，在新石器时代就开始养猪，浙江余姚河姆渡遗址（距今六七千年前）有家猪骨骼出土。浮萍是猪的主要饲料，在古代农业居民的生活中应占重要地位，"藻"这个词的产生也应是很早的。⑥ 赣鄱乃古江东百越聚居地，故也留下了古越语的痕迹。余心乐考释："《尔雅·释草》郭注：'萍，水中浮萍，江东谓之藻。'……今谓水中浮萍为浮藻。"⑦ 赣北、赣西北、赣东以及赣中等地，今仍以浮萍为猪的主要饲料，且习言

① 周振鹤、游汝杰：《方言与中国文化》，上海人民出版社 1986 年版，第 127—128 页。

② 这则材料是俞理明先生提供的，在此谨致谢意。

③ 周振鹤、游汝杰：《方言与中国文化》，上海人民出版社 1986 年版，第 136 页。

④ 刘泽民：《客赣方言中的侗台语词》，《民族语文》2004 年第 5 期。

⑤ 中央民族学院少数民族语言研究所：《壮侗语族语言词汇集》，中央民族学院出版社 1985 年版，第 86 页。

⑥ 游汝杰：《中国文化语言学引论》，高等教育出版社 1993 年版，第 48 页。

⑦ 余心乐：《赣西北方言词考释》，《江西师范学院学报》1964 年第 2 期。

"藻"或"浮藻"。

4. 表示人或其他动物行为动作的古越语成分

赣方言中，表示这类语义的古越语成分，众彩纷呈。例如：

口 [u²¹³]

做（事情）、弄。赣鄱地区，大凡做事、干活皆谓"wu"，因其本字难稽，故多以同音字"舞"替代。赣方言中，以"舞"为成分构成的词或短语不少，如"舞饭""舞柴""舞田"，"舞好哩""舞正哩""舞坏哩"之类，大凡涉及行为动作的几乎都可用"舞"来表达。章炳麟在《新方言·释言》中谈到其他一些古百越属地也有类似的说法："庐之合肥，黄之蕲州，皆谓作事为舞。"其语音 u 似来源于百越语，与侗语 we⁴、毛南语 vɛ⁴、黎语 vu：k⁷等①对应整齐，具有同源关系。《说文》收有"舞"字，但释之"乐也"，即"乐舞"义，且检阅其转义，均与古越语义无涉。

口 [mi¹¹]

潜水。《说文》未收。现代毛难语读为 ʔmu：t⁷、佯黄语 tsut⁷、锦语 mət⁹、莫语 mət⁹。原始古越语 * ʔm－。赣方言，表示这个行为动作的语音形式，多数地方是舒声 mi，如南昌 mi¹¹、修水 mi⁴²、鄱阳 mi²¹、乐平 mi²¹⁴、高安 mi¹³、上高 mi³¹、吉水 mi²¹；有些地方与壮侗语一样为入声形式，如横峰 mɛʔ⁴、奉新 mit¹、宜黄 mit⁵。关于其本字，不少学者认为是"汩"。"汩"，《广韵》入声质韵美毕切："潜藏也。"似乎合其音义。至于声调多种多样，也许这正是底层语词的一个重要特征。② 西南官话四川方言，也习以用之。

口 [ŋa⁴²]

张开。现代泰语、武鸣语、靖西语均读作 ʔa³，③ 临高语、傣西语、傣德语亦读作 ʔa³，布依语读为 ʔa⁴，黎语作 ŋa³。④ 原始古越语 * ʔa。⑤ 赣方言多数地方与壮侗语的语音形式相同或类似，如南昌、修水、乐平、横峰、高安、上高、万载、新余、东乡、临川、萍乡、吉安、吉水、泰和等地均为 ŋa，宜黄、莲花 a。⑥

---

① 中央民族学院少数民族语言研究所：《壮侗语族语言词汇集》，中央民族学院出版社 1985 年版，第 265 页。

② 刘泽民：《客赣方言中的侗台语词》，《民族语文》2004 年第 5 期。

③ 欧阳觉亚、郑贻青：《黎语调查研究》，中国社会科学出版社 1983 年版，第 574 页。

④ 中央民族学院少数民族语言研究所：《壮侗语族语言词汇集》，中央民族学院出版社 1985 年版，第 260 页。

⑤ 刘泽民：《客赣方言中的侗台语词》，《民族语文》2004 年第 5 期。

⑥ 同上。

口　[kɔʔ⁵]

敲打。现代侗语为 k'ə²、仫佬语 k'au⁵、水语 k'o⁸、临高语 kau¹、武鸣语 kɔk⁸，义为"敲打"。① 赣方言区抚广黎川 kɔʔ⁵、宜浏宜丰 kɔʔ⁸，吉茶莲花、峡江、吉水皆为 kɔ，其音义与壮侗语均很切近。

此外，诸如"涮""盖""吸""跍脚跟"等类，均为古越语在赣方言中的沉积成分。

以上几方面，仅是列举性的。实际上，古越语底层成分，渗透到赣方言区人们生活中的各个方面，还有相当部分有待于人们去不断发掘。如"地"，义为"坟地"或"坟墓"，这几乎通行于赣方言区境内各片，有"挂地"扫墓、"地堆子"坟丘、"地府"阴曹、"地师"察看坟地、宅基地形的风水先生之说。壮侗语也有这一说法，如布依语"地"ti⁶（坟墓）、毛南语"地"ti⁶（坟墓），与赣方言不仅语义相符，还语音 t'i 对应。在先秦及其以后的文献中，我们还没有发现以"地"独自用作"坟墓"义的例子，而与壮侗语的音义则如此整齐地对应着，可见"地"也为古越语的遗存。

第二节　吴楚语的遗留成分

春秋战国时期，赣鄱地区史称"吴头楚尾"。数百年中，吴楚文化融汇在一起，也带来了语言上的交融——吴楚语，出土文物是最好的见证。吴楚语在同沉积的语言底层碰撞中，又与强势语言——黄河—长江流域共同语以及文学语言——"雅言"交互作用，从而催生出赣鄱语言的第二个历史层次——赣语原体或曰南楚语的萌芽。因此，吴楚语也是构成赣语原体的重要成分之一，并成为赣方言词汇中的遗留成分。

一　吴语的遗留成分

春秋时期，沪苏浙以及皖南赣东北之域裂分为吴、越两国。尽管吴、越分属为不同的诸侯国，但其习俗和语言却是共同的。《吴越春秋·夫差内传》记载："吴与越同音共律。"《吕氏春秋·知化》亦云，吴越"习俗同，言语通"。扬雄《方言》亦以"吴越"指称古吴越语；此外，还以"吴楚""荆吴"等语，并称古吴楚语。这说明不仅古吴越"语言上是相

---

① 中央民族学院少数民族语言研究所：《壮侗语族语言词汇集》，中央民族学院出版社 1985 年版，第 219 页。

通的，同属一个语系"，① 而且吴语同楚语的关系非比寻常。有学者说"吴语初源来自古楚语"，② 而楚语又是"汉语的一种方言"。③ 因此，董楚平、金永平说："吴为越并，语言并无变化。越后又为楚国所灭，吴地被列为三楚之一的'东楚'内。这表明是楚人给吴越地区带来了华夏语基础。"④ 由此可见，古吴语与越语、楚语以及华夏汉语等均有千丝万缕的联系。

而赣都地区不仅与苏浙毗接，曾经还被纳入古吴越两国主体疆域之内，彼此长期交往，又有吴楚赣地争雄的特殊历史，其语言文化的相互影响不言而喻。即使时间过去了几千年，今天我们仍然可以看到它们留下的痕迹。现在，就先看赣方言里的吴语词汇遗留成分。⑤

限于研究的任务，下面仅讨论赣方言中一部分常用的吴语词汇遗留成分，不涉及其语音、语法现象。从吴语遗留的语核成分来看，主要集中反映在名词、动词、形容词方面，而其中尤以名词、动词为多。

1. 表示人的称谓、事物、时间或处所名称的吴语成分

赣方言中，表示这类语义的古吴语成分，其涉及面较广，存之不少。例如：

渠 ［tɕie²¹³］

他/她。"渠"，《集韵》平声鱼韵求于切："傑，吴人呼彼称，通作渠。"如须强调，则以"渠侬"表达。清·翟灏《通俗编·称谓》："吴俗自称我侬，指他人亦曰渠侬。"胡三省资治通鉴注云："吴俗谓他人为渠侬。"今境内赣方言区，第三人称单数、复数皆说"渠"或"渠侬"。

囡 ［ŋyn⁴⁴］

女儿，小孩。"囡"，《集韵》上声蟹韵奴解切："女，楚人谓女曰囡。"古代楚地和吴地都把麻韵读同佳韵，"囡"即"女"字。在北部吴语大部分地区，"女儿"合成"囡"字。今吴语区上海，江苏无锡、苏州、常熟，浙江嘉兴、绍兴、诸暨、余姚、海盐、临海等地，均习用

① 张荷：《吴越文化》，辽宁教育出版社1991年版，第33页。
② 董楚平、金永平等：《吴越文化志》，上海人民出版社1998年版，第288页。
③ 严学宭：《论楚族和楚语》，《民族研究文集》，民族出版社1997年版，第397页。
④ 董楚平、金永平等：《吴越文化志》，上海人民出版社1998年版，第288页。
⑤ 注：材料主要取自现代学者的研究成果，如潘悟云《吴语的语法、词汇特征》，《温州师专学报》1986年第3期；钱乃荣《北部吴语的特征词》，《北部吴语研究》，上海大学出版社2003年版；周振鹤、游汝杰《方言与中国文化》，上海人民出版社1986年版；董楚平、金永平《吴越文化志》，上海人民出版社1998年版；许宝华、宫田一郎《汉语方言大词典》（五卷本），中华书局1999年版；邵百鸣《南昌话词汇的历史层次新探》，《南昌职工科技大学学报》2003年第1期；数年来，笔者所作田野调查收集的方言语料。

"囡"。

　　赣方言区，鹰弋鄱阳以及抚广广昌等地，也有类似于吴语的用法。

　　镬［uɔʔ⁵］

　　锅。"镬"，《广韵》入声铎韵胡郭切："鼎镬。""镬"本为"无足鼎"，古时用于煮肉及鱼、腊之类的炊器。《周礼·天官冢宰》："亨人掌共鼎镬，以给水火之齐。"孙诒让正义："注云'镬所以煮肉及鱼、腊之器'者，《说文·金部》云：'镬，镬也。'《淮南子·说山训》高注云：'无足曰镬。'《士冠礼》郑注云：'煮于镬曰亨。'又《特牲馈食礼》'亨于门外东方，西面北上'。郑彼注云：'亨，煮也。煮豕、鱼、腊以镬，各一爨。'《少牢馈食礼》有羊镬、豕镬。是镬为煮肉及鱼、腊之器也。"由"无足鼎"引之为"锅"。《方言》卷五："䥔，或谓之镬。"晋郭璞注："䥔，釜属也。""釜"者，锅也。《洪武正韵·药韵》："镬，釜属，锅也。"胡三省资治通鉴注："镬，吴人谓之锅。"

　　吴语区今还常用"镬"，而且"镬"或以"镬"构成的词语所用地域很广，如上海、上海崇明、松江、嘉定，江苏无锡、苏州、吴江盛泽、常熟、海门，浙江丽水、金华岩下、绍兴、宁波、嘉兴、衢州、平湖等以及江西玉山。

　　赣方言区用"镬"为"锅"义的，有抚广黎川、乐安，昌都永修、修水，吉茶泰和、永丰、永新、万安、莲花等市县。例如，抚广黎川等地说"镬颈置于锅下之铁圈"，万安谓"镬头指锅"，莲花也似上海话称"镬灰锅底灰"。

　　攕［tɕiɛn⁴²］

　　（1）楔子。"攕"，《广韵》平声咸韵所咸切："同'杉'。说文：楔也。"徐锴说文系传："攕，谓箸也，楣也。此即今俗以小上大下为攕字。"又，段玉裁说文注："木工于凿枘相入处，有不固，则斫木札楔入固之，谓之攕。"《一切经音义》"以楔"注："今江南言攕。楔，通语也。"

　　（2）以木楔硬挤或硬塞进去。此为打木楔的行为动作而衍生的意义，是其本义之延伸。

　　吴语区浙南如温州一带，多用"楔子"义；浙东象山一带还常用"以木楔硬挤"义。

　　"攕"为古南方方言。赣方言区境内各片以及抚广福建建宁，均习用第一义。如昌都南昌话："榫头松了，加个攕。"昌都、抚广、吉茶等片还多用第二义。如吉茶吉水话："攕以木楔硬挤个攕木楔进去。""该隻那只矮牾凳仔矮凳子松哩，攕以木楔硬挤紧一下。"也有在其引申义上再引申用的。如吉茶萍乡话："到后背_{后面}去站队，不要榽_{为取巧不受秩序而硬性插入队}。"《汉语大词典》未涉"以木楔硬挤"义。

昼［tɕiu³⁵］

（1）白天，即从日出至日落的时间。"昼"，《广韵》去声宥韵陟救切："日中。"其释属引申义。《说文·画部》释之"日之出入，与夜为界"。徐灝注笺："自日出至日入，通谓之昼，故云日之出入，与夜为界也。"《易经·晋》："康侯用锡马蕃庶，昼日三接。"孔颖达疏："昼日三接者，言非惟蒙赐蕃多，又被亲宠频数，一昼之间，三度接见也。"《吴越春秋》："禹行，……启生不见父，昼夕呱呱啼泣。"（2）中午时分。此为引申用法。除广韵所释外，《玉篇·书部》亦云："昼，日正中。"《左传·昭公元年》："君子有四时：朝以听政，昼以访问，夕以修令，夜以安身。"清·茹敦和《越言释》曰："越人以午为昼，午前为上昼，午后为下昼。"无疑，古吴人亦然。今吴语区还把"午饭"谓之"昼饭"，如上海松江，江苏无锡、江阴、常州、启东吕四、丹阳，浙江温岭、定海、宁波等地。赣方言各片也有"昼""上昼""下昼""昼夜"称谓。赣方言中，以"昼"为语素构成双音词的不少，仅"中午时分"，就有"昼饭""昼时""昼间""当昼""昼边"等表达。显然，这无疑是受古吴越语习俗濡染的结果。

港［kɔŋ⁴⁴］

地名，即指与江河湖海相通的河流。"港"，《集韵》上声讲韵古项切："水分派也。"据李小凡、陈宝贤研究，"港（河流）"可能是一个源于古吴语的地名通名，而且"港"的分布地域也大体相当于古吴语、古楚语和吴楚之间被称为吴头楚尾的过渡地带。"港"用于水名先秦时就已在吴地出现，因为无锡伯渎港，"相传为商末吴泰伯所开"；芜湖鸠鹚港，《左传·襄三年》记载："楚子重伐吴，克鸠鹚"；赣省余干梅港，系"战国末期梅姓定居江边，因名"。据考察，"港"的聚落名，江浙沪以及皖鄂湘赣多以河流命名，而江浙沪"港"的河名尤为集中，如上海沙港，江苏张家港、新洋港、黄沙港，浙江常山港、江山港。赣都是吴头楚尾的过渡区，"港"的地名亦多以河命名。根据《中华人民共和国地名大词典（江西卷）》（商务印书馆，崔乃夫主编江西卷，1998年）统计：赣省"港"的聚落名62个，多以河命名。如抚广黎川，"港"即"河"："港下"就是"河里"；"港岸"指"河岸"；"港塝"是"河岸"或"河堤"。历代史地方志诸如《元史》《明史》《太平寰宇记》《大明一统志》等，对赣省"港"的聚落名也多有记载：南丰兜港、南丰双港口、都昌后港河、都阳双港、弋阳信义港、新城五福港、金溪石门港、金溪三港水、大庾黄泥港、贵溪安仁港、余干邹子港等。①

此外，还有如"桊穿牛鼻的环""明朝明天""腡手指罗纹"等，均是赣方言中的古吴语成分。

2. 表示行为动作以及发展变化的吴语成分

赣方言中，表示这类语义的古吴语成分存于日常用语中，而且其数量不少，有的通行范围很广，有的仅部分地区。例如：

掊 [ua¹³]

以手抓物。"掊"，《集韵》去声祃韵乌化切："吴人谓挽曰掊。"又《类篇·手部》："吴俗谓手爬物曰掊。"赣方言区各地均用，如"掊食鸡噢吃""掊几掊米煮"等，既可作动词，亦能为量词。

勚 [y¹¹]

器物逐渐磨损而失去棱角、锋芒。"勚"，《广韵》去声至韵羊至切："劳也。"《尔雅·释诂上》亦释之"劳也"，本义为"辛劳""劳苦"。人或其他动物会因久劳而身神疲惫，以致最终精竭力尽。与此类似，器物也会因其久用而受到磨损，以致失去它原有的棱角、锋芒。因此，由其本义自然而然地派生出引申义"器物磨损"。段玉裁说文注："……今人谓物消磨曰勚，是也。"

清·朱骏声通训定声："今苏俗语谓物消磨曰勚。"《沪谚》："物久用而消磨曰勚。"吴语区上海、上海嘉定，江苏苏州，浙江温州、丽水、苍南金乡等地，均习用此义。

"器物磨损"一义，赣方言区昌都南昌、修水，抚广乐安以及吉茶永丰等市县，今亦使用，如"螺丝勚了"，"菜刀勚刮吤，要去磨快"。

嬉 [çi³³]

游戏，玩耍。"嬉"，《广韵》平声之韵许其切："游也。"据《方言》卷一〇："江沅之间谓戏为媱，或谓之嬉。"《大戴礼记·诰志》："人曰作乐，曰与，惟民是嬉。"王聘珍注："嬉，亦乐也。"《史记·孔子世家》："孔子为儿嬉戏，常陈俎豆，设礼容。"

此义用之于吴语，如《乐府诗集·清商曲词·子夜歌》："揽枕北窗卧，郎来就侬嬉。"今上海、松江，浙江象山、丽水、金华岩下、平阳、苍南金乡等地，常用是语。

---

① 李小凡、陈宝贤：《从"港"的词义演变和地域分布看古吴语的北界》，《方言》2002 年第 3 期。

赣方言区鹰弋鹰潭、鄱阳、弋阳，抚广乐安包括福建泰宁、建宁，还有赣方言末资片湖南耒阳，亦常用之。

囥［k'ɔŋ⁵³］

藏物。"囥"，《集韵》去声宕韵口浪切："藏也。"《沪谚》："藏物曰囥。"上海崇明清乾隆二十五年《崇明县志》："囥，俗谓藏物也。"又，清乾隆十二年《苏州府志》亦云："藏物曰囥。"此语今吴语区还广为使用，如上海、上海崇明，江苏丹阳、江阴、常州，浙江杭州、温州、丽水、金华岩下、苍南金乡、宁波、平阳、定海、普陀等地。

赣方言区赣东以及东北部诸如抚广黎川、乐安、崇仁、广昌，鹰弋鹰潭、余江、弋阳、鄱阳等地，习用是语。赣东以及赣东北毗连吴地，其习俗受其浸染，故语言受其影响也是自然的。抚广福建建宁、泰宁以及怀岳安徽岳西亦然。如岳西话："把东西囥起来。"

嗂［çye⁴²］

怂恿、挑唆。"嗂"，《广韵》入声药韵其虐切："嗢嗂，笑不止。"本义为"大笑"。据《方言》卷一〇："食阎、怂恿，劝也。南楚凡己不邾喜而旁人说之，不欲怒而旁人怒之，谓之食阎，或谓之怂恿。""食阎"为双音节连绵词，合音与"嗂"相近。

吴语区上海、上海松江，江苏苏州，浙江杭州等地，常用此义。如松江话："嗂伊去做丑事体。"赣方言昌都、吉茶片亦然。昌都南昌话称"挑唆"为"嗂祸"，如："你不要在渠们他们中间嗂祸。"吉茶吉水话："渠嗂该伢仔那小孩去做坏事，毛没安好心。"

莳［sɿ³⁴］

插秧。"莳"，《广韵》去声志韵时吏切："种莳。"据《方言》卷一二："莳、植，立也；莳，更也。"郭璞注："谓更种也。"段玉裁说文注："今江苏人移秧插田中曰莳秧。"又，朱骏声通训定声："分秧匀插为莳。"吴语区，江苏太仓1919年《太仓州志》："插秧曰莳。"上海，江苏苏州、无锡、常熟、常州等地，亦有"莳秧"之说。赣方言区如吉茶吉安、吉水、峡江、莲花等地以及湖南耒阳，则称"插秧"为"莳"或"莳田"。

隑［k'ai³³］

斜靠、倚靠。"隑"，《广韵》平声哈韵五来切："企立。"《玉篇·阜部》释之"梯也"。郭璞方言注："江南人呼梯为隑，所以隑物而登者也。"方言多用其引申义"斜靠、倚靠"。清·章炳麟《新方言·释言》云："浙西谓负墙立曰隑，仰胡床而坐亦曰隑。"《方言》释之为"猗"，亦谓"不正"或"斜"的意思，今吴语区如上海、江浙许多地方还用之。

赣方言区宜浏新干，吉茶吉安、吉水、永丰、峡江等地，均常用"斜靠、倚靠"义。如吉水话："渠他隚到哩墙，把衣裳隚坏哩脏了。"

析〔saʔ⁴²〕

剖开或分解。"析"，《广韵》入声锡韵先击切："分也。"《说文·木部》释之"破木也"。桂馥义证："谓以斤分木为析也。"本义为"以斧破木"，又引之为"分开""分离"等。《尚书·盘庚》："今我民用荡析离居，罔有定极，尔谓朕'曷震动万民以迁'。"孙星衍注疏："广雅释诂：析，分也。"清·茹敦和《越言释》云："《诗》言'析薪如之何'，又曰：'斧以斯之。'斯者，析音之转，所谓北音无入是也。"吴语浙江绍兴一带，今仍使用其古义"剖开"或"分解"。

赣西北昌都修水以及赣中吉茶泰和等地，日常口语亦多用此义，如"析木板""析南瓜"；还用作量词，相当于"瓣"，意指析后小片状单位，如"一析木板""三析南瓜"等。

赣方言里这类吴语成分多姿多彩，如"氾水煮或油炸""拢岸把船靠岸""汏略洗""扳用力使物体转向、分开""淘将汤拌饭""荡往来摇动，洗涤器皿""揠强与人物""殳用棒状物敲击""徛站"等，就不一一而详了。

3. 表示性质或状态的吴语成分

赣方言中，表示这类语义的古吴语成分也存有一些。其中，极个别的仅通行于少数地区。例如：

駭/惷駭〔ŋei¹³/tuŋ³⁴ŋei¹³〕

傻，呆。"駭"，《广韵》上声骇韵五骇切："痴也。"《汉书·息夫躬传》："外有直项之名，内实駭不晓政事。"颜师古注："駭，愚也。"汉·应劭《风俗通义·佚文》："俗说：市买者当清旦而行，日中交易所有，夕时便罢，无人也；今乃夜籴谷，明其痴駭不足也。""惷"，《广韵》上声准韵尺尹切："蠢蠢扰动貌。"《说文·心部》释之"愚也"。《淮南子·氾论》："存士之迹若此其易知也，愚夫惷妇皆能论之。"高诱注："惷亦愚，无知之貌也。"

表示"愚蠢""呆傻"义的，吴语区如杭州、宁波以及苏州等地，有"駭大""駭子"等说法。应钟《甬言稽诂·释流品》："《苍颉篇》：'駭，无知之貌。'……俗称愚钝不敏者曰駭，其人曰駭。"又，钱大昕《恒言录》云："《七修类稿》：苏杭呼痴人为'懂子'，又或'呆'、'駭'二字。考《玉篇》众书，无'懂'、'呆'二字，独'駭'字在。"

此语赣北昌都片少数地方，今尚用之。"駭"既能单用，又能以"惷駭"这样的双音形式出现，如修水话"駭物"，"咯这个人真惷駭"。"惷与"駸"系同义复合。郑玄周礼注："惷愚生而痴駸童昏者。"

阔［k'uot⁵］

宽，广，大。"阔"，《广韵》入声末韵苦括切："广也。"《说文·门部》释之"疏也"，本义"远离""疏远"。《诗经·邶风·击鼓》："于嗟阔兮，不我活兮。"由此衍生出"宽""广""久"等引申义。《吕氏春秋·论人》："阔大渊深，不可测也。"汉·应劭《风俗通义·声音》："壤，木为之，前广后锐，长尺四寸，阔三寸。"吴语区如上海、浙江温州、丽水一带以及江苏苏州一带，多用"宽"义。赣方言区境内各市县，也常以"阔"指"宽"。如吉茶吉水话："该条马路公路几阔哩多么宽呀。"

狭［hap⁵］

窄，与"宽"相对。"狭"，《广韵》入声洽韵侯夹切："隘狭。"《集韵·洽韵》亦云："《说文》：'隘也。'"本义"狭窄"。《墨子·备突》："维置突门内，使度门广狭，令之入门中四五尺。"晋·陶渊明《归园田居》："道狭草木长，夕露沾我衣。"吴语区上海，浙江温州、丽水一带以及江苏苏州一带，均有谓"窄"为"狭"的说法。不仅如此，而且还有不少以"狭"为语素而构成的表示"狭窄"或"狭小"的同义词，如"狭迎"（江苏江阴）、"狭油油"（上海）、"狭兵绷"（浙江金华）、"狭贫棚"（金华）、"狭陬陬"（苍南）等。

赣方言区境内各片犹如吴语，也习以"狭"指称"窄"。

长［ts'ɔŋ²⁴］

指在空间的两端之间距离大。"长"，《广韵》平声阳韵直良切："久也。""长"，甲骨文像一长发老人拄杖形，其本义为"年长发长"。"长"之常用义有二：一是与"短"相对，如《汉书·地理志》："长子，周史辛甲所封。"颜师古注："长，读曰长短之长。"二是指高，如《庄子·列御寇》："美髯长大，壮丽勇敢，八者俱过人也，因以是穷。"成玄英疏："长，高也。"吴语区如上海、上海松江，江苏吴江、无锡、苏州，浙江杭州、温州、金华、苍南等地，今仍常用"长"来指称"（身材）高"，如上海话"伊比我长"。

赣方言区境内各片如吴语，除用第一义外，还常用第二义，如"长人""长子指人高""长脚"等。

这类常用的吴语成分，赣方言里还有如"相因价钱低廉"等。

还有一些其他类别的词如副词、助词类等，只是数量较少而已。

从上所举的几类词语，我们可以看到吴语或说吴越语对赣语的影响是

很大的。实际上，赣鄱地区还有彭泽、湖口和都昌等地所说的人称词
"侬"，如"我侬、尔侬、渠侬（湖口说'夷侬'）"等，都是古吴语或古
吴越语的遗存成分。

二　楚语的遗留成分

赣鄱地区，春秋时除东部一隅属吴境外，大部均为楚之东境；从楚吞
吴（战国中期）之后，则全境归楚，直至秦灭楚统一为止。这种特殊的隶
属关系，外加人们长期对荆楚语言文化耳濡目染，达到不习而能之效，这
就使得楚语留下了深深的烙印，成为当时赣鄱地区南楚语的辞源，其影响
绵延至今，已经构成了赣方言词汇成分的主要来源之一。

今天，赣方言词汇中常用的楚语遗留成分，也是以名词、动词和形容
词的居多，而其中数量最大的还是动词。

1. 表示人的称谓以及事物名称的楚语成分

赣方言中，表示这类语义的楚语成分存之不少。例如：

崽［tsai²¹³］

儿子。"崽"，《广韵》平声皆韵山皆切："《方言》云：'江湘间凡言
是子者谓之崽。'自高而侮人也。"据《方言》卷一〇："湘沅之会，凡言
是子者谓之崽。"湘沅之会为古楚地。清·钱绎笺疏："湘沅会合处，汉为
长沙郡下隽县，今湖南岳州府临湘县是。"明·焦竑《俗书刊误·俗用杂
字》："江、湘、吴、越呼子曰崽。"又转引为"各类动物的幼子"。《方
言》卷一〇："崽者，子也。"钱绎笺疏："今大河以北谓畜类所生曰崽
子。"还用之为詈词。清·章炳麟《新方言·释亲属》："成都、安庆骂
人，则冠以崽字。"

上述各义，赣方言区各片都用之常语。如昌都南昌话："渠他是我箇的
崽。"吉茶吉水话："该隻那头牛婆母牛生哩了崽仔。"

罾　［tsɛn⁴²］

鱼网，即一种用竹竿等做支架的方形鱼网。"罾"，《广韵》平声登韵
作滕切："鱼网。"徐灏说文注笺："罾为方制，以曲竹交四角而中系长绳，
沈于水以取鱼。"《楚辞·湘夫人》："鸟萃兮苹中，罾何为兮木上？"王逸
章句："罾，鱼网也。"后以方网捕鱼亦谓之"罾"。《玉篇·网部》："罾，
取鱼冈。"《史纪·陈涉世家》："乃丹书帛曰：'陈胜王。'置人所罾鱼腹
中。""罾"之"鱼网"义，赣方言区昌都、吉茶、宜浏等片均有此说；
而表示"以网捕鱼"之"罾鱼"一语，昌都、宜浏片一些市县常用，吉茶
片则多用"扳鱼"。

箬［ŋɔʔ³］

箬竹之叶。"箬"，《广韵》入声药韵而灼切："竹箬。"《说文·竹部》释之"楚谓竹皮曰箬"。段玉裁注："今俗云笋箨箬是也。莛而陊地，故竹篆下垂者像之。"赣鄱地区，"箬"指"箬竹的叶子"。据笔者调查，赣鄱人取箬有几个用处：一是过去乡下人常用箬叶编斗笠，以之遮雨，就如唐代诗人张志和《渔父》中所描述的那样："青箬笠，绿蓑衣，斜风细雨不须归。"二是每逢端午，赣鄱人喜用箬叶包粽子，至今还是这样。对此，有学者认为，"在许慎时代，'箬'只是楚方言词，只有楚地的人已经认识、栽培和利用箬叶。端午包粽子、赛龙舟，追思屈原也应该起源于楚。"①

据考察，赣方言区抚广黎川、崇仁，鹰弋弋阳以及怀岳安徽岳西，今天还习用"箬"的说法。

筲［sau⁴²］

盛物筲。"筲"，《广韵》平声肴韵所交切："斗筲竹器。"据《方言》卷一三："筲，南楚谓之筲。"郭注："盛饼筲也。"按筲即筲箕，一种圆形的盛物竹器。黄侃《论学杂着·蕲春语》："今吾乡谓盛饭之箕曰筲箕。"赣方言区各片今犹存之，多与"箕"连用。

蚊［un³⁵］

蟁，一种小虫。"蚊"，《广韵》平声文韵无分切："同蟊。"按：蚊俗作蟊。《说文·蚰部》："蟊，啮人飞虫。蚊，俗蟊。"本义为"蚊子"。又，《说文·虫部》释"蟁"："秦谓之蚋，楚谓之蚊。"《晏子春秋·外篇》卷八："东海有虫，巢于蚊睫，再乳再飞，而蚊不为惊。"境内赣方言区遍用之。

圳［tun⁴²］

水沟。"甽"，《集韵》去声稕韵朱闰切："沟也。"《六书故》："甽，今作圳，田间沟畎也。"清·吴任臣《字汇补》："江楚间山畔水沟谓之圳。"徐珂《清稗类钞》释"圳"："通水之道也。"境内赣方言区各片，今大多仍称"水沟"为"圳"。

潭［ham³⁵］

深水。"潭"，《广韵》平声覃韵徒含切："深水貌。"据《一切经音义》："南楚之人谓深水曰潭"。《楚辞·九章》："长濑湍流，泝江潭兮。"王逸注："潭，渊也。楚人名渊曰潭。"李善注《文选〈山居赋〉》："楚人

---

① 周振鹤、游汝杰：《方言与中国文化》，上海人民出版社 1986 年版，第 126 页。

谓深水为潭"。赣方言以"深水"名"潭"者常见，为人们所通用。

2. 表示行为动作的楚语成分

表示这类语义的楚语成分，较之事物称名来说大体相当，赣方言中也存之不少。例如：

攓[tɕ‘iɛn²¹³]

拔取。"攓"，《广韵》上声獮韵九辇切："同搴。"《荀子·赋》："攓兮其相逐而反也，卬卬兮天下之咸蹇也。"清·俞樾云："蹇，当读为攓。"《楚辞·离骚》："朝搴阰之木兰兮，夕揽洲之宿莽。"王逸章句："搴，取也。"据《方言》卷一："挦、攓、摘、挺，取也。南楚曰攓。"《列子·天瑞》："子列子适卫，食于道，从者见百岁髑髅，攓蓬而指顾谓弟子百丰曰：'唯予与彼知而未尝生未尝死也。此过养乎？此过欢乎？'"张湛注："攓，取也。"

"攓"为"搴"的借字。《说文·手部》："搴，拔取也。南楚语。"戴震《方言疏证》云："攓，《说文》作搴。"《庄子·至乐》："列子行食于道，从见百岁髑髅，攓蓬而指之曰：'唯予与女知而未尝死'。"郭庆藩集释："攓，正字作搴。说文：搴，拔取也。攓为搴之借字。"

境内赣方言区的各市县，皆说"拔取"义，如"攓鸡毛""攓鸭毛""攓眉毛""攓汗毛"等，正合其本义。此外，赣方言还有"夹取""拾物"等义项，不过使用地区十分有限。

晓 [ɕiau²¹³]

明白，知道。"晓"，《广韵》上声篠韵馨皛切："曙也。"《说文·日部》释之"明也"。段玉裁注："此亦谓旦也，俗云天晓是也。引申为凡明之称。"由其本义"天亮"引申出"明白""知道"。据《方言》卷一："党、晓、哲，知也。楚谓之党，或曰晓。"清·钱绎笺疏："卷十三：晓，明也。……孙绰《游天台山赋》：'之者以路绝而莫晓。'是晓为知也。"《楚辞·天问》："今则稽之旧章，合之经传，以相发明，为之符验，章决句断，事事可晓，俾后学者永无疑焉。"显然，楚语中的"晓"是用其"知晓"引申义的。又如《列子·仲尼》："智者之言，固非愚者之所晓。"

表示"明白""知道"义的"晓"，今以"晓得"双音词的形式出现，通行于整个赣方言区。

睼 [t‘i³⁴]

看，探望。"睼"，《广韵》平声齐韵土鸡切："视也。"据《方言》卷二："睼，眄也。陈楚之间、南楚之外曰睼。"钱绎笺疏："《说文》：'睼，目小视也。南楚谓眄曰睼。'"《楚辞·山鬼》："既含睇兮又宜笑，子慕予兮善窈窕。"王逸章句："睇，微眄貌也。"洪兴祖补注："睇，目小视也。"由"斜视"引申为"看""探望"义。《广雅·释诂一》也释之"视也"。《后汉书·张衡传》:"亲所睇而弗识兮。"李贤注:"睇,视也。"今赣方言区宜浏、吉茶片一些市县,承继了"看""探望"义,如"睇下得渠探望他一下""毛人睇没人看望"。

瞜 [luʔ⁴²]

眼珠转动。"瞜",《广韵》入声屋韵卢谷切:"视貌。"《说文·目部》释之"目睐谨也"。段玉裁注:"言注视而又谨畏也。"本义"谨慎而视",实为"看""注视"义。《楚辞·招魂》:"蛾眉曼睩,目腾光些。"王逸章句:"睩,视貌也。"朱熹集注:"睩,目睐谨也。"清·胡文英《屈骚指掌》:"睩,目转视貌。"另据当代楚辞研究专家汤炳正考证:"睩,当从洪氏《考异》一作'睇','曼睇'即眄睇,一声之转。"又,《楚辞·悯上》:"哀世兮睩睩,諓諓兮嗌喔。"王逸章句:"睩睩,视貌。"由其本义引申为"眼珠转动"。赣方言区,昌都修水、星子,宜浏高安,抚广乐安、南城、崇仁,鹰弋弋阳以及吉茶泰和、永丰等市县,口语用其引申义"眼珠转动",如"眼睛打睩咯样","眼睛立睩子"等,均含贬义。据考察,粤语广州话也有此义。《汉语大词典》"睩"条,未涉本义。

揞 [om⁴⁴]

掩藏,捂住。"揞",《广韵》上声感韵乌感切:"手覆。"据《方言》卷六:"揞、揜、错、摩,藏也。荆楚曰揞,吴扬曰揜,周秦曰错,陈之东鄙曰摩。"又,《广雅·释诂四》释之"藏也"。王念孙疏证:"《方言》:'揞、揜,藏也。荆楚曰揞,吴扬曰揜。'揞,犹揜也。方俗语有侈敛耳。《广韵》:'揞,手覆也。'覆亦藏也,今俗语犹谓手覆物为揞矣。"王念孙认为"揞"与"揜"实为一词,只是在不同方言中其语音有一定的差异罢了。赣方言区,抚广黎川、广昌和宜浏高安等地,今言"捂住"或"掩盖"均谓之"揞"。如黎川话:"把手揞到去用手捂住了,看不到看不见。"高安话:"拿手揞到捂住、遮盖钱。"

嗥 [hau²⁴]

狗叫。"嗥",《广韵》平声豪韵胡刀切:"熊虎声。"《说文·口部》释之"咆也",本指豺狼虎熊等"兽类吼叫"。《楚辞·招隐士》:"猿狖群啸兮虎豹嗥,攀援桂枝兮聊淹留。"王逸注:"猛兽争食,欲相啮也。"洪兴祖补注:"嗥,胡高切,咆也。"汤炳正今注:"嗥,咆哮。"又,《楚辞·尊嘉》:"望溪兮濚郁,熊罴兮响嗥。"引申为"狗叫"义。《山海经·北山经》:"有兽焉,其状如鼠,而菟首麋身,其音如嗥犬。"赣方言区各片只用其引申义,称狗叫为"嗥"。如昌都南昌话:"昨夜晚狗紧老是嗥，不晓得出哩什里什么事。"

怂慂[$suŋ^{41} yŋ^{41}$]

从旁劝说鼓动。"怂"，《广韵》上声肿韵息拱切："惊也。"又，"慂"余陇切："方言云：怂慂，劝也。"据《方言》卷一〇："食阎，怂慂，劝也。南楚凡己不欲喜而旁人说之，不欲怒而旁人怒之，谓之'食阎'，或谓之'怂慂'。"犹如南楚方言，赣方言区人们今还常用此语"鼓动"某人去干某事，多含贬义。

3. 表示性质或情态的楚语成分

赣方言中，表示这类语义的楚语成分存有少量。例如：

夥[$fɔ^{51}$]

众多。"夥"，《广韵》上声果韵胡果切："楚人云多也。"据《方言》卷一："齐宋之间……凡物盛多谓之寇，齐宋之郊，楚魏之际曰夥。"陆德明释文引《汉书》注曰："楚人谓多为夥。"唐·刘知几《史通·杂说中》亦云："荆楚训多为夥。"《史记·陈涉世家》："入宫，见殿屋帷帐，客曰：'夥颐！涉之为王沉沉者！'楚人谓多为夥，故天下传之，伙涉为王，由陈涉始。"司马贞索隐："服虔云：'楚人谓多为夥。'谓涉为王，宫殿帷帐庶物夥多，惊而伟之，故称夥颐也。"

"夥"亦作"錁"。《广雅·释诂三》："錁，多也。"王念孙疏证："夥与錁同。"《玉篇·多部》："錁，楚人谓多也。"

赣方言区吉茶吉安、泰和、吉水、峡江、永丰，鹰弋弋阳以及抚广崇仁，包括福建泰宁，今感叹或言多犹谓"夥"。

忸怩[$ȵiu^{42} ȵiɛ^{42}$]

羞羞答答之状。"忸"，《广韵》入声屋韵女六切："忸怩。"又，"怩"平声脂韵女夷切："忸怩心惭也。"据《方言》卷一〇："忸怩，惭歰也。楚郢江湘之间谓之忸怩。"此语今之赣方言常用，只是使用同音词"扭捏"或"扭扭捏捏"的居多而已。

上述楚语成分，仅是赣方言词汇中的一部分。不过，这也足以表明赣方言与楚语的密切关系。先秦时期，赣鄱地区先属苗蛮语区（后属楚地），后又归为荆楚语言文化圈内——南楚。《史记·货殖列传》记载："衡山、九江、江南豫章、长沙，是南楚也。"张守节正义："此言大江之南豫章、长沙二郡，南楚之地耳。"《方言》中的南楚，其范围所指十分广大，大致包括了今湘省大部，赣省西部和北部，粤和桂两省北部。①

---

① 陈立中：《论汉代南楚方言与吴越方言的关联性》，《中南大学学报》2004 年第 2 期。

第三节　其他方言或语种的影响或借用成分

赣方言的多源性，决定了其构成成分的复杂性与多样性。除已述的苗越底层、吴楚语遗留成分之外，还有一个不可忽视的重要来源，那就是其他方言或语种的影响或借用成分。赣方言中，其他方言或语种的影响或借用不仅历史悠久，而且涉及面也广。为了更清楚地了解其影响或借用情况，研究中较多地采用扬雄《方言》以及其他古字书的材料，以确证它的可信性。

在《方言》的材料中，多处出现"……之间""关之东西""自山而东"等类的称谓，在此有必要作些说明。"……之间"，一般指方言区相邻的一片方圆之内；"关之东西"则指函谷关东边和西边的一片地方；"自山而东"指太行山东边的一片地方。下文的方言或语种归类，也多以原文中的称谓为据。①

一　秦晋地区的方言或语种

赣方言中，至今尚存少量的秦晋方言或语种的影响或借用成分，其所涉既有表事物称名、行为动作的，也有表状态的。例如：

彘［tɕiə²¹³］

猪。"彘"，《广韵》去声祭韵直例切："豕也。"《尔雅·释兽》："豕子，猪。"郭璞注："今亦曰彘。"据《方言》卷八："猪……关东西或谓之彘，或谓之豕。"《孟子·梁惠王上》："鸡豚狗彘之畜，无失其时，七十者可以食肉矣。"赣方言区抚广广昌等地，今还常说"彘猪""彘牯公猪""供彘养猪"等语。

镰［liɛn³⁵］

刈草器。"镰"，《广韵》平声盐韵力盐切："刀镰也。"据《方言》卷五："刈钩，自关而西或谓之钩，或谓之镰。"汉·刘向《说苑·敬慎》："（丘吾子）拥镰带索而哭。"赣方言区，各地都有"镰"这一说法。

陶［t'au¹³］

养育。"陶"，《广韵》平声豪韵徒刀切："化也。"据《方言》卷一："台，胎，陶，鞠，养也。晋卫燕魏曰台，陈楚韩郑之间曰鞠，秦或曰陶，

---

① 丁启阵：《秦汉方言》，东方出版社 1991 年版，第 15—17 页。

汝颍梁宋之间曰眙，或曰艾。"郭璞注："尔雅云：艾，养也。"又卷一三："陶，养也。"扬雄《太玄·玄摛》："资陶虚无而生乎规。"范望注："陶，养也。"

　　赣方言区，赣北昌都修水等地今谓"养育"为"陶"，正切此义。因为"养育"一个人不是一件易事，故修水话含"艰难养育"之意。例如，"咯这个年代饭都吃不饱，伢仔小孩难陶大呀！"又，艰难生活亦言"陶"，如"陶命""实在是陶不过，看见生肉都想吃"。

壮〔tsɔŋ³⁵〕

　　肥壮，兼指人的胖和动物的肥。"壮"，《广韵》去声漾韵侧亮切："大也。"据《方言》卷一："秦晋之间凡人之大谓之奘，或谓之壮。"赣方言凡谓"肥壮"皆曰"壮"，其对象既可指人，也可指其他动物。例如，境内各片以及境外如湖南浏阳，福建建宁、泰宁，安徽怀宁、望江等地，皆如此使用。当然，吴语区如宁波方言也有此说。

二　陈韩赵魏宋之间的方言或语种

　　赣方言中，还存陈韩赵魏宋域间方言或语种的借用成分，主要是事物称名方面，也有少量表行为动作的。例如：

蝇〔in³²〕

　　昆虫，通称为苍蝇。"蝇"，《广韵》平声蒸韵余陵切："虫也。"《说文·黾部》释之"营营青蝇，虫之大腹者"。据《方言》卷一一："蝇，东齐谓之羊，陈楚之间谓之蝇。"赣方言吉茶、抚广片的一些市县，还惯用单音词"蝇"这一说法。如吉茶吉水话："该花勒那些鱼仔发臭哩，真个惹蝇！"

轪〔tʻo²⁴〕

　　车轮。"轪"，《广韵》去声泰韵徒盖切："车辖。"据《方言》卷九："轮，韩楚之间谓之轪，或谓之軝。"《楚辞·离骚》："屯余车其千乘兮，齐玉轪而并驰。"王逸章句："轪，锢也。一云车辖也。言乃屯陬我车，前后千乘，齐以玉为车辖，并驰左右。"赣方言少数地区也有此称，如南昌称"车轮"为"车轪"。

锹〔tsʻiau¹³〕

　　铁锹。《广韵》《说文》均未收录。"锹"，《集韵》平声宵韵千遥切："鍫，亦书作锹。"据《方言》卷五："畲，赵魏之间谓之枭。"郭璞注："枭字亦作锹也。"又，《汉书·沟洫志》："举畲为云，决渠为雨。"颜师古注："畲，锹也，所以开渠者也。"元·王祯《农书》："盖古谓之畲，今谓之锹，一器二名，宜通用。"

赣方言区吉茶、宜浏等片，今仍言"铁锹"为"锹"。如吉茶萍乡"锹子特指挖笋的铁锹，亦称笋锹"、吉水"一把锹"。还用如动词，如吉水"用锹铁锹锹用铁锹掘担土"。

箩［lo³⁵］

方底圆口的竹器，用来盛谷米。"箩"，《广韵》平声歌韵鲁何切："筛箩。"《说文》未录。本谓盛米倒入斛中的簸箕，又指以竹编织而成的底方上圆的竹器。据《方言》卷五："所以注斛，……自关而西谓之注。箕，陈魏宋楚之间谓之箩。"郭璞注："盛米谷写斛中者也。"《集韵·戈韵》云："江南谓筐底方上圆曰箩。"

赣地自古以农为生，箩用之悠久，地域甚广，今犹为农家谷物之类的盛器，且用之不衰。故与"箩"所涉的词语颇多，如"谷箩田里盛谷用的，容量较大""米箩家里盛米用的""石米箩仔—种小箩"，等等。"箩"还常用作量词，如"一箩谷"等。

摭［tsɛ⁴²］

撕。"摭"，《广韵》入声昔韵之石切："拾也。"据《方言》卷一："摭，取也，陈宋之间曰摭"。钱绎笺疏："《说文》：'拓，拾也，陈宋语或作摭，或从庶'"。赣方言用其转义"撕"，如昌都南昌话"不要把书摭破了"；还有"扯"或"拉"义，如南昌话"你不要紧摭得我不放"。

熬［ŋau³²］

文火慢煮或煎干。"熬"，《广韵》平声豪韵五劳切："煎也。"《说文·火部》释之"干煎也"。据《方言》卷七："熬，火干也。凡以火而干五谷之类，自山而东齐楚以往谓之熬。"钱绎笺疏："《说文》，'熬，干煎也。'《广雅》，'熬，干也。'"这一义项，通行于赣方言区各个片，以它构成的词语也多，如吉茶吉水话"熬药煎药""熬油炼猪油或肥肉""熬糖炼甘蔗或糯米糖""熬粥"等。还有用其转义的，如宜浏宜春、新余话"钉子钉熬歪哩"，是其众多例中的一例。

三 北燕洌水之间的方言或语种

赣方言中，还存少量北燕、洌水等域间方言或语种的借用成分，主要表行为动作等语义。例如：

菢［p'au¹¹］

孵（卵成雏）。"菢"，《广韵》去声号韵薄报切："鸟伏卵也。"据

《方言》卷八："北燕、朝鲜、洌水之间，谓伏鸡曰抱其卵。""抱"亦作"菢"。①《一切经音义》"抱卵"注引《通俗文》："菢，鸡伏卵，北燕谓之菢。"赣方言区昌都、抚广、宜浏、吉茶等片均常用。如昌都南昌"菢鸡崽子""菢鸡婆揽崽带_{喻爱管闲事}"，抚广黎川"菢鸡_{母鸡菢窝}""菢鸡嫲_{抱窝的母鸡}"。

癆 [lau¹¹]

药毒。"癆"，《广韵》去声号韵郎到切："癆痢恶人。"《说文·疒部》释之"朝鲜谓药毒曰癆"。徐锴系传："癆，朝鲜谓饮药毒曰癆。"据《方言》卷三："凡饮药、傅药而毒，南楚之外谓之瘌，北燕朝鲜之间谓之癆。"郭璞注："癆、瘌，皆辛螫也。"赣方言，如南昌话"吃了会癆死个的"，宜春话"癆人""癆老鼠"，新余话"癆毒药"，正切此意。

四 江淮地区的方言或语种

赣方言中，还存古江淮地区方言或语种的一些接触或借用成分，只是数量较少而已。例如：

捊 [tɕ'iɛn²⁴]

拔取（毛、发等）。"捊"，《广韵》平声盐韵视占切："取也。"据《方言》卷一："捊，取也。卫、鲁、扬、徐、荆、衡之郊曰捊。"钱绎笺疏："今俗谓以指摘物曰捊。"黄侃《蕲春语》："吾乡谓杀禽兽已，纳之沸汤去毛，曰鬏毛。或书作捊。""捊"常用于赣方言区昌都、宜浏、吉茶等片。

磑磨 [ŋai³⁵mo¹¹]

研磨或拉磨。"磑"，《广韵》平声灰韵五灰切："磨也。"又，"磨"去声过韵模卧切："磑也。"据《方言》卷五："磑，或谓之硙。"郭璞注："硙，即磨也。""磑"亦作"砨"。钱绎方言笺疏："磨谓之砨，磨物亦谓之砨。"《一切经音义》"舂磨"注："磑，江南呼磨。"赣方言区昌都、吉茶等片，今言"磑磨"即"研磨"或"拉磨"义，如格言"牛磑磨，马吃谷；爹作田，崽享福_{讽喻不公平}"之类，犹活跃于城乡人们的口语中。

薅 [lai²¹]

除掉或拔去草类。"薅"，《广韵》平声豪韵呼毛切："除田草也。"《说文·蓐部》释之"拔去田艸也"。徐锴系传："薅，拔田草也。"据章炳麟《新方言·释言》云："今山西、淮西、淮南，皆谓刈草爲薅草。"

今赣方言区如吉茶吉水、昌都修水等地，有"薅禾"之说。另外，修水等地排开荆棘、茅草、庄稼等也叫"薅"，如"我是从丝芒中薅过来咯"；还用其"搅拌"引申义，如"薅糊""薅石灰"。

上述复杂多样的底层遗留成分以及影响借用成分，是赣方言词汇系统中的重要组成部分。这些词汇成分，从一个侧面为探寻赣鄱地区民族历史的发展脉络提供了一定的线索，同时也反映了赣鄱地区与其他部落或民族之间的相互关系，这是赣鄱地区民族历史发展变化的实证材料。

赣方言的词汇系统，类似于部落一样是经过几大区域的文化语言长期交往—斗争—融合，再交往—再斗争—再融合而形成的，它也像其他民族语言一样，是由多源语种不断融合的产物。赣方言词汇的基础与源头，除了上述苗蛮、夷越、吴楚以及其他等族的词汇成分之外，还包含大量中原华夏汉语的词汇成分。

社会语言学告诉我们，民族形成的要素有四：共同的地域、共同的经济生活、共同文化上的共同心理素质、共同的语言，而语言又是其中最重要的要素，是一个民族的重要标志。毫不夸大地说，一部语言史实际上就是一部民族史。语言又是一种特殊的社会现象，它记录了一个民族的自然因素和人们实践活动的全部内容，真实地再现一个民族特定历史时期所形成的语言特征，而这一语言特征又是以人们的口头语言和通读文字得以传承下来的。因此，我们认为，今天赣方言词汇中存有大量的底层遗留成分、影响借用成分以及华夏汉语基础成分，与此有着密切的关系，这也符合语言发展的一般规律。

在赣方言的词汇成分中，中原华夏汉语是其最主要的基础和最重要的源头。所以，下面几章就着重地对赣方言中的华夏汉语词汇成分做些探源性的考释工作。

第三章　赣方言古语词与上古汉语词汇成分

　　史料和考古均已表明，从石器时代起，赣鄱地区就与外界不断地进行文化交流，还有人员往来，其中尤以北方华夏—汉族为甚。不但如此，更为重要的是历代北民南迁给赣鄱地区带来了非同寻常的深层影响。著名语言学家萨丕尔曾经说过："我们环顾一下流行的语言习惯，大概不会想到我们的语言有一个'坡度'，下几个世纪的变化可以说正在今天的暗流里预先成形，这些变化一旦完成，就能看出它们不过是过去已经发生的变化的继续。"[①] 事实确乎如此，赣方言的形成与发展，实际上就与先秦华夏语和秦汉以来的汉语"暗流"密切相关。

　　在赣方言词汇溯源中，我们清楚地看到其词汇基本成分大量来源于三代（之前无文献可征）及其以后华夏汉语的文献典籍，是各个时代的通用语，其成分涉及人们生活、生产活动的各个层面。[②]

　　在以下的赣方言词汇考释中，我们重在探其汉语成分中的语源，[③] 与此同时也适当关注某些词的流变情况。因为其源流往往难以分开，所以本研究对某些词（如"后生"等）演变中的不同义项，也就没有按其不同的历史时代分别处理，而是以语料为依据来显示其所出现的时代。

第一节　先秦华夏时期的汉语词汇成分

　　先秦时期，华夏族的语言文化如同影响南方其他地区一样，也给赣鄱地区的语言文化带来了很大影响。据史料记载与考古发现，北民与赣省的

---

①　萨丕尔：《语言论》（陆卓元译，陆志韦校订），商务印书馆 1997 年版，第 139 页。
②　注：材料取自历代文献（包括字书或韵书）以及许宝华、宫田一郎《汉语方言大词典》（五卷本）。
③　注：第三章至第五章例词考释以其性质、特点分类，每类例词均按音序 A—Z 的顺序排列。

文化交流自古而然，同时北民迁赣亦自古而然，并非秦汉之后才拉开南迁赣地的序幕。可以这样说，赣鄱语言的发展史，其实是一部与外界语言的接触史，更是一部深受北方华夏汉语巨大影响而不断汉化的演变史，正是华夏汉语决定了赣语其后的发展方向。因此，华夏汉语是赣方言词汇系统中最主要、最基本、最具决定意义的基础成分。

一　表示人的称谓、时间以及事物名称意义

这一时期，赣方言中表示这类语义成分的占主要，且其基本上以单音词为主。不过，也出现了少数双音复合词，这与汉语词汇发展史是一致的。例如：

晡［pu¹³］

夜晚，其范围大体限于前一天黄昏后至第二天拂晓前的这段时间。"晡"，《广韵》平声模韵博孤切："申时。"《说文》释之"谓日加申时也"。申时，相当于下午三时至五时。古汉语中，"晡"既可表示"申时"，又可泛指"傍晚"或"夜间"，如《黄帝内经·灵枢》中《病传》："冬大晨，夏晏晡。"宋玉《神女赋》："晡夕之后，精神恍忽，若有所喜。"杜甫《徐步》诗："整履步青芜，荒庭日欲晡。"例句中的"晡"均指后一义。

赣方言承袭了后一古义。今天吉茶萍乡、永丰、吉安、吉水以及昌都安义等县市就称"晚上"或"夜间"为"晡兴"或"夜晡"。

枞［tɕʻiuŋ²⁴］

松树。"枞"，《广韵》平声钟韵七恭切："木名。"《尔雅·释木》释之"松叶柏身"。《尸子》卷上："松柏之鼠，不知堂密之有美枞。"《汉书·霍光传》："赐……枞木外臧椁十五具。"颜师古注："《尔雅》及《毛诗传》并云枞木松叶柏身。"枞，即冷杉，松科，常绿乔木。皮灰色，老时色褐且生龟裂，易剥落。叶钱形，密生，边缘常向内卷；夏月开花，果圆锥形，长三四寸。木材轻软，可作建筑制器及造纸材料。今广东、江西、湖南一带读松如枞，故枞树即指松树。

赣方言"枞"不独用，多与"树""毛"等语素构成"枞树""枞毛"之类。"枞树"一词，赣方言使用区域颇广，昌都、抚广、鹰弋、宜浏、吉茶等片市县均用。

簟［tʻiɛn¹¹］

供坐卧用的竹席。"簟"，《广韵》上声忝韵徒玷切："竹席。"《诗经·齐风·载驱》："载驱薄薄，簟茀朱鞹。"毛传："簟，方文席也。"亦

指以芦苇编织的席。《礼记·丧大纪》："君以簟席，大夫以蒲席。"郑玄注："簟，细苇席也。"

赣方言区昌都南昌、安义、湖口，抚广黎川、崇仁、宜黄、抚州，宜浏高安、丰城、新余，鹰弋鹰潭、鄱阳、铅山以及吉茶永丰、吉水、遂川等地，今犹常言"簟""簟子"或"簟仔"等语。

秆［kɘn²¹³］

稻草。"秆"，《广韵》上声旱韵古旱切："同'稈'，禾茎。"《左傅·昭公二十七年》："或取一编菅焉，或取一秉秆焉，国人投之，遂弗蒸也。"杜预注："秆，稾也。"陆德明释文引《说文》云："秆，禾茎也。"按：张舜徽说，今经传多从或体作秆。秆之言竿也，盖取挺直之义。禾之挺者为秆，犹竹之挺者为竿耳。

"秆"作"禾茎"义使用范围很广，几乎通行于境内赣方言区各片，这或许与赣都地区历代为主要稻作区有关；赣方言区福建建宁、泰宁和湖南平江，亦然。

筍［kɛu⁴¹］

用竹篾编织的捕鱼笼子，大口小颈，颈部装有倒须，腹大而长，鱼可入而不能出。"筍"，《广韵》上声厚韵古厚切："取鱼竹器。"《说文·句部》释之"曲竹，捕鱼筍也"。段玉裁注："筍，曲竹为之，以承孔，使鱼入其中不得去者。"《诗经·邶风·谷风》："毋逝我梁，毋发我筍。"毛传："筍，所以捕鱼也。"孔颖达疏："筍者，捕鱼之器。"陆龟蒙《渔具诗·鱼梁》："能编如云薄，横绝清江口。缺处欲随波，波中先置筍。投身入笼槛，自古难飞走。"

筍捕鱼虾，一般是发洪水时，人们于鱼梁之口用筍承水，以此拦捕。赣方言区吉茶、抚广等片还用其义，如吉茶吉水话"用筍张捕鱼仔"。

后生［hɛu¹¹saŋ⁴²］

（1）子孙后代。"后"，《广韵》上声厚韵胡口切："先后。说文：迟也。"又，"生"平声庚韵所庚切："生长也。""后生"本为"较后出生的"义。《尔雅·释亲》："男子先生为兄，后生为弟。"引申为"子孙后代"。《诗经·商颂·殷武》："寿考且宁，以保我后生。"郑玄笺："王乃寿考且安，以此全守我子孙。"

（2）后辈或年轻人。《论语·子罕》："后生可畏，焉知来者之不如今也。"南朝宋·鲍照《代少年时至衰老》："寄语后生子，作乐当及时。"

（3）年轻。《后汉书·华佗传》："寿光年可百五六十岁，行容成公御妇人法。"李贤注引《列仙传》云："容成公者，能善补导之事，取精于玄牝。其要谷神不死，守生养气者也。发白复黑，齿落后生。"此义唐后渐次多见，如唐·林楚翘《禅门十二时·普劝四众依教修行》词："后生时，恣凝爱，终日留情声色内。"宋·朱熹《朱子全书·诸子一》："他死时极后生，只得三十余岁。"元·刘君锡《庞居士误放来生债》第三折："（卜儿云）居士，你便老了，儿女每正后生哩。"

上述义项，赣方言区各片均常用，而尤以"年轻"义为多。例如，吉水话"该隻后生做事不晓得几喫苦，赚钱赚饱哩"，黎川话"渠看起来好后生，不像三十多岁"。

阶/级〔kai¹¹/tɕit⁵〕

台阶。"阶"，《广韵》平声皆韵古谐切："阶级也。说文曰：'阶，陛。'释名曰：'阶，梯也。'如梯之等差也。"阶、陛均为台阶，比连而升。又，《玉篇·阜部》云："阶，级也。"《书·大禹谟》："帝乃诞敷文德，舞于羽于两阶。"《礼记·丧大记》："无林麓，则狄人设阶。"郑玄注："阶，梯也。"又，《史记·魏公子列传》："赵王埽除自迎，执主人之礼，引公子就西阶。公子侧行辞让，从东阶上。"又，"级"入声缉韵居立切："等级。说文云：丝次序也。亦阶级。礼曰：拾级聚足。"本指丝之优劣等级，引为"阶梯"或"台阶"，与"阶"同义。段玉裁说文注："引申为凡次弟之称。阶之次弟，《曲礼》云'拾级聚足，连步以上'是也。"又，《玉篇·系部》云："级，阶级也。"《左传·僖公二十三年》："公降一级而辞焉。"《吕氏春秋·重言》："乃领宾者廷之而上，分级而立。"高诱注："级，阶陛。"又，《礼记·曲礼上》："拾级聚足，连步以上。"陆德明释文："级，阶等。"

"阶""级"构成复合词表示"台阶"义，始于中古。如唐·陆龟蒙《野庙碑》："升阶级，坐堂筵，耳弦匏，口粱肉，载车马，拥徒隶者，皆是也。"欧阳询《艺文类聚》卷六二："左城右平者，以文砖相亚次，城者为阶级也。"

表达"台阶"义的"阶"或"级"，赣方言区昌都南昌、修水，吉茶吉安、井冈山、泰和、吉水、峡江，抚广南城等市县以及耒资片湖南耒阳都使用，但一般不以单音词的形式出现；而同为吉茶片的萍乡话和抚广片的黎川话，"阶"却不与"级"组合，而是同别的语素复合成词，如"阶檐台阶""阶檐石台阶石"；有的是"阶级"一起组合的，但次序不同，如昌都片的安义则说"级阶"。

邻舍〔lin³⁵sa·〕

邻居。"邻"，《广韵》平声真韵力珍切："近也。说文曰：五家为邻。"以"五家为邻",必是"邻近"才有可能。由此引申为"邻居"义。《孟子·滕文公下》:"今有人日攘其邻之鸡者。"又,"舍"去声麻韵始夜切:"屋也。"本为"客馆"。《说文·亼部》释之"市居曰舍。从亼、中,象屋也。口象筑也"。段玉裁注:"《食部》曰:'馆,客舍也。'客舍者何也,谓市居也……此市字非买卖所之,谓宾客所之也。"由"宾客逆旅"引出"处所"或"屋舍"义。《玉篇·亼部》:"舍,处也。"《诗经·郑风·羔裘》:"彼其之子,舍命不渝。"郑玄笺:"舍,犹处也。"

"邻舍"并用,似可溯至三代。《晏子春秋·内篇杂下》:"谚曰:'非宅是卜,维邻是卜。'二三子先卜邻矣。"吴则虞注引孙星衍云:"案今本皆与左传文同,删去此文,疑后人妄以左传改此书也。'毋卜其居,而卜其邻舍','居'与'舍'为韵,'舍'从'余'得声,犹是三代之文,胜于左氏,疑左氏取此锻炼之。"当然,秦汉以后文献用之渐多,如《后汉书·陈忠传》:"邻舍比里,共相压迮。"东晋·葛洪《西京杂记》卷二:"邻舍有烛而不逮,衡乃穿壁引其光,以书映光而读之。"宋·沈括《梦溪笔谈》卷九:"邻舍翁甚贫,有一女,约与廷式为婚。"又,《水浒传》第二六回:"且说武松请到四家邻舍并王婆和嫂嫂共是六人。"

"邻舍"由其"邻居"义,又扩至"乡邻"等,其地域可由小而大。如赣方言区各片,"邻舍"既可言"邻里",亦可指"邻村""邻县""邻省",其范围所指视具体情况而定。

面 [miɛn²¹]

指脸;头的前部。"面",《广韵》去声仙韵弥箭切:"前也。说文:颜前也,俗作面。"段玉裁说文注:"颜者,两眉之中间也。颜前者,谓自此而前则为目、为鼻、为目下、为颊之间,乃正乡人者。"王筠亦云:"颜前者,谓自额以下通谓之面也。"《易·革》:"上六,君子豹变,小人革面。"孔颖达疏:"小人革面者,小人处之但能变其颜面容色顺上而已。"《商君书·赏刑》:"夫先王之禁刺杀,断人之足,黥人之面,非求伤民也,以禁奸止过也。"又,《韩非子·观行》:"古之人目短于自见,故以镜观面。"

今整个赣方言区仍沿用其本义即把"脸"或"头的前部"称作"面",还常以之为构词语素组成新词,诸如"面皮""面红""面厚""面色""面目""脸面"之类。

蠛 [aʔ]

一种似蚊的小飞虫,但比蚊还小,黑或褐色,雌虫吸血,且能传染疾病。"蠛",《广韵》入声屑韵莫结切:"蠓。"《尔雅·释虫》释"蠓"为

"蠛蠓"。又，《说文新附·虫部》："蠛，蠛蠓，细虫也。"钮树玉新附考："《汉书·扬雄傅》：'浮蠛蠓而撇天。'注：'晋灼曰：蠛蠓，蚊也。'则古蔑字无虫旁。"

赣方言区赣西北，赣东抚广崇仁，赣东北鹰弋弋阳等地，均有此说。余心乐考释云："《尔雅·释虫》：'蠓，蠛蠓。'《文选·扬雄〈甘泉赋〉》：'浮蠛蠓而撇天。'李善引孙炎注《尔雅》：'蠛蠓，虫小于蚊。'……今谓小飞虫为蠛子。"[1]

牛栏〔n̠iu⁴⁴la⁴⁴〕

牛圈。"牛"，《广韵》平声尤韵语求切："大牲也。"而"栏"为古越语，故说文未录，广韵亦不存"牲畜圈养处"这一语义。"牛栏"这一复合结构，始于汉代。汉·焦赣《易林·需之鼎》："胶着木连，不出牛栏，斯享羔羊，家室相安。"其中的"牛栏"就是畜养牛的牛圈或处所。又，唐·静《祖堂集》卷四："师初住时，就村公乞牛栏为僧堂。"宋元以来，用之渐多。如《新元史·帖木儿传》："失道，陷沙漠中，为土尔基人所获，絷其夫妇于牛栏，地秽污，又有毒虫啮人。"元·柳贯《载酒堂》诗："卯童迎路吹葱叶，门东刺竹西牛栏。"

赣都地区素来以农为生，"耕牛"显得特别重要。人言"牛抵半个家"，在以原始农耕方式为主要特征的落后时代确非夸大。人们往往视之为家庭重要成员之一，并为其专造安居栖息之所。以"牛"为成分构成的复合词也非常之多，"牛栏"则为其中之一。"牛栏"之谓，唯境内赣方言各片和湖南茶陵、醴陵、平江，湖北阳新，安徽宿松以及福建建宁等，至今用之不衰。

埘〔sɿ³²〕

鸡窠、鸡窝。"埘"，《广韵》平声之韵市之切："穿垣栖鸡。""埘"之本义为"在墙壁上挖洞做成的鸡圈"。《尔雅·释宫》云："鸡栖于弋为榤，凿垣而栖为埘。"邢昺疏："李巡曰：'凿墙为鸡作栖曰埘……避寒故穿墙以栖鸡。'"《诗经·王风·君子于役》："鸡栖于埘，日之夕矣，羊牛下来。"毛传："凿墙而栖曰埘。"郑玄笺："鸡之将栖，日则夕矣，羊牛从下牧地而来。"另，孔颖达疏引《释宫》李巡注："寒乡凿墙为鸡作栖曰埘。"泛指一切鸡窠或鸡窝，不一定是"凿垣而栖"的，如乡村农家用木板或砖块做成类似方形笼子的鸡窠，也称作"鸡埘"。

赣方言区吉茶吉水、永新，抚广乐安，昌都永修等地，今还存有此

---

① 余心乐：《赣西北方言考释》，《江西师范学院学报》1964 年第 2 期。

义。如吉水话："把毛鸡仔捉到鸡埘里去。"

索 [soʔ⁵]

大绳子，亦泛指绳子。"索"，《广韵》入声苏各切："绳索。"《说文·屮部》释之"艸有茎叶可作绳索"，本谓"搓绳索"。甲骨文像两手搓绳形，金文还加出房子，表示在屋下搓绳。《诗经·豳风·七月》："昼尔于茅，宵尔索绹。"又指粗绳索。如汉·司马迁《报任安书》："其次关木索，被箠楚受辱。"引申为一般的绳子。《小尔雅·广器七》云："大者谓之索，小者谓之绳。"唐·李商隐《令狐舍人说昨夜西掖玩月因戏赠》诗："露索秦宫井，风弦汉殿筝。"

赣方言区昌都南昌、修水等地，用"索子"既指"绳子"，又称"麻将牌名"，这需视具体情况而定；抚广黎川、抚州、南城、崇仁、南丰，鹰弋铅山、弋阳以及吉茶井冈山、萍乡等地，"绳子"大多言"索"，而"索子"意为"麻将牌名"；另外，吉茶湖南醴陵，抚广福建建宁，大通湖北咸宁、赤壁、嘉鱼，耒资湖南安仁、常宁以及怀岳安徽宿松、岳西、池州等地，"绳子"也多谓之"索"。

豚 [tʻən²⁴]

小猪。"豚"，《广韵》平声魂韵徒浑切："豕子。"《说文·豚部》释之"小豕也。从象省，象形。从又持肉，以给祠祀。豚，篆文从肉、豕"。王念孙《广雅·释言》疏证："象，犹遯也。"遯、豚相通，豚的音义从象；由豕走引指小豕，字形则由象形变作会意"豚"，因而湮没了其音义之源。《周礼·天官·庖人》："凡用禽献，春行羔豚，膳膏香。"郑玄注："羔豚，物生而肥。"又，以小豕祠祀或馈赠，成为古之常礼，如《论语·阳货》："阳货欲见孔子，孔子不见，归孔于豚。"邢昺疏："豚，豕之小者。"

赣东北鹰弋乐平、余干、横峰、万年等地，今谓"小猪"为"猪豚"，亦循汉语词汇的规律发展成一个双音词，并承其本义；昌都湖口今还以单音词"豚"习称"小猪"。其他方言区尽管也有"猪豚"之说，但其义均已转移。闽语福建永春、莆田和广东汕头话是"未长膘的猪"，而吴语浙江文成话则指"阉割过的公猪"。

云梯 [yn³⁵tʻi⁴²]

攀登房屋楼层的梯子。"云"，《广韵》平声文韵王分切："说文：云，山川气也。"引申喻为"高""多"等义，如"云梯"。又，"梯"齐韵土鸡切："说文云：木阶也。""云梯"本指古代攻城时攀登城墙的长梯，其长可达云霄故称，又名"飞梯"，夏商周时就已有之。《六韬·虎韬·军略》："凡三军有大事，莫不惯用器械。若攻城围邑，则有轒辒临冲；视城中，则有云梯飞楼。"许慎注："云梯，可依云而立，所以瞰敌之城中"。《墨子·公输》："公输盘为楚造云梯之械，成，将以攻宋。"司马贞史记索隐云："梯者，构木瞰高也；云者，言其升高入云，故曰云梯。"

尽管后来战争中不用，而类似于此的一般房屋登楼梯子却广为使用。赣方言区昌都南昌，抚广崇仁以及吉茶峡江，还有鹰弋片的一些地方如鹰潭市，如今还把登房楼层的梯子叫作"云梯"。

早晏［tsau²¹³ ŋan³⁵］

指时间的早晚。"早"，《广韵》上声豪韵子晧切："晨也。"又，"晏"去声寒韵乌旰切："晚也。"此为意义相对语素凝结而成的时间复合词，产生于先秦时代。《仪礼·士相见礼》："凡侍坐于君子，君子欠伸，问日之早晏，以餐具告，改居，则请退可也。"《国语·吴语下》："早晏无关，必顺天道。"又，《汉书·食货上》："里胥平旦坐于右塾，邻长坐于左塾。"颜师古注："门侧之堂曰塾。坐于门侧者，督促劝之，知其早晏，防怠惰也。""早晏"一词，《汉语大词典》未曾收录。

赣方言沿袭了称时间早晚为"早晏"这一古老说法，它今天仍通行于方言区的大部分地方，如南昌、永修、鄱阳、高安、上高、新余、东乡、泰和、吉水、莲花等市县。

甑［tsɛn³⁵］

蒸饭的木制炊具。"甑"，《广韵》去声蒸韵子孕切："古史考曰：黄帝始作甑。"《说文·瓦部》释之"甗也"。古以陶为之，后用木或竹制之。《周礼·冬官考工记》："陶人为甑，实二鬴，厚半寸，唇寸，七穿。"《孟子·滕文公上》："许子以釜甑爨，以铁耕乎？"焦循正义："甑，今以木为之，其下亦以木为之楲，则七穿之遗制矣。或以竹为之，俗呼蒸笼，亦甑之类也。"

"甑""饭甑""甑箅""甑盖"等语，通用于赣方言区境内各片及耒资片湖南耒阳。

二　表示行为动作、心理活动以及发展变化意义

赣方言中，表示这类语义成分的也占主要。与前者一样，这类成分以单音词形式为主，当然也出现了少数双音复合词。例如：

拗［ŋau³⁵］

折、折断。"拗"，《广韵》上声看韵于绞切："手拉。""拗"本有"弯曲使之折断"义。《玉篇·手部》释之"拗折也"。周·尉缭《尉缭

子·制谈》：“将己鼓，而士卒相嚣，拗矢、折矛、抱戟，利后发。”乐府诗《横吹曲辞五·折杨柳枝歌》：“上马不捉鞭，反拗杨柳枝。”

“折、折断”义，通行于境内整个赣方言区。此义还引申出其他如“固执”“向相反或不顺的方向扭转”等义，也习用于人们的口语中。如吉水话“渠拗起个扁颈，哪个话总不听”，黎川话“字写拗了”。

畁［pai⁵³］

给予，付与。“畁”，《广韵》去声脂韵必至切：“与也。”《尔雅·释诂下》释之“予也”，本义为“给予”“赐予”。《说文·丌部》：“相付与之，约在阁上也。”段玉裁注引《礼记·祭统》：“惠下之道也，唯有德之君为能行此。明足以见之，仁足以与之，畁之为言与也，能以其余畁其下者也。”《尚书·康王之诰》：“皇天用训厥道，付畁四方。”孙星衍今古文注疏引《释诂》：“畁，予也。”引申泛指给予。《诗经·小雅·信南山》：“畁我尸宾，寿考万年。”朱熹注：“畁，与也。”

赣方言区抚广南城、广昌、崇仁、福建建宁，吉茶片吉安、泰和、吉水、永新，宜浏宜丰等市县，不仅用其动词“给予”“付与”义，还用作介词“被”“用”等义。如广昌话“畁我一块钱”，吉安话“畁本书我”“渠畁风吹倒哩”。

猋［piɛu⁴²］

奔跑。“猋”，《广韵》平声宵韵甫遥切：“群犬走貌。”《说文·犬部》释之“犬走貌”。由本义引申为一般的“疾走”，即“快速奔跑”义。段玉裁说文注：“猋，引申为凡走之称。《九歌》：‘猋远举兮云中。’王注：‘猋，去疾貌。’”由“快速奔跑”进而引申为液体类“喷射”义。应钟《甬言稽诂·释地》：“以权力挟水，胁之疾流，则水激射如矢，或飞空作长条，俗呼音如猋。”

赣方言区昌都、抚广、鹰弋、宜浏、吉茶等片的各个市县，传承了其“疾走”义，其对象既可指动物，又能用于人。如吉水话：“渠他猋跑得真个快。”同时，还使用液体“喷射”义。如南昌话：“血猋出来，好吓人！”“一撬开盖子，啤酒就猋起来。”

葴［tsaŋ⁵³］

事情完成、结束。“葴”，《广韵》上声狝韵丑善切：“备也。”《方言》卷一二：“葴，逴，解也。”郭璞注：“葴训敕，复训解，错用其义。”《左传·文公十七年》：“十四年七月，寡君又朝，以葴陈事。”《说文新附·艹部》：“葴，左氏传：以葴陈事。杜预注：葴，敕也。”洪颐烜云：“左氏文十七年传‘以葴陈事’，广雅释诂‘葴，敕也’。”杨伯峻亦注之曰：

"葳陈事者，完成陈国从服于晋之工作也。"《广雅·释诂二》《玉篇·艹部》皆注《方言》云："葳，备也。"

赣东抚广广昌等地，今仍用此义，如"快啦，就舞葳"。

坼［ts'ak⁵］

裂开。"坼"，《广韵》入声陌韵丑格切："裂也。"《诗经·大雅·生民》："不坼不副，无菑无害，以赫厥灵。"孔颖达疏："坼、墒，皆裂也。"《战国策·赵策三》："天崩地坼，天子下席。"赣方言区昌都、抚广、鹰弋、宜浏、吉茶片，今仍有"裂开"一义。如昌都南昌话"发坼"，吉茶萍乡话"坼开一条缝""日头牯晒一下，坼嘎唎""碗坼了"等说法正合此意。另外，吉茶湖南茶陵和醴陵，大通湖北咸宁、赤壁、大冶、通城、通山、崇阳和湖南平江，耒资湖南安仁、耒阳、常宁以及怀岳安徽宿松等也存此义。

另由本义引申出"裂纹"或"缝隙"。如《周礼·春官·占人》："凡卜筮，君占体，大夫占色，史占墨，卜人占坼。"郑玄注："坼，兆璺也。"又，《管子·四时》："（秋）四政曰：补缺塞坼。"赣方言中，也多用此义，如吉茶吉水话"该堵墙开哩坼，快倒来哩哟"，萍乡话"开坼""现坼""碗上有一条坼"。

忖［ts'ən⁴²］

心想、考虑。"忖"，《广韵》上声混韵仓本切："思也。"《说文·心部》释之"忖，度也"。《诗经·小雅·巧言》："他人有心，予忖度之。"《战国策·秦策四》："诗云：'他人有心，予忖度之。跃跃毚兔，遇犬获之。'今王中道而信韩、魏之善王也，此正吴信越也。"鲍彪注："忖，亦度也。"又，汉·祢衡《鹦鹉赋》："忖陋体之腥臊，亦何劳于鼎俎。"《汉语大词典》首引汉·祢衡《鹦鹉赋》为例，时代偏晚。

赣方言区鹰弋鄱阳、弋阳，抚广乐安、南城、崇仁、广昌和吉茶永丰等地，说"心想""考虑"为"忖"。

咄［to?⁵］

责骂、呵叱。"咄"，《广韵》入声没韵当没切："呵也。"《说文·口部》释之"相谓也"。段玉裁注："谓欲相语而先惊之之词。"本义表示引人惊诧或注意的叹词，引申为咄叱、呵责。如《玉篇·口部》"叱也"，当属引申义。又，《助词辨略》卷五亦谓之"怒而叱之也"。《孟子·告子上》："嘑尔而与之，行道之人弗受。"赵岐注："嘑尔，犹呼尔，咄啐之貌也。"焦循正义引《音义》释之云："咄，叱也。"

赣方言区抚广广昌、乐安、崇仁以及吉茶泰和、吉水等地，常以"骂人""呵叱"谓之"咄人",正是古义,今已成为述宾式双音词了。

发蒙［fat⁵muŋ⁴²］

启蒙,多指开始识字学习。"发",《广韵》入声月韵方伐切:"明也。"《广雅·释诂四》也释之"明也"。本义"启发""阐明"。《论语·述而》:"子曰:'不愤不启,不悱不发。'"又,"蒙"平声东韵莫红切:"覆也。"《说文》释其本义"王女"(草名,即菟丝),由此引申为"覆盖"。因"覆盖"是"看不见"的,所以衍生出"蒙昧""无知"义。《易·蒙》:"匪我求童蒙,童蒙求我。"孔颖达疏:"蒙者,微昧闇弱之名。"故"发蒙","启发蒙昧"之谓。《易·蒙》:"初六,发蒙,利用刑人。"孔颖达疏:"以能发去其蒙也。"《礼记·仲尼燕居》:"三子者,既得闻此言也于夫子,昭然若发矇矣。"小孩"开始识字学习",犹如"启发蒙昧",故而引申之。如唐·王定保《唐摭言·海叙不遇》:"段维,或云忠烈之后,年及强仕,殊不知书;一旦自悟其非,闻中条山书生渊薮,因往请益。众以年长犹未发蒙,不与授经。"《清波杂志》卷五:"或谓童稚发蒙之师,不必妙选,然先入者为之主,亦岂宜阔略世故!"

赣方言区昌都南昌、修水,宜浏高安、分宜,吉茶吉安、泰和、峡江、吉水、井冈山、萍乡、莲花,抚广乐安、南城、崇仁,鹰弋弋阳等市县,包括湖南耒阳,上述二义兼而用之。如萍乡话"他六岁发蒙,我十几岁正才发蒙",吉水话"而今个现在的细大俚小孩发蒙早,还毛似大哩很幼小就去学堂里学校读书"。

吠［fi¹³］

狗叫。"吠",《广韵》去声废韵符废切:"犬声。"《说文·口部》释之"犬鸣也"。《诗经·召南·野有死麕》:"舒而脱脱兮,无感我帨兮,无使尨也吠。"毛传:"尨,狗也。非礼相陵则狗吠。"《孟子·公孙丑上》:"鸡鸣狗吠相闻,而达乎四境,而齐有其民矣。"又,《庄子·徐无鬼》:"狗不以善吠为良,人不以善言为贤,而况为大乎!"郭庆藩疏:"夫犬不必吠,贤人岂复多言!"

赣方言区抚广黎川、乐安,吉茶泰和、吉水、永丰、永新、井冈山(含宁冈),鹰弋鹰潭、弋阳、鄱阳,昌都星子等市县今尚用此义,如黎川话"该只狗老是半夜里吠,吵死人";吉茶湖南茶陵,大通湖北阳新,抚广福建建宁等地也存其义。尽管粤方言广东阳江话亦言"狗吠",但其义发生转移,已属詈语了。

缚［fɔ¹¹］

捆绑、捆扎。"缚",《广韵》入声药韵符镢切:"系也。"《说文·纟部》释之"束也"。又，《释名·释言》云："缚，薄也，使相薄着也。"
按：张舜徽说，今语称束物于他物之上曰绑，即缚之语转也。《左传·襄
公十八年》："其右具丙亦舍兵而缚郭最，皆衿甲面缚，坐于中军之鼓下。"
《韩非子·说林下》："荆将军曰：'缚之，杀以衅鼓。'"又，《史记·宋微
子世家》："周武王伐纣克殷，微子乃持其祭器造于军门，肉袒面缚，左牵
羊，右把茅，膝行而前以告。"司马贞索隐："面缚者，缚手于背而面向
前也。"

据考察，日常口语还用此义的，有赣方言区吉茶萍乡、永丰，抚广乐
安、南城、崇仁，鹰弋万年、横峰、弋阳以及昌都修水、安义、都昌等市
县。如萍乡话："简单随便缚到一下""把用只根秆缚到一下"。

潒［tɕiaŋ²¹³］

淘米使干或略晒。"潒"，《广韵》上声养韵其两切："干米之貌"。
《说文·水部》释义"浚干渍米也"。段玉裁注："自其方沤未淘言之曰
渍，米不及淘抒而起之曰潒。"桂馥义证："潒者，漉淅米使干。"清·唐
训方《里语征实》云："潒，其两切，音劈。《说文》：'浚干渍米也。'谨
按：浚，状漉也。漉渍米而干之曰潒。今俗谓略晒曰潒，犹是意也。"

赣方言区吉茶吉水、泰和以及抚广福建建宁、未资湖南常宁等地，今
尚存"潒米""潒干"之说，其意谓之"淘米使干"或"略晒"。

噍［tɕʻiɛu²¹］

咬，啃。"噍"，《广韵》去声笑韵才笑切："嚼也。"《说文·口部》
释之"啮也"，本义当为"咬"或"啃"。赣方言多数市县常用此义，如
"噍番薯""噍骨头""噍不动"等，均切本义。

由其本义引申"咀嚼"义，即上下牙反复地磨碎食物。《苍颉篇》：
"噍，咀嚼也。"《荀子·荣辱》："今是人之口腹……呴呴而噍，乡乡而
饱已矣。"杨倞注："噍，嚼也。"汉·王充《论衡·道虚》："口齿以噍
食，孔窍以注泻。"赣方言也常用其义，如"噍饭""噍不烂"等。

赣方言还将其延伸扩展，用其抽象义，人们常说"噍蛆胡说""噍牙交
闲聊；乱扯"，等等。

"噍"与"嚼"是一对音义切近的同源语，它们往往可以对转互用。
段玉裁说文注："古焦爵同部同音。唐韵乃分，噍切才笑，嚼切才爵矣。
今北音去声，南音入声。"如《礼记·少仪》："数噍，毋为口容。"唐·
陆德明释文："噍，字又作嚼。"孔颖达疏："数噍，谓数数嚼之。"又，
陈澔集说："言数数嚼之，不得弄口以为容也。"今赣方言区昌都、吉茶
片，也多用"嚼"来表达"咀嚼"义及其转义，如昌都南昌"多嚼几下

就嚼烂哩""乱嚼乱扯"，吉茶吉安"腈肉嚼不烂""嚼七嚼八胡扯、乱说"；高安、宜春、星子、鄱阳、万年、余干、泰和、峡江等市县也用其转义。

拘礼〔tɕy⁴²li²¹³〕

（1）作揖打躬，拘泥于礼法或礼节。"拘"，《广韵》平声虞韵举朱切："执也。"《说文·句部》释之"止也"，本义为"拘禁"。《战国策·赵策三》："故拘之于牖里之库百日，欲令之死。"引申为"拘泥"。《汉书·艺文志》："及拘者为之，则牵于禁忌，泥于小数。"又，"礼"上声荠韵卢启切："说文曰：履也。所以事神致福也。"本义"祭神"，引申为"礼节"。《史记·廉颇蔺相如列传》："卒廷见相如，毕礼而归之。""拘礼"即为"拘守礼仪"。《商君书·更法》："拘礼之人，不足与言事；制法之人，不足与论变。"《淮南子·氾论训》："拘礼之人，不可使应变。"赣方言区如昌都、抚广、鹰弋、宜浏、吉茶等片的一些市县，城乡民间今仍有晚辈向长辈或德高望重者作揖打躬的礼数，平辈之间或长辈对晚辈有时也会抱拳作礼，尤以佳节贺庆时为甚。正是"四时八节还拘礼，女拜弟妻男拜弟"（杜甫语）这道靓丽的人文景观，人们才誉之为"周公之礼"，"礼仪之邦"。

（2）讲客气。日常生活中，人们或出于礼让，或出于求助，或出于待客，均需以诚示人，礼貌为上。由此，自然而然地从第一义引申出这个义项。如南昌人劝客吃菜，会不经意地说："莫拘礼，就跟自己屋里家里一样"，或"莫拘礼，你自简自己随便拈菜噢"。与之相关的词除"拘礼"外，还有"作礼""周公之礼"等说法。

劳〔lau²¹³〕

慰劳、慰问。"劳"，《广韵》去声号韵郎到切："劳慰。"古汉语里，"劳"常用义之一为"慰劳"或"慰问"。《尔雅·释诂上》："劳，勤也。"郝懿行义疏："劳者，谓叙其勤苦以慰勉之。""劳"形原作双手捧爵状，意为献酒犒劳。《说文·力部》释之"剧也"，其形释为"从力，熒省。熒火烧门，用力者劳"。段玉裁注："烧门谓烧屋也。斯时用力者最劳。"王筠句读："字形不可解，许君委曲以通之。"故《说文》释之不确，属引申义，而非"犒劳、慰劳"本义。《诗经·大雅·旱麓》："岂弟君子，神所劳矣"朱熹注："劳，慰抚也。"《礼记·曲礼下》："君若劳之，则还辟再拜稽首。"孔颖达疏："劳，慰劳也。"

赣方言区吉茶吉水等地，因受助于他人而要示好时常用其本义。在乡村，人们往往会听到"劳慰你"或"劳问你"之类的称谢语。

由"慰劳"或"慰问"义，引之"看望"或"探看"。赣方言区吉茶吉水、泰和、永新、永丰，抚广乐安、南城，昌都修水以及宜浏高安等地，常用此义，如"劳病""劳下渠_他"。又引申出一般的"看"或"远看"，如"劳哩渠_他一眼""渠_他走远哩，劳不到影子"。

漉 ［lu²²］

水中捞取。"漉"，《广韵》入声屋韵卢谷切："渗漉，又沥也。"古汉语中，"漉"一常用义为"使干涸，竭尽"。《玉篇·水部》："漉，竭也。"《吕氏春秋·仲春纪》："是月也，无竭川泽，无漉陂池，无焚山林。"因为"漉池而渔"即为"竭泽而渔"，由此产生水中"捕捞"或"捞取"义。《尸子·明堂》："竭泽漉鱼，则神龙不下焉。"唐·白居易《寄皇甫七》："邻女偷新果，家僮漉小鱼。"又据考证，"漉"为"渌"的或体，《集韵》云："漉，渗也。或从录。"音同义通，均有"渗透""过滤"义。

水中"捞取"或"打捞"义，今通行于赣方言区昌都修水、星子，抚广乐安等地，如"漉猪草"。

眸 ［miau³²］

窥看。"眸"，《广韵》平声尤韵莫浮切："目童子。"《说文新附》释之"目童子也"。徐灏注笺："盖目珠谓之眸子，实周秦间语，而古无是名，故其始假牟为之，后乃增加目旁。"又，《广雅·释亲》："珠子谓之眸。"本义为"眼珠"。《孟子·离娄上》："胸中正，则眸子瞭焉。"《列子·仲尼》："矢注眸子而眶不睫，尽矢之势也。"杨伯峻注："闻注眸而坠，则谓射目不入。"后泛指眼睛，又引申为"眼看"的情态动作。《荀子·大略》："其得之，非目益明也，眸而见之也。"俞樾平议："杨注曰：'眸谓以眸子审视之也。'此说末安，以眸子审视，岂可但谓之眸乎……《说文》又有'瞀'篆，曰：'低目谨视也'。"

"窥看"义，赣方言区通行于吉茶吉水、永丰，抚广乐安、崇仁，昌都南昌、星子，宜浏高安，鹰弋万年等地，如"眸一下""眸哩两眼"。

敤 ［k'ɔk⁵］

敲打（多指打脑袋）。"敤"，《广韵》平声肴韵口交切："敤打头。"《说文·攴部》释之"击头也"。《吕氏春秋·当务》："故（跖）死而操金椎以葬曰：'下见六王五伯，将敤其头矣。'"高诱注："敤，击也。"

"敤"与"敲"同为一语，王力先生说是"考"的音转[①]。《玉篇·攴部》："敤，击头也，或作敲。"王筠句读："案：'敤'、'敲'同从高声，而'攴'、'攴'义又近，故经典多借用者。"《左傳·定公二年》："阍乞

---

① 王力：《同源字典》，商务印书馆1982年版，第185页。

肉焉，夺之杖以敲之。"陆德明释文："敲，《说文》作毃，云：'击头也。'"由"击头"义引申为"敲击他物"，赣方言区宜浏、昌都、吉茶等片即有此义，如"把钉毃进去。"

赣方言区境内的一些市县如南昌、湖口、丰城、万载、宜丰、吉安、吉水、万安、萍乡等以及大通湖北咸宁、怀岳安徽岳西，多用"击头"义。例如，昌都南昌话"渠他不听话，你就毃渠两下"，吉茶萍乡话"毃你隻甄牯脑""毃你一棍子"，宜浏宜春话"脑壳在墙上毃一下"。

去归　[tɕ'ie²¹³kui⁴²]

回家。"去"，《广韵》去声御韵丘倨切："离也。"《说文·去部》释之"人相违也"，本义"离开"。《诗经·魏风·硕鼠》："逝将去女，适彼乐土。"又，"归"平声微韵举韦切："还也。"《说文·止部》释之"女嫁也"，本义为"女子出嫁"。《国语·晋语四》："秦伯归女五人。"韦昭注："归，嫁也。"因女人出嫁以夫为家，并与之终其一生，故女嫁犹言"归家"，亦即"回家"。《尔雅·释训》："鬼之为言归也。"郝懿行义疏："归者，还其家也。"《易·渐》："女归，吉。"孔颖达疏："女人生有外成之义，以夫为家，故谓嫁曰归也。"

"去归"，亦即"回家"。《吴越春秋·勾践二十五年》："悲去归兮何无梁。"《史记·滑稽列传》："豹曰：'廷掾起矣。状河伯留客之久，若皆罢去归矣。'"

赣方言今存"去归"，又谓"归去"。"归去"亦即"回去""归家"，这古亦有之。

"去归"通行地域较广，赣方言区如昌都、抚广、宜浏、吉茶等片，如昌都南昌话"我们去归"；境外大通湖北咸宁、大冶亦存。

摧[kɔk⁵]

敲打。"摧"，《广韵》入声觉韵苦角切："击也。"《说文·手部》释之"敲击也"。《庄子·徐无鬼》："颉滑有实，古今不代，而不可以亏，则可不谓有大扬摧乎！"郭庆藩注："释文引三苍云，摧，敂也。敂当作敲。说文：摧，敲击也。汉书五行志摧其眼，师古注云：摧，谓敲击去其精也。敂敲二文以形近而误。"

"摧"在赣方言里类似于"磕"义，或以手指敲人之头，或以棍棒击物之上。赣方言区昌都、宜浏、吉茶、抚广、鹰弋等片以及宜浏湖南浏阳，均用此义。如南昌话"碗摧破了""头上摧起了个包"。

夅[sa³³]

张开、伸展开来。"夅"，《广韵》去声麻韵陟驾切："张也。"《玉篇·大部》释之"下大也"。《庄子·知北游》："神农隐几阖户昼瞑，婀荷甘日中奓户而入，曰：'老龙死矣！'"陆德明释文引司马彪云："奓，开也。"

"奓"亦作"奢"，二者同源通转。《尔雅·释诂上》："奢，胜也。"郝懿行义疏："文选西京赋云：心奓体忕。奓，即奢也。"《说文·奢部》："奢，张也。凡奢之属皆从奢。奓，籀文。"也有人认为"奓"与"奢"不同，而同于"侈"。如《集韵》："奓，同侈。"徐灏云："奢者侈靡放纵之义。故曰'张'，言其张大也。文选张衡西京赋：'心奓体忕。'李注引声类：'奓，侈字也。'又曰：'纷瑰丽矣奓靡。'薛注：'奓靡，奢放也。'是'奢'与'奓'为二字，'侈'从人与'奓'从大同意。"又，桂馥亦云："东京赋：'奢未及奓。'亦分'奢''奓'为二。"

赣方言区鹰弋弋阳，抚广乐安、南城、崇仁，昌都永修，宜浏高安，吉茶吉安、泰和、安福、吉水、峡江等市县，今犹存此义，且多用"奓"，如"奓手奓脚""奓开该隻脚，有个样来有个相"；另外，抚广福建建宁，宜浏湖南浏阳，吉茶茶陵、醴陵，大通湖南平江、湖北阳新及怀岳安徽宿松等，则多用"奢"，如"奢开手看一看"。

食［çiɛʔ⁵］

吃或泛指吃食物。"食"，《广韵》入声职韵乘力切："饮食。"《说文·食部》释之"集米也"。段玉裁注："集众米而成食也。引伸之，人用供口腹亦谓之食。"郑玄周礼注："食，饭也。"本义应为"饭"。引之为一般的"吃"。《古今韵会举要·职韵》引《增韵》："食，茹也，啖也。"《尚书·无逸》："自朝至于日中昃，不遑暇食。"《诗经·魏风·硕鼠》："硕鼠硕鼠，无食我黍。"引为"喝"或"饮"义。《举要·职韵》："饮尽曰食。"《正字通·食部》亦云："饮酒亦曰食。"《礼记·三年问》："斩衰、苴杖、居倚庐、食粥、寝苫、枕块，所以为至痛饰也。"《庄子·德充符》："适见豚子食于其死母者。"郭象注："食，乳也。"还有"吸"义。明·宋应星《天工开物·乃粒·稻灾》："凡苗自函活以至颖粟，早者食水三斗，晚者食水五斗，失水即枯。"

赣方言区抚广广昌、乐安、南城、南丰及福建建宁，宜浏宜春，吉茶泰和、万安以及鹰弋铅山等地，今尚以"食"表达"吃、喝、饮、吸"诸义，无论固体、液体或汽体食物均可使用，如"食朝饭""食烟""食酒"等说法，其功用与赣方言里的"喫"字类似。

舐［sɛ⁴²］

以舌舐物。"舐"，《广韵》上声纸韵神弖切："俗餂，以舌取物。"

《一切经音义》"若舐"注亦引《说文》"以舌取物也"。《庄子·田子方》："宋元君将画图，众史皆至，受揖而立，舐笔和墨，在外者半。"《史记·吴王濞列传》："里语有之：'舐糠及米'。"司马贞索隐注："言舐糠尽则至米，谓削土尽则至灭国也。"

"舐"亦作"䑙"。《一切经音义》"应舐"注又引《字诂》："舐，古文䑙，同。"《庄子·列御寇》："秦王有病召医，破痈溃痤者得车一乘，舐痔者得车五乘，所治愈下，得车愈多。"陆德明释文："舐，字又作䑙。"

"舌舔"义，赣方言不仅用于人，其他动物亦用。宜浏、抚广、吉茶等片一般写作"舐"。如吉茶吉安话："舐得该隻只碗干干净净。"昌都南昌、修水及鹰弋鄱阳等市县，表达此意则多用"舔"字，如南昌话"搦舌头舔"。

跳［t'iau⁴²］

跑。"跳"，《广韵》平声萧韵徒聊切："跃也。"《说文·足部》也释之"跃也"，本义"双脚腾跃"。《庄子·逍遥游》："卑身而伏，以候敖者；东西跳梁，不辟高下。"成玄英疏："跳梁，犹走掷也。"又引申为"快跑""疾走"义。《楚辞·九辩》："见执辔者非其人兮，故騑跳而远去。"王逸注："被发为奴，走横奔也。"五臣亦注之云："言见君非好善之主，故贤才皆避而远去。駶，即騑骧也。跳，走貌。"《列子·汤问》："邻人京城氏之孀妻有遗男，始龀，跳往助之。"

赣方言区，赣东北鹰弋鄱阳、贵溪、余江，宜浏樟树以及赣西北昌都修水等地，今口语仍把"跑"谓之"跳"。如："好好哩走，不要跳"，"快跳得去"。

行［xaŋ⁴²］

行走。"行"，《广韵》平声庚韵户庚切："行步也。""行"本义当为"道路"，而非"行走"。罗振玉《殷虚书契考释》："𛰣象四达之衢，人之所行也。"《尔雅·释宫》释之云"道也"。《诗经·豳风·七月》："女执懿筐，遵彼微行。"毛传："微行，墙下径也。"孔颖达疏："行，训为道也。步道谓之径，微行为墙下径。"《左传·襄公九年》"魏绛斩行栗"，杜预注："行栗，表道树。"后来走路动作亦谓"行"，词义已发生转移。《说文·行部》："行，人之步趋也。"又，《释名·释姿容》："两足进曰行。行，抗也，抗足而前也。"《易·履》："《象》曰：'眇能视'，不足以有明也；'跛能履'，不足以与行也。"《诗经·唐风·杕杜》："独行踽踽，岂无他人？不如我同父。"

"行走"成为整个赣方言区的常用义，其本义殆已消尽。以"行"为语素而构成的各种结构方式双音词也多，诸如"行开走开""行运走运""行走亲友间来往""行时走运""行路步行""行动走动""慢慢行慢走，客套话"等；还有"大路朝天，各行一边喻互不相干，互不来往"之类的谚语。

喝［ȵiɛ⁴⁴］

中暑；炎热。"喝"，《广韵》入声月韵于歇切："伤热。"《说文·日部》释之"伤暑也"。《庄子·则阳》："夫冻者假衣于春，喝者反冬乎冷风。"陆德明释文："字林云：'喝，伤暑也。'"《大戴礼记·千乘》："夏服君事不及喝，冬服君事不及寒。"《淮南子·兵略》："因其劳倦怠乱，饥渴冻喝。"以上几例，均以"冻"或"寒"与"喝"对举，正切本义。又，《荀子·富国》："古人为之不然：使民夏不宛喝，冬不冻寒。"杨倞注："喝，伤暑也。"引申为"炎热"义。《广雅·释诂三》："喝，燠也。"王念孙疏证："喝之言喝喝然也。"又，《玉篇·日部》："喝，热也。"《素问·刺疟》："足太阳之疟……先寒后热，熇熇喝喝然。"王冰注："喝喝，亦热盛也。"

赣方言区吉茶吉安、吉水、永丰、泰和，抚广乐安，宜浏高安以及昌都修水等地，今仍用"中暑""炎热"义。如吉水话："火样个天，硬有喝煞人哪！"余心乐先生考释："《说文》：'喝，伤暑也。'段注：'今俗语谓郁蒸之曰喝，声如遏，即此字。'按赣西北也有这种说法。"[①]

趮［tsau⁴⁵］

快速跑。"趮"，《广韵》去声号韵则到切："疾也。"《周礼·考工记·矢人》："羽丰则迟，羽杀则趮。"郑玄注："趮，旁掉也。"孙诒让正义："《说文·走部》云：'趮，疾也。'《广雅·释诂》云：'掉，动也。'谓羽太疾则动而旁出。"

今赣方言区昌都、抚广、宜浏、吉茶等片，犹以"快跑"谓之"趮"，甚切古义。

整［tsaŋ²¹³］

整治；整修。"整"，《广韵》上声静韵之郢切："齐也。""整"的本义"禾麦穗平"。段玉裁说文注："齐者，禾麦吐穗上平也。"由此泛化出"整齐""严整"义。《玉篇·正部》："整，整齐也。"《诗经·小雅·六月》："玁狁匪茹，整居焦获。"郑玄笺："乃自整齐而处周之焦获。"齐而不乱曰"整"，乱而不整必治，因而又引申出"整理""整治"义。《尔雅·释言》："服，整也。"邢昺疏："谓整治也。"以"整"训"服"，正

是"整理""整治"意。《诗经·大雅·皇矣》:"王赫斯怒,爰整其旅。"《左传·宣公十二年》:"子姑整军而经武乎!"又,汉·张衡《东京赋》:"乃整法服,正冕带。"薛综注:"整,理也。"整理或整治旨在拨乱归正,使事物循着符合自然规律的正道发展。在此基础上,扩大为一切的"整治",如"治病""整修"也就顺理成章了。

"整治""整修"义,赣方言区昌都、宜浏、吉茶、抚广、鹰弋几片,包括末资湖南耒阳都说成"整",如"整病""整屋_{房子}""整车子";"整病"一词所涉对象不限于人,还可扩展用于其他动、植物。此外,西南官话湖北武汉、湘语湖南衡阳,也有"整病"一说。《汉语大词典》所释七个义项中,未涉"治疗"或"治病"义。

築 [tsuʔ⁵]

捣塞使实。"築",《广韵》入声屋韵张六切:"捣也。"其本义为築土墙捣土用的杵。《广雅·释器》:"築谓之杵。"《左传·宣公十一年》:"称畚築,程土物。"孔颖达疏:"築者,築土之杵。"引申为"捣塞使实"义。《说文·木部》释之"捣也"。《释名·释言语》亦云:"築,坚实称也。"《诗经·大雅·绵》:"築之登登,削屡冯冯。"郑玄笺:"築墙者,捊聚坏土,盛之以虆,而投诸版中。"又,《仪礼·既夕礼》:"甸人築坅坎,隶人涅厕。"郑玄注:"築,实土其中坚之。"由此引之"以手塞物"。《新唐书·酷吏传》:"(姚绍之)即引力士十余曳囚至,築其口,反接送狱中。"

"築"亦作"箩"。《集韵·屋韵》:"箩,以手築物。"

上述二义,赣方言区境内几乎各地皆存,只是人们据习写为不同的形体而已。多数地方用"築",亦有用"箩"的(如万载、萍乡等地)。譬如,南昌话"腌盐菜_{咸菜}个坛子口要用禾草_{稻草}築紧,再用黄泥巴封上""把_给渠_他钱,渠不肯接,我就箩得渠荷包_{口袋}里",萍乡话"箩擦菜_{一种腌菜}要箩紧,不要把_让它失嘎唰风_{走气变味}""尽箩,吃起个多做咋个什么"。

斫 [toʔ⁵]

用刀斧等砍或削。"斫",《广韵》入声药韵之若切:"刀斫。"切其本义。《说文·斤部》释之"击也"。段玉裁注:"击者,支也。凡斫木、斫地、斫人,皆曰斫也。"《韩非子·五蠹》:"尧之王天下也,茅茨不剪,采椽不斫。"又,《吕氏春秋·音初》:"子长成人,幕动坏檐,斧斫斩其足,遂为守门者。"

由本义引申"斧刃"意。《墨子·备穴》:"斧以金为斫。"孙诒让间诂:"斫亦即斧刃。"又以物的局部指代其整体,转而为斤斧通名。清·王筠《说文句读》："斫，为斤斧之通名。"

据调查，其本义几乎通行于赣方言区境内各个市县。以"斫"为语素构成的词也多，如"斫刀""斫肉""斫柴""斫树""斫山"等，与古义甚切。

走［tsəu²¹³］

跑、奔跑。"走"，《广韵》上声厚韵子苟切："趋也。"《释名·释姿容》释之"徐行曰步，疾行曰趋，疾趋曰走"。《尚书·酒诰》："小子惟一妹土，嗣尔股肱，纯其艺黍稷，奔走事厥考厥长。"《周礼·夏官司马》："乃鼓，车驰，徒走，乃表乃止。"孙诒让正义："奔、走义同。"又，《左传·襄公三十年》："吏走问诸朝。"陆德明释文："走，速疾之意也。"

"走"亦作"奏"。《诗经·大雅·绵》："予曰有奔奏，予曰有御侮。"孔颖达疏："我念之曰，亦由有奔走之臣。"陆德明释文："本亦作'走'，音同。"又，朱熹集传："与'走'通。"

由其本义"跑"引申出"逃跑"。《左传·定公十年》："魋惧，将走，公闭门而泣之，目尽肿。"又，《孟子·梁惠王上》："兵刃既接，弃甲曳兵而走。"

其本义以及引申义，赣方言今还保留着。宜浏上高、宜丰，抚广黎川、宜黄、南丰、福建泰宁及吉茶莲花、永新、万安、吉水、峡江等地，人们日常口语亦多用。如黎川话"赛走赛跑""走外家跑腿"，吉水话"走反逃难、避乱""走交跑遍哩""冇没有学行步行，就学走跑"。

三　表示性质或状态意义

赣方言中，表示这类语义成分的不是主要的，虽其多以单音词形式出现，但同样也有少量双音复合词。例如：

茶［n̠ia²²］

形容疲倦困乏。"茶"，《广韵》入声薛韵如列切："疲役貌。"又，《集韵·薛韵》释之"疲貌"。《庄子·齐物论》："终身役役而不见其成功，茶然疲役而不知其所归，可不哀邪！"成玄英疏："茶然，疲顿貌也。"《汉语大词典》此条，引谢灵运《过始宁墅》诗为始证。

据考察，"茶"通行地域为赣方言区吉茶安福、峡江以及抚广崇仁等地，如安福话"走茶哩""累茶哩"。此外，粤语广东阳江话亦存。

齐整［tɕʻi²⁴tsaŋ·］

整齐。"齐"，《广韵》平声齐韵徂奚切："整也。"又，"整"也为"齐"义，可见"齐整"为同义复合。"齐整"即"整齐""井然有序"

义。《六韬·龙韬·兵征》："三军齐整，阵势以固，深沟高垒……此得神明之助，大胜之征也。"《三国志·魏志·郑浑传》："入魏郡界，村落齐整如一，民得财足用饶。"又，《西游记》第二一回："行者道：'也看得过。又法儿倒也齐整。与老孙也战个手平。却只是风恶了，难得赢他。'"又引申为"美丽""漂亮"。《金瓶梅词话》第九八回："过了一日……打扮衣服齐整，伴当跟随来家。"《红楼梦》第五六回："因长得齐整，老太太很疼。"

赣方言区昌都、抚广、鹰弋、宜浏及吉茶各片，今仍常用"整齐"义，如抚广黎川话"房仔摆得好齐整整齐"，吉茶吉水话"该花勒屋那些房子做得真箇齐整"。此外，昌都南昌、新建、修水，宜浏高安、上高、宜丰、吉茶井冈山、峡江，抚广资溪，鹰弋彭泽、铅山等市县，还以之形容"女性长相漂亮"。如南昌话："渠箇新妇儿媳妇是蛮齐整。"

勤力［tɕʻin²⁴tit⁵］

勤劳、勤快。"勤"，《广韵》平声欣韵巨斤切："劳也。"本义"从事劳作"。《论语·微子》："四体不勤，五谷不分，孰为夫子？"又，"力"入声职韵林直切："筋也。""力"义说解有二：其一，本义"力气""力量"，如《说文·力部》释之"筋也，象人筋之形"；其二，甲骨文"力"如耒形，本义为农具"耒"，因以耒耕地需用力，引申为"力气"或"力量"。"力"亦有"勤"义，如《诗经·大雅·烝民》："古训是式，威仪是力。"郑玄笺："力，犹勤也。"故"勤力"为同义复合结构。《尚书·汤诰》："维三月，王自至于东郊。告诸侯群后：'毋不有功于民，勤力乃事。予乃大罚殛女，毋予怨。'"《史记·殷本纪》："毋不有功于民，勤力乃事。"又，《汉书·严助传》："臣闻之，农夫劳而君子养焉，愚者言而智者择焉。"颜师古注："言农夫勤力于耕稼，所得五谷以养君子也。"

赣方言区抚广抚州、资溪、乐安、福建泰宁和建宁，昌都安义、修水，吉茶泰和以及鹰弋余干、鄱阳等市县，今犹存此义。

餍［iɛn³⁵］

饱，足。"餍"，《广韵》平声盐韵一盐切："同猒，饱也。"《玉篇·食部》亦释之"饱也"。《孟子·离娄下》："良人出，则必餍酒肉而后反；问其与饮食者，尽富贵也。"又，《国语·晋语九》："主之既已食，愿以小人之腹，为君子之心，属餍而已，是以三叹。"韦昭注："餍，饱也。"

在"饱足"这一义项上，"厌"亦同"餍"。《左传·昭公二十八年》："及馈之毕，愿以小人之腹为君子之心，属厌而已。"《史记·游侠列传》："季次、原宪终身空室蓬户，褐衣疏食不厌。"司马贞索隐："厌，饱也。"

又，《汉书·鲍宣传》："今贫民菜食不厌，衣又穿空，父子夫妇不能相保，诚可为酸鼻。"颜师古注："厌，饱足也。"

赣方言区昌都南昌、修水，抚广乐安、崇仁以及吉茶泰和等地，口语与此义甚合，如"喫厭了""饭喫饜唡"。粤方言广东阳江话尽管也有"饱足"义，但有"因久吃某食物而感到厌恶"的意思。

四　表示疑问代指意义 ·

这一时期，赣方言中还出现了极少数表示疑问代词那样的语义成分。例如：

曷［xo^{31}］

什么，怎么。"曷"，《广韵》入声曷韵胡葛切："何也。"本义为"大声喝止"。《玉篇》："曷，逐也。"《集韵》入声曷韵许葛切："曷，相恐怯也。或作'愒'。"无论"追逐"还是"恐吓"，都需以言语大声喝叱。又借指疑问代词"什么""怎么"。《易·损》："曷之用？二簋可用享。"《尚书·大诰》："天亦惟用勤毖我民，若有疾，予曷敢不于前宁人攸受休毕？"

赣方言一般不单用"曷"，它常与"样"构成双音词，如抚广广昌、乐安，宜浏高安以及吉茶泰和等地"怎样"或"怎么"，谓之"曷样"。

第二节　秦汉时期的汉语词汇成分

赣方言是秦汉以后形成的产物，这并非空泛而论。从历代学者的著作中，我们可以看到，秦汉以后赣鄱地区的人们不仅可用汉语方言交际交流，还能娴熟地运用汉民族共同语——"汉语"著书立说。如汉代，赣省学者南昌人程曾的《孟子章句》、唐檀的《唐子》（28篇），余干人张遐的《易传》、《五经通义》（30卷）、《五经注义》（20卷）、《吴越春秋外纪》以及陈靖的《五经钩沉》等，均是用"汉语"撰写而成的。三国魏晋时期，更是名家迭出，而其中最为杰出、蜚声文坛的当数晋代鄱阳人陶侃和陶潜。

下面我们主要着重考释这一时期赣方言中的汉语词汇成分。

一　表示人的称谓、处所、事物现象以及物量名称意义

这一时期，赣方言中表示这类语义的汉语成分，如同先秦时期一样仍

以单音词为主。不过，其双音复合化现象出现了一种逐渐增强的态势。毫无疑问，这是语言发展规律推动的结果。例如：

俜[pã¹¹]

隐蔽处。"俜"，《广韵》去声劲韵防正切："隐僻也，无人处。"《说文·人部》释之"僻窭也"。段玉裁注："窭者，无礼之居也。《广韵》曰：俜，隐蔽也。无人处。引《字统》云：厕也。"

引申为"躲藏"义。《玉篇·人部》："俜，僻也。"《一切经音义》"俜厕"注引《字林》云："俜，犹僻也。"

"俜"的"隐蔽处"以及"躲藏"义，赣方言区吉茶萍乡、吉安、遂川、安福、莲花、吉水、峡江，宜浏宜春、新余、铜鼓等地常用。如吉水话"躲俜背_一种游戏，小孩捉迷藏"是一个述宾短语，"俜背隐蔽处、无人处"为并列式双音名词；而"躲俜躲藏"，则是一个并列式双音动词。另外，耒资湖南耒阳、常宁和洞绥湖南洞口也存。有的以"摒"字表示，如吉茶永新、湖南茶陵和醴陵等地。

掌[tsʻaŋ²¹³]

斜柱或支柱。"掌"，《广韵》去声映韵他孟切："邪柱也。"本义为"支柱"。《说文·木部》释之："樘，衺柱也。"又，《集韵·庚韵》："樘，或作掌。"《汉书·匈奴传下》："遵与相掌距，单于终持此言。"颜师古注："掌，谓支柱也。"

"掌"亦作"撑"，为"掌"的俗体，"支撑"义。《详校篇海·牙部》："掌，撑住也。或作撑。"汉·司马相如《长门赋》："罗丰茸之游树兮，离楼梧而相撑。"李善注引《字林》："撑，柱也。"

"掌"还作"撑"，而"撑"的俗体又为"撑"。《正字通·手部》："撑，俗撑字。"《汉书·匈奴传上》："单于姓挛鞮氏，其国称之曰'撑犁孤涂单于'。"颜师古注引苏林曰："撑，音掌距之掌。"

其"柱子""支撑"义，今赣方言区昌都、抚广、宜浏、吉茶等片均广为使用；另调查抚广福建建宁，吉茶湖南茶陵、醴陵，大通湖南平江、湖北阳新和怀岳安徽宿松等地亦存，只是按各地习惯或用"掌"，或用"撑"，或用"撑"的不同形体而已。如昌都南昌话"掌支撑把伞""搦棍子掌抵住到门"，吉茶萍乡话"掌子起支撑作用的斜柱""掌抵住紧""掌抵住、顶上到门"，吉水话"寻根树撑抵撑、顶住到该路堵墙，快倒来哩将要倒掉"，有时也用"撑"表示的。

殠[tʃʻu⁵³]

食物腐臭的气味。"殠"，《广韵》去声宥韵尺救切："腐臭。"《说文·歹部》释之"腐气也"。《汉书·杨王孙传》:"昔帝尧之葬也,……其穿下不乱泉,上不泄殠。"颜师古注:"乱,绝也。"

"殠"亦作"臭"。段玉裁说文注:"《广韵》曰:'腐臭也。'按:臭者,气也,兼芳殠言之,今字专用臭而殠废矣。"又,桂馥说文义证:"殠,又通作臭。"王筠说文句读:"臭者气之总名,殠者朽腐之专名,今通用臭。"其实,"腐臭"义之本字当为"殠"形。《义府·面缚》云:"其臭腐之字本作殠。"《十驾斋养新录·朽与香对》卷二亦云:"说文:'殠,腐气也。'臭腐字当用此,后人溷臭殠为一字。"而"殠"之形,直到秦汉之后才出现,上古汉语表达"腐臭"之义,则用"殠"之省文"臭"体。如《墨子·尚贤下》卷二:"腐臭余财,而不相分资也,隐慝良道,而不相教诲也。"孙诒让间诂:"毕云:'臭,殠省文。'"又《晏子春秋·内篇谏下》:"且婴闻之,朽而不敛,谓之僇尸,臭而不收,谓之陈胔。"吴则虞引孙星衍注:"'臭','殠'省文,说文:'殠,腐气也。'"

"殠"又作"麑"。汉·王充《论衡·谴告》:"屈原疾楚之麑污,故称香洁之辞;渔父议以不随俗,故陈沐浴之言。"王力先生说,"臭"与"殠(麑)"本是同一词,"殠(麑)"是后起的分别字。[1]

赣方言今犹存"腐臭气味"之"殠"字,如鹰弋余干,抚广乐安、崇仁,昌都修水、星子,吉茶泰和以及宜浏高安,包括湖南浏阳等地。

颈 [tɕiaŋ²¹³]

脖子,即人或动物头与躯干连接的部分。"颈",《广韵》平声清韵巨成切:"项也。颈在前,项在后。"《说文·页部》释之"头茎也",以茎释颈,系同族词相训。《春秋公羊传·宣公六年》:"勇士曰:'嘻!子诚仁人也。……君将使我杀子,吾不忍杀子也。虽然,吾亦不可复见吾君矣。'遂刎颈而死。"《韩非子·五蠹》:"兔走触株,折颈而死。"

赣方言里,颈与项实为一物,通行于整个方言区。方言区不只说"颈",还以它为语素构成不同的双音词或多音词,如"项颈脖子""颈箍项圈""颈牯脖子""颈筋脖子""扁颈脖子""颈骨仃脖子""颈板肉猪项肉",等等。

老妪 [lau⁴²y³³]

老妇女。"老",《广韵》上声皓韵卢皓切:"耆老。"《说文·老部》释之"考也。七十曰老。"本义"年老"。又,"妪"去声遇韵衣遇切:"老妪也。"《一切经音义》"公妪"注引顾野王云:"今时为女子老者为妪也。""老妪"指"老年妇女",其义更明了。《史记·高祖本纪》:"有一老妪夜哭。人问:'何哭?'妪曰:'人杀吾子,故哭之。'"又,王充《论衡·语增》:"武王有白鱼、赤乌之佑,高祖有断大蛇、老妪哭于道之瑞。"

赣方言今还保留此意,如鹰弋弋阳、万年、横峰,抚广乐安,吉荼泰和、永新等地,仍把"老妇女"称为"老妪"。当然,横峰谓"老妪壳"有点不恭之意。

缗钱［min³⁵ tɕʻiɛn²⁴］

铜钱。"缗",《广韵》平声真韵武巾切:"钱贯。"又,"钱"上声狝韵即浅切:"田器。"古之类似于锹这种农具的"钱",人们曾以之做交易货币,后又将货币铸成钱形,故有"钱币"之名。"缗"始与"钱"的联系,起源于以"缗"做"穿钱币的绳子"。《史记·酷吏列传》:"出告缗令,锄豪强并兼之家。"张守节正义:"缗,钱贯也。"

"钱"最初指"金属货币",后特指铜钱。《说文系传·金部》:"钱,一曰货也。"段玉裁注:"大徐无此四字。按《贝部》下曰:'古者货贝而宝龟,周而有泉,至秦废贝行钱。'"姚文田、严可均校议:"按:古布如铲、象田器之形,是货也。"《正字通·金部》:"钱,冶铜为钱,易货也。古之为市,所有易所无。布币金刀龟贝之法穷,钱始行。周制以商通货,太公望立九。府圜法,钱外圆而内孔方,轻重以铢,圜者为均通也。……汉以后大小轻重不一,名称各殊。国家改元,必更铸以年号为文,轮廓如旧。"

"缗钱"始用于秦汉,言"千文成串铜钱",也泛指铜钱;又因以其缴纳课税,故亦谓"税金"。《史记·平准书》:"异时算轺车贾人缗钱皆有差,请算如故。……诸作有租及铸,率缗钱四千一算。"又,《汉书·武帝纪》:"初算缗钱。"颜师古注:"李斐曰:'缗,丝也,以贯钱也,一贯千钱,出算二十也。'师古曰:'谓有储积钱者,计其缗贯而税之。'"

"缗钱"之谓,境内赣方言各片至今犹存,大通湖南平江亦然。

声气［saŋ⁴² tɕʻi²¹³］

说话的声音和语气。"声",《广韵》平声清韵书盈切:"声音。"《说文·耳部》释之"音也"。徐锴说文系传:"八音之中,惟石之声为精诣,入于耳也深……故于文耳殸为声。"本义演奏之"乐音",引申泛指"声音"。又,"气"去声未韵去既切:"气息也。"《说文·气部》释之"云气也"。段玉裁注:"气本指云气,引申为凡气之称。""凡气"泛指如元气、气味、脾气等。"声气"本是"声音气息"义,语出《易经·乾》"同声相应,同气相求"。由此引申出"说话的声音和语气"。汉·应劭《风俗通义·怪神》:"司空南阳来季德停丧在殡,忽然坐祭床上,颜色、服饰、声气，熟是也。"贾谊《新书·容经》："故身之倨佝，手之高下，颜色声气，各有宜称，所以明尊卑别疏戚也。"又，《红楼梦》第三三回："一句话未了，只听窗外颤巍巍的声气说道，'先打死我，再打死他，岂不干净了！'"清·文康《儿女英雄传》第三一回："将进院门，听见大爷说话的声气像是生气的样子……果见公子一脸怒容。"

"说话声音和语气"一义，赣方言区昌都、吉茶、抚广等片均惯用。如昌都南昌话"话事说话个声气跟渠他爷父一样""小滴子声气！有人在困觉睡觉"，吉茶萍乡话"不要个史这么大个声气讲事说话"，吉水话"一听声气，就晓得知道是渠他"。

寿器〔ɕiu²¹³tɕʻi⁴⁴〕

棺材。"寿"，《广韵》去声宥韵承呪切："寿考。"《说文·老部》释之"久也"。由本义"长久"引申为"人老年长"。又，"器"去声至韵去冀切："器皿。"《说文·晶部》释之"皿也。象器之口，犬所以守之"。段玉裁注："器乃凡器统称。"因此，"寿器"为"人老之盛器"，即"棺材"。先秦时期，人们称"棺材"为"椑傍"。秦汉以降，以"寿器"婉称。汉·刘珍《东观汉记·梁商传》："梁商薨，给赐东园□车、朱寿器、银镂、黄金玉匣。"吴树平校注："称寿者，取其久远之意也，犹如寿宫、寿器之类。寿器，棺也。以朱饰之，以银镂之。"《后汉书·孝崇匽皇后》："元嘉二年崩。以帝弟平原王石为丧主，敛以东园画梓寿器、玉匣、饭含之具，礼仪制度比恭怀皇后。"李贤注："梓木为棺，以漆画之。称寿器者，欲其久长也，犹如寿堂、寿宫、寿陵之类也。"

"棺材"或"寿棺"，赣方言有不同的称谓，宜浏、吉茶等片谓之"寿器"，亦有说"寿树"的，如萍乡；而抚广、昌都片多言"寿材"或"寿木"。

舷〔ɕiɛn²⁴〕

船的边沿或一般器物的边缘。"舷"，《广韵》平声先韵胡田切："舷舷。舷，同船。""舷"本谓"船的两侧边沿"。《集韵·先韵》释之"船边也"。《楚辞·渔父》："渔父莞尔而笑，鼓枻而去。"王逸章句："叩船舷也。"晋·郭璞《江赋》："怨忘夕而宵归，咏采菱以叩舷。"宋·苏轼《赤壁赋》："于是饮酒乐甚，扣舷而歌之。"又引申为一般器物的"边沿"。

赣方言区境内各片以及湖南浏阳南乡，不仅用其本义，如"船舷"；还常用其引申义，如"碗舷""桌子舷""床舷""江舷"之类。

学堂〔hɔʔ²tʻɔŋ·〕

学校。"学"，《广韵》入声觉韵胡觉切："说文与'敩'同，觉悟也。"本义指对小孩启蒙教育，使之觉悟；由本义引申为"学习"。《荀子·劝学》："学而不可以已。"又，"堂"平声唐韵徒郎切："屋。"《说文·土部》释之"殿也"。段玉裁注："古曰堂，汉以后曰殿。"又引申为某种活动专用的房屋。"学堂"称谓始于秦汉。《史记·仲尼弟子传》："今河西县有子夏石室学堂在也。"当然，此"学堂"指"校舍"，以下才是"学校"。《汉书·文翁传》："文翁终于蜀，吏民为立祠堂，岁时祭祀不绝。至今巴蜀好文雅，文翁之化也。"西汉景帝末年，文翁为蜀郡守，提倡教化，建学校以教育下县子弟，称文翁学堂。颜师古注："文翁学堂于今犹在益州城内。"北魏·郦道元《水经注·江水》："始文翁为蜀守，立讲堂作石室于南城。永初后，学堂遇火，后守更增二石室。"又，唐·段成式《酉阳杂俎·语资》："单雄信幼时，学堂前植一枣树。"

赣方言区昌都、抚广、鹰弋、宜浏、吉茶等片，今犹沿袭其语。如吉茶吉水话"先界里_{以前}该里_{这里}有外国佬舞哩_{办了}个洋学堂""今早_{早上}该隻伢仔_{该个男孩}去哩_{去了}学堂里"。

鏨 [tsan⁴²]

小凿，即用以雕琢镂刻金石等的工具。"鏨"，《广韵》平声咸韵士咸切："小凿。"本义谓"小凿子"。《太平御览》卷七六三引汉·服虔《通俗文》："石凿曰鏨。"明·焦竑《俗书刊误·俗用杂字》："斩金之小凿曰鏨。"转引为凿之行为，即"用小凿凿刻"意。《广雅·释器》："镌谓之鏨。"王念孙疏证："鏨之言斩也。"《一切经音义》"凿金陵"注引《考声》："鏨，镌也。"北魏·郦道元《水经注·江水》："山道广丈余，深三四丈，其鏨凿之迹犹存。"

据考察，"鏨"的各义，唯独境内赣方言常用，今存于昌都南昌、新建以及吉茶井冈山、泰和、吉水、永丰、峡江、萍乡等市县，如"短鏨子_{凿金属或石头的小凿子}""鏨碗_{用小凿在碗上凿记号}""鏨磨齿_{在石磨表面凿齿}"。

灶下 [tsau⁴⁵ha¹¹]

厨房。"灶"，《广韵》去声号韵则到切："淮南子曰：炎帝作火，死而为灶。"《说文·穴部》释之"炊灶也"。段玉裁注："炊之处也。"又，"下"上声祃韵胡雅切："底也。"段玉裁说文注："有物在'一'之下也。"本义为物体或位置"低处"或"底部"。"灶下"一语出自上古，但非"厨房"意，而是指"土灶之下"。《庄子·至乐》卷六下："蝴蝶胥也化而为虫，生于灶下，其状若脱，其名曰鸲掇。"郭庆藩集释："生于灶下者，就温也。"集释又引司马云："得热气而生也。"以此借代"厨房"。《后汉书·刘玄传》："长安为之语曰：'灶下养，中郎将；烂羊胃，骑都尉；烂羊头，关内侯。'"李贤注："《公羊传》曰：'炊亨为养。'"晋·陶渊明《搜神后记》卷五："（谢端）于篱外窃窥其家中，见一少女从瓮中出至灶下燃火。"

"厨房"义谓"灶下"的，昌都南昌、安义、永修、星子、德安、都昌、武宁，宜浏靖安、丰城、上高，抚广宜黄、乐安、崇仁，鹰弋彭泽、鄱阳、余干、弋阳、贵溪，吉茶井冈山、吉水、永丰、峡江、萍乡及福建泰宁、建宁等市县；还部分市县言"灶前""厨下"，如吉安、余江、抚州、资溪、修水。

牸［ts'ɿ¹¹］

母牛。"牸"，《广韵》去声志韵疾置切："牝牛。"其本义"母牛"。《广雅·释兽》释之"雌也"。王念孙疏证："牸之言字，生子之名。牛母谓之牸，犹麻母谓之荸矣。"《一切经音义》"牸牛"注："《文字释要》云：'凡牛羊之雌者，曰牸。'《字镜》云：'牸，牝牛也。'"汉·刘向《说苑·政理》："臣故畜牸牛，生子而大，卖之而买驹。"焦赣《易林·讼之井》："大牡肥牸，惠我诸舅，内外和穆，不忧饥渴。"又泛指畜类雌性。《韩非子·解老》："戎马乏则牸马出。"王念孙广雅疏证："《史记·平准书》：'众庶街巷有马，阡陌之间成群，而乘字牝者摈而不得聚会。'是母马亦谓之牸也。"汉·桓宽《盐铁论·未通》："师旅数发，戎马不足，牸牝入阵，故驹犊生于战地。"

"牸"亦作"字"。王念孙广雅疏证："牸，或通作字。"《史记·平准书》"乘字牝者"一句，裴骃注引《汉书音义》曰："皆乘父马，有牝马闲其闲则相踶啮，故斥不得出会同。"

"牛牸"，赣方言各片均指"母牛"，但又不一概而论，各有差别。吉茶萍乡、吉安、吉水、峡江等市县和宜浏宜春等地，"牛牸"多指"未育母牛"，已育一般谓之"牛婆"；而吉茶莲花、湖南平江，则无此所指。

二　表示行为动作以及发展变化意义

赣方言中，表示这类语义的汉语成分，除部分双音复合词外，仍以单音词为主，其通行地区仅少数有限，绝大多数是很广的。例如：

罯［ŋot⁵］

掅；覆盖；封闭。"罯"，《广韵》入声合韵乌合切："覆盖也。"《说文·网部》释之"覆也"。徐灏注笺："此谓凡有所覆盖，故从网，非真网也。"网之掩覆，不论捕鸟、捕兽或捕鱼都暗中进行，故其名词为鱼网，动词谓掩覆，亦泛指一般的覆盖。唐·元稹《春六十韵》："郁金垂嫩柳，罨画委高笼。"

赣方言区昌都、宜浏、抚广、吉茶等片，今均用其义。如昌都南昌话"细人子_{小孩儿}罨不得，会罨捂出病来个"，宜浏新干话"拿灰来罨_{覆盖}火"，抚广黎川话"罨捂出汗来"，吉茶萍乡话"拌点仔炭_{煤灰}罨火_{封火，把火压住，让它烧不起，但不熄灭}""搦_用被窝_{被子}罨盖到，把让他出一身汗，病就会好嘎去"。赣方言还由此引申，用作"因长久捂盖而使变霉烂"义，如南昌、黎川等地有"罨米""罨屑"等说法。

滗 [pit⁵]

挡住渣滓把液体倒出来。"滗"，《广韵》入声质韵鄙密切："去滓。"汉·服虔《通俗文》释之"去汁曰滗"。王念孙广雅疏证："滗之言逼，谓逼取其汁也。《玉篇》：'滗，笮去汁也。'《众经音义》卷五引《通俗文》云：'去汁曰滗。'……今俗语犹云滗米汤矣。"清·西周生《醒世姻缘传》第二六回："水饭要吃那精硬的生米，两个碗扣住，滗得一点汤也没有才吃。"

今犹谓去汁曰"滗"，赣方言区昌都、抚广、鹰弋、宜浏、吉茶等片广为用之。如昌都南昌话"茶卤子滗干了""药煎好了，你滗出来"，吉茶吉水话"滗粥饮_{饭汤}""滗菜汁汁"，萍乡话"把水滗嘎_{掉些}"。

骉 [piau⁵⁵]

人或其他各类动物（包括马）疾跑。"骉"，《广韵》平声宵韵甫遥切："众马走貌。"其本义"众马奔驰"。《说文·马部》释之"众马也"。王筠句读："似挩'行'字，《字林》：'骉，众马行也。'"《文选·左思〈吴都赋〉》："骉駥蹻侨，较雪警捷，先驱前涂。"李善注："骉駥蹻侨，众马走貌。"又，刘良云："骉、駥至警捷，并驰走之貌。"又泛指人或其他各类动物"快跑"。《广雅·释训》云："骉骉，走也。"

赣方言区吉茶、抚广、昌都以及宜浏等片，今犹用上述各义。如吉茶吉水话"渠个_{他的}马仔翘起尾巴骉，不晓得_{知道}骉到哪浪去哩_{哪里去了}""该隻_{那条}蛇'嗦'下就骉走哩"。

喫 [tɕʰiaʔ⁵]

食，即把食物放到嘴里咀嚼咽下去。"喫"，《广韵》入声锡韵苦击切："食。"《说文新附·口部》释之"食也"。郑珍新附考："《说文》：'啮，噬也。'即喫本字，从口犹从齿，契声与凵声一也。唐人诗始见此字，盖六朝以降俗体。"汉·贾谊《新书·耳痹》："越王之穷，至乎喫山草，饮腑水，易子而食。"

引申为"饮"或"喝"义。《篇海类编·身体类·口部》："喫，饮也。"唐·杜甫《送李校书二十六韵》："临岐意颇切，对酒不能噢。"宋·朱熹《朱子语类》卷二七："如一椀水，圣人是全得水之用，学者是取一盏噢了，又取一盏噢，其实都只是水。"

又引为"吸"义。清·陈康祺《燕下乡脞录》卷一五："圣祖不饮酒，尤恶噢烟。"

古汉语中，"噢"的对象固体、液体或气体食物均可，与今之"吃""喝""吸"功能大体匹等。

"噢"今仍通行于赣方言区各片市县，其功能与古汉语同，不仅用上述本义、引申义，还用于抽象义，如"噢苦""噢亏""噢力_{力不从心}""噢价_{很好}""噢冤枉_{贪污}"，等等。

摵［ts'œ¹³］

以手用力揉压、搅合。"摵"，《广韵》平声皆韵丑皆切："以拳加物。"汉·服虔《通俗文》："拳手挃曰摵也。"

今唯赣方言区吉茶萍乡，抚广乐安、南城、崇仁、广昌以及昌都修水等地存此义，如"摵糍""摵灰""摵面""摵衣服"。

澄［t'ɛn²⁴］

下沉，即使液体中的粉末杂质之类物质沉淀分离，旨在使液体清澈纯净。"澄"，《广韵》平声庚韵直庚切："水清定。"本义为"水清"。《说文·水部》释之"澂，清也"。《玉篇·水部》："澄同澂。"《方言》卷十二："澄，清也。"由其引申为"让液体中的杂质沉淀下去，使之清澈纯净"。《集韵·嶝韵》："清浊分也。"即澄而使之清浊分离。《礼记·坊记》："醴酒在室，醍酒在堂，澄酒在下，示民不淫也。"《世说新语·德行》："叔度汪汪，如万顷之陂，澄之不清，扰之不浊。"又，《后汉书·郎顗传》："本立道生，风行草从，澄其源者流清，溷其本者末浊。"

赣方言区昌都南昌、永修、修水以及吉茶永丰、萍乡等部分市县，口语中仍用其引申义。如南昌话"水浑，先澄一下"，修水话"澄薯粉"，萍乡话"水卦浑个_{非常浑浊}，把让它澄一下仔正_才噢得"。《汉语大词典》引《三国志·吴志·孙静传》为证，时代过晚。

匐［p'uʔ⁵］

趴着。"匐"，《广韵》入声屋韵房六切："匍匐，伏地貌。"《说文·勹部》释之"伏地也"。文献中，"匐"往往与"匍"连用，构成联绵词。《礼记·问丧》："孝子亲死，悲哀志懑，故匍匐而哭之。"郑玄注："匍匐，犹颠蹶。"《战国策·秦策一》："嫂蛇行匍伏，四拜自跪而谢。"鲍彪注："匍匐，伏地也。""伏"与"匐"音义相同，句中"匍伏"亦即"匍匐"。

"趴"或"趴着"义，赣方言区昌都、宜浏、抚广、吉茶等片均常使用，如"匐到台上趴在桌子上""匐趴下去"。大通湖北咸宁、嘉鱼，怀岳安徽岳西、宜浏湖南浏阳，亦用此义。

佮[kot^5]

与人相合。"佮"，《广韵》入声合韵古沓切："并佮，聚也。"其本义即"与人相合"。《说文·人部》释之"合也"。徐锴说文系传："佮，人相合也。"朱骏声说文通训定声："配偶之义为佮。"《出曜经》卷一七："比丘癗意念，当令应是念。都佮生死弃，为能作苦际。"今赣方言各片犹存此义。如抚广黎川话："渠多他们几个佮得好相处得好。"昌都南昌话："我跟渠他俩佮不来相处不好。"吉茶萍乡话："冒喫到佮食指合不来，难以相处。"

引申为"合伙"义。作此义用时，今已是一个述宾式复合词"佮伙"了。王筠说文释例："是合佮义同音异。通力合作，合药及俗语合伙，皆佮之音义也。今无复用佮者。"《玉篇·人部》："佮，合取也。"《广韵·合韵》："佮，聚也。"今赣方言各片亦常用此义，如"佮伙做生意"一语，几乎通行于赣方言区。

揩 [k'ai^{42}]

抹，擦。"揩"，《广韵》平声皆韵口皆切："揩捼，摩拭。"《说文·手部》释之"扴，刮也"。黄侃云："扴今作揩。"按：张舜徽说，今语称涤拭器物曰揩，即摡之语转。《说文》摡，涤也。诗曰："摡之釜鬵。"又，《广雅·释诂三》释之"磨也"，《玉篇·手部》"摩拭也"。汉·张衡《西京赋》："揩枳落，突棘藩。"李善注引《字林》："揩，摩也。"宋·苏轼《定惠院海棠》："忽逢绝艳照衰朽，叹息无言揩病目。"

赣方言区昌都、抚广、鹰弋、宜浏以及吉茶等片，今常用其义。如昌都南昌话"搦用手巾毛巾打湿了揩擦把脸""你裤子上舞弄得什哩东西，揩擦都揩不脱掉"，吉茶萍乡话"把汗揩嘎擦去，拭掉下仔""该把刀冒得一点快一点也不快，等让我搦拿到揩磨几下"。

剀[k'ai^{42}]

磨，磨刀。"剀"，《广韵》平声哈韵古哀切："一曰'摩也'。"《说文·刀部》释之"摩也"。段玉裁注："刀不利，于瓦石上刉之。剀、刉音义皆同也。"又，《广雅·释诂三》："磨也。"王念孙疏证："今俗语犹谓相摩近为剀。"

据考察，此义唯境内赣方言独存，且各地据习而用不同形体。譬如，昌都南昌、修水，吉茶吉安、吉水、峡江等市县，均用"剀"；而抚广黎川等地则用"隁"，如"把刀打在，从缸舷仔上边缘上隁磨两下""拿刀刀缸边上隁两下"。

炕［kʻɔŋ²¹³］

以火干物。"炕"，《广韵》去声宕韵苦浪切："火炕。"《说文·火部》释之"干也"。段玉裁注："炕，谓以火干之也。"王念孙广雅疏证："《众经音义》卷三引《仓颉篇》云：'炕，干极也。'今俗语犹呼火干曰炕矣。"《诗经·小雅·瓠叶》："有兔斯首，燔之炙之。"毛传："炕火曰炙。"孔颖达疏："炕，举也，谓以物贯之而举于火上以炙之。"

今赣方言常用此语，如昌都南昌话"到火上炕一下，炕热了再喫"，抚广黎川话"炕饼烙饼，以火烤成"，吉茶萍乡话"把鱼仔放到锅里炕下仔"。又，宜浏高安话"炕饭"，湖南浏阳南乡亦存此义。

毛［mau²¹］

没有。"毛"，《广韵》平声豪韵莫袍切："说文曰：眉发及兽毛也。"《左传·僖公十四年》："皮之不存，毛将安傅？""毛"又通"无"，即"没有"义。《后汉书·冯衍传》："诸将房掠……燔其室屋，略其财产，饥者毛食，寒者裸跣。"李贤注云："衍集'毛'字作'无'，今俗语犹然者，或古亦通乎？"《别雅》卷一："毛食，无食。"按：此由"无"字音转为"毛"。因上古音皆明母，"毛"宵部，"无"鱼部，旁转之迭韵，属音近之通假，故用之。清·钱大昕《十驾斋养新录·古无轻唇音》云："古读'无'如'模'……'无'又转如'毛'。……大昕案：今江西、湖南方音读'无'如'冒'，即'毛'之去声。"清·赵翼《陔余丛考·毛作无字》："天津、河间等处土音，凡'无'字皆作'毛'字。《佩觿集》所谓河朔人谓'无'曰'毛'，盖声之转也。"

赣方言各片今均以"毛"谓之"没有"，只是人们据习各行其是，或作"毛"，亦作"冇"，还有作"冒"的。

齾［ŋat²］

牙咬。"齾"，《广韵》入声屑韵五结切："噬也。"本义为"咬"。《释名·释姿容》释之"噬齾也"。《史记·秦始皇本纪》："二世梦白虎齾其左骖马，杀之。"《汉书·苏武传》："天雨雪，武卧啮雪，与旃毛并咽之。"又，《汉书·食货志上》："兵旱相乘，天下大屈，有勇力者聚徒而衡击，罢夫羸老易子齾其骨。"颜师古注："齾，齾也。"

"齾"亦同"啮"。《正字通·口部》："啮，俗齾字。"《论衡·论死》："今人死，手臂朽败，不能复持刀，爪牙堕落，不能复啮噬，安能害人？"

"齧"之"牙咬"义，赣方言昌都安义、修水、都昌，吉茶吉安、吉水等地不限于"人牙咬"，而是泛指一切动物的"牙咬"。譬如，吉茶吉安晋语"齧卵""齧骨头"，吉水话"蛇齧到哩被蛇咬了""虫仔齧烂哩衣裳衣服"。

搦〔laʔ⁵〕

拿。"搦"，《广韵》入声觉韵女角切："持也。"其本义为"以手按压"。《说文·印部》释之"按也"。段玉裁注："按者，抑也。"抑制或压抑，使之无力发挥，故音义从弱。《史记·扁鹊仓公列传》："乃割皮、解肌、诀脉、结筋、搦髓脑、揲荒。"引申为"手握持"义。《玉篇·手部》："持也。"《后汉书·臧洪传》："抚弦搦矢，不觉涕流之覆面也。"李贤注："搦，捉也。"三国魏·曹植《幽思赋》："搦素笔而慷慨，扬大雅之哀吟。"

赣方言区昌都南昌、安义、修水，吉茶萍乡、吉水、永新，抚广资溪、金溪和鹰弋弋阳、余干等地，今还用其"手握持"义，如"搦笔""搦刀"等；又用作介词"以"或"用"，如"搦笔写字""搦刀削"之类。介词"以"或"用"的用法，显然是由"手握持"虚化而来的。

挼〔lɔ⁴⁴〕

手来回搓揉。"挼"，《广韵》平声戈韵奴禾切："挼莏。说文……一曰两手相切摩也。"《一切经音义》"水挼"注引《考声》云："挼，谓揉摩也。"《礼记·曲礼上》："共食不饱，共饭不泽手。"郑玄注："泽，谓挼莏也。"孔颖达疏："古之礼，饭不用箸但用手。既与人共饭，手宜洁净，不得临食始挼莏手乃食，恐为人秽也。"《南史·王志传》："因取庭树叶挼服之，伪闷不署名。"

"搓揉"义，用之于赣方言区吉茶、抚广、昌都、宜浏等多个片。譬如，吉茶萍乡话"领子、衫袖口易得容易雷赖肮脏，要多挼几下"，抚广黎川话"挼手揉下头上个包"，宜浏新干话"晒个糯米结俚块，把渠它挼散来"，这正切"两手相切摩"之古义。

饲〔sʅ⁵³〕

喂养人或动物。"饲"，《广韵》去声志韵祥吏切："食也。"义即喂养。《汉书·贾谊传》："抱哺其子，与公并倨；妇姑不相说，则反唇而相稽。"颜师古注："哺，饲也。言妇抱子而哺之，乃与其舅并倨，无礼之甚也。"赵晔《吴越春秋·阖闾内传》："乞食于一女子，女子饲我。"

"饲"亦作"飤"。《说文·食部》："飤，粮也。"段玉裁注："飤，以食食人、物，其字本作食，俗作飤，或作饲。"《玉篇·食部》："饲，同飤。"又云："飤，食也。"按："食"与"飤"本为一字，后分化则专以"飤"为"饲养"义。

赣方言区鹰弋鹰潭、鄱阳、弋阳、余江、余干，抚广南城、福建建宁等地，今把给小孩"喂奶""喂饭"谓之"饲奶""饲饭"，此与古义正切。

趖[so³⁴]

快跑。"趖"，《广韵》平声戈韵苏禾切："趖疾。"其本义"奔跑"。《说文·走部》释之"走意"。桂馥义证、王筠句读，释"趖"义均引《广韵》"走疾"，即"快跑"。由此引为"向下滑行"或"日月星辰偏西落下"。段玉裁说文注："今京师人谓日跌为晌午趖。""晌午趖"意即晌午时分太阳偏西下落。五代·欧阳炯《南乡子》词之七："藤杖枝头芦酒滴，铺葵席，豆蔻花间趖晚日。"明·汤显祖《南柯记·闺警》："斗儿东唱到参儿趖。"

赣方言区昌都修水、永修，抚广乐安、南城、崇仁，鹰弋弋阳，宜浏高安以及吉茶吉水、永丰等地，今还其用"奔跑"义。不过，更多的是用"快速滑行"这一引申义，如"趖比跑下来快，却更危险"。

沰[tɔʔ⁵]

水下坠或落下。"沰"，《集韵》入声铎韵当各切："滴也。"古汉语常用义之一，是"下坠"或"落下"。《广雅·释言》："沰，礚也。"王念孙疏证："礚，落也。"赣方言区抚广、宜浏、吉茶等片，今犹常用之，如吉水话"雨把身沰湿哩"。

引申为液体类"滴落声"。汉·崔寔《四民月令》："上火不落，下火滴沰。"清·翟灏《通俗编·声音》："言丙日不雨，则丁日有雨，其声滴沰然也。"朱骏声说文通训定声："《周礼（天官）掌舍》注作'涑橐'。今苏俗语如笃，谓雨声滴沰也。"赣方言区吉茶等片今也常用，如吉水话"雨落得沰沰响哩"。

因雨水或其他液体落下是一滴滴的，故又转作表示液体或糊状体类的量词"滴"。后来，其量词的范围扩大，亦可用于液体以外的物体。赣方言区昌都、宜浏、吉茶、抚广等片和安徽岳西，均有此用法。譬如，昌都南昌话"一沰粥""一沰鼻涕""一沰泥巴"，吉茶吉水话"一沰饭""一沰痰"。还可迭用，如黎川话"一沰沰儿意份量少菜"。吴语、江淮话、西南官话以及胶辽官话，也有量词用法。《汉语大词典》"沰"下，未及量词这一义项。

煨[ui⁴²]

把生食物放在火灰里烧熟。"煨"，《广韵》平声灰韵乌恢切："塘煨火。"《说文·火部》释之"盆中火"。段玉裁注:"煨,《玉篇》作'盆中火燶也'。《广韵》曰:'燶者,埋物灰中令熟也。'"又,宋·戴侗《六书故·天文》云:"煨,灰火中孰物也。"陆游《初夏野兴》之三:"糠火就林煨苦笋,密沉井渍毒梅。"

赣方言区昌都、抚广、鹰弋、宜浏以及吉茶等片,今犹常用"把生食物放在火灰里烧熟",如黎川话"煨薯崽"、鹰潭话"煨芋头",与古义切合。"煨"一语,江淮江苏南京一带、西南云南昭通等地、湘语湖南吉首也说,但其义与赣方言殊异,指"烧煮汤水之类的东西"。还有说"因炉灶排烟不畅而费柴"义的,但吉茶如吉水等地似与此义无涉。

向火 $[\text{çian}^{31}\text{fo}^{41}]$

烤火取暖。"向",《广韵》去声漾韵许亮切:"对也。"《说文·宀部》释之"北出牖也",由其本义"朝北的窗户"引之为"对着"或"面对"。又,"火"上声果韵呼果切:"说文曰:燬也。南方之行,炎而上。"甲骨文像火苗状,本义为燃烧时的"火焰"。所以,"面对着火"或"靠近火旁"谓之"向火",即"烤火取暖"。汉·张机《伤寒论·辨痉湿暍脉证》:"湿家,其人但头汗出,背强,欲得被覆向火。"唐·元微之《拟醉》诗:"九月闲宵初向火,一樽清酒始行杯。"又,拾得《嗟见世间人》:"炉子边向火,镬子里澡浴。"

"向火"一语,赣方言区吉茶片用之,且多是出自老人口中,他片未见。如吉水话:"冷煞人冷死人啦,崽仔快花勒快点来向火哦。"不过,其他方言区也见使用。

歇 $[\text{çiet}^5]$

休息。"歇",《广韵》入声月韵许竭切:"休息也。"本义为"喘气"。《说文·欠部》释之"息也"。段玉裁注:"息者,鼻息也。息之义引伸为休息。"唐·白居易《卖炭翁》,"牛困人饥日已高,市南门外泥中歇。""休息"义的"歇"又作"愒",如《诗·小雅·菀柳》:"有菀者柳,不尚愒焉。"毛传:"愒,息也。"歇、愒为同源字。由"休息"又引为"止息""住宿"义。段玉裁说文注:"歇之义引伸为止歇。"东汉·蔡琰《胡笳十八拍》:"城头烽火不曾灭,疆场征战何时歇。"又,《文选·鲍照〈舞鹤赋〉》:"既而氛昏夜歇,景物澄廓。"吕向注:"歇,止也。"

赣方言区境内各片,今仍存上述"休息"和"住宿"二义。如吉茶吉水话"做得累倒哩做事累了,歇下得呀休息一下""昨夜晡夜晚,我歇住宿在渠他屋里家里"。

潆［tsan³⁵］

溅，既指污泥或水受冲激向外散射，又指水溅到人们身上。"潆"，《广韵》去声翰韵则旰切："水溅。"《说文·水部》释之"污洒也；一曰水中人"。段玉裁注："谓用污水挥洒也……'中'读去声。此与上文无二义，而别之者，此兼指不污者言也。"王筠句读："'一曰'二字当作'谓'。"《一切经音义》"不潆"注引《说文》曰："潆，一云水溅人也。"《西游记》第四四回："祝罢，烹的望里一捽，潆了半衣襟臭水。"

"潆"亦作"溅""湔"。《一切经音义》"脑溅"注："溅，又作潆。《三苍》：'潆，污洒也。'江南言潆，山东言湔。"王筠说文句读亦云："潆，通作湔。"《史记·廉颇蔺相如列传》："五步之内，相如请得以颈血溅大王矣！"张守节正义："溅，音赞。"由此可见，《说文》时代的通语"潆"（《说文》未提"潆"是方言），至唐已为江南方言，且其分化音"湔"也通行于山东即北方太行山以东地区了。

赣方言区昌都、宜浏、吉茶等片惯用"潆"，如南昌话"潆溅得我一身个水"；另外大通湖北咸宁、赤壁，耒资湖南常宁，洞绥湖南洞口也常用。

炙［tsaʔ⁵］

烤火（以御寒）。"炙"，《广韵》去声禡韵之夜切："炙肉。"其本义即"在火上烤肉"。按：张舜徽说，炙谓去毛以肉加于火令熟也。《诗经·小雅·楚茨》："执爨踖踖，为俎孔硕，或燔或炙。"由此引出"烧烤""烘烤"义。《诗经·小雅·瓠叶》："有兔斯首，燔之炙之。"毛传："炕火曰炙。"郑玄笺："凡治兔之宜，鲜者毛炮之，柔者炙之，干者燔之。"进而引为"向火取暖"即"烤火御寒"义。汉·刘安《淮南子·齐俗》："贫人则夏被褐带索……冬则羊裘解札，短褐不掩形而炀灶口。"高诱注："炀，炙也。"此处以"炙"训"炀"，即为向火取暖或烤火之意。

赣方言多用其引申义，尤以"烘烤"义为最。每逢寒冬腊月，乡村的人们为了取暖御寒，往往围聚在炉火旁"炙火"。因此，以"炙"为成分构成的相关词语甚多，如"炙火""炙手""炙脚""炙热哩""炙木炭火""炙滚热哩身"，等等。就"炙火"而言，赣方言区除广泛通行境内各片外，湖南常宁也有此说。

纵［tsuŋ⁴⁵］

身体向上腾跃。"纵"，《广韵》去声用韵子用切："放纵。"《说文·糸部》释之"缓也。一曰捨也"。段玉裁注："捨者，释也。"朱骏声通训定声："凡丝持则紧，捨则缓，一义之引申也。"按：张舜徽说，纵即今语所云放松也。《玉篇·糸部》:"纵,放也。"汉·王充《论衡·道虚》:"若世者举臂而纵身,遂入云中。"唐·钱起《巨鱼纵大壑》:"巨鱼纵大壑,遂性似乘时。"又,宋·李昉《太平广记》卷一九三引《原化记》:"女人纵身腾上,飞出宫城,去门数十里乃下。"

据考察,此义唯境内赣方言独存,如昌都南昌、永修、都昌、修水,宜浏宜春、丰城、靖安、奉新、高安,抚广南城、乐安、崇仁,鹰弋弋阳、余江、余干、横峰、铅山、鄱阳、贵溪以及吉茶各地,今犹惯用。

三　表示性质或情态意义

这一时期,赣方言中表示这类语义的汉语成分,数量还是较少,但大多已双音复合化了。例如:

驯善 [sən²¹ sɛn²⁴]

安分顺从。"驯",《广韵》平声谆韵详遵切:"从也。"《说文·马部》释之"马顺也"。段玉裁注:"驯,驯之本义为马顺,引伸为凡顺之称。"《易经·坤》:"驯致其道,至坚冰也。"陆德明释文:"驯,向秀云:'从也。'"孔颖达疏:"驯,犹狎顺也,若鸟兽驯狎然。""驯"又谓"善"。《广雅·释诂一》:"驯,善也。"《资治通鉴》卷二三三"豺狼驯扰",胡三省注:"驯,从也,善也。"又,"善"上声线韵常演切:"良也。"《说文·誩部》释之"吉也"。段玉裁注:"按羊,祥也。"其引申义也谓"善良"。《水浒传》第二四回:"自从嫁得你哥哥,吃他忒善了,被人欺负。""驯善"一词乃同义复合,始于秦汉,其义与"安分顺从""善良"大体相同。如《史记·蔡叔度世家》:"其子曰胡,胡乃改行,率德驯善。周公闻之,而举胡以为鲁卿士,鲁国治。"

据目前所知,赣方言区昌都、宜浏以及吉茶等片不少地方,今犹惯用此语,对象既能用于人,也可用于各类家畜动物。

以上对赣方言词汇中的上古汉语成分,进行了探源考释。一共有90个词语,其中单音词72个,占总数中的绝大多数,而双音词的比例则很小。在具体的探源中,赣方言中的先秦汉语部分与秦汉的情况又有一些差异。其情况大体如下:先秦部分53个词语,双音词仅9个,约占同时期总数中的16.98%。其中,主要集中在名物、行为以及性质方面,如表示人的称谓、时间以及事物名称的18个词语中,单音词12个;表示行为动作、心理活动以及发展变化的30个词语中,单音词27个;表示性质、状态的4个词语中,单音词2个;表示疑问的,只有1个单音词。秦汉部分38个词语,双音词也是8个,约占同时期总数中的21.05%。其成分也是在名物、行为等方面，如表示处所、事物现象以及物量名称的 13 个词语中，单音词 7 个；表示行为动作、发展变化的 24 个词语中，单音词 23 个；表示性质、情态的，仅 1 个双音词。

从考源以及上述情况来看，上古时期赣方言的词汇系统已经基本形成，名物意义的表达是以具体的实物为主，虽然也有表达抽象概念的；词义由单一渐趋复杂，出现了不少由原生词义派生引申的现象；原生以及派生的单音词占绝对优势，但也逐渐呈现出词的复音化发展趋势。

第四章 赣方言古语词与中古汉语词汇成分

中古时期，是指魏晋至宋朝这一历史阶段。这一时期，出现了几次北民大南迁的浪潮，这也给赣鄱地区的语言文化带来了深刻的影响。可以这样说，这个时期是中原汉语由赣北向赣中推移，并逐渐朝着赣南扩展的时期，也是赣方言词汇在不断整合中得以较快发展的一个重要时期。

这个时期，赣方言词汇以几次北民南迁为契机，又形成了魏晋南北朝、隋唐五代以及宋朝三个发展阶段。以下我们就对这三个阶段赣方言中的汉语词汇成分作一考释。

第一节 魏晋南北朝时期的汉语词汇成分

魏晋南北朝是我国封建社会的一个发展期，也是一个长期割据的分裂期。"永嘉之乱"肇始后，国势长达数百年处于战乱动荡之中，北民持续迁徙江南各省，不少北民也相继进入赣省北部。他们或与乡民杂居，或另置侨州郡县，同时他们也将生产技术、科学文化传给赣鄱地区，这不仅对其经济发展起到了重要的推动作用，而且还为赣鄱语言文化增添了不少新元素。

一 表示人的称谓、时间、器物以及树木等名称意义

这一时期，赣方言中表示这类语义成分的还是占据主要地位。不过，虽其仍以单音词为主，但其双音复合化倾向较之上古期明显增强。例如：

瓬 ［p'aŋ¹¹］

瓮、坛子或缸类。"瓬"，《字汇》去声庚韵蒲孟切："瓶瓮。""瓬"俗字，《集韵》去声映韵蒲孟切作"瓾"，释之"瓶属"。又，《新锲鳌头备用杂字元龟》"器用门第九"："瓶瓬罐注缸瓮坛樽。"晋·谢灵运《初往新安至桐庐口诗》："江山共开旷，云日相照媚。景夕群物清，对玩咸可

甏。"宋·沈括《梦溪笔谈》卷二三："吴人多谓梅子为'曹公'，以其尝望梅止渴也。又谓鹅，作书云：'醋浸曹公一甏，汤燖右军两只，聊备于馔。'"

赣方言区昌都、抚广、鹰弋、宜浏、吉茶等片及大通湖南平江，今犹云"瓮""坛子"或"缸"为"甏"，如"水甏""酒甏"。吴方言上海，江苏苏州，浙江杭州、温州、金华岩下、宁波以及中原官话江苏徐州等，也指"瓮""坛子"或"缸"义。《汉语大词典》未及书证。

桁 [haŋ²⁴]

梁上的横木，通称檩，或檩条。"桁"，《广韵》平声庚韵户庚切："屋桁。"《玉篇·木部》释之"屋桁，屋横木也"。《文选·何晏〈景福殿赋〉》："桁梧复迭，势合形离。"李善注："桁，梁上所施也。"晋·王嘉《拾遗记·周灵王》："（千寻大树）大干为桁栋，小枝为柄桷。"又，北齐·刘昼《新论·适才》："夫柽栢之断也，大者为之栋梁，小者为之椽桁。"

赣方言区宜浏高安、新干，抚广抚州、乐安、南城、崇仁，鹰弋鹰潭、彭泽、余干、弋阳，昌都星子、修水以及吉茶泰和、吉水、永丰等市县，今仍常用此义。因为乡村多建杉木房屋，房顶除用屋梁之外，还需在其上搁置横木即檩以便支托并钉住椽子盖上瓦，故人们称之为"瓦桁"，"桁"就是屋梁上横木。直至20世纪末，建房才为钢筋水泥屋顶所取代。

戽 [fu¹¹]

（1）戽斗，一种取水灌田用的旧式农具。"戽"，《广韵》去声模韵荒故切："戽斗，舀水器也。"《玉篇·斗部》释之"抒水器也"。明·徐光启《农政全书·水利·利用图谱》阐释得更为明确："戽斗，挹水器也……凡水岸稍下，不容置车，当旱之际，乃用戽斗，控以双绠，两人挈之，抒水上岸，以溉田稼。"宋·陆游《喜雨》："水车罢踏戽斗藏，家家买酒歌时康。"

（2）用戽斗等农具戽水。《广雅·释诂二》："戽，抒也。"王念孙疏证："《大雅·生民》释文引《仓颉篇》云：'抒，取出也。'"又云："今俗语犹云戽水。"唐·贯休《宿深村》诗："黄昏见客合家喜，月下取鱼戽塘水。"陆游《村舍》："山高正对烧畲火，溪近时闻戽水声。"

据目前所知，赣方言区吉茶萍乡、吉安、泰和、吉水、永丰，抚广崇仁以及鹰弋弋阳、鄱阳等市县，犹言上述各义，尤以"戽水"义为常。如萍乡话"戽干塘来捉鱼仔"，吉水话"天忒干哩，戽花勒一点菜水"。另外，大通湖北咸宁、赤壁、嘉鱼以及怀岳安徽岳西、池州也存。

笕［tɕiɛn²¹³］

一种用毛竹对剖并贯通内节连接而成的引水管道。"笕"，《广韵》上声铣韵古典切："以竹通水。"《玉篇·竹部》也释之"以竹通水也"。又，《正字通》："以竹空其中通水也。"唐·白居易《钱唐湖石记》："钱唐湖一名上湖，周回三十里，北有石函，南有笕。"明·徐光启《农政全书·水利·利用图谱》："乃自上流用笕引水，下注于槽。"

"笕"或作"枧"。《正字通》云："枧，同笕。或以竹，或合木为之，皆以通水也。"

古往今来，赣地以农为务，旧时乡间田头以竹笕渡水溉田，比比皆是；又常置笕于正门屋檐下引水，故而赣方言区"笕"或"竹笕"之谓，历时久，用之广。

襁［tɕʻia¹¹］

婴儿的衬褓，即包裹小孩的衣裙或尿布。"襁"，《广韵》去声祃韵慈夜切："小儿襁。""襁"谓"包裹婴儿的衣被"，后引指婴儿尿布。《玉篇·衣部》释之"小儿衣"。宋·赵叔向《肯綮录·俚俗字义》："小儿衣曰绷襁。"宋·李昉《太平广记》卷二二七："上始览锦衾，与嫔御大笑曰：'此不足以为婴儿绷襁，曷能为我被耶？'"

赣方言区昌都南昌、新建、安义、永修、星子、都昌、武宁，抚广广昌、资溪、南丰，鹰弋万年、余干、贵溪、鄱阳，宜浏丰城、靖安，吉茶吉安等市县，谓包裹小孩的"衣裙"或"尿布"为"襁"什么的，如"襁片""襁仂""襁子""襁仔""襁里""襁片子""屎襁仂""尿襁仂仂"之类，其名异义同。

今朝［tɕim³²tɛu³²］

今日。"今"，《广韵》平声侵韵居吟切："对古之称。说文云：是时也。"又，"朝"宵韵陟遥切："早也。"《说文·倝部》释之"旦也"，本义"早晨"。"今朝"即谓"今晨"。《诗经·小雅·白驹》："萦之维之，以永今朝。"毛传："从旦至食时为终朝。"朱熹集注："朝，早也。"引申为"今日"。《魏书·贾彝传》："秀慷慨大言，对曰：'……秀宁死于今朝，不取笑于后日。'浑左右莫不失色，为之震惧，而秀神色自若。"盛用于唐代以后。如唐·白居易《井底引银瓶》："瓶沉簪折知奈何，似妾今朝与君别。"宋·晏殊《秋蕊香》："今朝有酒今朝醉，遮莫更长无睡。"

"今日"义，赣方言区抚广抚州、黎川、南城、广昌、崇仁、乐安、资溪、宜黄和福建建宁、泰宁，昌都星子、湖口、德安，鹰弋鄱阳、彭泽、弋阳、铅山以及吉茶永丰等市县，今犹用之。另外，安徽岳西、池州也存此说。

老伧［lau⁴²tsʻiɛn²⁴］

老头，含贬义。"老"谓之"耆老"，即"年老"义。"伧"，《广韵》平声庚韵助庚切："楚人别种也。""伧"是"对人的鄙称"。《正字通·人部》释之"鄙贱之称也"。《晋书·王献之传》："傲主人，非礼也；以贵骄士，非道也。失是二者，不足齿之伧耳。"又，《南史·王玄谟传》："柳元景、垣护之虽并北人，而玄谟独受老伧之目。"鄙称"伧"，又添之"老"，贬人之意尤明。

"老伧"之称，今仅存于赣东北鹰弋弋阳、万年和赣东抚广乐安等地。

气息［tɕʻi²¹³ɕit⁵］

气味。"气"，本谓"云气"，其引申除呼吸"气息"外，还有"气味"义。《尚书·洪范》"炎工作苦"，孔傅："焦气之味。"孔颖达疏："火性炎上，焚物则焦，焦是苦气。《月令》'夏'云，其臭焦，其味苦。苦为焦味，故云焦气之味也。臭之曰气，在口曰味。""息"，《广韵》入声职韵相即切："止也。"《说文·心部》释之"喘也"。段玉裁注："自者，鼻也。心气必从鼻出，故从心、自。"由本义"呼吸时的气息"引申为"气味"。"气息"同义复合，表达"气味"义始于南北朝。《宋书·百官志上》："尚书郎口含鸡舌香，以其奏事答对，欲使气息芬芳也。"唐宋以后，用之甚多。唐·元稹《人道短》："天能种百草，狁得十年有气息。"宋·李昉《太平广记》卷四七："时又有处士伊祁玄解，缜发童颜，气息香洁。"元·王实甫《西厢记》第三折："将来的酒共食，尝着似土和泥。假若便是上和泥，也有些土气息，泥滋味。"又，《红楼梦》第八〇回："我们爷不吃你的茶，连这屋里坐着还嫌膏药气息呢。"

把"气味"谓之"气息"，唯赣方言区昌都、宜浏、吉茶等片使用，其他方言区未见。如南昌话"作气息""屋里有一股什哩气息"，萍乡话"有气息唎，噢不得"。

树表［çy²¹piau²⁴］

树梢。"树"，《广韵》去声遇韵常句切："木揔名也。"《说文·木部》释之"生植之总名"。屈原《楚辞·橘颂》："后皇嘉树，橘徕服兮。"又，"表"上声小韵陂矫切："筊。""筊"本为"小竹片"，古人读书时常记心得于简上以备查考，故后便成注释的一种。"戈"亦"末小"义，所以"表"的一个常用义为"末"。《古今韵会举要·筊韵》："表，杪也，末也。"南朝齐·谢脁《休休重还道中诗》："云端楚山见，林表吴岫微。"因而，"树表"亦即"树末"或"树梢"义。南朝·佚名《乐府诗集·清商曲辞·采桑度》："攀条上树表，牵坏紫罗裙。"《大藏经·释禅波罗蜜次第法门》卷六："彼若正观如步屈虫行至树表，更不复进到退回还。"《汉语大词典》未涉此义。

　　"树表"一语，今独存于赣方言区鹰弋弋阳、万年，抚广南城以及昌都修水、星子等地，其他方言区未见。表示"树梢"义，还有写作"树标"的，如鹰潭、余江、余干、横峰以及湖南平江等市县，实属形异义同。

树杪 [çy¹¹mieu²¹³]

　　树梢。"树"，本谓"木名"。"杪"，《广韵》上声小韵亡沼切："梢也，木末也。"《说文·木部》释之"木标末也"。朱骏声通训定声："高远之木枝曰标，曰杪。"汉·服虔《通俗文》："树锋曰杪。"《汉书·司马相如传上》："夭蟜枝格，偃蹇杪颠。"颜师古注："杪颠，枝上端也。"因而，复合词"树杪"为"树梢"义。晋·张华《博物志·物性》："鹳雉长毛，雨雪，惜其尾，栖高树杪，不敢下食，往往饿死。"唐·白居易《玩半开花赠皇甫郎中》："树杪真珠颗，墙头小女儿。"

　　据考察，"树杪"或"树杪子"一语，赣方言区犹存于昌都南昌、安义、都昌、永修、星子，抚广抚州、黎川、乐安、崇仁以及宜浏高安等地；另境外吉茶湖南茶陵、大通湖北阳新、怀宁安徽宿松及池州，亦存此说。

蕹 [ŋ⁴⁵]

　　"蕹菜"，俗称空心菜。"蕹"，《集韵》平声钟韵于容切："莘也。"由本义"草丛生貌"引申为"蕹菜"这种草本植物。明·李时珍《本草纲目·菜部·蕹菜》释之云："蕹与壅同。此菜惟以壅成，故谓之壅。……性宜湿地，畏霜雪。九月藏入土窖中，三四月取出，壅以粪土，即节节生芽，一本可成一畦也。""蕹菜"这种植物，茎蔓生，中空，叶长心脏形，叶柄长，夏秋开白花或淡紫色花，嫩的茎叶可食用。晋·嵇含《南方草木状》："蕹叶如落葵而小，性冷味甘，南方之奇蔬也。"又复合成"蕹菜"这一偏正结构。北魏·贾思勰《齐民要术》卷十："蕫菜：'音虾，味辛。'"其文校释引唐·段公路《北户录》卷二"蕹菜"。又云："《尔雅》云：'蕫，蕿茅也。'"校释注引《植物名实图考》卷二二："今南方蕹菜，花叶与此无小异，唯根短耳。"《汉语大词典》释其义，而阙其例。

　　据调查，赣方言区昌都、抚广、宜浏、吉茶以及鹰弋等54个市县中，除彭泽的"贡菜"、安福的"□vɔŋ²²菜"之外，几乎皆谓之"蕹菜"，没有称"空心菜"的。

杌［ut⁵］

凳子，指一种不带靠背的方凳。"杌"，《广韵》入声没韵五忽切："树无枝也。"古汉语中，"杌"常义之一指凳子类的"坐具"。北魏·贾思勰《齐民要术·种桑柘》："春采者，必须长梯高杌，数人一椅，还条复枝，务令净尽。"《宋史·丁谓傅》："（帝）遂赐坐，左右欲设墩，谓顾曰：'有旨复平章事。'乃更以杌进。"杌古代为一种矮而无枝上平的光木头，非正式坐具，至宋代才渐成正式坐具。语助"子"附于"杌"后，其义仍谓"凳子"，但多指"小凳子"。宋·曾慥《类说》卷三四引《摭遗·安禄山》："唐明皇召安禄山，用矮金裹脚杌子赐坐。"《红楼梦》第四三回："贾母忙命拿几个小杌子来，给赖大母亲等几个高年有体面的妈妈坐了。"

"杌"为"凳子"义，赣方言区昌都南昌、新建、安义、永修、都昌、修水，抚广抚州、乐安、南城、崇仁、南丰、黎川和福建建宁，宜浏宜春、高安、丰城、万载以及吉茶永丰、萍乡等地，今犹存之。不过，昌都南昌等地，大多习称"杌子"；抚广黎川等地多谓"杌凳"，即"方凳"意；而吉茶萍乡则常说"杌子凳"，其义比"杌"或"杌子"更为明确。

笅帚［suan⁵¹tiu⁵¹］

用竹丝等扎成的洗刷锅、碗、杯等的用具。"笅"，《广韵》上声铣韵苏典切："同'筅'。筅帚，饭具。"王念孙广雅疏证："筅，即今之刷锅帚也。……《玉篇》：'筅，筅帚也。'《广韵》作'笅'，云：'笅帚，饭具。或作筅。'是筅与笅异名而同实。"又，"帚"上声有韵之九切："少康作箕帚。"《说文·巾部》释之"粪也"。段玉裁注："'粪'，扫除也。"说文所释引申义。甲骨文"帚"如箐帚形，本义为"箐帚"。《礼记·曲礼》："凡为长者粪之礼，必加帚于箕上。"清·唐训方《里语征实》云："涤器曰笅帚……凡厨中洗釜、瓶等物均用之。"宋·吴自牧《梦粱录·诸色杂买》："其巷陌街市，常有使漆修旧人……并挑担卖油、卖油苕、扫帚、竹帚、笅帚。"《汉语大词典》书证阙如。

"笅帚"系通语，广泛通用于南北方言区。赣方言区吉茶吉安、永新、泰和、莲花、吉水、永丰、峡江、万安，昌都安义、都昌，宜浏宜春、万载、奉新、宜丰，抚广乐安，鹰弋乐平、鄱阳、万年、弋阳、余江、彭泽、铅山等市县习用其语，包括抚广福建建宁；吴语、闽语、冀鲁官话等方言区，亦皆用之。

猪栏［tɕy⁴²lan²⁴］

猪圈。"猪"，《广韵》平声鱼韵陟鱼切："尔雅曰：豕子猪。"《说文·豕部》释之“豕而三毛丛居者”。段玉裁注：“谓一孔生三毛也。……今之豕皆然。”本义为“小猪”。上已有述，“栏”系古越语成份，说文未录，广韵未存“牲畜圈”一义。“猪栏”一语，大约魏晋时代就已出现。晋·干宝《搜神记》卷一八：“至晓，解金铃系其臂，使人随至家，都无女人。因逼猪栏中，见母猪臂有金铃。”葛洪《抱朴子·登涉》：“此三符，兼同着牛马屋左右前后及猪栏上，辟虎狼也。”

我国是野猪驯化成家猪的最早国家之一。据史料记载，我国家猪驯养已有七八千年的历史了。因此，“猪栏”一语通行地区十分广大，赣方言区各片以及南方各方言区均使用。

二　表示行为动作以及发展变化意义

赣方言中，表示这类语义成分的也是主要的，其双音复合化发展趋势同样有所增强。例如：

龅［p‘au^{11}］

牙齿不齐而凸露唇外。“龅”，《集韵》平声爻韵蒲交切：“齿露。”《玉篇·齿部》释之“露齿”。宋·沈括《梦溪笔谈》卷二一：“（蔡绳）怀中常置饼饵，虽对贵官，遇饥亦便龅啖。绳有美行，博学有文，为时闻人，终以此不幸。”《资治通鉴》卷二六八：“蜀太子元膺，豭喙龅齿，目视不正，而警敏知书，善骑射，性狷急猜忍。”胡三省注：“龅，齿露也。”

赣方言区各片不少地方使用，既可独用，也能以述宾式“龅牙”的形式出现于人们的口语中。如吉茶吉水话：“该隻龅牙那个龅牙的人几拗很凶哇，把那伢仔小孩打肿哩。”不过，昌都南昌、宜浏高安以“飘牙”表示“牙齿凸露于唇外”义。

揹［p‘ai^{13}］

用脊背驮，“背”的异体。“揹”，《广韵》去声队韵补妹切：“同‘背’。脊背。”“揹”是从“背”分化而来的，属“背”的动词用法，如“揹剑”“揹书包”。《广雅·释诂四》释之“负后也”。唐·李商隐《李贺小传》：“从小奚奴，骑疲驴，背一古破锦囊，遇有所得，即书投囊中。”宋·孙光宪《北梦琐言·逸文》：“王生腰背一船，船中载十二人舞《河传》一曲。”

赣方言区吉茶萍乡、吉安、泰和、莲花、吉水、峡江，抚广乐安、南城、崇仁，宜浏宜春、高安、丰城诸市县，今犹常用。如萍乡话“揹到背上”，吉水话“揹新人新娘上轿”“该隻那个人揹哩一个崽男孩”。还用之于抽象义，如方言中的“揹债”“揹黑锅”。

煏[pit⁵]

用火烤干；焖。“煏”，《集韵》入声职韵弼力切：“说文：以火乾肉。”一般“火干”亦谓之“煏”。《玉篇·火部》：“煏，火干也。”北魏·贾思勰《齐民要术·伐木》：“凡非时之木，水沤一月，或火煏取干，虫则不生。”宋·庄季裕《鸡肋编》卷上：“其治蚤则置衣茶药焙中，火煏令出，则以熨斗烙杀之。”

据考察，唯独赣方言犹存“火干”之义。譬如，昌都南昌、安义、永修、都昌、修水，抚广抚州、乐安、南城、崇仁和福建建宁，鹰弋弋阳、鄱阳，宜浏宜春、高安、新余、宜丰，以及吉茶不少地方，今常谓“煏饭”，又俗称“焖饭”；吉茶吉安、吉水、峡江、萍乡等地，还存“煏烧酒以蒸馏之法取白酒液”等语，均与古义契合。

觩 [ts'au²¹³]

以角挑物；以角顶撞。“觩”，《广韵》去声效韵初教切：“角上。”由本义“角上”转引为“以角挑物”或“以角顶撞”义。《集韵·效韵》：“以角挑物。”赣方言区昌都、抚广、宜浏、吉茶等片以及湖北阳新，今仍用其义。如昌都南昌话“等牛觩到一角就不得了”“觩角两头牛用角互顶”，宜浏高安话“牛拿角觩人”。又引作一般“顶撞”。如吉茶吉水话“不好正花勒不小心点，你拿根竹篙竹竿觩伤哩人”“渠他乱觩，把屋檐总都觩烂哩”。还用作“撑”义。如抚广黎川话：“把衣裳觩上去晒。”

豚[tin⁴²]

割掉家禽家畜的睾丸。“豚”，《广韵》平声魂韵都昆切：“去畜势。出《字林》。”宋·梅尧臣《重送袁世弼》：“秋蒹出水似君才，豚鸡肥脆聊供膳。”又可转引为对太监的詈词。清·李玉《清忠谱·书闹》：“童贯这豚狗，作恶异常。教我那里按捺得定。”

大凡一切雄性禽畜阉割均谓之“豚”，此在赣方言区昌都南昌、修水，宜浏新干、丰城、铜鼓，吉茶吉安、万安、泰和、吉水、永丰、峡江、遂川、莲花、永新、安福，抚广抚州、南城、南丰等市县通用；而鹰弋万年、铅山，抚广东乡等地则言“骟”，南昌还有“骟”和“阉”的说法。

掇 [tot⁵]

用手取或手端。“掇”，《广韵》入声末韵丁括切：“拾掇也。”《说文·手部》释之“拾取也”。《易·讼》：“《象》曰：‘不克讼，归逋’，窜也。自下讼上，患至掇也。”唐·孔颖达疏：“掇，犹拾掇也。”王肃云：“若手拾掇物然。”《诗经·周南·芣苢》：“采采芣苢，薄言掇之。”郑玄笺：“掇，拾也。”可见，“掇”的本义为“拾”意。由此又引申为“手取""手端"义。《广雅·释诂一》："掇,取也。"此义宋后文献使用颇多。如宋·杨万里《火阁午睡起负暄二首》之一："觉来一阵寒无奈,自掇胡床近太阳。"元·佚名《渔樵记》第二折："刘家女,你掇过桌儿来,你便似个古人,我也似个古人。"又,《水浒传》第三回："鲁达寻思,恐怕店小二赶去拦截他,且向店里掇条凳子,坐了两个时辰。"

赣方言传承下来的是"手取""手端"义,通行于境内整个方言区。"手取"或"手持物"义,除都昌说"端"外,其余各片市县皆言"掇",诸如"掇桌子""掇凳子""掇菜碗""掇洗脸水"之类。

掴 [kuɛ³⁵]

用手掌打。"掴",《广韵》入声麦韵古获切:"打也。"本谓"以掌打耳光"义。《玉篇·手部》释之"掌耳也"。唐·戴孚《广异记·龙兴寺主》:"寺主怒甚,倚柱而坐,以掌掴之。"宋·朱熹《朱子语类》卷一○:"一掴一掌血!看人文字,要当如此,岂可忽略!"又泛指一般的"打"。唐·卢仝《示添丁》诗:"父怜母惜掴不得,却生痴笑令人嗟。"宋代以后,文献用之甚多。宋·孙光宪《北梦琐言》卷一○:"浃旬京城盛传其诗篇,为奶妪辈怪骂腾沸,尽要掴其面。"元·郑廷玉《看钱奴买冤家债主》第二折:"那员外伸着五个指十分的便掴,打的他连耳通红半壁腮。"

赣方言区吉茶吉安、泰和、吉水、永丰,抚广乐安、崇仁,昌都修水以及宜浏宜春、丰城等片,今犹常用其语。如吉安话"掴渠(佢)他两个耳巴子_{耳光}",吉水话"该崽_{那小男孩}真个拗执拗、固执,等让我掴杀_{打死}渠_他"。

过世 [kuɔ⁴⁵sɿ⁴⁵]

离开人世,即人死之讳言。"过",《广韵》平声戈韵古禾切:"经也。"《说文·辵部》释之"度也",本义"经过"。《孟子·滕文公上》:"禹八年于外,三过其门而不入。"引申为"时间、事情结束"或"人已离世"。三国魏·曹植《赠白马王彪》:"存者忽复过,亡殁身自衰。"又,"世"去声祭韵舒制切:"代也。"《说文·十部》释之"三十年为一世",本义即"三十年"。《论语·子路》:"如有王者,必世而后仁。"由时间推及空间,引申为"社会"或"人世"。《战国策·秦策》:"人生世上,势位富厚,盖可以忽乎哉!"古汉语,"过世"有三个义项,其二为"人死离世"义。如《晋书·苻登载记》:"(姚苌)于军中立坚神主,请曰:'往年新平之祸,非苌之罪……陛下虽过世为神,岂假手于苻登而图臣?'"此义宋代以后用之渐多。宋·李昉《太平广记》卷三一九:"后仲文遣婢视女墓,因过世之妇相问。入廨中,见此女一只履,在子长床下,取之啼泣，呼言发冢。"

赣方言承继了"离开人世"一义，几乎通行于境内各个方言片；湖南常宁、耒阳亦存。如吉茶吉水话："该老人家九十多岁正才过世哩了，福好命好，长寿哇！"

绗〔hɔŋ²⁴〕

一种缝纫法，多用于做棉衣、缝棉被，线的大部分藏在夹层中间，正反两面露出的线都很短。"绗"，《广韵》去声映韵下更切："刺缝。"《广雅·释诂二》释之"缘也"。王念孙疏证："今俗语犹呼刺缝为绗，音若行列之行。"又，《玉篇·糸部》："绗，缝紩也。"

"绗"这一缝纫法，所用的针线较粗大，针刺之间的距离也较长。从其形体结构而言，"绗"系会意兼形声，即"从纟行，行亦声"。"纟行"正是飞针走线，体现了"绗"这一缝纫动作的特点。

赣方言区，大多数片今均存此义。如昌都南昌话"绗针专用绗东西的长针""绗被火绗棉被"，抚广黎川话"绗花做棉衣时，用长线大针脚将棉花缝在布上"，吉茶吉水话"绗缝被窝棉被"，萍乡话"做袄子棉花要先绗一下"，宜浏靖安话"绗棉袄""绗被子"。

捩〔liɛt⁵〕

拧扭，拧曲。"捩"，《广韵》入声屑韵练结切："拗捩，出《玉篇》。"南朝梁·宗懔《荆楚岁时记》第二部："家家槌床打户，捩狗耳，灭灯烛以禳之。"唐·韩愈《送穷文》："捩手覆羹，转喉触讳。"又，王梵志诗一五二首："出门拗头戾（捩）胯。"郭在贻云："项楚谓'戾胯'疑当作'捩胯'，形容行步时臀部扭动的样子，与'拗头'为当句对。"[1]

引申为"违拗，不驯顺"。《新唐书·张说传》："未沃明主之心，已捩贵臣之意。"

上述二义，赣方言区昌都南昌，抚广黎川、抚州，宜浏高安和湖南浏阳南乡，吉茶萍乡，鹰弋乐平、余江、贵溪、余干以及怀岳安徽岳西，均常用之。如南昌话"搊手巾捩干来""不听话我搊你个头捩下来"，萍乡话"捩转面来"，黎川话"捩拧干手巾毛巾""渠他真个很拗捩脾气执拗"。

落色〔lɔʔ²sɛt⁵〕

退色，亦即颜色变淡、减退。"落"，《广韵》入声铎韵卢各切："零落。"古汉语，"落"本谓"树木落叶"。《说文·艹部》释之"凡艹曰零，

① 郭在贻：《敦煌写本王梵志诗汇校》，《敦煌语言文学论集》，浙江古籍出版社 1988 年版，第 369 页。

木曰落"。《礼记·王制》："草木零落，然后入山林。"此引为一般的"脱落"。三国魏·应璩《与侍郎曹长思书》："夫皮朽者毛落，川涸者鱼逝。"其"叶落"或"脱落"之因，皆缘于"时久而衰微"所致，故"落"又有"衰减"或"减退"之义。又，"色"入声职韵所力切："颜色。"而"颜色减退"谓之"落色"正切此意。南朝宋·颜延之《祖祭弟文》："蕃兰落色，宿草滋长。"清·西周生《醒世姻缘传》第六回："晁大舍道：'我的强娘娘！知不到什么，少要梆梆！你拿指头蘸着唾沫，捻捻试试，看落色不落色？'"

据目前所知，赣方言区昌都南昌、修水，抚广乐安、南城、崇仁，鹰弋鄱阳、余江，宜浏高安以及吉茶泰和、吉水、永丰、峡江等市县，人们用之如常，大多用在布匹、衣服等颜色变淡方面。如吉水话："该件衣裳质量几索_{很差}哇，箇久_{这么久}紧是_{总是}落色。"

齆［uŋ⁵³］

鼻腔阻塞，即一种鼻病。"齆"，《广韵》送韵乌贡切："鼻塞曰齆。"《玉篇·鼻部》释之"鼻病也"。南朝梁·萧绎《金楼子·杂记》："昔玉池国有民，婿面大丑，妇国色鼻齆。"而"齆"常与"鼻"组成述宾结构"齆鼻"。南朝宋·刘义庆《幽明录》："有一人齆鼻，语难学，因以头内瓮中以效焉。"北魏·崔鸿《十六国春秋·后赵录》："王谟齆鼻，言不清畅。"

"齆"亦作"齈"。《玉篇·鼻部》："齈，鼻病也。"《篇海类编·身体类·鼻部》："齈"同"齆"。宋·李昉《太平广记》卷二五七引《启颜录》云："一人患眼侧睛及翳，一人患齈鼻。"

赣方言区抚广片黎川、崇仁，宜浏片新干、高安，吉茶片吉安、井冈山、泰和、吉水、峡江等地，今常语"齆""齆鼻""齆鼻子""齆鼻俚"或"齆鼻孔"。

煠［tsʻat⁵］

食物放入水或油中煮熟，或者放入沸水、沸油里略煮而出。"煠"，《广韵》入声洽韵士洽切："汤煠。"清·翟灏《通俗编·杂字》："今以食物纳油及汤中一沸而出曰煠。"北魏·贾思勰《齐民要术·素食》："当时随食者取（地鸡），即汤煠去腥气，擘破。""煠"不仅可去食物之腥恶或苦涩味（如上所述），亦能除其酸味。如明·徐光启《农政全书·荒政·救荒本草一》："山苋菜……采苗叶煠熟，换水浸去酸味，淘净，油盐调食。"

"煠"亦作"渫"。北魏·贾思勰《齐民要术·种胡荽》："作胡荽菹法：汤中渫出之，着大瓮中，以暖盐水经宿浸之。"　"煠"为本字，而"渫"则为借字。

"煠"今还用于赣方言区昌都南昌、安义、都昌、永修，宜浏高安、丰城、新余、铜鼓，鹰弋鹰潭、铅山，吉茶泰和、永丰、峡江等市县人们的口语中。如南昌话"箇这碗现饭剩饭倒得倒在锅里加滴子一点水煠一下"，高安话"拿油煠饭"，鹰潭"油煠鬼煠了两次的油条""煠油条"。

作礼〔tsɔ $\mathrm{ʔ^5}$ li²¹³〕

举手施礼。"作"，《广韵》入声铎韵则落切："起也。"本义"起身，站立起来"。徐锴说文系传："《周礼》云'坐作进退'，是也。"引申为"举起"义。而"礼"本谓"祭神"，引之为"礼节"。因此，"作礼"谓之"行礼"或"举手施礼"义。《宋书·夷蛮传》卷九七："民人乐见，如月初生，譬如梵王，世界之主，一切人天，恭敬作礼。"唐·岑参《登千福寺楚金禅师法华院多宝塔》："作礼睹灵境，焚香方证疑。"又引申为"讲礼貌"或"讲客气"。《西游记》第二回："话表美猴王得了姓名，怡然踊跃，对菩提前作礼启谢。"

赣地乃礼仪之邦，人们崇尚礼貌，素倡以诚待人，不仅对长辈举手施礼，就是对平辈甚至晚辈也抱拳示礼，这亦反映在语言表达上，只是各地用词有所差异而已。譬如，赣方言区昌都南昌、星子、都昌、武宁，抚广抚州、乐安、南城、崇仁、东乡、进贤、金溪、崇仁、宜黄以及鹰弋余江、弋阳、彭泽、乐平、万年、余干、贵溪等市县，把一般的"讲礼貌"或"讲客气"称为"作礼"，而另一些市县如高安、樟树、新余、新干、鄱阳、南丰等则谓之"拘礼"或"周公之礼"。

三　表示性质或状态意义

赣方言中，表示这类语义成分的，数量还是较少，但大多已双音复合化了。例如：

冰冷〔pin⁴²laŋ²¹³〕

形容很冷。"冰"，《广韵》平声蒸韵笔陵切："同'冫'。水冻也。"又，"冷"上声梗韵鲁打切："寒也。""冰冷"实为偏正复合结构，"冰"强调"冷"程度之深，意为"非常冷"，始于魏晋时期。《晋书·纪瞻传》："臣目冥齿堕，胸腹冰冷，创既不差，足复偏跛，为病受困，既以荼毒。"晋·葛洪《抱朴子·逸民》："朝为张天之炎热，夕为冰冷之委灰。"又，《红楼梦》第五一回："（宝玉）一面又见晴雯两腮如胭脂一般，用手摸了一摸，也觉冰冷。"

"冰冷"一语，独境内赣方言区惯用，其他方言区见之甚少。如昌都南昌话："一双手冻得冰冷""外头冰冷，就在屋里玩"。还有一些市县说"冰人"的，如新建、都昌、鄱阳、乐平、高安、上高、樟树、吉安、泰和、安福、吉水、峡江、萍乡等地。如吉茶吉水话："该水真箇冰人，手一下就冻硬哩！"

勤紧〔tɕ'in³² tɕin⁴¹〕

勤快，不放松。"勤"，本谓"劳作"义。"紧"，《广韵》上声轸韵居忍切："纫急也。"《说文·臤部》释之"缠丝急也"。由本义"丝弦拉紧"引申为"紧张""不放松"。所以，"勤紧"为"辛勤劳作"义。《宋书·黄回传》："会中书舍人戴明寶被系，差回为户伯，性便辟勤紧，奉事明寶，竭尽心力。"宋·朱熹《朱子语类》卷一一三："大凡人心若勤紧收拾，莫令放宽纵逐物，安有不得其正者！"《西游记》第六二回："三藏甚喜道：'八戒这一向勤紧啊！'"

赣方言区，今还有一些地方有此说法。如吉茶吉水话："渠他真个真是勤紧，还冇没有天光天亮就去做事。"

四　表示指代以及疑问意义

赣方言中，表示这类语义成分的虽不多，但较之上古还是有所增加，且已出现双音复合词。例如：

箇〔ko²¹³〕

代词，"这"或"那"。"箇"，《广韵》去声箇韵古贺切："凡也。"《广雅·释言》释之"凡也"。清·刘淇《助字辨略》卷四："庾子山镜赋：真成箇镜特相宜。箇，方言此也。"《北齐书·徐之才传》："之才谓坐者曰：'箇人讳底'。""箇"用之代词，唐后文献逐渐增多。唐·李白《秋浦歌》："白发三千丈，缘愁似箇长。"宋·贺铸《鹤冲天》词："箇处频回首。锦坊西去，期约武陵溪口。"唐代，还产生了"箇时"复合结构，即"这时"义。骆宾王《代女道士王灵妃赠道士李荣》："箇时无数并妖妍，箇里无穷总可怜。"

赣方言区昌都南昌、安义、永修、星子、武宁，宜浏宜春、分宜、高安、靖安、奉新、新干、丰城、樟树、万载，抚广乐安、南城、崇仁、东乡、金溪、宜黄，吉茶吉水、永丰、萍乡等市县以及湖南浏阳、湖北东南部，亦常用作代词"这"或"那"。譬如，南昌话"箇这是什哩什么啊？""箇本书是哪个个谁的啊？"萍乡话"我箇里这里有事，等仔正等会儿再说"。

几多［tɕi²¹³ to⁴²］

多少。"几"，《广韵》上声尾韵居狶切："几何。"古汉语，"几"常用为疑问代词，"用以询问数目的多少"。清·刘淇《助词辨略》卷三："按：几何，犹今问多少，不定之辞也。"又，"多"平声歌韵得何切："众也。"汉·贾谊《论积贮疏》："苟粟多而财有余，何为而不成？"复合词"几多"亦为询问数量的疑问代词，唐后盛用之。唐·李白《相和歌辞·上云乐》诗："别来几多时，枝叶万里长。"李煜《虞美人》词："问君能有几多愁？恰似一江春水向东流。"又，宋·李清照《玉楼春》："红酥肯放琼苞碎，探着南枝开遍未？不知酝藉几多香？但见包藏无限意。"

赣方言区昌都南昌、修水、湖口，抚广抚州、资溪、宜黄，鹰弋鄱阳、铅山，宜浏丰城、高安、新余，吉茶吉安、吉水、遂川等市县，均用作疑问代词，犹"询数之多少"，而其他方言区似未涉此义。

第二节　隋唐五代时期的汉语词汇成分

隋唐五代中，唐朝是我国封建社会发展的一个鼎盛期。经过"贞观""开元"之治的大发展，唐朝业已成为当时世界上最为强盛的国家之一。然而，中唐以后的"安史之乱"，却使唐王朝由盛转衰，并导致了其后权力纷争、战火不断的混乱局面，从而又一次掀起了北民南迁运动，其规模之大，人数之多，时间之长，堪为史上罕见。其时，赣北饶州（治今鄱阳县）、洪州（治今南昌市）鄱阳湖地区以及赣中吉州（治今吉安市）赣江沿岸，均已进入大量北方移民，这给赣鄱语言文化又一次带来了大的影响。

一　表示人的称谓、时间、器具、动物及其他事物名称意义

这一时期，赣方言中表示这类语义成分的，独占鳌头的已不再是单音词；而突破半壁江山、成为其时主力军的，则为双音复合词了。例如：

冰凌［pin⁴² laŋ²⁴］

冰块或冰锥。"冰"，"水冻"义。"凌"，《广韵》平声蒸韵力膺切："冰凌。"按：张舜徽认为，凌即冰之异名。古汉语，"冰块"是"凌"的一个常用义。《广雅·释言》："凌，仌也。""仌"者，"冰"也。王念孙疏证："《豳风·七月》篇：'三之日纳于凌阴。'毛传云：'凌阴，冰室也。'""冰凌"同义复合，殆始于隋唐时期。唐·孟郊《戏赠无本》诗之

一："瘦僧卧冰凌，嘲咏含金痍。"以后历代沿用之，如宋·苏轼《次韵王定国会饮清虚堂》："踏冰凌兢战疲马，扣门剥啄惊寒鸦。"

"冰块"或"冰锥"谓之"冰凌"，赣方言区昌都、抚广、吉茶等片今犹言之。譬如，抚广黎川话："缸里个水结了冰凌。"吉茶吉水话："落哩雪子雪粒，加晡今夜里就会结冰凌。"

豺狗 [ts'ai²⁴kiɛu²¹³]

兽名，狼，俗称豺狗。"豺"，《广韵》平声皆韵士皆切："狼属。"《尔雅·释兽》释之为"狗足"。郭璞注："脚似狗。"郝懿行义疏："豺，瘦而猛捷，俗名豺狗。"《诗经·小雅·巷伯》："取彼谗人，投畀豺虎。"《汉书·郊祀志上》："下至禽兽，豺獭有祭。"颜师古注："豺，挚搏之兽，形似狗。"又，"狗"上声厚韵古厚切："犬。"狗为狼驯化而来，早在远古狩猎采集时代就已成为人类的捕猎助手。

尽管"豺""狗"各自出现的时代很早，但作为复合词"豺狗"这一俗称，直到唐代才出现。唐·易静《占兽》词："兵行次，豺狗入于营。内有奸兵相结外，急须搜捉察原情，莫遣叛纵兴。"《大藏经·佛说立世阿毗昙论》卷八："昔在人中畜养师子、虎豹、熊罴、豺狗之属，令其咋啮有命众生，以是等业受彼中生余如上说。"

"豺狗"这一称谓，赣方言区昌都南昌，抚广黎川、金溪以及福建泰宁、建宁，鹰弋鹰潭、余干、弋阳，宜浏高安、新余，吉茶吉安、吉水、峡江、萍乡等地，今仍常用。

尘灰 [t'in²⁴foi·]

灰尘。"尘"，《广韵》平声真韵直珍切："说文本作鹿行扬土也。"段玉裁说文注："群行则尘土甚，引申为凡扬土之称。"本义为"飞扬的灰土"。汉·晁错《论贵粟疏》："春不得避风尘，夏不得避暑热。"又，"灰"韵呼恢切："说文曰：死火也。"本义为燃烧后之"灰烬"。复合词"尘灰"始于唐代。唐·白居易《杂兴》诗之三："今看君王眼，视之如尘灰。"又，《卖炭翁》诗："满面尘灰烟火色，两鬓苍苍十指黑。"

赣方言区抚广抚州、资溪、宜黄、乐安、南城、崇仁，鹰弋余干、资溪、弋阳、铅山，宜浏上高、铜鼓，吉茶吉安、泰和、永丰等市县常云"尘灰"，福建建宁亦然；而昌都如南昌、修水、湖口等市县，则习用"灰"或"灰尘"。

饭甑 [fan¹¹tsɛn⁴⁵]

木制而成用以蒸饭的炊具。"饭"，《广韵》上声阮韵扶晚切："餐饭。"《说文·食部》释之"食也"。段玉裁注："食者，谓食之也，此饭之本义也。引申之，所食为饭。"又，"甑"去声证韵子孕切："古史考曰：黄帝始作甑子。"《说文·瓦部》释之"甗也"，本谓"蒸饭炊具"。"饭甑"正切本意，此复合词始于隋唐。唐·佚名《江陵语》诗："琵琶多于饭甑，措大多于鲫鱼。"宋代以降，见之渐多。宋·朱熹《朱子语类》卷一〇〇："气蒸而为雨，如饭甑盖之，其气蒸郁而汗下淋漓；气蒸而为雾，如饭甑不盖，其气散而不收。"苏轼《次韵孔毅甫久旱已而甚雨》三之一："饥人忽梦饭甑溢，梦中一饱百忧失。"

"饭甑"这一炊具，赣方言区昌都、宜浏、吉茶、抚广、鹰弋等片广泛用之，而且年代十分久远。就在 20 世纪末叶，乡村大户人家仍以它蒸饭，因而人们习用此语。如吉茶吉水话"饭甑蒸个饭，香破哩鼻子_{形容特别香}"，萍乡话"猫子扳倒甑，跟狗做世界_{喻自己闯祸，让别人得好处}"。

牯［ku²¹³］

泛指四足雄性畜类。"牯"，《广韵》上声姥韵公户切："牯牛。""牯"本谓"公牛"。《本草纲目·牛》释之"牛之牡者曰牯曰特"。《隋书·礼仪志》："牲用黄牯牛一。"唐·陆龟蒙《祝牛宫辞》诗："四牸三牯，中一去乳。"此又引为"四足雄性动物"，一般多指畜类。唐·长孙无忌《唐律疏议》卷七"牝"条，其文注之云："凡四足而牸者曰牝，四足而牯者曰牡。……兽之能生子者，名之为牸也。"而兽之不能生子者呢？虽未明言，但无疑应名之为牯。如《宋史·舆服志》："犀有上等、次等，以牯牸为别。"宋·李昉《太平广记》卷四〇三："牯犀亦有二角，皆为毛犀，俱粟文，堪为腰带。"

"牯"通行于许多方言区，如赣方言、吴方言、湘方言、粤方言、闽方言、客家方言、西南官话等。各区其义，均为"公牛"以及其他"四足雄性动物"，尤指"雄性畜类"。赣方言区各片，亦泛指四足雄性畜类，不论其是否阉割，如猪牯、马牯、牛牯、狗牯、猫牯之类，正切其意。《玉篇·牛部》云："牯，牝牛。"若以各地方言证之，其释义实则大谬！

旧年［tɕ'iu¹¹ȵiɛn³⁵］

去年或新年的上一年。"旧"，《广韵》去声宥韵巨救切："故也。"《说文·萑部》释之"鸱旧，旧留也"。段玉裁注："今用为新旧字。"甲骨文"旧"为猫头鹰状，其本义为"旧留鸟"即猫头鹰，后借之与"新"相对，又引申为"以前"或"过去"。又，"年"平声先韵奴颠切："同季。谷熟曰季。"甲骨文"年"像人负禾而归状，本义为"谷物成熟丰收"；因谷物一年一熟，故引申为"时间单位"。复合词"旧年"本义应是"前代"或"往古"意。南朝·鲍照《凌烟楼铭》："悲积陈古，赏绝旧年。"又引之为"去年"或"新年的上一年"义。此义，似乎产生于唐代。唐·张说《岳州守岁》诗："桃枝堪辟恶，爆竹好惊眠。歌舞留今夕，犹言惜旧年。"又，《苏摩遮》诗："惟愿圣君无限寿，长取新年续旧年。"后世文献甚多，如宋·杨无咎《双雁儿（除夕）》词："愿新年，胜旧年。"元·高茂卿《儿女两团圆》第三折："我常记的旧年时节，你身子儿薄怯，发着潮热，他将那锦绷儿绣藉，盖覆的个重迭。"

"旧年"这一时间称谓，通行于95％以上的赣方言区，仅宜黄、莲花、万安和万载等少数地方说"去年"或"定年"。

盝子［luʔ³tsɿ］

抽屉。"盝"通"簏"，《集韵》入声屋韵卢谷切："簏，《说文》：'竹高箧也。'通作盝。"汉·刘向《九叹》："淹芳芷于腐井兮，弃鸡骇于筐簏。""盝"常谓"竹箱""小匣"义。《正字通·皿部》释"盝"云："今人以椟匣小者为盝。"唐·白居易《宿杜曲花下》："篮与为卧舍，漆盝是行厨。""子"，《广韵》上声止韵即里切："犹孳也。"甲骨文"子"似婴儿形，本义为"婴儿"，而"孩子""儿子"等是其引申义；后虚化为构词语缀，如"盝子"的"子"。"盝子"义为"小型妆盒"，始于五代。后晋·刘昫《旧唐书·李德裕传》："昭愍皇帝童年缵历，颇事奢靡，即位之年七月，诏浙西造银盝子妆具二十事进内。"宋代仍用"盝子"。吴自牧《梦粱录·五月》："内司意思局以红纱彩金盝子，以菖蒲或通草，雕刻天师驭虎像于中，四周以五色染菖蒲悬围于左右。"

"盝子"一语，唯赣方言区鹰弋弋阳、万年、横峰以及昌都修水等地独存，然其义为"抽屉"，似为"椟匣"等盛物器具义引申。

落后［lɔk⁵hɛu¹¹］

后来或以后。"落"本谓"木之花叶落下"，引之为"停下"或"停留于后"。《红楼梦》第二回："众婆子步下围随着至一垂花门前落下。"而"后"则与"先"义相对。因此，"落后"由"落于同行者后面"引申为"后来"或"以后"义，其表达时间亦与"先前"相对，最早出自唐代文献。唐·静《祖堂集》卷六："赵州落后到投子，便问：'死中得活时如何？'师云：'不许夜行，投明须到。'"元代以后，文献用之不少。如《元朝秘史》卷三："帖木真嗓声立住，落后，等他母亲诃额仑来时，将札木合前头的言语说了。"明·笑笑生《金瓶梅》第二一回："不想落后，爹净手到后边，看见粉头和一个蛮子吃酒。"

"后来"或"以后"义，赣方言区昌都南昌，抚广乐安，鹰弋弋阳以及吉茶吉安、泰和、吉水、永丰等市县常用。如南昌话："先前话说得蛮好，落后又变卦。"表达此义还有多种称谓，如昌都修水、湖口各说"落尾""以后"，宜浏丰城、高安和吉茶吉安、遂川均称"后来"，抚广抚州谓之"行后"、资溪"打背"、宜黄"背后"，等等。

天色　[t'iɛn⁴²sɛt⁵]

天气。"天"，《广韵》平声先韵他前切："上玄也。说文曰：颠也，至高无上。"徐锴说文系传："天之为言颠也，无所与高也。"本义"头顶"。《山海经·海外西经》："形天与帝争神，帝断其首。"引申为"天空"。北朝民歌《敕勒歌》："天似穹庐，笼盖四野。"而"色"，义为"颜色"。《墨子·非乐上》："染于苍则苍，染于黄则黄，所入者变，其色亦变，五入必而已则为五色矣。"因而，"天色"本指"天空颜色"。《诗经·豳风·七月》："载玄载黄，我朱孔阳，为公子裳。"郑玄笺："天色玄，地色黄，故玄以为衣，黄以为裳。"转引为"天气"义。唐·杜甫《北征》："仰看天色改，旁觉妖气豁。"白居易《同诸客携酒早看樱桃花》："天色晴明少，人生事故多。"又，徐铉《寄和州韩舍人》诗："风头乍寒暖，天色半阴晴。"

以"天色"言"天气"，此为赣方言区昌都南昌、修水、星子，抚广乐安、崇仁，吉茶泰和、吉水、永丰、莲花、峡江等市县常用语；还以其警句而广为用之，如"出门看天色，进门看气色指主人脸上的表情"之类。

牙人　[ŋa³⁵n̩in·]

交易中的掮客。"牙"，《广韵》平声麻韵五加切："牙齿。"《说文·牙部》释之"壮齿也。象上下相错之形"。段玉裁注："壮，大也。壮齿者，齿之大者也。"本义为"大牙"。《吕氏春秋·淫辞》："问马齿，圉人曰：'齿十二与牙三十。'"泛指"牙齿"。《荀子·劝学》："蟹无爪牙之利，筋骨之强，上食埃土，下饮黄泉。""牙"引申指"人"，还可代称"买卖介绍人"或"经纪人"。《旧唐书·食货志》："市牙各给印纸，人有买卖，随自署记，翌日合算之。"又，"牙"亦同"互"，指沟通买卖双方，收取佣金的经纪人。宋·曾慥《类说》卷五六引《刘贡父诗话》："今有人谓驵侩（骖）为牙。本谓之互郎，主互市事也。唐人书互作牞，以牞似牙，因转为牙。"《旧唐书·食货志》："市牙各给印纸，人有买卖，随自署记，翌日合算之。"又，"人"平声真韵如邻切："天地人为三才。"《说文·人部》释之"天地之性最贵者也"，其本义为人类之"人"。"牙人"始于隋唐时期，亦谓"买卖中介人"。唐·薛用弱《集异记·宁王》："宁王方集宾客燕话之际，鬻马牙人曲神奴者，请呈二马焉。"《敦煌变文集·董永变文》："便有牙人来勾引，所发善愿便商量。"盛用于宋后。

宋·陈师道《后山诗话》:"杨蟠《金山》诗云:'天末楼台横北固,夜间灯火见扬州。'王平甫云:'此庄宅牙人语也。'"李昉《太平广记》卷三七二:"月余,牙人来云:'有新鬻仆者,请阅焉。'"

今赣方言区昌都南昌,宜浏高安、宜春,吉茶吉安、吉水以及抚广乐安等地,犹常言"牙人"一语。如吉水话:"该隻那个牛贩子,长是经常去做牙人,赚饱哩个赚足了票勒钞票。"

二　表示行为动作或发展变化意义

赣方言中,表示这类语义成分的,除部分单音词外,大多也双音复合化了,而且多数通行地区很广。例如:

把［pa²¹³］

给或拿给。"把",《广韵》上声马韵博下切:"持也。"其本为"手握"义。《说文·手部》释之"握也"。《战国策·燕策三》:"(荆轲)因左手把秦王之袖,而右手持匕首揕抗之。"引之为"给"义,产生于唐代。如《敦煌变文集·舜子变》:"解士(事)把握离书来,交［我］离你眼去。"宋代以后,文献多见。宋·佚名《京本通俗小说·拗相公》:"轿夫只许你两个……却要把四个人的夫钱。"明·笑笑生《金瓶梅》第二七回:"春梅道:'小囚儿,在那里来?'把了几个李子,桃子与他。"清·吴敬梓《儒林外史》第五回:"况他又心慈,见那些穷亲戚,自己吃不成,也要把人吃;穿不成的,也要把人穿。"

赣方言区昌都南昌、星子、武宁,抚广乐安、崇仁,鹰弋鄱阳、乐平、余江、余干、万年、横峰、铅山、贵溪、弋阳,宜浏宜春、樟树、新余、新干以及吉茶吉安、泰和、吉水、永丰、安福、莲花、峡江、萍乡等市县,包括湖南浏阳、平江,湖北蒲圻,今犹存动词"给"义。如昌都南昌话"把两块钱到我",宜浏宜春话"里这本书把得你",萍乡话"拿到把我"。

拜堂［pai³⁵t'ɔŋ²⁴］

旧时婚礼,指新郎新娘参拜天地及其拜父母、至亲和夫妇互拜的一种仪式。"拜",《广韵》去声怪韵博怪切:"同'捧'。"《说文·手部》释之"首至地也。拜,扬雄说,拜从两手下",本义"作揖下拜"。"堂"即为房屋之"正厅"或"厅堂"。因此,男女结婚入宅厅参拜天地、父母等谓之"拜堂"。唐·封演《封氏闻见记·花烛》:"近代婚嫁有障车、下婿、却扇及观花烛之事,及有下地、安帐并拜堂之礼。"王建《失钗怨》诗:"双杯行酒六亲喜,我家新妇宜拜堂。"宋·孟元老《东京梦华录·娶妇》：“次日五更，用一桌，盛镜台镜子于其上，望上展拜，谓之新妇拜堂。”

唯赣方言区各片言“拜堂”一语，此仪式20世纪60年代初之前城乡十分盛行，60年代中期后因“破旧立新”而废止，至20世纪末21世纪初，又始见兴起。成都话亦有“拜客”一说，似与“拜堂”义相同。

扳罾［pan⁴²tsɛn⁴²］

以罾捕鱼。“扳”，《广韵》平声删韵布还切：“同攀。引也。”又，“罾”平声登韵作滕切：“鱼网。”颜师古汉书注：“罾，鱼网也，形似仰伞盖，四维而举之。”“扳罾”一词产生于唐代。唐彦谦《蟹》诗：“扳罾拖网取赛多，篾篓挑将水边货。”嗣后亦用之。元·曾瑞《哨遍·村居》套曲：“樵夫叉了柴，渔翁扳了罾，故来下访相钦敬。”

“扳罾”亦作“板罾”。元·佚名《刘玄德醉走黄鹤楼》第三折：“（周瑜云）兀那渔翁，你这鱼是针钩上钓来的，是网索上打来的？（正末云）元帅，这鱼也不是板罾撒网，听小人说一遍。”

赣方言区昌都南昌，宜浏宜春，吉茶吉安、吉水、峡江、萍乡等地，今犹谓“以罾捕鱼”为“扳罾”。

噇［tɕiuŋ⁵³］

毫无节制地大吃大喝。“噇”，《广韵》平声江韵宅江切：“吃貌。”《祖堂集》卷五：“僧问：‘今日设罗汉，罗汉还来也无？’师云：‘是你每日噇什摩？’”又引申为“毫无节制地大吃大喝”，亦作“𪛇”。《篇海类编·食货类·食部》云：“𪛇，本作噇字。”唐·王梵志诗二六〇首：“一群巡门鬼，噇尽碗鸣声。”张锡厚注：“噇：狂吃滥饮。《集韵》：‘本作𪛇，食无廉也。’寒山诗：‘背后噇鱼肉，人前念佛陀。’《朝野佥载》卷五：‘将一楪槌饼与之曰：噇却！作个饱死鬼去。’”“噇”的引申义，元明以后用之颇多。元·康进之《李逵负荆》第二折：“你看这厮，到山下去噇了多少酒。”《西游记》第四七回：“呆子不论米饭面饭，果品闲食，只情一捞乱噇，口里还囔：‘添饭，添饭。’”

赣方言区宜浏宜春以及鹰弋弋阳等市县，今犹言“噇”，承继了“狂吃滥饮”这一引义。

发头［fæ⁴⁴t‘ɛu³²］

开始。“发”，《广韵》入声月韵方伐切：“举也。”本义为“射出箭”。《说文·弓部》释之“射发也”。古汉语，“发”常用义之一“发端”“开始”。《后汉书·冯衍传》：“开岁发春兮，百卉含英。”李贤注：“开、发，皆始也。”又，“头”平声侯韵度侯切：“说文云：首也。”《史记·高祖本纪》："至栎阳，问父老、置酒，枭故塞王欣头栎阳市。"由本义引之"领头的"，进而引指"时间在先"。故而，"起头"或"开始"谓之"发头"。"发头"一语，出自唐代文献，如《敦煌变文集·燕子赋》："妇闻雀儿被杖，不觉精神咀（沮）丧，但知捶胸拍臆，发头忆想阿莽，两步作一步，走向狱中看去。"明代以后，用之渐多。明·冯梦龙《喻世明言·杨谦之客舫遇侠僧》："知县相公坐堂是个好日子，止望发头顺利。"又，"却也有灵，这恶物就不似发头飞得急捷了。"

今唯赣方言区吉茶吉水、泰和、永丰以及鹰弋弋阳等地，说"开始"或"开头"为"发头"。如吉水话"发头发市开始做生意，要图个好彩头兆头""渠他做该隻那件事届哩时候，发头心里毛辙没底"。晋语山西榆次亦谓"发头"，但其义指引酵用的"酵母"。

霍闪 ［foʔ⁵sɛn·］

闪电。"霍"，《广韵》入声铎韵虚郭切："挥霍。"其本义"鸟在雨中疾飞"。《玉篇·雨部》释之"鸟飞急疾貌也"。因之引为"疾速"。《一切经音义》"霍然"条注引顾野王云："倏忽急疾之貌也。"又，"闪"去声艳韵舒赡切："说文曰：窥头门中也。"本义"从门内偷看"，引之为"忽隐忽现"。《礼记·礼运》："故龙以为畜，故鱼鲔不淰。"郑玄注："淰之言闪也。"孔颖达疏："闪是忽有忽无。"又引申为"火光快速闪烁"。《汉书·司马相如传下》："贯列缺之倒景兮，涉丰隆之滂沛。"颜师古注引汉服虔曰："列缺，天闪也。"所以，"霍闪"亦谓电光疾速闪烁。唐·顾云《天威行》诗："金蛇飞状霍闪过，白日倒挂银绳长。"《西游记》第八七回："城里城外，大小官员，军民人等，整三年不曾听见雷电，今日见有雷声霍闪，一齐跪下。""霍闪"亦作"曤睒"。顾况《险竿歌》诗："忽雷掣断流星尾，曤睒划破蚩尤旗。"

"霍闪"一语，通行于赣方言区境内不少市县，如昌都南昌、安义、武宁、抚广抚州、进贤、东乡、金溪、鹰弋乐平、万年、余干、铅山、贵溪、吉茶吉安、吉水以及宜浏高安、靖安、奉新等。

磕破 ［k'ot⁵p'o²¹³］

击物破碎。"磕"，《广韵》去声哈韵苦盖切："硍磕，石声。"本谓"石头撞击声"。《正字通》释之"雨石相击声"，引为"撞击""打破"义。又，"破"去声过韵普过切："破坏。"《说文·石部》释之"石碎也"。由本义"石头破碎"引申泛指物的"破碎"。因此，"磕破"是"击物破碎"义。《一切经音义》"相磕"注："今江南凡言打破物为磕破。"如元·刘唐卿《蔡顺奉母》第二折："（云）小生对着神天，将头也磕破了，滴下来的泪珠儿，可都成冰了。"卢挚《春情》曲："太公庄上，杨柳阴中，磕破西瓜。"

赣方言区昌都、抚广、宜浏、吉茶等片，今犹言"击碎物"为"磕破"。如吉茶吉水话："该细伢仔那小孩把隻只瓮磕破哩，瓮里个酒总全流光哩。"另外，江淮江苏泰兴等地亦存此说。清·桂馥《札朴·乡言正字》云："打物破曰磕破。"显然，北方某些方言也有其说，如中原官话山东曲阜等地。《汉语大词典》未收"磕破"一词。

眠梦 ［miɛn³⁵ muŋ¹¹］

做梦。"眠"，《广韵》平声先韵莫贤切："寐也。"《正字通》释之"寝息也，俗谓之睡"。《列子·周穆王》："（古莽之国）其民不食不衣而多眠，五旬一觉。"又，"梦"平声东韵莫中切："说文曰：不明也。"《说文·瘳部》释之"寐而有觉也"，本义为"做梦"。因而，"眠梦"犹言"睡梦"。《敦煌变文集·维摩诘经》："昨霄（宵）眠梦有征祥，今朝得见慈悲相。"唐·李商隐《日高》："水精眠梦是何人，栏药日高红有髲。""眠梦"一词，《汉语大词典》疏注引许地山《枯杨生花》为证，其例过晚。

"眠梦"一语习用于赣方言区昌都南昌、新建、湖口、都昌，宜浏宜春、新余、丰城、分宜，吉茶吉安、吉水、永丰、遂川、永新、井冈山，鹰弋鄱阳、乐平、万年、铅山、余江、余干、弋阳以及抚广抚州、东乡、金溪、崇仁、宜黄、乐安、南城、广丰、黎川、广昌等市县，抚广福建建宁亦见使用。

认得 ［ȵin¹¹ tɛt·］

认识，即能确定某人或事物是这人或事物而非别的。"认"，《广韵》去声震韵而振切："识也。"《后汉书·卓茂传》："时尝出行，有人认其马。"又，"得"入声德韵多则切："得失。"《说文·彳部》释之"行有所得也"，本义"获得"。《诗经·周南·关雎》："求之不得，寤寐思服。"复合结构"认得"即"认识"义，其义殆产生于唐宋时期。唐·陆龟蒙《和袭美钓侣二章》："归时月堕汀洲暗，认得妻儿结网灯。"刘禹锡《秋日题窦员外崇德里新居》诗："莫言堆案无余地，认得诗人在此间。"宋·佚名《大宋宣和遗事·元集》："正行次，撞着一汉，高叫：'杨指使！'杨志抬头一觑，却认得孙立指使。"

引申为"记得""未忘记"义。唐·白居易《重到江州感旧游题郡楼》："云水新秋思，闾阎旧日情。郡民犹认得，司马咏诗声。"《祖堂集》卷四："问：'将军是什摩处人？'曰：'钟陵建昌人也。''贵姓什摩？'对曰：'姓王。'侍者变认得家兄。"宋·苏轼《南乡子·春情》："晚景落琼杯，照眼云山翠作堆。认得岷峨春雪浪，初来，万顷葡萄涨渌醅。"

上述义项，赣方言区昌都、抚广、宜浏、吉茶等片今均常用。譬如，昌都南昌话"你认得认识渠他啵？"吉茶萍乡话"认得箇认识的是咋个什么树冒吗？"又，吉水话"先界里以前，人家带我去该里那里去哩去过几次，而今我还是不认得记得路"。西南官话贵州赫章、云南思茅亦有"认得"之说，然为"知道"义，与赣方言略微殊异。

耍［sua²¹³］

戏耍或玩耍。"耍"，《字汇》上声马韵沙雅切："戏耍。"又，《篇海》释之"戏也"。唐·顾复《玉楼春》："良宵好事枉教休，无计那他狂耍婿。"宋·孟元老《东京梦华录·中元节》："耍闹处亦卖果食种生花果之类，及印卖《尊胜目连经》。"周邦彦《意难忘·美咏》："长颦知有恨，贪耍不成妆。"

"耍"一语，赣方言区昌都南昌、星子、都昌，宜浏宜春以及吉茶泰和、永丰、萍乡等市县常用之，如南昌话"耍龙灯"。有的言之"猥"，如抚广抚州、南城、南丰、东乡、金溪、崇仁、宜黄、乐安、黎川；还有的称之"歇"，如吉茶吉安、泰和、吉水、永新、莲花、万安。

学［hɔʔ²］

向人述说或讲述。"学"，本谓启蒙教育使人觉悟，由此引申为"学习"。唐·韩愈《师说》："小学而大遗，吾未见其明也。"由"学习"又引之为"述说"或"讲述"。唐·陆龟蒙《渔具·背蓬》诗："见说万山潭，渔童尽能学。"宋·沈端节《醉落魄》词："红娇翠弱，春寒睡起慵匀掠。些儿心事谁能学，深院无人时有燕穿幕。"元·关汉卿杂剧《谢天香》："【滚绣毬】你道是无过失，学悥的，姐姐每会也那不会？"

赣方言区昌都、抚广、宜浏、吉茶等片，今常用此义，或单用"学"，或以复合词"学事"的形式出现，而后者尤为惯用。

三 表示性质或情态意义

这一时期，赣方言中表示这类语义成分的，较之以前大为增加，而且大多双音复合化了，其中仅少数局限于部分地区。例如：

紧要［tɕin³⁵iau¹¹］

要紧或至关重要。"紧"本谓"丝弦拉紧"，引申为事情的"重要"。《三国演义》第四九回："请暂少住，有紧话说。""要"，《广韵》平声笑韵于霄切："俗言：要勒。说文曰：身中也，象人要貌由之形。今作

'腰'。"要"为"腰"之本字。《荀子·礼论》："故量食而食之，量要而带之。"引申为事情的"关键或重要部分"。《墨子·尚贤》："是其故何也？则上得要也。"《史记·叔孙通列传》："叔孙生诚圣人也，知当世之要务。"因此，"紧要"实为同义复合，"很重要"之义。《唐会要》卷七五："其中书主书、门下录事、尚书都事七品官中，亦为紧要。"宋·朱熹《朱子语类》卷五："知与思，于人身最紧要。"《红楼梦》第七三回："自己读书不致紧要，却带累着一房丫鬟们皆不能睡。"

据考察，唯赣方言区吉茶萍乡、泰和、吉水、永丰、峡江，抚广抚州、乐安、崇仁、广昌，昌都永修、星子，宜浏宜春、新余、新干、万载等市县习言"紧要"。如萍乡话："他屋里有紧要事要他回去。"抚广黎川、昌都南昌、宜浏高安等市县多说"要紧"，其义等同。如南昌话："逃命要紧，还顾东西！"

笡［tɕʻia³¹］

斜。"笡"，《广韵》去声祃韵迁谢切："斜逆也。""笡"本谓"掌子"，或"起支撑作用的斜柱子"。《广雅·释器》："澎谓之笡。"王念孙疏证："《太平御览》引《纂文》云：'棟，筇枪也。'《玉篇》：'澎，笡逆枪也。'"因之引申为"斜"。《一切经音义》"笡步"引《韵英》云："笡，柱斜也。"唐·元稹《胡旋女》诗："潜鲸暗噏笡海波，回风乱舞当空霰。"

"笡"亦作"趄"。《西厢记》第四本第四折："昨夜个翠被香浓熏兰麝，欹珊枕把身躯儿趄。"《陈州粜米》第一折："休要量满了，把斛放趄些，打些鸡窝儿与他。"《水浒传》第二二回："宋江已有八分酒，脚步趄了。"

赣方言区吉茶吉水、永丰，抚广乐安、崇仁，宜浏新干等地，今犹言"斜"或"歪"为"笡"。如吉水话"字写笡哩""该床窝单被单冒没牵直，牵得笡坡哩斜掉了"。宜浏湖南浏阳，亦然。如浏阳话："桌子放笡咡。"

猥亵［viɛ⁴²ɕiɛ²⁴］

言行卑劣下流。"猥"，《广韵》上声灰韵乌贿切："鄙也。"即谓"言行不正、卑鄙"义。《后汉书·隗嚣传》："今俊乂并会，羽翮并肩，望无耆耇者之德，而猥托宾客之上，诚自愧也。"李贤注："猥，犹滥也。"又，"亵"入声薛韵私列切："裏衣。"《说文·衣部》释之"私服"。《礼记·檀弓下》："亵衣何为陈于斯？"由此引申为"轻慢""不恭敬"。《广雅·释言》："亵，狎也。"进而引之为"卑劣污秽"义。《礼记·内则》："不有敬事，不敢袒裼，不涉不撅，褻衣衾，不见里。"郑玄注："为其可秽。"其同义复合结构"猥亵"，亦谓"言行卑劣下流"，始于唐代。《旧唐书·中宗本纪》："上又遣宫女为市肆，鬻卖众物，令宰臣及公卿为商贾，与之交易，因为忿争，言辞猥亵。上与后观之，以为笑乐。"又，《旧唐书·元载传》："兄弟各贮妓妾于室，倡优猥亵之戏，天伦同观，略无愧耻。"宋后用之见多，如宋·孙光宪《北梦琐言》卷三："判官乃取一猪脚与彦先，彦先推辞不及，僶俛受之，乃是一镜。照之见自身在镜中，从前愆过猥亵一切历然。彦先惭惧，莫知所措。"清·蒲松龄《聊斋志异·画壁》："四顾无人，渐入猥亵。"

其"言行卑劣下流"义，唯赣方言区宜浏宜丰等地，今尚使用；抚广黎川等地常单言"猥"，如"去街上猥""猥梭镖要枪""猥刀崽要刀"之类，但其义则为"玩耍"，不含贬义。

龌龊 [uot⁵ts'ɔk⁵]

鄙下流或缺乏公德。"龌"，《广韵》入声觉韵于角切："龌龊。"又，"龊"入声觉韵测角切："开孔具。"古文献大多以"龌龊"连用，常用之于人的"气量狭小"。元·戴侗《六书故·人四》云："人之曲谨者亦曰龌龊。"《文选·张衡〈西京赋〉》："独俭以龌龊，忘蟋蟀之谓何。"李善注引薛综曰："《汉书》注曰：'龌龊，小节也。'"因之引申为"言行卑鄙恶劣"或"缺乏公德"。《旧五代史·世袭传》："每朝廷降吏，则去其伪官，或与会则公府助以仆马，处事龌龊，多如此类。"宋·方勺《青溪寇轨》："当轴者皆龌龊邪佞之徒，但知以声色土木淫蛊上心耳。"

赣方言里，"龌龊"有其叠加式"A里AB"，意味着"卑鄙下流"程度的加强。

赣方言区昌都、抚广、鹰弋、吉茶等片各地，皆惯用"卑鄙下流"或"缺乏公德"义。如昌都南昌话"许隻人那个人好龌龊，故意在人家女个身边挤来挤去""跑得人家门边屙尿，你话说龌龊不龌龊"，抚广黎川话"该个人龌龊特了"。方言还有用作"肮脏"义的，如鹰弋横峰、铅山、余干，吉茶萍乡等地。

四 表示确定、时频意义

这一时期，赣方言中表示这类语义成分的，是以往未曾出现过的，而且也已双音化了。例如：

的实 [ti⁴⁴ɕi²¹³]

确实。"的"，《广韵》入声锡韵都历切："明也。"《说文·日部》释之"明也"，宋玉《神女赋》："眉联娟以蛾扬兮，朱唇的其若丹。"由本义"鲜明"虚化为副词"的确""实在"义。《正字通·白部》："的，实也。"张相《诗词曲语词汇释》卷四："的，犹准或确也。"唐·白居易《送鹤与裴相临别赠》："稳上青云勿回顾，的应胜在白家时。"又，"实"入声质韵神质切："满也。"《管子·牧民》："仓廪实则知礼节，衣食足则知荣辱。"由本义"充满"引申为"真实""诚实"。汉·王充《论衡·问孔》："世之儒生，不能实道是非也。"虚化为副词"确实""的确"。汉·乐府诗《孔雀东南飞》："兰芝惭阿母：'儿实无罪过。'"而"的实"则为同义复合，亦"确实""的确"义。唐·寒山《诗》之二八七："并无人教我，贫贱也寻常。自怜心的实，坚固等金刚。"宋·徐梦莘《三朝北盟会编》卷一九："近代积遽奏以老耄，罢之，行下中孚令，具的实利害。"又，《西游记》第七〇回："寡人这里常差人去打探，更不曾得个的实。"

"的实"，今为赣方言区吉茶、昌都、宜浏等片习用，且存 AABB 型叠加式，犹言程度之强，不容置疑。如吉茶吉水话"我不哄骗你，事情的的实实确确实实是该样哩这个样子""渠他偷东西，我看得的的实实"。

长是 $[\text{t}^\text{‘}\text{aŋ}^{32}\text{sʅ}^{213}]$

时常，老是。"长"，《广韵》平声阳韵直良切："常也。"《论语·述而》："君子坦荡荡，小人长戚戚。""是"，《集韵》上声纸韵上纸切："说文：直也。古作昰。"段玉裁说文注："以日为正则曰是。天下之物，莫正于日也。"本义为"正午"时刻。因此，"长是"为"长时间"或"经常"义。"长是"一语，始见于唐代。唐·王建《宫词一百首》："虽道君王不来宿，帐中长是炷牙香。"顾夐《甘州子》词："山枕上，长是怯晨钟。"宋代以后，用之甚多。宋·范仲淹《御街行·秋日怀旧》："真珠帘卷玉楼空，天淡银河垂地。年年今夜，月华如练，长是人千里。"明·凌濛初《初刻拍案惊奇》卷六："那秀才在大人家处馆读书，长是半年不回来。"

"长是"一语，多用于赣方言区吉茶吉水，抚广乐安，鹰弋弋阳以及昌都修水、星子等地，尤为乡村民间所常用。例如，吉水话："渠他长是骂人，嫌死太令人讨厌哩""该隻崽真箇冒用那个小男孩真是没出息，长是哭哭泣泣哩"。

五　表示物件单位意义

这一时期，赣方言中表示这类语义成分的，偶见少例。例如：

橦 $[\text{t}^\text{‘}\text{uŋ}^{44}]$

截成的一段段木头。"橦"，《广韵》平声钟韵职容切："字样云：本音同。今借为木橦字。"古用于木之计量。《集韵·钟韵》释之云:"木一截也。《唐式》柴方三尺五寸曰一橦。"唐·杜佑《通典·刑法》:"贞观十四年,尚书左丞韦悰句司农木橦七十价,百姓者四十价,奏其干没。上令大理卿孙伏伽呕书司农罪,伏伽曰:'司农无罪。'上惊问之,伏伽曰:'只为官木橦贵,所以百姓者贱。向使官木橦贱,百姓者无由贱矣。但见司农识大体,而不知其过。'上乃悟。"《资治通鉴》卷一九五:"尚书左丞韦悰句司农木橦价贵于民间,奏其隐没。"胡三省注:"橦,木一截也。"

据目前所知,赣方言区吉茶片以及昌都永修等地,今常用之。如吉茶吉水话:"把该堆勒那堆杉树锯成一橦橦仂,好用来置置办家事家具。"另外,湖南常宁亦存。

第三节　宋代时期的汉语词汇成分

宋代是中国文化发展史上的一个重要转型期,不但文学、史学、艺术、教育等方面取得了辉煌成就,而且科学技术诸多领域领先于世界,具有划时代意义。而令人扼腕的是,宋代也没能逾越那国势厄舛、时运不济的多事之秋。"靖康之难"所带来的不单是连年兵燹,生灵涂炭,北民南徙,还直接导致了宋王朝这座三百余年大厦的倾覆。

在宋与金这场殊死的决斗中,大批北民纷纷迁往浙、苏、皖、赣、湘、鄂、闽、粤、桂等南方诸省,而其中尤以浙、苏、皖、赣、闽为多。以赣省而言,北民大量进入赣北饶州(治今鄱阳县)、洪州(治今南昌市)、信州(治今上饶市),赣中吉州(治今吉安市)和赣南虔州(治今赣州市)等广大地区。不言而喻,赣鄱语言文化受其影响,可见一斑。

一　表示人的称谓以及事物名称意义

这一时期,赣方言中表示这类语义成分的,单音词已居少数,大多双音复合化了。例如:

东司〔tɔŋ¹³sɿ¹³〕

厕所。"东",《广韵》平声东韵德红切:"春方也。"《说文·东部》释之"动也,从日在木中",析形不确。甲骨文像囊橐状,装满物品,两端以绳扎束,本义"大口袋",借表方位"东方"。《诗经·召南·小星》:"嘒彼小星,三五在东。"又,"司"平声之韵息兹切:"主也。"《诗经·郑风·羔裘》:"彼其之子,邦之司直。"引申为"官署"义。唐·魏征

《谏太宗十思疏》："何必劳神苦思，代百司之职役哉！""东司"本指唐东都洛阳所设官署之总称。唐·白居易《再授宾客分司》："分命在东司，又不劳朝谒。"后除"官署"义外，又转移为"厕所"义。宋·佚名《张协状元》第一〇出："做殿门由闲，只怕人掇去做东司门。"《大慧宗门武库》："（悟侍者）自尔失心，引绳于延寿堂东司自缢。夜后常在藏院、知客寮、东司三处出没，移鞋度瓶，一众苦之。"明·冯梦龙《古今小说》卷一五："定眼再看时，却是史大汉趷蹲在东司边。"

　　类似于表达"厕所"义的还有"东厕"，出自元代。元·武汉臣《散家财天赐老生儿》第二折："（引孙云）是那门上的？（张郎云）是东厕门上的。"

　　赣方言区或称"东司"，或"东厕"，这据各地文化习俗而有所不同。譬如吉茶萍乡、莲花、安福、永新，抚广乐安、南城、崇仁、资溪、进贤、南丰、广昌、金溪、福建建宁，鹰弋万年、弋阳、余干，宜浏万载、分宜等地，常谓雅言"东司"；而抚广抚州，宜浏宜春、上高等地，则多谓"东厕"。还有俗称的"茅司"或"茅厕"的，如鹰弋鄱阳、乐平、彭泽，习称"茅司"；昌都南昌、新建、星子、永修、武宁，宜浏新余、丰城、新干、宜丰、奉新，吉茶吉安、峡江，鹰弋景德镇、铅山等市县，多谓"茅厕"。还有一些较为粗俗的称谓，如"屎窖""屎坑""茅坑""茅茨""坑头""毛间"等，不过其通行区域十分有限。

　　姑丈［ku¹³tʂõ¹¹］

　　女婿。"姑"，《广韵》平声模韵古胡切："父之姊妹也。"《诗经·邶风·泉水》："问我诸姑，遂及伯姊。"又，"丈"上声漾韵直两切："说文口：十尺为丈。"古文字像手持杖状，本义"手杖"。引申为对长辈的尊称。《大戴礼·本命》："丈者，长也。"古汉语里，"姑丈"意指"姑母的丈夫"。宋·张表臣《珊瑚钩诗话》卷二："睹胥史十辈，内一人乃姑丈惠泽字慎微，亟下马揖之。"明代以后，用之甚多。《水浒传》第一〇四回："留下路远走不迭的，乃是姑丈方翰夫妇，表弟丘翔老小，段二的舅子施俊男女。"又，凌濛初《初刻拍案惊奇》卷二〇："因为思念甥女，故此欲接取他姑丈、夫婿，一同赴京相会。"

　　"姑丈"在赣方言中，其义已转移为"女婿"。如吉茶萍乡、吉安、井冈山、泰和、安福、遂川、万安、吉水、永丰、峡江、莲花，宜浏宜春、高安、丰城、樟树、新干、新余、分宜、万载、上高、靖安等市县以及昌都安义、永修、修水，均表"女婿"义，而无"姑母的丈夫"义。"女婿"在昌都南昌、都昌、星子、武宁、新建，抚广抚州、黎川、南城、宜黄、崇仁、金溪、东乡、进贤，鹰弋贵溪、余江等市县，一般称为"郎"；有少数地方如余干、横峰、铅山、南丰、广昌、永新，谓之"郎婿"或"姑郎"。据考察，客话赣州蟠龙、上犹社溪等地，亦存以"姑丈"表"女婿"之义。

火头［fo⁴²hεu²⁴］

烧火做饭者，亦即炊事员。"火"，常用义之一为"以火烧物使熟"。"头"，本为"人的头部"，又借代"人"。因此，"火头"指称"厨师"之类的人。清·翟灏《通俗编·艺术》："今谓掌炊爨者曰火头。"袁枚《随园随笔·辨讹下》辩之："此火头指执炊者而言，俗称失火之家为火头，误矣。"宋·尹洙《河南集·中和顾人修城状》："逐日依令火头煎汤食。"《梦粱录·顾觅人力》："顾觅大夫、书表、司厅子……火头、直香灯道人、园丁等人。"元后已盛用之。《宋史·食货志》："置居养院安济坊，给常平米，厚至数倍，差官卒充使令，置火头，具饮膳。"明·笑笑生《金瓶梅》第四七回："怪油嘴儿，要饭吃，休要恶了火头。"

赣方言宜浏高安、奉新、上高，吉茶井冈山、莲花、永新、遂川、吉水等地，今还习用此语。如吉水话："渠他做火头几十年，舞得个烧做的饭菜真箇合口味。"

家事［ka⁴⁴sɿ²¹³］

家什，器具。"家"，《广韵》平声麻韵古牙切："居也。"本义即"人居处"。《庄子·山木》："夫子出于山，舍于故人之家。"又，"事"去声志韵钼吏切："使也。"《说文·史部》释之"职也"，本义为担负的"职责""任务"。《荀子·大略》："主道知人，臣道知事。"杨倞注："事谓职守。"引申泛指"事情"。《诗经·唐风·鸨羽》："王事靡盬，不能艺稷黍。"又指"物件"。宋·蔡绦《铁围山丛谈》卷五："元丰、大观二藏，虽研墨，盖何事不俱，乃丰盛异常尔。"因此，"家事"除"家里事务"外，还有"家用器具"一义。宋·孟元老《东京梦华录·防火》："楼上有人卓望，下有官屋数间，屯驻军兵百余人，及有救火家事，谓如大小桶、洒子、麻搭、斧、锯、梯子、火叉、大索、铁猫儿之类。"《朱子语类》卷七九："且如而今人，其父打碎了个人一件家事，其子买来填还，此岂是显父之过？"《景德传灯录》卷八："少时，其僧自吃了，却一时打破家事，就床卧。"

赣方言区吉茶吉水、鹰弋余干等地方，今还常用此语。如吉水话："该些用器家事，还是老不勒时经个古时候的，真箇经用耐用。"

妗［kʻim²²］

舅母。"妗"，《集韵》去声沁韵巨禁切："俗谓舅母曰妗。"宋·张耒

《明道杂志》载："王圣美尝言，经传中无婶与妗字，考其说……妗字乃舅母二字合呼也。"宋·孟元老《东京梦华录·娶妇》："先媒氏请，次姨氏或妗氏请，各斟一杯饮之，次丈母请，方下坐。"周必大《癸未归庐陵日记》中也有"二十妗""二十八妗"之语。清·蒲松龄《聊斋志异·公孙九娘》："儿少受舅妗抚育，尚无寸报。"

以"妗"谓"舅母"，今犹存于赣东部抚广黎川、抚州、崇仁、宜黄、乐安、南城、资溪、进贤、东乡以及赣东北鹰弋鹰潭、万年、余江、余干、横峰、铅山、贵溪、弋阳等地。然其称谓，则依当地习惯不同而略有变化，或言"嫂妗"，或语"妗娘"等。

镢头［tɕiok³hɛu·］

锄头或大锄，一种用以掘土的农具。"镢"，《篇海类编》入声月韵其月切："镢头。""镢"本谓"大锄"。《说文·金部》："镢，大钼也。"王筠句读："其用与钼同，其形与钼异，老圃用之，其名不改……可以斫地，因名曰斫。"而"头"，本谓"头部"，虚化为后缀。清·翟灏《通俗篇·语词》云："头亦助词也。""镢头"乃为"锄头"或"大锄"义，大概始于宋代。宋·惠洪《禅林僧宝传》卷二〇："又问：'如何是功？'曰：'放下镢头时作么生。'"又，元·佚名《马陵道·楔子》："我只着几个人将着锹镢，从这土坑边开通一道深沟。"

赣方言区宜浏高安、新余、上高、万载、丰城、新干，抚广抚州、乐安、南城、崇仁，吉茶吉安、泰和、安福、遂川、吉水、永丰、峡江、永新、井冈山（含宁冈）、萍乡、莲花等市县，包括抚广福建建宁，今犹常用其语。

筬［kʻiɛu³³］

织布机上的机件之一，长方形，其齿密如篦，经线从筬齿依次穿过。纬线通过经线后，拉筬即将纬线扣紧而成织品。筬的长度亦即织品横幅的宽度。"筬"，《广韵》去声候韵苦候切："织具。"宋·朱熹《朱子语类》卷八五："缌十五升，抽其半者，是一筬只用一经。"明·宋应星《天工开物·乃服》："几丝穿综度经，必至四人列坐，过筬之人，手执筬耙，先插以待丝至，丝过筬则两指执定，足五十七筬，则缘结之。"《汉语大词典》，书证阙如。

20世纪中叶前，赣地亦属产棉区。乡间妇女把纺棉织布作为其主要农活之一。如今已达七八十岁高龄的农家妇女，那时几乎都有一手穿针引线、绣花纳鞋、纺棉织布的绝佳手艺，农家孩子也常着出自母亲之手的家织布。因而，赣方言区宜浏、抚广、吉茶等片各地，人们谓"筬"如常。

郎中 [lɔŋ³⁵tsuŋ⁴²]

医生。"郎",《广韵》平声唐韵鲁当切:"官名。"《汉书·苏武传》:"武字子卿,少以父任,兄弟并为郎。"又,"中"平声东韵陟弓切:"半也。"《说文·丨部》释之"内也"。《易·坤》:"象曰:黄裳元吉,文在中也。"高亨注:"中,犹内也。"引申为"宫禁内"。《史记·秦始皇本纪》:"赵高用事于中,下无可为者。"又借指"朝廷"。宋·苏舜钦《论西事状》:"惟攻守之策,必须中授。""郎中"这一"官名"始设于战国,后为帝王掌管中央政府重要事务的高级官员。《韩非子·孤愤》:"郎中不因则不得近主,故左右为之匿。"王先慎集解:"郎中,为郎居中,则君之左右之人也。"由于郎中所掌之事,类似于医生知晓人的五脏六腑,故而人们便把医生亦称为"郎中"。此称名始于宋代,相沿至今。宋·罗大经《鹤林玉露》云:"郎中知五府六部事,医生知五脏六腑事,故称医生为郎中"。清·顾炎武《日知录》卷二四:"北人谓医生为大夫,南人谓之郎中。"又,《陔余丛考》卷三七:"今江南俗,医生尚称郎中。"

表达"医生"一义,赣方言区境内各片如昌都南昌、安义、星子、德安、都昌、修水,宜浏宜春、丰城、樟树、新余、分宜、奉新,吉茶吉安、井冈山、永新、莲花、萍乡、峡江,抚广抚州、乐安、金溪、资溪、黎川、广昌、鹰弋鹰潭、鄱阳、余江、贵溪、彭泽,皆用之为常。另外,湖南耒阳、浏阳南乡等地也存。

香几 [çiɔŋ⁴²tçi²¹³]

搁放香炉的几案。"香",《广韵》平声阳韵许良切:"说文作'芳'也。"本义"粮食馨香"。《诗经·周颂·载芟》:"有飶其香,邦家之光。"泛指一般的"香味"或"香料"等。"香"还特指用木屑挼香料做成的细条,以之祭祖或神,燃烧时气味芳香。晋·陈寿《三国志·吴志·士燮传》:"燮每遣使诣权,致杂香细葛,辄以千数。"又,"几"上声旨韵居履切:"案属。"即"几案"或"搁放物件的小桌子"。《汉书·刑法志》:"文书盈于几阁,典者不能遍睹。"复合结构"香几",亦即"搁放香炉的几案",其大概始于宋代。宋·李昉《太平广记》卷三四:"背有一丈夫,衣冠俨然,执大笔,兼封一青竹简,上有篆字,进于香几上。"又卷二九〇:"玉皇授白云先生高骈,潜使左右置安道院香几上。"元后渐多用之,如元·汤舜民《秋夜梦回有感》曲:"近灯檠将香篆焚,叩香几把灵神告,将一个羊儿赛了。"《西游记》第二十四回:"那仙童推开格子,请唐僧入殿,只见那壁中间挂着五彩装成的'天地'二大字,设一张朱红雕漆的香几,几上有一副黄金炉瓶,炉边有方便整香。"《汉语大词典》书证付阙。

境内赣方言今犹存"香几"或类似"香几"的说法。例如，同是吉茶片，萍乡称"香几"，而吉水说"香桌"（今不一定用以搁放香炉）；同是抚广片，福建建宁称"香几"，江西黎川则谓"香案"，不过名异实同。

朝饭 ［tsɛu⁴²fan¹¹］

早饭。"朝"本为"早晨"义，"饭"为所吃"食物"。"朝饭"一语，大抵始于东汉。《后汉书·贾复列传》："光武传召复曰：'吏士皆饥，可且朝饭。'复曰：'先破之，然后食耳。'"然"吃早饭"，非"早饭"义，确谓"早饭"义，直至宋代才出现。宋·苏轼《僧清顺新作垂云亭》诗："我诗久不作，荒涩旋锄垦。从君觅佳句，咀嚼废朝饭。"毛开《满江红·怀家山作》词："家酿美，招邻曲。朝饭饱，随耕牧。"

谓"早饭"为"朝饭"，犹用于赣方言区昌都南昌、永修、都昌、修水，抚广乐安、崇仁、东乡、广昌以及鹰弋鹰潭、鄱阳、乐平、万年、余干、余江、弋阳等市县。

二　表示行为动作以及心理活动意义

赣方言中，表示这类语义成分的，在某种情况下还有相当部分是以单音词形式出现的。不过，此时产生了多音复合词，这是以往少见的现象。例如：

趵 ［pau¹¹］

跳跃。"趵"，《广韵》入声觉韵北角切："足击。"《玉篇·足部》释之"足击声"。唐·元稹《田家词》："牛咤咤，田确确，旱块敲牛蹄趵趵。"亦谓"用脚击"义。《类篇·足部》："趵，以足击也。"又引之为"跳跃"义。《集韵·效韵》："趵，跳跃也。"宋·曾巩《齐州二堂记》："自崖以北，至于历城之西，而有泉涌出，高或至数尺，其旁之人名之曰趵突之泉。"明·张岱《陶庵梦忆》卷五："炉峰绝顶，复岬回峦，斗耸相乱，千丈岩陬牙横梧，雨石不相接者丈许，俯身下视，足震慑不得前。王文成少年曾趵而过，人服其胆。"

赣方言区吉茶萍乡以及鹰弋余江、鄱阳等地，今犹言"跳跃"或"跃起"为"趵"。如萍乡话"打趵脚"，即"拔脚就跑"义。

鐾 ［pʻi¹¹］

把刀在布、石、皮、缸沿等上反复摩擦，使之锋利。"鐾"，《集韵》去声霁韵蒲计切："治刀使利。"明·冯梦龙《笑府·刺俗》："急趋入取厨下刀，于石上一再鐾。"

"鐾"亦作"鎕"。《龙龛手鉴·金部》："鐾，或作鎕。"《字汇·金部》：“鐴，治刀使利。”

赣方言区鹰弋鹰潭、余干、弋阳，昌都南昌、新建以及宜浏高安等市县，今惯用此语，如“鐴刀”“鐴刀布”等；湖北咸宁、湖南常宁亦然。

搳 [kʻa⁴²]

（1）以手握持。“搳”，《广韵》入声陌韵苦格：“手把着也。”元·佚名《盆儿鬼》第一折：“吓的我消磨了酒，慌的我撇掉了花。则见他威凛凛一表身材大，明晃晃一把钢刀搳，不由我战钦钦一片心肠怕。”

（2）以手使力扼掐。《集韵》平声麻韵丘加切：“抲，扼也。或作搳。”宋·司马光《乞不贷故斗杀札子》：“简用力去郭升咽喉上搳一搳，其人当下倒地身死。”明·汤显祖《牡丹亭·围释》：“把那咽腥臊的嗓子儿生搳杀。”

赣方言区昌都南昌、新建、安义、都昌、星子、武宁，宜浏宜春、靖安、奉新、高安、宜丰、上高、万载、丰城、樟树、新干、新余、分宜，吉茶吉安、泰和、吉水、永丰、峡江、永新、莲花、遂川、万安、萍乡以及鹰弋鄱阳、余江、余干、贵溪、铅山、横峰、万年、彭泽等市县，今犹常用二义，如“搳住_{手握住牛脚}”“搳_{以手扼掐}紧喉咙”；宜浏湖南浏阳南乡亦存。

跍 [kʻu²⁴]

蹲。“跍”，《广韵》平声模韵苦胡切：“蹲貌。”“跍”之“蹲”义主要通行于昌都、宜浏和鹰弋几片。如昌都南昌、新建、德安、武宁、修水，宜浏新余、新干、樟树、丰城、万载、上高、宜丰、高安、奉新、铜鼓，鹰弋鹰潭、鄱阳、万年、余干、横峰、彭泽、贵溪等市县，吉茶井冈山、永丰亦存；另外，湖南平江、湖北蒲圻等地亦见用。黄侃《蕲春语》：“今吾乡谓蹲曰跍，亦曰蹲。”

趉 [lɛʔ⁵]

追赶。“趉”，《集韵》入声职韵六直切：“趉趌，行儿。”本谓“行走”义。“趉”似属后起字，据《正字通》云：“按：《六书》有趌无趉。”“趌”亦“行走”义。《玉篇·走部》：“趌，走貌。”“趉”常与“趌”组合而构成并列复合结构。

据考察，唯赣方言区宜浏宜春、新余，吉茶片泰和、遂川等地，今犹言“趉”为“追赶”，系“行走”义之延伸。其他方言区，未见其用。

欠 [tɕʻiɛ̃n³⁵]

挂念。“欠”，《广韵》去声梵韵去剑切：“伸。说文曰：张口气悟也。”本义为“打呵欠”。古汉语中，“欠”的常用义项之一是“牵挂”或

"惦念"。宋·李流谦《踏莎行·灵泉重阳作》："灯前点检欠谁人,惟有断鸿知此意。"张孝祥《虞美人》："柳梢梅萼春全未,谁会伤春意?一年好处是新春,柳底梅边只欠那人人。"明·冯梦龙《警世通言·玉堂春落难逢夫》："小段名送至西厅,叫道:'爹爹,大娘欠你,送辣面与你吃。'"又云:"我心上也欠挂着玉姐,所以急急而来。"后则例子,其表意更明确。

赣东北鹰弋鄱阳、余干、弋阳,赣北昌都都昌、修水,赣中吉茶泰和、吉水、永丰以及赣东抚广南城等,今犹言"挂念"为"欠"或"欠到";湖南平江、湖北阳新、安徽宿松等,"挂念"义亦说"欠到"。其"到",乃一语助。

搀［suŋ³⁵］

用力推。"搀",《集韵》上声荡韵写朗切:"摛也。"《字汇·手部》释之"投掷之势",正为"力推"义。明·凌濛初《二刻拍案惊奇》卷三〇:"不管三七二十一,扯的扯,推的推,要搀他出去。"清·吴敬梓《儒林外史》第三八回:"老和尚大怒,双手把郭孝子拉起来,提着郭孝子的领子,一路推搀出门。"又,第五四回:"被丁言志搀了一交,骨碌碌就滚到桥底下去了。"《红楼梦》第一二〇回:"看他竟不像往常,把我混推混搀的,一点情意都没有。"

"搀"之"力推"一义,赣方言区鹰弋鹰潭、贵溪、弋阳、铅山,宜浏宜春、分宜以及抚广崇仁等市县,习以用之。

搧［sɛn²¹³］

以掌批击。"搧",《集韵》平声仙韵尸连切:"批也。"《通俗编·杂字》释之"今谓以手批面曰搧"。元·佚名《争报恩》第二折:"你的女,恼了我,搧你那贼弟子孩儿。"清·西周生《醒世姻缘传》第九一回:"一个男子汉的脸弹,做了他搧巴掌的架子,些微小事,就是两三巴掌搧将过去。"

赣方言区昌都南昌、星子、永修、修水,抚广乐安、南城,宜浏宜春、高安以及吉茶泰和、吉水、永丰、峡江等市县,今乃常把"以掌批人"谓之"搧"。如南昌话:"搧渠两巴掌。"

攃［suŋ²¹³］

用力推。"攃",《集韵》上声肿韵筍勇切:"推也。"明·冯梦龙《醒世恒言·两县令竞义婚孤女》："贾婆不管三七二十一,和张婆两个,你一推,我一攃,攃他出了大门。"

"攃"一语,赣方言区昌都南昌、安义、湖口、都昌,吉茶吉安、吉水、萍乡，抚广黎川以及鹰弋鹰潭、鄱阳、余江等市县，包括怀岳安徽岳西，皆用之。例如，黎川话"把渠_他攗出去了""莫攗起攗倒，我自家会行_走"，南昌话"攗得我搭一交_{摔一跤}"。当然，由于用字习惯不同，有的地方用"扱"，或用"搇"，但表义无异。

敆[tʻɛu²¹³]

打开（包卷着的东西）。"敆"，《集韵》上声厚韵他口切："展也。""展"即"打开"义。赣方言区昌都、抚广、吉茶等片以及怀岳安徽岳西，均存此义。如昌都南昌话："细人子_{小孩儿}要敆，署揞不得。""打开"能使物"通风透气"，使之"舒展"，故而转引为"解除闷气"，也可说"歇口气休息"。这在抚广、宜浏、吉茶等片尤为常用。如宜浏宜春话："快来敆下积_{休息一下}。""敆"又与"气"构成述宾复合结构，意为"张口呼吸"。例如，抚广黎川话"爬山时敆气_{喘气}"，宜浏宜春话"热得敆不申_{呼吸不匀}"，吉茶吉水话"天气忒_太闷哩，闷得敆气_{喘气}总都敆不过来"。

"敆"还与"抻"构成复合结构"抻敆"，义为"平整"。"抻"，《广韵》去声震韵试刃切："抻物长也。"亦即"拉扯使物展长"义。清·翟灏《通俗篇·杂字》亦云："抻，展物令长也。"

赣方言区抚广黎川、广昌，宜浏新干，鹰弋鄱阳，昌都永修以及吉茶吉安、泰和、吉水、永丰、萍乡等市县，人们口语常说"抻敆"。例如，吉水话"渠_他穿个的衣裳纵个_{打皱}了，你帮渠牵_{拉，扯}抻敆来"，萍乡话"被窝_{被子}摊抻敆"。不过，吉茶片还把相貌端正或身材匀称也称为"抻敆"。如萍乡话："人生得还抻敆。"或曰事情办妥，也谓之"抻敆"，如"几隻件事冒_{没有}舞_办抻敆"。

"抻敆"迭加式"AABB"型，谓程度之加强，如"该件衣裳熨得抻抻敆敆哩"，形容非常平整。

駄 [tʻo²⁴]

背或扛。"駄"，《广韵》平声歌韵徒河切："骑也。"其本义为"马负物"。《玉篇·马部》释之"马负貌"。亦泛指其他牲口负物。《集韵·箇韵》云："駄，畜负物也。"《北史·齐宗室诸王传上》："又有一人从幽州来，驴駄鹿脯，至沧州界，脚痛行迟，偶会一人为伴，遂盗驴及脯去。"引申为人背负，即"背"或"扛"。宋·孟元老《东京梦华录》卷四："须臾，行菜者左手杈三碗、右臂自手至肩駄迭约二十碗，散下尽合各人呼索，不容差错。"

赣方言区昌都南昌，鹰弋鄱阳、余江，吉茶吉安、吉水，抚广黎川等地，今犹常用"背"或"扛"义。如南昌话："你走不动，我来駄你。"

还用其引申义“负债”。如南昌话“驮打驮骂挨打挨骂”，黎川话“驮了五百块钱债”。另外，洞绥湖南洞口以及怀岳安徽岳西、池州等地，也存其义。

无定着［mau^{32}tʻin^{213}tʻo^{31}］

没确定，不固定。“无”，《广韵》平声虞韵武夫切：“有无也。”《说文·亡部》释之“亡也”，所释为假借义“没有”。《左传·成公三年》：“无怨无德，不知所报。”又，“定”去声径韵徒径切：“安也。”引申为“确定”义。《史记·廉颇蔺相如列传》：“计未定，求人可使报秦者，未得。”又，“着”入声药韵张略切：“服文于身。”本义“着装”。唐·王维《西施咏》：“邀人傅脂粉，不自着罗衣。”引申为“附着于他物上”。唐·韩愈《秋怀》诗：“霜风侵梧桐，众叶着树乾。”虚化为语助词。宋·陈师道《清平乐》：“休休莫莫，更莫思量着。记着不如浑忘着，百种寻思枉却。”所以，复合词“无定着”即为“（事情）未确定”或“未固定”之意。宋金·董解元《西厢记诸宫调》卷六：“平生踪迹无定着，如断蓬。”清·黄遵宪《春阴》：“轻暖轻寒无定着，成晴成雨费评量。”

赣方言区，有些地方人们今天还常用此语。如吉茶吉水话：“俺明日做啥个事，还无定着。”还常说“有定着”，如“该隻事那件事话哩箇久说了好久，到而今现在还冇个定着”。

心甘［ɕin^{42}kon^{42}］

心里乐意、情愿。“心”，《广韵》平声侵韵息林切：“火藏。”《说文·心部》释之“人心”，本义“心脏”。《列子·汤问》：“内则肝、胆、心、肺、脾、肾、肠、胃。”又，“甘”平声谈韵古三切：“说文作：美也。”引申为“乐意”义。《玉篇·甘部》释之“甘心，快意也，乐也”。《诗经·齐风·鸡鸣》：“虫飞薨薨，甘与子同梦。”郑玄笺：“虫飞薨薨，东方且明之时，我犹乐于子卧而同梦，言亲爱之无已。”所以，“心甘”为“心里乐意、情愿”义。宋·吕渭老《小重山》词：“烦恼旧时谙。新来一段事，未心甘。满怀离绪过春蚕。灯残也，谁见我眉尖。”

赣方言区昌都南昌、永修、星子、修水，宜浏高安，吉茶泰和、莲花、吉水、永丰、峡江，抚广乐安、南城、崇仁以及鹰弋弋阳等市县，今犹常言“心甘”，亦说“甘心”，其义等同。

忺［tɕʻiɛn^{21}］

想，牵挂，思念。“忺”，《古今韵会举要》平声虚韵严切：“意所欲也。”又，《字汇·心部》释之“《方言》：青、齐呼意所好为忺”。宋·李清照《声声慢》：“满地黄花堆积，憔悴损，如今有谁忺摘。”元·曾瑞

《斗鹌鹑·凡情》曲："新人物冤家忺，早起无钱晚夕厌。"明·孙仁孺《东郭记·为衣服》："朝来饮食都不忺，问刀环应也难占。"

赣方言区昌都南昌、星子、都昌、武宁、新建，鹰弋彭泽、鄱阳、乐平、万年、铅山、余江、余干、贵溪，吉茶永丰，宜浏新余、分宜等县市，均把对亲友的"牵挂""思念"谓之"忺"；而鄱阳、余干、贵溪则附加后补成分，说成"忺住"或"忺到"，亦不悖古义。如鄱阳话："渠他就是忺到渠个崽啊。"

敪[iɛn¹¹]

以手散物。"敪"，《集韵》去声艳韵以赡切："以手散物。"

赣方言区昌都南昌、安义、都昌、修水，宜浏宜春、高安、新余、上高、宜丰，吉茶吉安、泰和、吉水、永丰、永新，抚广黎川、乐安、崇仁、南城以及鹰弋余干、弋阳等市县，习用其语。譬如，黎川话"敪撒肥"，宜春话"敪种谷"，南昌话"伤口上敪滴子一点儿药粉"，吉安话"敪花哩一点灰"。

境外赣方言如吉茶湖南茶陵、宜浏浏阳，怀岳安徽宿松、岳西，抚广福建建宁等地，也存其语。

三　表示性质或情态意义

这一时期，赣方言中表示这类语义成分的，不仅数量有所增多，而且基本已经双音复合化了。例如：

腌臜[ŋa⁴²tsa⁴²]

肮脏。"腌"，《广韵》入声叶韵于辄切："盐渍鱼也。"语义转移为"不干净"。元·王实甫《西厢记》第五本第三折："枉腌了他金屋银屏，枉污了他锦衾绣裯。""臜"，为"不洁""肮脏"义，多与"腌"连用。元·王实甫《西厢记》第二本第二折："腔子里热血权消渴，肺腑内生心且解馋，有甚腌臜？"《水浒传》第三七回："这个腌臜泼才，投托着俺小种经略相公门下做个肉铺户，却原来这等欺负人！"《红楼梦》第二五回："破衲芒鞋无住迹，腌臜更有满头疮。"又，第七七回："这里腌臜，你那里受得。"

"腌臜"亦作"腌臢"。宋金·董解元《西厢记诸宫调》卷七："鬓边虮虱浑如糁，你寻思大小大腌臢！"

"腌臜"一语，昌都南昌、安义、新建、武宁，宜浏奉新，吉茶吉水以及鹰弋万年、铅山等市县，今仍常用之。如吉水话："拿该个破东西，比啥个什么东西总都腌臜！"

鏖糟［ŋau⁴⁴tsau⁴⁴］

肮脏、不干净。"鏖"，《广韵》平声豪韵于刀切："同'鐎'，铜瓮。说文云：温器也。"段玉裁说文注："《广韵》曰'鐎，铜盆也'，字或作鏖。《集韵》曰'尽死杀人曰鏖糟'，汉霍去病'合短兵，鏖皋兰下'是也。"又，"糟"作曹切："粕也。"《说文·米部》释之"酒滓也"。朱骏声说文通训定声："古以带滓之酒为糟，今谓漉酒所弃之粕为糟。"由"酒的渣滓"，喻之为"不好或没价值的东西"。《庄子·天道》；"然则君之所读者，古人之糟魄已夫。"在宋元以降的文献中，复合词"鏖糟"多为"污秽不洁"义。元·陶宗仪《南村辍耕录》卷一〇："俗语以不洁为鏖糟。"宋·朱熹《朱子语类》卷二九："子路譬如脱得上面两件鏖糟底衣服了，颜子又脱得那近里面底衣服了，圣人则和那里面贴肉底汗衫都脱得赤骨立了。"元·岳伯川《铁拐李》第四折："一个鏖糟叫化头，出去！"又，明·冯梦龙《醒世恒言·张孝基陈留认舅》："今日这浴，就如脱皮退壳，身上鏖糟，足足洗了半缸。"

"鏖糟"一语，赣方言区吉茶吉水，今犹常言，如："鏖糟死哩脏得要死，该件衣裳要得做啥个做什么哇？"抚广福建建宁以及耒资湖南常宁，亦言。

标致［piau¹³tʂ̩¹¹］

一般指女性漂亮。"标"，《广韵》平声宵韵甫遥切："木杪也。"其本义为"树梢"。古汉语中，"标"亦常用为"标致""美好"义。宋·高似孙《剡录·草木禽鱼诂》："绿叶抽条，生于首峰之侧；紫花标色，出自郑岩之下。"又，"致"去声脂韵陟利切："至也。"《说文·夂部》释之"送诣也"，其本义为"送达"。古文献中，"致"还有"精致"义，也含"美好"之意。段玉裁说文注："致，引申为精致之致。"所以，"标致"谓物"优美秀丽"。唐·赵璘《因话录·商上》："君初至金陵，于府主庶人锜坐，屡赞招隐寺标致。"又引申为"女性漂亮"。宋·秦观《满江红·姝丽》词："须信道，绝尘标致，倾城颜色。"晁补之《下水船》："似梦觉，晓出瑶台十里，犹忆飞琼标致。"元·乔吉《扬州梦》第一折："（家童云）相公，好个标致的小姐！我那里曾见来。"又，《红楼梦》第一九回："说毕，摇身说变，竟变了一个最标致美貌的小姐。"

赣方言区主要是吉茶萍乡、吉安、泰和、吉水、永丰、峡江、永新、万安、莲花等市县习以用之，如人们今言女性漂亮云"标致""标标致致"；其他方言片仅存于少数市县，如宜浏宜春、丰城，抚广乐安，昌都修水。其他方言区，此说罕见。

静办 $[\text{tɕʻin}^{11}\text{pʻan}^{11}]$

安静，清静。"静"，《广韵》上声静韵疾郢切："安也。"本义"安静"。《诗经·邶风·柏舟》："静言思之，寤辟有摽。"毛传："静，安也。"孔颖达疏："安静而思念之。"又，"办"去声裥韵蒲苋切："俗辦。"《说文新附·力部》释之"致力也"，本义为"努力从事某事务"。复合偏义结构"静办"产生于宋代，意为"安宁""清静"。《五灯会元》卷一六："又安得个慨然有志、扶竖宗乘底衲子出来，喝散大众，非唯耳边静办，当使正法久住，岂不伟哉！"元代以后，用之较多。元·关汉卿《窦娥冤》第一折："我一向搬在山阳县居住，尽也静办。"明·冯梦龙《古今小说》卷二一："我要寻个静办处打个盹。"

"静办"亦作"静扮"。关汉卿《陈母教子》第三折："母亲要打我，番番不曾静扮。"还作"净办"。《水浒传》第二四回："教我要便随衙听候，不曾有一个月净办，常教我受苦。"

"静办"一语，赣方言区昌都南昌、安义，抚广黎川、乐安，鹰弋弋阳，宜浏高安、上高以及吉茶井冈山、峡江、萍乡等市县，今犹常用。如黎川话"庙仔好静办"，萍乡话"箇里这里蛮静办"。大通湖南平江也用之。

邋遢 $[\text{lat}^5\text{tʻat·}]$

肮脏、不整洁。"邋"，《广韵》入声盍韵卢盍切："邋遢行貌。""邋遢"本谓"行走匆匆。"引之"行走歪斜貌"。《字汇》："邋遢，行歪也。"进而引申为"肮脏"义。盍韵"遢"常与"邋"结合起来释义："邋遢不谨事。"意为"肮脏不整洁"。宋·释适之《金壶字考》："邋遢，不整貌。"明·沈榜《宛署杂记》卷一七："人不修洁曰邋遢。"《明史·张三丰传》卷二九九："以其不饰边幅，又号张邋遢。"清·佚名《快心编三集》第八回："若像邋遢的妇女，头毛未必便黄，只因不掠不梳，尘垢蓬松。"

赣方言区昌都南昌、星子、武宁，抚广抚州、黎川、资溪、乐安、崇仁、金溪、宜黄，鹰弋鹰潭、鄱阳、弋阳、贵溪、横峰、余江，宜浏宜春、上高、樟树、新干以及吉茶吉水等市县，均习以"邋遢"为语，还常用其叠加式"邋里邋遢"。如吉水话："渠屋里他家里几界什么时候总毛没有个捡拾收拾整理，邋里邋遢哩。"

懵懂 $[\text{muŋ}^{213}\text{tuŋ}^{213}]$

糊涂无知，不明事理。"懵"，《广韵》上声董韵莫孔切："心乱貌。"《玉篇·心部》释之"心迷也"，意即"糊涂"或"迷糊"。《集韵》："懵懵，无知貌。"又，"懂"未见《广韵》《集韵》，但有从"童"的，"童"有"童蒙、童昏"义，因而"懵懂"为同义结合，谓之"心乱糊涂，不明事理"义。清·桂馥《札朴·乡言正字》："疑惑曰懵懂。"宋·葛长庚《贺新郎·送赵师之江州》："垂手入塵长是醉，醉则从教懵懂。"元·谷子敬《城南柳》第一折："这火凡夫都是些懵懂之徒，不识回仙元姓吕。"

赣方言区昌都南昌、修水，抚广黎川，吉茶吉安、永新、吉水、峡江、萍乡以及鹰弋鹰潭等市县，今常言"懵懂"一语。如南昌话："渠许个人好懵懂。"还用其叠加式，只是方言片不同而使其叠加式亦有所不同而已。吉茶片一般用"AABB"式，如农谚："懵懵懂懂，清明浸种。"昌都片则常用"A哩AB"式，如熟语："懵哩懵懂，挑担水桶，跌泼了_{丢掉}了一隻_只，不晓得轻重。"吴语、湘语亦用此式。

另一些地方如吉茶吉水等地，两种叠加式均用之如常。

实际上，"懵懂"重叠式"AABB"结构，古文献早有用例。元·纪君祥《赵氏孤儿》第四折："屠岸贾将我的孩儿十分见喜，他岂知就里的事。只是一件，连我这孩儿心下也还是懵懵懂懂的。"《西游记》第二八回："呆子懵懵懂懂的，托着钵盂，概着钉钯，与沙僧径直回来。"《汉语大词典》未收其叠加词。

撇脱［p'iɛt⁵t'ot⁵］

（1）洒脱、随便。"撇"，《广韵》入声屑韵普蔑切："亦作撆，引也。"《说文·手部》释之"别也"，本义为"拂拭"。汉·扬雄《甘泉赋》："历倒景而绝飞梁兮，浮蠛蠓而撇天。"又，"脱"末韵徒活切："肉去骨。"《礼记·内则》："肉曰脱之，鱼曰作之。"古文献中，复合词"撇脱"常用义之一为"飘逸洒脱"。宋·朱熹《朱子语类》卷九四："要之，持敬颇似费力，不如无欲撇脱。"明·陶宗仪《辍耕录·写山水诀》："画一窠一石，当俊逸撇脱，有士人家风，才多，便入画工之流矣。"

（2）爽快、果断。明·凌濛初《二刻拍案惊奇》卷九："素梅也低低道：'撇脱些！我要回去。这事做得不好了，怎么处？'"郑之文《旗亭记》："怕你秀才性儿不撇脱，中途有变。"

（3）容易、不费事就轻易办到。《二刻拍案惊奇》卷一五："怎么回来得这样撇脱，不曾吃亏么？"

赣方言上述三个义项均用，只是各片人们依其习惯用之而异。昌都南昌、新建、安义、星子、武宁、修水一般少用第一、第二义，而多用第三义。如南昌话："不还清账就想走，冒有许撇脱_{没那么容易}"。抚广抚州、乐安、宜黄、黎川、南城、南丰，宜浏宜春、新余、分宜、新干、樟树、丰城、上高、高安、宜丰、奉新、靖安，吉茶吉安、吉水、安福、永新、遂川、万安、萍乡等市县则惯用第二义。如黎川话"该个人话事好撇脱"，吉水话"该人几_{多么}撇脱呀，你话_说六块钱一斤，渠他价总都冒没还，就把付_给钱你"，萍乡话"该隻伢妹仔_{孩子}撇脱，不要捧_抱，只要把她喫是个_{就是}"。湖南平江赣方言惯用第一义。

中古时期，赣方言中的汉语词汇成分，一共考释了 92 个词语，其中双音词 53 个，多音词 1 个，复音词约占同时期总数的 58.70%。但各阶段的具体情况，又有一些不同。魏晋南北朝 32 个词语中，单音词 19 个，双音词 13 个。其中表示人的称谓、器物、树木等其他事物名称的词语 14 个，单、双音词各半；表示行为动作、发展变化的词语也 14 个，双音词 3 个；表示性质、状态以及指示和疑问代词的 4 个，3 个是双音词。隋唐五代 28 个词语中，单音词 7 个，双音词有 21 个。其中表示人的称谓、时间、器具、动物以及其他事物名称的词语 10 个，双音词有 9 个；表示行为动作、发展变化的词语 11 个，双音词 7 个；表示性质、情态的词语 4 个，双音词 3 个；表示时频、物量单位的 3 个，双音词 2 个。宋代共 32 个词语中，单音词 15 个，双音词 16 个，多音词 1 个。其中表示人的称谓、事物名称的 10 个词语中，8 个双音词；表示行为动作、心理活动的 15 个词语中，1 个双音词，1 个多音词；表示性质、情态的 7 个词语，都是双音词。

魏晋以降，复音词大量产生是汉语词汇发展的重要特点，这也给赣方言以很大影响。这个时期，赣方言词汇中的汉语双音成分，有一个比较快速的增长，宋代还出现了极少数多音词。这样一来，复音词的数量在同时期总数中占有明显的优势。尽管上述词源考释还不能完全准确地反映这一时期赣方言的真实情况，但从总体上看，它大体还能反映出赣方言词汇发展与词义变化的一般趋势和基本特点。无论词汇的产生，还是词义的发展，赣方言汉语成分同汉语史的发展步伐基本上还是一致的。

第五章 赣方言古语词与近代汉语词汇成分

元、明、清时期，人口迁移仍然十分活跃。但是，就其迁移的方式、类型以及性质而言，这与以往北民动辄就自发地大规模向南迁徙是不一样的。这一时期，人口迁移大多是统治者有计划、有目的、有组织的，而且人口移动的趋势一般是由内地迁往边疆，去从事开发、垦荒、屯田、戍边等活动。这个时期，由于赣省赋税徭役非常繁重，也有大批人迁往两湖，造成了历史上"江西填湖广"的局面。此外，还有不少赣省人远徙桂、黔、川、滇等地。相较而言，这时北民入赣除元代外，明清虽然还有，但数量较之以前则大为减少，他们带给赣鄱地区的影响远不如上、中古时期那么明显。因此，从赣方言的发展趋势看，这一时期赣方言已经步入一个相对平稳的发展期。

依据近代历史的特点，汉语词汇成分在赣方言中的发展也形成了元、明、清三个阶段。尽管词语的数量不是很多，但是双音词和多音词的数量较之中古，其比率则大为提高，达到了同时期词汇总量的80%以上。

第一节 元代时期的汉语词汇成分

元代是我国历史上一个由少数民族统治者建立起来的封建王朝，它结束了"靖康之难"后我国长期割据分裂的局面，促进了国家的统一，奠定了我国当今疆域版图的基础，开创了经济、军事、文化、科技等领域里的新纪元。

当然，元代统治政权也是在"血"与"火"的战斗洗礼中建立起来的——降吐蕃、攻辽金、灭南宋。在其攻金灭宋以及捍卫疆土过程中，元代统治者率军转战南方各省，其时不少官员军人、商贾学子、布衣百姓，还有江淮居民等相继进入赣省各地，结果使得赣省人口增长不少。不可否认，这对赣鄱语言文化也必定产生一定的影响。

一　表示人的称谓、处所以及事物名称意义

这一时期，赣方言中表示这类语义成分的，几乎极少出现单音词，基本上为双音复合词。例如：

班辈　[pan⁵⁵pɛ³³]

辈分，行辈。"班"，《广韵》平声删韵布还切："说文曰：分瑞玉。"此属本义，如《尚书·舜典》："班瑞于群后。"因分赠须按次序、等级，故引之为"位次；等级"义。《广雅·释言》："班，序也。"《仪礼·既夕礼》："卒哭，明日以其班祔。"郑玄注："班，次也。"又，"辈"去声队韵补妹切："等辈。"《说文·车部》释之"若军发车百辆为一辈"，本义为"分成行列的战车"，引之为"等级"。《史记·孙子吴起列传》："马有上、中、下辈。"又引为"尊卑长幼行次"，义同"班"。《洪武正韵·队韵》："辈，班也，辈行也。"《史记·魏其武安侯列传》："稠人广众，荐宠下辈。士亦以此多之。"同义复合结构"班辈"，意即"辈分"或"行辈"。元·佚名《举案齐眉》第三折："咱与你甚班辈？自来不相会，走将来磕牙料嘴。"清·西周生《醒世姻缘传》第一八回："也不管两家门第攀得及攀不及，也不论班辈差与不差，也不论年纪若与不若，只凭媒婆口里说出便是。"

赣方言区宜浏高安、鹰弋弋阳以及吉茶莲花等地，表达"辈分"或"行辈"义还用"班辈"一语。

槽房　[tsʻau²⁴foŋ³⁵]

酒坊，即酿酒的作坊。"槽"，《广韵》平声豪韵昨劳切："马槽。"《说文·木部》释之"畜兽之食器"，本为"盛牲畜饲料长条器具"，由之引申出"贮酒的器具"。晋·刘伶《酒德颂》："先生于是方捧罂承槽，衔杯漱醪。"又，"房"平声阳韵符方切："房室。"《说文·户部》释之"室在旁也"。段玉裁注："凡堂之内，中为正室，左右为房，所谓东房西房也。"引申泛指"房屋""厨房""作坊"等义。唐·王建《题诜法师院》诗："秋天盆底新荷色，夜地房前小竹声。"所以，造酒作坊谓之"槽房"。元·杨显之《郑孔目风雪酷寒亭》第四折："我如今向槽房连瓮掇将来，偿还了我弟兄每口债。酒斟着醇糯醑，脍切着鲤鱼胎。今口开怀，直吃的沉醉出山寨。"

"槽房"亦作"槽坊"。"坊"即为"小手工业者工作场所"。元·马致远《岳阳楼》第一折："我则怕惊着玉皇，谁着你直侵北斗建槽坊。"又作"槽枋"。元·杜仁杰《耍孩儿·喻情》曲："唐三藏立墓铭空费了

碑，闲槽枋里趑酒无巴避。"

赣方言区昌都南昌、修水，鹰弋鄱阳以及吉茶萍乡等地，今犹言其语。当然，宜浏高安一般谓之"槽坊"。清·张慎仪《蜀方言》亦云："造酒之家曰糟房。"可见西南官话亦有此说。

东家［tuŋ⁴²ka·］

受雇或被聘者对其主人的称谓。"东"，本义"口袋"，借表方位；而古之主位在东，宾位在西，故称主人为"东"。如唐·杜甫《偪仄行赠毕曜》："东家蹇驴许借我，泥滑不敢骑朝天。""家"，本为"人居处"。《论语·子张》："譬之宫墙，赐之墙也及肩，窥见室家之好。"转而指代具有某种身份的"人"。《后汉书·王常传》："此家率下江诸将，辅翼汉室。"而"东"与颇具身份的"家"组合，其转义则为受雇或被聘者对主人的称谓。元·马致远《荐福碑》第一折："多谢哥哥赐我这三封书，我辞别东家，便索东行也。"明·佚名《明珠缘》第一三回："明日东家有事，要放几日学，可以奉陪几日。"又，《红楼梦》第二回："目今你贵东家林公的夫人，即荣府中赦、政二公的胞妹。"

赣方言区境内各片如昌都南昌、永修、修水，宜浏高安，吉茶泰和、吉水、峡江、永丰、萍乡，抚广乐安、南城、崇仁以及鹰弋余干、铅山、弋阳等市县，犹存此义。如南昌话："我个_的_东家。"吉水话："东家老板确定该隻事_那件事_。"但这仅仅表示一种相互间的人事关系，当面并不如此称呼。其义与闽语（指"房东"）、中原官话（指"东道主"）中的"东家"还是有差异的。

滚水［kuəŋ³⁵ʂ̩³⁵］

（1）开水。滚，《集韵》上声混韵古本切："大水流貌。"段玉裁说文注："滚"为"混"，"水溃涌也"。又引申为"液体受热而沸腾"。《红楼梦》第四一回："妙玉自向风炉上煽滚了水，另泡了一壶茶。""水"，《广韵》上声旨韵式轨切："说文曰：准也。北方之行也。"甲骨文象水流貌，本义为"水流"。《孙子兵法·势篇》："激水之疾，至于漂石者，势也。"引申为"水"。《吕氏春秋·尽数》："流水不腐，户枢不蠹，动也。"因此，"开水"谓之"滚水"。元代以降，"滚水"一词用之渐多。元·马致远《寿阳曲》曲："一锅滚水冷定也，再撺红几时得热？"明·笑笑生《金瓶梅》第五四回："李瓶儿吃了叫苦，迎春就拿滚水来，过了口。"《西游记》第一三回："先烧半锅滚水别用，却又将些山地榆叶子，着水煎作茶汤。"《红楼梦》第五三回："宝玉在旁，一时又问：'吃些滚水不吃？'"又，第五四回："姑娘瞧瞧，这个天我怕水冷，巴巴的倒的还是滚水，这还冷了。"

（2）热水。明·冯梦龙《醒世恒言·薛录事鱼服证仙》："元来做鲊的，最要刀快，将鱼切得雪片也似薄薄的，略在滚水里面一转，便捞起来，加上椒料，泼上香油，自然松脆鲜美。"

赣方言区今犹存"开水"义，如吉茶萍乡、莲花，抚广抚州以及昌都修水等地。但多数地方还是常用"热水"义，如抚广黎川、宜黄、南丰及福建泰宁、建宁，鹰弋鄱阳、乐平、横峰，宜浏宜春、新余、高安、上高、万载、奉新，吉茶吉安、泰和、莲花、吉水、永丰、萍乡等地。如萍乡话"烧滴滚水洗一下""把滚水烫一下"。

烧酒　[sɛu⁴²tɕiu²¹³]

白酒。"烧"，《广韵》平声宵韵式招切："然也。"《说文·火部》释之"爇也"，本义"焚烧"或"燃烧"。《战国策·齐策四》："矫命以责赐诸民，因烧其券，民称万岁。"引申为一种"烹调方法"。宋·苏轼《新城道中》诗："西崦人家应最乐，煮葵烧笋饷春耕。"又，"酒"上声有韵子酉切："酒醴。"《释名·释饮食》释之"酉也，酿之米曲酉泽，久而味美也。"《诗经·邶风·柏舟》："微我无酒，以敖以游。"毛传："非我无酒可以敖游忘忧也。""烧酒"，初始于唐代酒名。白居易《荔枝楼对酒》："荔枝新熟鸡冠色，烧酒初开琥珀香。"后泛指"蒸馏而成的酒"，通称为"白酒"。这种酒清澈透明，酒精含量较高，且能以火烧着，故也名之"烧酒"。明·李时珍《本草纲目·谷四·烧酒》："烧酒非古法也。自元时始创其法……近时惟以糯米或粳米或黍或秫或大麦蒸熟，和曲酿瓮中七日，以甑蒸取。其清如水，味极浓烈，盖酒露也。"元·郑光祖《立成汤伊尹耕莘》第三折："我做元帅世罕有，六韬三略不离口。近来口生都忘了，则记烧酒与黄酒。"明·笑笑生《金瓶梅》第四二回："十分不巧，只消三分银子烧酒，把抬轿的灌醉了，随这小淫妇儿去。"

赣地盛产糯米、粳米等酿酒原料，家家户户都要酿酒自饮或待客，并常以蒸馏法巧取酒露——白酒，此亦堪称农家又一绝艺。境内赣方言把"白酒"俗称为"烧酒"由来已久，如昌都南昌、安义、星子、都昌，宜浏宜春、新余、奉新、宜丰、万载、樟树、分宜，吉茶吉安、泰和、永新、吉水、永丰、莲花、遂川、万安，抚广金溪、东乡、崇仁、宜黄、乐安、黎川、南丰、广昌以及鹰弋鄱阳、乐平、万年、余干、贵溪、余江、弋阳等市县；还有些地方谓之"谷烧"或"谷酒"，如昌都武宁，宜浏高安、靖安、上高、丰城、新干，吉茶萍乡，抚广南城以及鹰弋铅山。

兴头［ɕin³¹t'ɛu³²］

兴致、劲头。"兴"，《广韵》平声蒸韵虚陵切："举也。说文曰：起也。"本谓"合力抬举（重物）"。《诗经·大雅·绵》："百堵皆兴，鼛鼓弗胜。"引申为"兴起"。《史记·文帝本纪》："汉兴，至孝文四十有余载。"又引之为"兴致""劲头"。《世说新语·任诞》："吾本乘兴而行，兴尽而返。""头"，说文释之"首也"。《墨子·鲁问》："今有刀于此，试之人头，倅然断之，可谓利乎？"泛指物之前端。《木兰诗》："旦辞黄河去，暮至黑山头。"又因其义虚化而用作名词语缀。唐·骆宾王《咏美人在天津桥》："水下看妆影，眉头画月新。"因此，"兴头"亦为"兴致""劲头"义。元代以后，文献多用之。元·秦简夫《东堂老》第三折："自从丢了这赵小哥，再没兴头。"明·冯梦龙《醒世恒言·张廷秀逃生救父》："他今日正在兴头上，我且羞他一羞。"《红楼梦》第七回："正骂的兴头上，贾蓉送凤姐的车出去，众人喝他不听，贾蓉忍不得，便骂了他两句，使人捆起来，'等明日酒醒了，问他还寻死不寻死了！'那焦大那里把贾蓉放在眼里，反大叫起来。"又，第二三回："宝玉听了，好似打了个焦雷，登时扫去兴头，脸上转了颜色。"

赣方言区吉茶吉水、泰和、峡江、永丰，昌都修水、星子等地，人们常用此语。如吉水话："噢喝酒噢到兴头，该伙那些人就讲吵起来哩了，听得话听说还打哩架。"

二　表示行为动作以及心理活动意义

赣方言中，表示这类语义成分的为数不多，其构成以双音复合词为主。例如：

服侍［fuʔ⁵sɿ·］

伺候、照顾。"服"，《广韵》入声屋韵房六切："服事。"《尔雅·释诂上》释之"事也"，即谓"从事"义。《论语·为政》："有事，弟子服其劳。"又，"侍"去声志韵相吏切："承也。""侍"者，"伺候"之谓也。段玉裁说文注："承者，奉也，受也。凡言侍者，皆敬恭承奉之义。"复合词"服侍"，亦谓"伺候""照顾"义。元·关汉卿《钱大尹智宠谢天香》第三折："到早起过洗面水，到晚来又索铺床迭被，我服侍的都入罗帏，我恰才舒铺盖似孤鬼，少不的足恋蜷寝睡，整三年有名无实。"

"服侍"亦作"服事"。宋·范镇《东斋记事》卷四："州将每令赵昌画，则遣有服事供应之。"《红楼梦》第一〇九回："（宝玉）忽然想起那年袭人不在家时，晴雯、麝月两个人服事，夜间麝月出去，晴雯要唬他，因为没穿衣服，着了凉。"

"服侍"今唯赣方言区昌都南昌、永修、都昌、修水，抚广黎川、乐安、南城、鹰弋万年、弋阳，宜浏宜春、高安以及吉茶吉安、泰和、吉水、峡江、永丰、萍乡等市县常言之；鹰弋鄱阳等地，多用"服事"。

落得 [lɔʔ⁵ tɛt·]

亦即"乐得"，某事正合心意，故顺其自然。"乐"，《广韵》入声铎韵卢各切："喜乐。"与"落"同音，属同音替代。"得"，本谓"取得"。《荀子·天论》："万物各得其和以生，各得其养以成。"引申为"满足"。《史记·管晏列传》："意气扬扬，甚自得也。"故"落得"或"乐得"，义为"事情恰合心意而乐于顺其自然"。元·高明《琵琶记》第一八出："倒不如做个虔婆顶老，也落得些鸭汁吃饱。"明·笑笑生《金瓶梅》第一六回："金莲道：'……我落得河水不碍船……'"《三国演义》第五一回："肃曰：'都督如何亦许玄德取南郡？'瑜曰：'吾弹指可得南郡，落得虚做人情。'"又，清·吴敬梓《儒林外史》第一三回："宦成大酒大肉，且落得快活。"《红楼梦》第二九回："凤姐又说，'打墙也是动土。已经惊动了人，今儿乐得还去逛逛。'"

赣方言区昌都南昌、永修、修水，宜浏高安，抚广乐安、南城，以及吉茶泰和、吉水、永丰、峡江等市县，今常用此语。如吉水话："渠闹里他家里真个很富裕，又是独骨崽独子，落得渠个他的崽好享福摆脸。"

现世 [ɕiɛn³⁵ sʅ³⁵]

出丑、丢脸。"现"，《广韵》去声霰韵胡甸切："俗'见'。露也。"即"显露在外使人看见"义。《汉书·王莽传》："仓无见谷以给，传车马不能足。"颜师古注："见，谓见在也，俗字作现。"晋·葛洪《抱朴子·至理》："或形现往来，但闻其声音言语。"明·魏学洢《核舟记》："东坡现右足，鲁直现左足。""世"，本谓时间"代"，即"三十年"；又推及空间，表"人世间"。唐·李贺《浩歌》："不须浪饮丁都护，世上英雄本无主。"因此，复合词"现世"意为"当众显露丑态"。元·高茂卿《儿女两团圆》第二折："堪恨这两个薄劣种，现世的不成才。"《红楼梦》第六回："你我这样嘴脸，怎么好到他门上去？只怕他那门上人也不肯进去告诉，没的白打嘴现世的。"

唯赣方言区昌都南昌、安义、永修、修水，宜浏宜春、高安，吉茶泰和、吉水、永丰、峡江以及抚广乐安、南城、崇仁等市县，今常言之；抚广黎川等地，多用"献世"。

三　表示性质或情态意义

赣方言中，表示这类语义成分的数量也很少，同样以双音复合词为主。例如：

巴结〔pa⁴⁵ tɕiɛʔ⁴⁵〕

形容做事忙碌、勤奋。"巴"，《广韵》平声麻韵伯加切："虫名。"《说文·巴部》释之"虫也。或曰食象蛇"，本义"大蛇"。《山海经·海内南经》："巴蛇食象，三岁而出其骨。"而后，"巴"借表多个义项，如"锅巴""泥巴"含"黏结"义，引申出"粘住""攀附"及"营求"等义。清·钱大昕《恒言录·单字类》云："不足而营之曰巴。"元·石君宝《曲江池》第四折："为巴钱毒计多，被天公生折磨。"又，"结"入声屑韵古屑切："缔也。"按：张舜徽说，丝缔谓之结，谓坚固不易解也。《易经·系辞下》："上古结绳而治，后世圣人易之以书契。"由本义"打结"引申出"编织"。《汉书·扬雄传》："临渊羡鱼，不如归而结网。"又引之为"要"或"谋求"义。《玉篇·系部》："结，《淮南》：'君子行斯乎其所结'，许叔重曰：'结，要也。'"复合词"巴结"产生于元代，因"要"或"谋求"而"勤奋""忙碌"。元·刘庭信《折桂令·忆别》曲："笃笃寞寞终岁巴结，孤孤另另彻夜咨嗟。"其后用之渐多。明·顾起元《客座赘语》卷一："勉强营为曰掤拽，曰巴结，曰扯拽。"清·吴趼人《二十年目睹之怪现状》第九九回："莫可文自从做了王太尊书启之后，办事十分巴结。"又，《红楼梦》第六四回："若说一二百，奴才还可巴结；这五六百，奴才一时那里办得来？"

"巴结"还有迭加式"AABB"型。明·冯梦龙《喻世明言·任孝子烈性为神》："任珪天明起来，辞了父亲入城去了。每日巴巴结结，早出晚回。"

赣方言区宜浏新余，抚广乐安，昌都修水，吉茶吉安、吉水等市县，今犹存"忙碌""勤奋"义。如吉水话："渠他真箇真是巴结，一天光天亮就去哩在做事。""嗨！为哩为了该那个家，渠个他的娘做事日日是巴巴结结的，早晨出去黑界天黑时分回来。"还有独用"巴"的，如吉水人常说"巴家"一语，亦指"为了家而勤奋努力地干活"。

懦善〔lo¹¹ sɛn¹¹〕

老实懦弱。"懦"，《广韵》平声虞韵人朱切："弱也。"即谓"懦弱"。《说文·心部》释之"驽弱者也"。又，"善"上声狝韵常演切："良也。"本义"美好"，引申为"老实""和善"。《水浒传》第二四回："自从嫁得你哥哥，吃他忒善了，被人欺负。"故复合词"懦善"，谓之"老实懦弱"。《元史》卷九七："客人或因发卖迟滞，转往他所……其懦善者，卖过官盐之后，即将引目投之乡胥。"《三国演义》第一一八回："后主生七子……七子中惟谌自幼聪明，英敏过人，余皆懦善。"

唯赣方言区昌都南昌、修水，宜浏高安以及吉茶泰和等市县，今还常用此语。如南昌话："渠许个人他这个人好懦善哦！"

四　表示引介施事意义

这一时期，赣方言中还出现了表引介施事的语义成分，这也是以往少见的语言现象。例如：

等［tɛn²¹³］

让、被，表被动，引介施事者。"等"，《广韵》上声海韵多改切："齐也。"《说文·竹部》释之"齐简也"。段玉裁注："齐简者，叠简册齐之，如今人整齐书籍也。引申为凡齐之称。"因其义虚化而用作介词"让"或"被"，以引进行为的施事者。元·关汉卿《窦娥冤》第三折："我不要半醒热血红尘洒，都只在八尺旗枪素练悬，等他四下里皆瞧见。"

作介词表被动义，引介施事者，赣方言区昌都南昌、永修、都昌、星子、武宁，宜浏宜春、高安、万载、分宜，抚广乐安、南城、南丰，吉茶泰和、永新、吉水、永丰、峡江以及鹰弋鄱阳、万年、余干、余江、贵溪、彭泽等市县以及湖南平江，今口语仍然常用。譬如，南昌话："碗等我搭摔破了。"吉水话："线车仔自行车等贼牯贼偷泼哩偷走了。"余干话："等渠被他骂了一餐一顿。"又，湖南平江话："他等狗咬了一口。"

第二节　明代时期的汉语词汇成分

明代是我国历史上最后一个由汉族建立起来的大一统封建王朝，也是资本主义生产关系萌芽期。这一时期，不仅文学、艺术、科技等领域取得了重大成就，而且商品经济也出现了发展繁荣的局面。与此同时，统治者还采取了大力屯田、奖励垦荒、兴修水利等发展农业生产的经济政策。

其时，北民徙赣已经不是主流，移民的主要流向则是赣省居民成规模地迁往湖广以及黔、川、滇等地区。赣民外迁，其主因除赣省人多地少、徭役繁重外，还与其时统治者实行强制迁居与优惠鼓励的移民政策密切相关。因此，元末明初以后，北民对赣省的影响不大，赣都语言文化从此也就进入一个稳定的发展期。

一　表示人的称谓以及事物现象与名称意义

这一时期，赣方言中表示这类语义成分的不仅是双音复合化，而且出现了相当部分多音复合结构。例如：

花头［fa⁴²tʻɛu²⁴］

花招，手段。"花"，《广韵》平声麻韵呼瓜切："俗'华'，今通用。尔雅云：华荂也。"由其本义"种子植物的有性繁殖器官"引申为"模糊不清"。唐·杜甫《饮中八仙歌》："知章骑马似乘船，眼花落井水底眠。"进而引之为"以虚伪言行迷惑他人"义。宋·朱熹《朱子语类》卷二〇："巧言即所谓花言巧语，如今世举子弄笔端做文字者便是。"又，"头"为语缀，可与名词或谓词组合。清·翟灏《通俗篇·语词》："头亦助词也。即人体言，眉曰眉头，鼻曰鼻头，舌亦曰舌头，指亦曰指头。器用之属，则如钵头，把头，用之尤甚多也。""花头"意为"花招"或"手段"，出自明代文献，此后用之渐多。明·天然痴叟《石点头·侯官县烈女歼仇》："这姚二妈……是个极不端正的老泼贼，被董秀才打了两个巴掌，一来疼痛，二来没趣，心中恼道：'无端受这酸丁一场打骂，须寻个花头摆布他，方消得此恨。'"清·韩庆邦《海上花列传》第三二回："双珠先嗤的一笑，然后说道：'故歇个清倌人比仔浑倌人花头再要大。'"张春帆《九尾龟》第七二回："故歇倪只有两句说话，无倽别样花头：第一勿要俚格洋钱，第二随便俚那哼分付。"

赣方言区昌都南昌、永修，宜浏宜春以及吉茶吉安、泰和、吉水、峡江、永丰等市县，今常言"花招"或"手段"为"花头"。如吉水话："耍啥个什么花头，人家一下就识破哩。"

花嘴［fa⁴²tsui²¹³］

花言巧语。"花"，由本义引申为"以虚伪言行迷惑人"。"嘴"，《集韵》上声纸韵祖委切："同觜。""觜"，《广韵》支韵即委切："喙也。"本义谓之"鸟喙"。《五音集韵·旨韵》："觜，喙也。嘴，同上。"《西游记》第六回："（二郎）又变了一只朱绣顶的灰鹤，伸着一个长嘴，与一把尖头铁钳子相似，径来吃这水蛇。"又泛指人及其他动物的口。宋·戴侗《六书故》云："人口亦谓觜。"段玉裁说文注："俗语因之凡口皆曰觜。""觜"即"嘴"也。因之引申为"人的话语"。宋·王明清《挥尘余话》："詹大和坐累下大理，李传正操俚语诟之曰：'子嘴尖如此，诚奸人也。'"复合结构"花嘴"，意谓"花言巧语"。明·冯梦龙《醒世恒言·吴衙内邻舟赴约》："听那老光棍花嘴！什么老鼠膈，论起恁般太医，莫说数日内奏效，就一千日还看不出病体！"

　　赣方言区昌都南昌，抚广乐安以及吉茶泰和、吉水、峡江等地，今犹称人"花言巧语"为"花嘴"。如吉水话："该那张花嘴，哄杀骗死人不顶命偿命，几多很多人上哩了渠个他的当哇。"

　　荐头［tɕien³⁵t'ɛu·］

　　指以介绍佣工为业的人。"荐"，《广韵》去声先韵作甸切："进也。"《说文·艸部》释之"薦席也"，本义"草席"。转借为"举荐""推荐"，与"薦"同。段玉裁说文注："荐、薦古相假借。荐者，藉也。故引伸之义为进也。"《孟子·万章上》："诸侯能荐人于天子，不能使天子与之诸侯。""头"，由本义"人的头部"代指"人"。因此，复合结构"荐头"谓之"举荐人"。《水浒传》第一九回："不知缘何与高俅不睦，致被陷害？后闻在沧州亦被火烧了大军草料场，又是他的计策。向后不知谁荐头领上山？"进而引之为"以介绍佣工为业的人"。明·周履靖《锦笺记·争馆》："昨日听见姜裁话，个向邹家还未有先生，旧年听我卖葛个何老女，惯向渠家走动，须索寻渠做个荐头。"

　　赣方言区昌都南昌等地，今犹存此义。

　　通书［t'uŋ⁴²ɕy⁴²］

　　历书。"通"，《广韵》平声东韵他红切："达也。"本义"通达"。《汉书·礼乐志》："桐生茂豫，靡有所诎。"颜师古注："桐，读为通。言艸木通达而生也。"引申为"通晓"。汉·司马迁《报任安书》："究天地之际，通古今之变。"又，"书"鱼韵伤鱼切："释名曰：著也，著之简纸求不灭也。"《说文·聿部》释之"箸（著）也"，本义"书写"。《史记·秦始皇本纪》："车同轨，书同文字。"又引之为"简册"或"书本"。《史记·孔子世家》："余读孙子书，想见其为人。"秦汉时代，"书"已有"历书"义了。汉·佚名《焦仲卿妻》："视历复开书，便利此月内，六合正相应。"所以，"通书"是指按一定历法编制的记载年月日及时节等供人查考以便知晓的书，亦谓"历书"。《西游记》第二三回："也不必看通书，今朝是个天恩上吉日，你来拜了师父，进去做女婿罢。"《红楼梦》第九七回："（贾琏）便说：'明日就是上好的日子，……'说着，捧过通书来。"

　　唯赣方言区昌都南昌、新建、安义、都昌、武宁、永修、修水、星子，抚广抚州、南城、崇仁、进贤、东乡，鹰弋余干、弋阳，宜浏宜春、新余、高安、上高、樟树、新干、靖安以及吉茶吉安、吉水、永丰、莲花、安福、萍乡，今犹常言此语。如吉水话："查哩了通书，外后日大后天是婚娶的黄道吉日。"

戏班子〔çi³⁵pan⁴²tsʅ·〕

剧团之旧称。"戏"，《广韵》去声真韵香义切："谑也。说文曰：三军之偏也。"皆非本义。金文似手执兵器，头戴面具，于鼓声中比武角力，其本义"比武角力"。《国语·晋语》："少室周为赵简子之右，闻牛谈有力，请与之戏，弗胜。"引申为"游戏玩乐"。《尔雅·释诂上》："戏，谑也。"《韩非子·外储说左上》："婴儿相与戏也，以尘为饭，以涂为羹。"再引之为"表演"或"戏剧"义。《史记·孔子世家》："优倡侏儒为戏而前。孔子趋而进，历阶而登。"又，"班"平声删韵布还切："说文曰：分瑞玉。"《尚书·舜典》："既月乃日，觐四岳群牧，班瑞于群后。"后引之为"按行业组合人群"，又专用于"艺人团体的通称"。宋·赵彦卫《云麓漫钞》卷十："金虏官制有文班、武班，若医卜倡优，谓之杂班。"又，"子"本为"婴儿"，后虚化为构词语缀，构成"戏班子"。"戏班子"产生于明代，为"剧团"之称谓。明·佚名《明珠缘》第七回："进忠拣个年长的问道：'这可是戏班子下处么？'那人道：'不是。这都是小唱弦索。若要大班，到椿树胡同去。'"又，清·吴敬梓《儒林外史》第二六回："鲍文卿扶着病出去寻人，把这银子买了一所房子，两副行头，租与两个戏班子穿着，剩下的，家里盘缠。"

赣方言区昌都南昌、修水，宜浏高安，吉茶泰和、吉水、永丰、峡江，抚广乐安、南城、崇仁以及鹰潭、弋阳等市县，人们常称剧团为"戏班子"，即使七八十岁高龄的亦如是称呼。闽语福建邵武、建阳以及胶辽官话山东临朐，则以"戏班子"指代"唱戏的演员"，与赣方言略为不同。

戏子〔çi³⁵tsʅ·〕

演员之旧称（微含贬义）。随着"戏班子"的出现，"戏子"这一称谓亦产生了。"子"，由本义引申泛指一般的"人"。唐·李白《下泾县陵阳溪至涩滩》："渔子与舟人，撑折万张篙。"不过，旧时称演员为"戏子"，多含轻视之意。明·冯梦龙《醒世恒言·张廷秀逃生救父》第二〇卷："那孙府戏子，原是有名的，一到京中，便有人叫去扮演，廷秀也随着行走。"王守仁《传习录》卷上："若只是那些仪节求得是当，便谓至善，即如今扮戏子扮得许多温清奉养得仪节是当，亦可谓之至善矣。"又，《红楼梦》第五八回："不识抬举的东西，怪不得人人说戏子没一个好缠的。"

赣方言区昌都南昌，抚广乐安，鹰弋鹰潭、弋阳以及吉茶峡江等少数市县，有"戏子"这一称谓；晋语区山西太原旧时称"戏曲演员"为

"戏子儿"，其意与赣方言相类。

现世报〔çiɛn³⁵ʂʅ³⁵pau³⁵〕

出丑、丢脸的人。上已述之，"现"为"显露""露出"义。明·魏学洢《核舟记》："东坡现右足，鲁直现左足。""世"，由本义推演出"人世间"。《战国策·秦策》："人生世上，势位富厚，盖可以忽乎哉！""报"，《广韵》去声号韵博耗切："报告。"《说文·卒部》释之"当罪人也"，其本义即"按律判决罪人"。《韩非子·五蠹》："闻死刑之报，君为流涕。"故"报"亦可引为"品行不端的人"。"现世报"则谓之"无德"或"丢脸之人"，此复合词产生于明代。明·沈德符《野获编·果报·现报》："今骂人有现世报之说，意为俚说耳。"冯梦龙《醒世恒言·李道人独步云门》："单留得我一个现世报还在这里。"亦作"献世宝"。汤显祖《牡丹亭·谒遇》："〔净笑介〕则怕朝廷之上，这样献世宝也多着。"

赣方言区昌都南昌、安义、修水，宜浏宜春、高安，吉茶吉水、永丰、峡江以及抚广乐安、南城、崇仁、黎川等市县存此詈语，既指"出丑、丢脸的人"，也可称"不成器的人"。如吉水话："该隻那个现世报，硬真是确实是跌尽鼓种丢尽了脸，三十多岁还流流荡荡不务正业，游手好闲。"当然，南昌多用"现世"，如"莫跟我现世"；黎川则习用"献世"。

牙祭〔ŋa³⁵tɕi³⁵〕

泛指偶尔吃的好饭菜。"牙祭"本指每逢月初、月中吃的有荤菜的饭，亦泛指偶尔吃的丰盛的饭菜。"牙"，既泛指"牙齿"，又可引申为"牙咬"。汉·扬雄《太玄·争》："两虎相牙，知掣者全。""祭"，《广韵》去声祭韵子例切："祀也。"《说文·示部》释之"祭祀也"。《诗经·豳风·七月》："四之日其蚤，献羔祭韭。"朱熹《集传》："献羔祭韭而后启之。"因祭神皆以三牲为祀品，故引申为"美酒佳肴"之属。复合词"牙祭"产生于明代。明·佚名《明珠缘》第一八回："忽听得人说道：'站开些！公子来牙祭了。'进忠候他下了轿，见是个青年秀士。"又，清·吴敬梓《儒林外史》第一八回："平常每日就是小菜饭；初二、十六跟着店里吃'牙祭肉'。"

与此相关的一个词，就是"打牙祭"。古时军营中每月初二、十六杀牲祭旗，而后把祭肉分而食之，此谓之"打牙祭"；后来每逢月初、月中吃一次肉，也谓之"打牙祭"。今泛指偶尔吃些肉类荤菜，即把"加餐"称之为"打牙祭"。

赣北昌都南昌，赣中西部宜浏新余、高安、分宜以及赣中吉茶泰和等市县，现在还把"加餐"谓之"打牙祭"。湖南长沙等今亦存是语，疑受赣方言影响，因历史上赣省居民曾大量移居长沙等地。

二 表示行为动作意义

赣方言中，表示这类语义成分的数量要多些，其构成以双音复合词为主，也有少数单音词。例如：

发市 [fat⁵sʅ¹¹]

开始。"发"，由本义"射箭出去"引申为"兴起"或"起始"。《孟子·告子下》："舜发于畎亩之中，傅说举于版筑之间。""市"，《广韵》上声之韵时止切："说文云：买卖所之也。"本义为"买卖市场"。《左传·昭公二十年》："内宠之妾，肆夺于市。"引申为"做买卖"。《左传·僖公三十三年》："郑商人弦高将市于周，遇之，以乘韦先牛十二犒师。"故"发市"义为"商家每天开始做买卖"，其大概产生于明代。明·凌濛初《初刻拍案惊奇》卷一："岂知北京那年自交夏来，日日淋雨不晴，并无一毫暑气，发市甚迟。"冯梦龙《警世通言·计押番金鳗产祸》："钓了一日，不曾发市。"又，清·蒲松龄《聊斋俚曲集·墙头记》第二回："银匠说我先给你发市，盛一碗给张大爷。"

赣方言表达"开始"义，除"发头"外，还有"发市"。昌都南昌、安义、星子，抚广黎川、金溪、南丰、乐安、南城、崇仁，鹰弋余干、乐平、万年、贵溪、余江、弋阳，宜浏宜春、高安、宜丰、上高、万载、丰城、樟树、新干、分宜，吉茶吉安、吉水、永丰、泰和、安福、莲花、萍乡等地，今亦常说"发市"一语，但其义扩大为一切事物的"开始"。如黎川话："发市毋晓得，打背_{后来}听到渠话他说。"客话、粤语、冀鲁官话中的"发市"，仍为"开市""成交"，其义与赣方言微异。

赣方言区吉茶片还常说"发头发市"，有强调"开始"的意味。如古水话："新年发头发市，渠该曹人_{他们那些人}就把该个娇客_{新女婿}舞_弄醉哩。"

讲口 [koŋ⁵³kʻiɛu⁵³]

争口或吵口。"讲"，《广韵》上声讲韵古项切："论也。"《说文·言部》释之"和解也"。徐锴注："古人言讲解，犹和解也。"《战国策·赵策三》："秦攻赵于长平，大破之。……因使人索六城于赵而讲。"引申为"论说"。《广雅·释诂二》："讲，论也。"《正字通·言部》亦云："讲，相与论说也。"《礼记·礼运》："选贤与能，讲信修睦。"孔颖达疏："讲，谈说也。"又，"口"厚韵苦后切："说文曰：人所以言食也。"段玉裁说文注："言语饮食者，口之两大端。"由此可见，"口"之功能之一便是"言语"。汉·桓宽《盐铁论·毁学》："是以终日言，无口过。"清·黄遵宪《杂感》："我手写我口，古岂能拘牵？"复合结构"讲口"则谓"以言语争论"，"争口"或"吵口"与此相类。《西游记》第六八回："唐僧迎着骂道：'你这泼猴，害了我也！'行者笑道：'好师父，……这不是我的金线？'近侍宦官在旁道：'长老且休讲口，请入宫中诊视去来。'"

"争口"或"吵口"义，赣方言区吉茶如吉安、泰和、永新、遂川、万安、吉水、峡江、永丰、萍乡，抚广抚州、南丰、广昌、宜黄、乐安、南城、崇仁和福建建宁，宜浏宜春、宜丰、高安等市县用之为常，而昌都南昌、新建等地则说"讲仗"；客话江西瑞金、上犹社溪、赣州蟠龙，江淮话湖北孝感，江苏东台以及西南官话湖北随州，亦用之。《汉语大词典》未涉此义。

开面　[k'oi³⁴miɛn²¹³]

开脸。旧俗姑娘婚嫁前是不修脸的，只有婚嫁时才修脸，故称之"开面"。"开"，《广韵》平声哈韵苦哀切："开解。"《说文·门部》释之"张也。从门从开"。"开"的古文为"閞"。朱骏声通训定声："此篆从门，从𠬞一。一者，关也。小篆与古文不异，笔画整齐之耳，非从开也。"杨树达《积微居小学述林》："𠬞者，以两手取去门关，故为开也。小篆变古文之形，许遂误以为从开耳。"

又，义谓"开辟"。《尔雅·释言》："开，辟也。"旧时女子初次修脸，类似于辟荒斩荆。又，"面"去声仙韵弥箭切："前也。说文作'颜前也'。"段玉裁说文注："颜者，两眉之中间也。颜前者，谓自此而前则为目、为鼻、为目下、为颊之间，乃正乡人者。"又，李孝定《甲骨文字集释》："栔文从目，外象面部匡廓之形，盖面部五官中最足引入注意的者莫过于目，故面字从之也。篆文从蝶，则从口无义可说，乃从目之讹。""面"即"脸"。复合词"开面"，殆出自明代文献。明·凌濛初《二刻拍案惊奇》卷二五："三日之前，蕊珠要整容开面，郑家老儿去唤整容匠。"又，清·佚名《定情人》第九回："穆氏已将爱姐开面、修眉、打扮起来……四个丫鬟簇出堂前，上了大轿。"亦作"开脸"。《红楼梦》第四六回："你比不得外头新买的，你这一进去了，进门就开了脸，就封你姨娘，又体面又尊贵。"

20世纪五六十年代，赣地还有为出嫁前的未婚女孩饰容修脸的风俗。赣方言区宜浏宜春、高安、上高、樟树、宜丰、万载、靖安，昌都安义、都昌，吉茶泰和、安福、吉水、峡江，抚广乐安和福建建宁以及鹰弋乐平、万年、余干等市县，老妪今犹常言"开面"一语。当然，表达此义的，还有少数市县说法不同的。或说"绞脸"，如昌都南昌；或"开脸"，如吉茶吉安、昌都星子、鹰弋彭泽；或"扯面"，如昌都武宁、吉茶莲花；或"绞面"，如鹰弋鄱阳；或"线面"，如抚广抚州、金溪、崇仁、南丰、东乡。

抿［min²¹³］

（1）嘴唇稍稍合拢。"抿"，《集韵》平声真韵眉贫切："说文：抚也。"其有一常用义为"稍稍合拢"。明·罗懋登《西洋记》第五六回："两位仙童……一边拜，一边还抿着个嘴儿笑不住哩！"《红楼梦》第二三回："可巧贾政在王夫人房中商议事情，……众丫鬟都在廊檐底下站着呢，一见宝玉来，都抿着嘴笑。"又，第八回："黛玉磕着瓜子儿，只管抿着嘴儿笑。"

（2）略饮少许。清·文康《儿女英雄传》第三七回："公子答应着，拿起酒来，唇边抿了一抿，却又放下了。"郭则《红楼真梦》第二六回："一时敬到宝钗，宝钗拿起杯子只抿了一抿，凤姐道：'那可不成。'走过来硬迫着喝干了。"

上述二义，赣方言今常用。昌都南昌、湖口、星子、永修、修水，抚广抚州、南丰、黎川，鹰弋鄱阳以及吉茶吉安、泰和、莲花、吉水等市县均用第（1）义，如南昌话"抿到嘴"，黎川话"抿到嘴笑"；上述各地还常用第（2）义，如"抿了一口酒"。

相帮［ɕioŋ⁴⁴poŋ⁴⁴］

帮助或帮忙。"相"，《广韵》去声阳韵息亮切："助也。"此为"一方对另一方的行为交互动作"。宋·王安石《游褒禅山记》："至于幽暗昏惑而无物以相之，亦不能至也。"或引申为"单方或递相加于对方"义。《列子·汤问》："吾与汝毕力平险，指通豫南，达于汉阴可乎？杂然相许。"又，"帮"漾韵息亮切："衣治鞋履。"本义为"缝治鞋之侧边"。鞋之侧旁亦谓之"帮"，故引申为"帮衬""帮助"义。复合词"相帮"，谓"帮助"或"帮忙"。《三国演义》第五二回："张飞怒曰：'我并不要人相帮，只独领三千军去，稳取城池。'"《西游记》第六一回："那牛王只得回头，使宝剑又战八戒，孙大圣举棒相帮。"又，《红楼梦》第六四回："亲友行祭之日，（凤姐）亦扎挣过来，相帮尤氏料理料理。"

赣方言区吉茶吉水，抚广乐安、南城，鹰弋弋阳，昌都修水以及宜浏宜春等市县，今仍惯用"相帮"一语。

圆房［yon³⁵foŋ³⁵］

指结婚同房。"圆"，《广韵》平声仙韵王权切："同'圜'。围。"《说文·口部》释之"全也"，本义为"完整周全"。《墨子·天志》："中吾规者，谓之圆。"引申为"圆满"义。唐·常达《山居八咏》之七："胡僧论的旨，物物唱圆成。"又，"房"阳韵符方切："室。"《说文·户部》释之"室在旁也"，本义为"正室两旁的房间"。《尚书·顾命》："胤之舞衣、大贝、鼖鼓在西房。"泛指"房屋"。《左传·定公六年》："孟孙立于房外，谓范献子曰：'阳虎若不能居鲁……有如先君！'"又指"闺室"或"妻房"。《晋书·石崇传》："后房数百，皆曳纨绣，珥金翠。"因"结婚同房"成人之美，使人"圆满"，故以"圆房"谓之。《西游记》第二七回："行者道：'师父……你与他圆房成事，我们大家散了，却不是件事业？何必又跋涉，取甚经去！'"《红楼梦》第六八回："我的主意接了进来，已经厢房收拾了出来，暂且住着，等满了服再圆房。"又，第六九回："凤姐听说，笑着忙跪下……'少不得老祖宗发慈心，先许他进来，住一年后再圆房。'"

唯赣方言区境内各片存有此义，如昌都南昌、修水，宜浏宜春，吉茶吉水、永丰、峡江，抚广抚州、乐安、南城、崇仁、金溪以及鹰弋弋阳等市县，今之乡间老妪犹把"童养媳与未婚夫结婚同房"谓之"圆房"。冀鲁山东淄博，亦言"圆房"一语，但其所指为"桌椅床柜之木器"，与赣方言委实风马牛矣！

造孽 [ts'au^{11}ȵiɛt^5]

（1）佛教语"做坏事"。"造"，《广韵》上声晧韵昨早切："造作。"《尔雅·释言》释之"为也"，即"制作"义。《诗经·郑风·缁衣》："缁衣之好兮，敝予又改造兮！"郑玄笺："造，为也。"又，"孽"入声薛韵鱼列切："臣仆庶孽之事谓贱子也，犹树之有孽生也。"《说文·子部》释之"庶子也"，即妾生之子。《礼记·内则》："适（嫡）子、庶子，见于外寝。"郑玄注："庶子，妾子也。"借之为"坏事"或"罪孽"义。宋金·董解元《西厢记诸宫调》卷三："多情彼此难割舍，都缘是自家孽。"复合词"造孽"，则谓"做坏事"。明·李昌祺《剪灯余话》卷一："我私下以为区区梦幻之身，是因为前生造孽。"《西游记》第八回："菩萨道：'古人云，若要有前程，莫做没前程。你既上界违法，今又不改凶心，伤生造孽，却不是二罪俱罚？'"

（2）可怜。"造"又通"遭"，意即"遭受"义。朱骏声通训定声："造，叚借为遭。《书·大诰》：'予造天役。'马注：'遗也。'按：遗者，遭之误字。"如《庄子·大宗室》："造适不及笑，献笑不及排。"于省吾新证："造应读作遭。"又因"孽"为"庶子"，其地位十分低下，既无奉祀始祖之主祭权，也不能承袭父祖之地位，确是很"可怜"。如此一来，

"造孽"亦具"可怜"义了。《红楼梦》第九四回："若是为着一两个不好，个个都押着他们还俗，那又太造孽了。"

赣方言区昌都南昌、永修、星子、修水等地多用前义。如南昌话："你头世前世造多了孽，故是所以得讲个这样的病""五六十岁个人，硬要人家十七八个女崽子姑娘做小小老婆，箇这是造孽哦！"抚广乐安，鹰弋弋阳，宜浏宜春、高安以及吉茶泰和、安福、吉水、永丰、峡江、莲花、萍乡等市县，上述各个义项皆用之。如萍乡话："该隻伢妹仔那个小孩儿造孽仔，娘老子生母死嘎唎，后娘对她又不好。"湘语、客话及西南官话常用后一义项。《汉语大词典》未收"可怜"义。

三　表示性质或情态意义

赣方言中，表示这类语义成分的是几个时期同一词类中最为发达的一个时期，其构成均已双音复合化了。例如：

飞滚［fɻi⁴²kun²¹³］

特别烫热。"飞"，《广韵》平声微韵甫微切："飞翔。"《说文·飞部》释之"鸟翥也"。由本义引申为"快速"。《汉书·天文志》："彗孛飞流，日月薄食。"因语义虚化而用作程度副词，表"极"或"很"义。"滚"，由本义"大水溃涌"引申指液体高达沸点而翻涌。宋·庞元英《谈薮》："俗以汤之未滚者为盲汤，初滚曰蟹眼，渐大曰鱼眼。"《朱子语类》卷五三："譬如甑蒸饭，气从下面滚到上面又滚下，只管在里面滚，便蒸得熟。"又引之为"液体烫热"，不一定烫得正在翻滚。明·冯梦龙《古今小说》卷二二："那妇人又将大磁壶盛着滚汤，放在桌上。"所以，复合结构"飞滚"，既可说"液体沸滚"，亦能指"液体烫热"。明·冯梦龙《挂枝儿·痒》："便泼上飞滚的热汤也，只讨得外面皮儿的苦。"《醒世恒言·李玉英狱中讼冤》："少顷，丫头将酒旋汤得飞滚，拿至卓边。"

上述"飞滚"诸义，唯赣方言区昌都南昌、永修，抚广乐安，鹰弋万年、弋阳、铅山，宜浏宜春、高安以及吉茶吉安、吉水、峡江等市县，今犹存之。如南昌话"飞滚个开水""豆腐汤飞滚个，当心烧烫到""身上飞滚，病得不轻""地下地上晒得飞滚"。

古怪［ku²¹³kuai⁴⁵］

聪明。"古"，《广韵》上声姥韵公户切："故也。"《说文·古部》释之"故也。识前言者也"。徐铉注："十口所传，是前言也。"系传："古者无文字，口相传也。"引申为"往昔"或"古昔"义。《易经·系辞下》："上古穴居野处，后世圣人易之以宫室。"又引之为"奇特"或"非同寻常"义。唐·张彦远《法书要录·窦蒙〈述书赋语例字格〉》："古，除去常情曰古。"张怀瓘《书断·妙品》："［郗愔］草书卓绝，古而且劲。"又，"怪"去声怪韵古坏切："怪异也。"亦谓"奇而异常"。故而"古怪"，即为"奇异而非同常情"义。宋·朱熹《朱子语类》卷一〇二九："陈烈，行甚高，然古怪太甚。使其知义理之正，是如何样有力量！"又转引为"聪明而不同一般"。明·凌濛初《二刻拍案惊奇》卷一七："这个小娘子也古怪，自来会拣相人物，再不曾说那一个好。方才见了舍人，便十分称赞。敢是与舍人有些姻缘动了？"

"聪明"义，赣方言区昌都南昌、星子，宜浏新余、靖安、奉新、万载，抚广乐安、黎川、进贤、东乡以及吉茶吉安、泰和、吉水、永丰、峡江、永新、莲花、万安、萍乡等地，今犹惯用。譬如，吉水话："该崽男孩真筒真是古怪，冒没有哪个教渠他，渠啥个东西什么事情总都晓得会做。"

健旺［tɕʰiẽ¹¹uõ¹¹］

健康。"健"，《广韵》去声愿韵渠建切："伉也。易曰：天行健。"古之常用义"健壮"。《易经·乾》："天行健，君子以自强不息。"孔颖达疏："健者，强壮之名。"引申为"健康"。清·翟灏《通俗编·境遇》："俗以身却疾病为健。""健康"义起于汉代。《史记·匈奴列传》："贵壮健，贱老弱。"又，"旺"漾韵于放切："美光。""旺"同"暀"。《说文·日部》："暀，光美也。"段玉裁注："《尔雅·释诂》'暀暀、皇皇，美也'。"其本义为"日光之美"。引之为"兴旺"或"旺盛"义。三国蜀·诸葛亮《治军》："以众待寡，以旺待衰。"复合词"健旺"，则谓"身体健康，精力旺盛"，亦即"健康"义。明·凌濛初《初刻拍案惊奇》卷三四："又且常见女儿到家，身子健旺；女儿怕娘记挂，口里只说旧病一些不发。"又，《红楼梦》第九七回："（宝玉）但只听见娶了黛玉为妻，真乃是从古至今天上人间第一件畅心满意的事了，那身子顿觉健旺起来。"

"健旺"一语，唯赣方言区吉茶萍乡、泰和，鹰弋鄱阳、万年、横峰、弋阳、铅山以及抚广乐平等市县，今犹常言。如萍乡话："该隻老倌子那个老头体子身体蛮好，蛮健旺。"

精灵［tɕin⁴²lin³⁵］

机灵聪明。"精"，《广韵》平声清韵子盈切："善也。"段玉裁说文注："择米也。择米，谓槃择之米也。"《论语·乡党》："食不厌精，脍不厌细。"刘宝楠正义："精者，善米也。"引申为"灵气，聪明"。《汉书·儒林传》："其人精悍，处事分明。"又，"灵"青韵郎丁切："神也，善也。"引之为"聪明，灵活"。《庄子·天地》："大惑者，终身不解；大愚者，终身不灵。"所以，"精灵"这一同义复合词为"机敏聪明"义。明·许仲琳《封神演义》第九二回："杨戬曰：'此怪乃梅山得道白猿，最是精灵，俟徐徐除之。'"又，《水浒传》第一一四回："吴用道：'早间李俊报说，张顺要过湖里去，越城放火为号。莫不只是兄长记心，却得这恶梦？'宋江道：'只想张顺是个精灵的人，必然死于无辜。'"

唯赣方言区昌都南昌、新建、安义、永修、星子，抚广抚州、乐安、宜浏新干、丰城、上高，吉茶泰和、吉水、峡江、永丰、萍乡等地，今谓"机灵聪明"为"精灵"。如南昌话："许隻鬼崽那个可爱小孩死特精灵。"

烂贱 ［lan²¹³tɕ'iɛn²¹³］

（1）极贱或价钱极低。"烂"，《广韵》去声翰韵郎旰切："火熟。"段玉裁说文注："熟者，食饪也。饪者，大熟也。熟则火候到矣。引申之凡淹久不坚皆曰烂。熟则可灿然陈列，故又引申为粲烂。"由其进一步引申，使之语义虚化表"甚""极"义，言程度之深。清·吴敬梓《儒林外史》第三回："你是个烂忠厚没用的人，所以这些话我不得不开导你，免得惹人笑话。"又，"贱"线韵才线切："轻贱。"《说文·贝部》释之"贾少也"。段玉裁注："贾，今之价字。"其本义为"价钱低"。《左传·昭公三年》："国之诸市，屦贱踊贵。"因而"烂贱"意为"极贱"或"价钱极低"。明·凌濛初《二刻拍案惊奇》卷二二："一向家中牢曹什物，没处藏迭，半把价钱，烂贱送掉。"这一义项，《汉语大词典》引沈从文《丈夫》为证，时代过晚。

（2）地位极为低贱。"贱"由"价钱低"引之为"地位低下"。《广雅·释言》："贱，卑也。"《论语·里仁》："贫与贱，是人之所恶也。"邢昺疏："无位曰贱。"因此，"烂贱"又谓"地位极为低下"。明·西湖渔隐主人《欢喜冤家·乖二官骗落美人局》："忽闻京里点选秀女，一时人家有未嫁之女，只要有人承召，就送与他了，那里说起年纪大小，贫富不等。人家听了这话，处处把女儿烂贱送了。"

赣方言区吉茶吉水以及鹰弋弋阳等市县，今犹常用后一义项。如吉水话："渠她老公日日把渠打得死泼来哩快要死掉了，渠照样依旧拼命为渠他做事，还好好哩服侍老公，真箇真是烂贱。"

停当 ［t'in²⁵toŋ⁵¹］

聪明能干。"停"，《广韵》平声青韵特丁切："息也，止也。"《说文新附》亦释之"止也"。《庄子·德充符》："平者，水停之盛也。""停"的古字"亭"，本义为"建在高土台的建筑"。因"亭"供人小憩，故篆书加上"亻"，后引申为"停止"。由其本义引出"高耸"义。柳宗元

《商山临路有孤松》诗:"孤松停翠盖,托根临广路。"又由"高耸"衍生为"能力特出"义。又,"当"唐韵都郎切:"主也。"《说文·田部》释之"田相值也"。段玉裁注:"值者,持也,田与田相持也。"引申泛指一般的"对等"或"相当"。《荀子·正论》:"赏不当功,罚不当罪,不祥莫大焉。"另外,还有"掌握""主持"等常用义。《左传·襄公二年》:"于是子罕当国。"所以,复合词"停当"为"聪明能干"义。《西游记》第九三回:"八戒听说,跌脚捶胸道:'你不阻我啊,我径奔彩楼之下,一绣球打着我老猪,那公主招了我,却不美哉,妙哉!俊刮标致,停当,大家造化耍子儿,何等有趣!'"清·吴敬梓《儒林外史》第二回:"他也要算停当的了,若想到黄老爹的地步,只怕还要做几年的梦。"

　　"停当"一语,主要分布于赣东中抚广如抚州、南城、崇仁、金溪以及赣东北鹰弋如鹰潭、鄱阳、乐平、余江、余干、铅山、万年、弋阳等市县。另外,怀岳安徽池州也存。

鲜甜 [ɕien⁴² tˈien²⁴]

　　很甜。"鲜",《广韵》平声仙韵相然切:"善也。"《诗·小雅·北山》:"嘉我未老,鲜我方将。"进而引申虚化为副词"很"或"极"义。《国语·楚语上》:"私欲弘侈,则德义鲜少。"唐·韩愈《送李愿归盘谷序》:"盘谷之间,泉甘而土肥,草木丛茂,居民鲜少。"又,"甜"添韵徒兼切:"甘也。"韩愈《苦寒》诗:"草木不复抽,百味失苦甜。"复合结构"鲜甜"出自明代。冯梦龙《山歌·歪缠》:"煮起来好吃,煎起来又介鲜甜。"诚然,此处"鲜甜"为"新鲜甜美",而非"很甜"义。方言"很甜"谓之"鲜甜",在赣方言区昌都南昌、安义、新建、星子,抚广乐安、崇仁,鹰弋余江、余干、横峰、彭泽、弋阳以及吉茶吉水、永丰等市县用之如常。如南昌话:"橘子鲜甜一个,一滴一点都不酸。"江淮话如江苏盐城,亦有例证稽考。

行时 [hɛn²⁴ sʅ³⁵]

　　形容人得势、走运。"行",《广韵》平声庚韵户庚切:"行步也。"甲骨文作𧗟,形似十字路口,本义"道路"。罗振玉说:"𧗟像四达之衢,人所行也。"《诗经·豳风·七月》:"女执懿筐,遵彼微行。"引申为"行走"义。《论语·述而》:"三人行,必有我师焉。"进而引之为"运行"义。《荀子·天论》:"天行有常,不为尧存,不为桀亡。"又,"时"之韵市之切:"辰也。"《说文·日部》释之"四时也"。段玉裁注:"本春秋冬夏之称,引申为凡岁月日刻之用。"引申为"时机"。《论语·阳货》:"好从事而亟失时,可谓知乎?"又衍生出"时运"义。《史记·项羽本纪》:

"时不利兮骓不逝，骓不逝兮可奈何。"复合词"行时"，也即"走运"意。明·抱瓮老人《今古奇观·柳春荫百磨存气骨》："到次日，村中传知此事，便都来请商春荫去逐疫鬼……那些疫鬼便都散了，病人便都好了。故这家来请，那家来请，商春荫倒像一个行时的郎中，好不热闹。"

　　"行时"一语，赣方言区昌都南昌、武宁、修水，宜浏宜春、高安、上高、樟树、丰城、新余、分宜、万载、宜丰、奉新，吉茶泰和、永新、遂川、吉水、永丰、峡江，抚广抚州、乐安、崇仁、进贤、金溪、黎川、南城和鹰弋鄱阳、铅山、弋阳等市县，习以言之；与此同义的，一些市县说"走运"，如昌都安义、新建，吉茶安福、莲花、萍乡以及鹰弋乐平、万年、横峰、余江、贵溪、彭泽；有的市县二者兼而用之，如南昌也说"走运"。资耒湖南耒阳，也存"行时"一说。

第三节　清代时期的汉语词汇成分

　　清代是我国历史上最后一个由少数民族统治者建立起来的封建王朝，也是我国由东方强国逐渐变为半殖民地半封建社会的一个衰落期。清代前期、中期，统治者采取了各种有力措施，促进经济发展，文化繁荣，国家富强，最终使其政治、经济、文化发展登上了一个高峰，成为当时亚洲最为强大的封建帝国。而后，各方列强入侵，一个个条约签订，一块块疆土丧失，从此这个东方强国不仅失去了昔日耀眼的光辉，而且还揭开了为争取独立而斗争的苦难史之序幕。

　　这一时期的移民主流，以赣省而言，除居民持续迁出外，那就是大批闽广人携家带口迁入赣省人烟稀少、土地荒芜的山区，而且其进发的地区广大，几乎遍及全省各地。当然，其中迁入人口最多的要数赣南宁都直隶州、赣州府、建昌府，赣中吉安府，赣西袁州府，赣北南昌府以及赣东北一些地区。而此时的北民如同明代一样入赣的很少，即便有部分迁入，其影响也十分有限。与此相反，闽广语言文化在赣鄱地区则打上了一定的烙印。所以，我们认为，这一时期的赣鄱语言文化是汉民族语言文化长期影响产生的结果，也是一个相对稳定的发展期。

一　表示人的称谓、时间以及事物名称意义

　　这一时期，赣方言中表示这类语义成分的以双音复合词为主，此外还有部分单音词和多音复合词。例如：

凼 [t‘ɔŋ¹¹]

小坑或小水坑。古韵书或字书未见收录，其古音存疑待考。"凼"亦作"氹"。《清稗类钞·经术类》："氹，蓄水为池也。"清·严如熤《苗防备览·险要考上》："四面峻岭中有田凼，广里许，俗名五马奔槽，象其地形也。"

赣方言区昌都南昌、安义、永修、都昌、修水，宜浏新余、宜丰，吉茶吉水、永新、萍乡以及抚广黎川等市县，今犹常言此语。如南昌话"一个凼""一凼水""筒里有一凼水，莫踩到了"，萍乡话"酒凼酒窝""池凼""水凼牸<small>小水坑</small>""挖隻个凼"之类。另外，吉茶湖南茶陵、醴陵，大通湖南平江以及怀岳安徽宿松、岳西，也言之。

断夜 [t‘on¹¹ia¹¹]

天色已晚，即俗称天黑。"断"，《广韵》上声缓韵徒管切："绝也。"《说文·斤部》释之"截也"，本义为"截断"。《易经·系辞下》："断木为杵，掘地为臼。"引之为"尽"义。明·张羽《清口》："行行重行行，目断双飞鸿。"又，"夜"去声祃韵羊谢切："暮也。"《说文·夕部》释之"舍也。天下休舍也"。段玉裁注："休舍，犹休息也。舍，止也。"孔颖达疏《春秋·庄公七年》："夜者，自昏至旦之总名。"按：张舜徽说，许君以舍释夜，乃声训也。《诗经·唐风·葛生》："夏之日，冬之夜。百岁之后，归于其居。"又本义"夜晚"引申指"傍晚"。《广雅·释言》："夜，暮也。"所以，人们将一天中"昼尽暮来时分"谓之"断夜"。清·吴趼人《二十年目睹之怪现状》第二三回："我看了一看表，已经四下多钟了，此时天气又短，将近要断黑了。"又，第一〇八回："偏偏这天又下起大雪来，直赶到断黑，才到蒙阴，已经来不及进城了，就在城外草草住了一夜。"

赣方言区昌都、宜浏，吉茶以及抚广等片皆存此义，只是后一语素略有变化而已。譬如，昌都南昌、新建、安义、永修、都昌、星子、修水以及抚广南城、崇仁等市县惯用"断夜"，宜浏宜春、高安和吉茶吉安、吉水、永丰常用"断暗"，而峡江、萍乡等地则一般用"断黑"。另外，耒资湖南安仁、耒阳以及大通湖北东南部赣方言，也说"断夜"。

趸 [tɨn²¹³]

（1）整的或整数。古韵书或字书未见收录，其古音存疑待考。《红楼梦》第五一回："王太医和张太医每常来了，也并没个给钱的，不过每年四节，一大趸儿送礼。"

（2）货物整批买进，准备出卖，即囤积。清·唐训方《里语征实》：

"囤贱曰趸。"又，卷上引《人生要览》云："贵时卸丢，贱时趸发，贩默谱底。"徐珂《清稗类钞·农商类》："若保险，若趸积，若代存。"清·吴趼人《二十年目睹之怪现状》第八一回："我此刻收煤，最贵的是三百文一担，三百文作二钱五分银子算，可以提出五十斤油；趸卖出去，算他四十文一斤，这四十文算他三分二厘银子。"

赣方言区昌都南昌、永修、修水，吉茶吉安、吉水、峡江以及抚广抚州、乐安等地，今仍常用第（1）义。如吉水话："渠他进货总是进趸个整的，要相应便宜得多。"末资湖南常宁，则多用第（2）义。

花边　[fa⁴² piεn⁴²]

亦名花边钱，俗称银圆。"花"，由本义引申为"有花纹的（物品）"。明·宋濂《勃泥入贡记》："腰缠花布，无舆马，出入徒行。""边"，《广韵》平声先韵布玄切："边陲也。"《说文·辵部》释之"行垂崖也"，义即"走近山崖边"。由本义引申为"边缘"义。唐·苏涣《毒蜂成一窠》诗："长安大道边，挟弹谁家儿？"因银圆除铸各种图案外，其边缘还镶着花纹，故人们称之为"花边"。清·梁绍壬《两般秋雨盦随笔·洋钱》："其后外洋钱有花边之名，来自米时哥。"陈森《品花宝鉴》第一九回："我得了一个，听说在广东买来，一个是一千块花边钱。"云槎外史《红楼梦影》第七回："梅瑟卿赏了他三十块花边、两匹绫绢。柳湘莲便从身上摘下块汉玉同心佩，递与阿四说：'聊以相赠。'"

赣方言区昌都南昌，抚广黎川、福建建宁和泰宁，鹰弋余干，宜浏高安，吉茶莲花、吉安、吉水、萍乡等地，包括末资湖南末阳，均称"银元"为"花边"。

门龙　[mən³² luŋ³²]

门楣，即门户上的横梁。"门"，《广韵》平声魂韵莫奔切："闻也。"段玉裁说文注："以叠韵为训。闻者，谓外可闻于内，内可闻于外也。"本义为"门扇"。又，"龙"钟韵力钟切："鳞虫之长也。"《说文》释之"鳞虫之长，能幽能明，能细能巨，能短能长，春分而登天，秋分而潜渊"，实为古人想象中的"一种变幻多端的神异动物"。复合词"门龙"即指称门户上那"门楣"或"横梁"。《尔雅》云："楣之谓梁。"郭璞注："楣，门户上横梁。"清·郝懿行疏："今登莱谓之门梁，江浙谓之门龙。"之所以将"门楣"喻为"门龙"，缘起于那架在门户上木刻之横梁形似游龙，它寄寓人们有着一种要把邪恶驱之于门外，将吉祥纳之于户内的美好愿望。过去，赣方言区吉茶吉水、泰和、安福、莲花，昌都新建、安义，宜浏丰城、分宜、奉新等地，均有龙状门楣之雕刻，工艺煞是精良，颇具艺术特色，当地人皆把"门楣"谓之"门龙"。今吴语区也把"门楣"谓之"门龙"。《汉语大词典》未收此条。

契爷 [tɕ'i³¹ia²⁴]

义父，俗称干爹。"契"，《广韵》去声霁韵苦计切："契约。"《说文·大部》解释之"大约也"，本义为"重大契约"。《易经·系辞下》："上古结绳而治，后世圣人易之以书契。"因契约是两半相合的，故引之为"志趣相合的人"。晋·陶渊明《桃花源诗》："愿言蹑轻风，高举寻吾契。""爷"，《玉篇》平声麻韵以遮切："俗为父爷字。"《篇海类编·人物类》释之"俗呼父为爷"。《木兰诗》："军书十二卷，卷卷有爷名。"故称"义父"或"干爹"为"契爷"。清·罗惇曧《太平天国战记·李秀成供状》："张国梁与向帅拜为契爷，他见向帅自缢，故而奋身再与见仗，……杀死数千人。"木鱼书《陈世美三官堂琵琶记》："一程来到张家店，入门叫声契爷身。"

赣东抚广广昌、黎川、南城、宜黄以及昌都安义等地用之如常，且以"契"为语素构成了复合词，如"契娘干娘或女仆""契女干女儿""契崽干儿子""契兄义兄""契弟义弟"之类。

扫帚星 [sau³⁵tsɨu·ɕiaŋ⁴²]

彗星之俗称。"扫"，《广韵》上声晧韵苏老切："同'埽'。埽除。"本义"用帚打扫"或"扫除"。《诗经·大雅·抑》："夙兴夜寐，洒扫庭内。"又，"帚"有韵之九切："少康作箕帚。"甲骨文似笤帚形，其本义为"笤帚"。《礼记·曲礼上》："凡为长者粪之礼，必加帚于箕上。"又，"星"平声青韵桑经切："星宿。说文曰：万物之精，上为列星。"本义"星星"。《诗经·召南·小星》："嘒彼小星，三五在东。"郑玄笺："众无名之星。"故"扫帚星"为星宿名，即"彗星"之俗称，"扫帚星"亦作"扫箒星"。明·黄溥《闲山今古录》："彗星如洗箒状，微见于西方，至酉刻以后渐长如扫箒，人呼曰'扫箒星'。"古时人们迷信彗星出现是一种不祥之兆，因而常用之为詈语。如吴趼人《二十年目睹之怪现状》第八七回："你这个小贱人，命带扫帚星！进门不到一年，先扫死了丈夫，再把公公的差使扫掉了。"又，第八七回："全案算起来有三四十人，难道都讨了命带扫帚星的媳妇么？"

赣方言区昌都南昌，宜浏宜春，吉茶吉水、永丰、萍乡，抚广乐安、南城、黎川、崇仁以及鹰弋鄱阳、弋阳等市县，今常以"扫帚星"为詈语。不过，萍乡谓之"扫把星"，而湖南耒阳又咒之为"扫箒星"。

水色 [sui²¹³sɛt⁵]

健康而红润的面色。"水"，由本义"水流"引申泛指一般的"水"。

《墨子·非攻中》："鱼水不务，陆将何及乎！"又衍生为"物品的成色"或"人的肤色健康程度"。清·李汝珍《镜花缘》第七六回："开钱店倒还有点油水，就只看银水眼力还平常，惟恐换也不好，不换也不好。""色"，《广韵》入声职韵所力切："颜色。"《说文·色部》释之"颜气也"，本义为"脸上气色"。段玉裁注："颜者，两眉之间也。心达于气，气达于眉间，是之谓色。"《论语·颜渊》："夫达也者，质直而好义，察颜而观色，虑以下人。"故复合结构"水色"，乃谓"人的脸部血色"。人们往往把白里透红、健康好看的面色，称之"水色好"；反之，则"水色差"。如清·佚名《情梦柝》第一回："当初我随老爷在嘉兴做官，晓得下路女子极有水色，但脚大的多，每到暑天，除了裹条，露出两脚，拖着一双胡椒眼凉鞋，与男人一般。"

赣方言区境内各片如昌都南昌、永修、星子，宜浏宜春、高安，吉茶泰和、吉水、永丰、峡江，抚广黎川、乐安、南城、崇仁以及鹰弋弋阳等市县，今仍常言青春、健康而肤色红润的姑娘"水色好"；湘语、西南官话，也有此说。《汉语大词典》释此义而书证阙如。

挑脚 [tʻiɐu⁴²tɕiɔʔ⁵]

挑夫。"挑"，《广韵》平声萧韵吐彫切："挑拨。"段玉裁说文注："挑者，谓拨动之。"本义"拨动"或"挑动"。《战国策·中山策》："挑其军战，必不肯出。"大约宋代之后，借为"用肩担着"义。《字汇·手部》："挑，杖荷。"宋·陆游《自题传神》："担挑双草履，壁倚一乌藤。"明·孔尚任《桃花扇·馀韵》："山松野草带花挑，猛抬头秣陵重到。"又，"脚"入声药韵居勺切："脚俗字。"《说文·肉部》释之"脚，胫也"，本义为"小腿"。《墨子·明鬼下》："羊起而触之，折其脚。"《世说新语·贤媛》："李氏起迎，郭不觉脚自屈，因跪再拜。"借代指"人"，还可谓"担任传送或运输的人"。《文献通考·田赋》："（唐）大中二年制，……近者多是权要富豪，悉请留县轮纳，致使贫单之人，却须雇脚搬载。"复合词"挑脚"，亦谓"受雇替人挑运什物者"，即通语称之为"挑夫"。清·钱采、金丰《说岳全传》第五一回："又不去做挑脚，要这草鞋何用！"佚名《情梦柝》第一四回："正要寻下处，见一个人家门首挂着招牌，上写着：'斯文下处'。旁边又写细字：'挑脚经济不寓'。"

"挑夫"义，赣方言区昌都南昌以及吉茶吉安、泰和、吉水等地今犹存之。如南昌话"挑脚箇"，吉水话"做挑脚箇苦力，硬真是累煞人累死人啦"。

现世宝 [ɕiɛn³⁵sɿ³⁵pau²¹³]

出丑、丢脸的人或不成器的人。"现世"，上文已述，此不赘言。

"宝"，《广韵》上声晧韵博抱切："珍宝。礼记曰：地不藏其宝。"《国语·鲁语上》："莒太子仆弑纪公，以其宝来奔。"天地所生，惟人为贵，"人"乃"万物之灵"，故为"珍宝"。复合词"现世宝"则谓"无德无才之人"，殆出自清代。《红楼梦》第六五回："咱们金玉一般的人，却叫这两个现世宝玷污了去，也算无能。"吴敬梓《儒林外史》第三回："我自倒运，把个女儿嫁与你这现世宝穷鬼，历年以来不知累了我多少！"李渔《奈何天·惊丑》："现世宝，现世宝，你看又不中看，吃又不中吃。为什么不早些死了。"

赣方言区昌都南昌、修水，宜浏高安，吉茶吉水、永丰、峡江以及抚广乐安、南城、崇仁等地，皆惯用此詈词。如吉水话："该隻该个鬼打箇好喫吃懒做，坐到坐下喫眍到躺下消消化，不晓得造哩了啥个擘出哩该这个现世宝。"另外，吴语、冀鲁以及东北官话，也存此语。

二　表示行为动作、心理活动以及发展变化意义

赣方言中，表示这类语义成分的除极少数单音词外，基本上为双音复合词，其通行范围大多很广。例如：

包瞒　[pau⁴² mon¹¹]

隐瞒事实真相。"包"，《广韵》平声肴韵布交切："包裹。"《说文·包部》释之"象人裹妊，已在中，象子未成形也"。段玉裁注："引伸为凡外裹之称。"本义"胎胞"，即胎衣。《诗经·召南·野有死麕》："野有死麕，白茅包之。"毛传："包，裹也。""裹"则使人不知其详，故有"掩藏"义。又，"瞒"桓韵母官切："目不明也。说文曰：平目也。"段玉裁说文注："今俗借为欺谩字。"又，《正字通·目部》："俗以匿情相欺为瞒。"故"瞒"亦"掩藏""欺骗"义。唐·寒山《诗三百三首》之二百零七："我见瞒人汉，如篮盛水走。"复合结构"包瞒"，"隐瞒事实真相"之谓。清·李绿园《歧路灯》第六一回："其实包瞒着不足，秤头也怯，每月十几两利息，何苦一定使他？"韩庆邦《海上花列传》第一六回："倘忙碰着个好客人，看俚命苦，肯搭俚包瞒仔该桩事体，要救到七八条性命哚！"又，第四一回："张寿捉空央求淑人，为之包瞒。"

赣方言区抚广乐安、崇仁，昌都修水、星子，宜浏高安以及吉茶泰和、吉水、峡江、永丰等地，今犹惯用其语；昌都南昌则说"瞒到"。如吉水话："该隻这件事，渠他包瞒哩了箇多这么多年，哪个总都不晓得知道。"吴语上海、上海松江，江苏苏州等地亦见使用。《汉语大词典》未见收录此条。

发痧［fæʔ⁵sa³⁴］

患霍乱、中暑之类的急性病。"发"，《广韵》入声月韵方伐切："起也。"常用义之一为"（疾病）发作"。《后汉书·华佗传》："此病后三朞当发，遇良医可救。"又，"痧"韵书未收，为霍乱、中暑等病的俗称。清·文康《儿女英雄传》第三回："不好，这是勾脚痧！转腿肚子！快些给他刮出来打出来才好呢！"所以，"发痧"即指患霍乱或中暑等急性病。清·李宝嘉《官场现形记》第五八回："正想办这件事，凑巧那两天天热，不知怎样又忽然发起痧来。"兰皋主人《绮楼重梦》第三四回："昨儿跑马的女孩受了热，发痧子，今早头疼脑痛，不能出来。"《汉语大词典》，古籍例证阙如。

赣方言也指"患霍乱、中暑之类的急性病"。一旦患上此病，民间常用刮痧法以疗之，今乃不绝。

今天，赣方言区宜浏宜春，昌都安义、都昌、武宁，吉茶吉水以及鹰弋横峰、铅山、贵溪、彭泽等地，不只有"发痧"这一说法，而且还偶会使用刮痧这一古老的疗法；抚广福建建宁、泰宁也存。另外，还有相当部分的市县如昌都南昌、新建，宜浏高安、上高、靖安、奉新、宜丰、万载、丰城、新余、分宜，吉茶吉安、泰和、安福、遂川、万安、峡江、萍乡，抚广抚州、东乡、金溪、崇仁、宜黄、乐安、南城、黎川、南丰以及鹰弋万年等，以言"闭痧"为常，其义与"发痧"等同。

衮边［kuən²¹³piɛn⁴²］

在衣服、鞋子等边缘特别缝制一种圆棱的边儿。"衮"，《广韵》上声混韵古本切："天子服也。"《说文·衣部》释之"天子享先王，卷龙绣于下幅，一龙蟠阿上乡"。又谓之"衣边"。清·唐训方《里语征实》："衣边曰衮。《通雅》：'纯，缘也'，纯音'衮'，犹今言'衮边'，盖囚乎此。""衮"又作"滚"。丁惟芬《俚语证古·衣服》："滚边，纯边也。锁边，緆边也。缘边谓之滚。滚字当作纯（古音读滚），有谓之锁。锁字，当作緆（古音读锁）。郑注既夕礼云，饰衣领袖曰纯，下裳边侧曰綼，下曰緆。""衮边"或"滚边"又谓之"绳边"，亦即"在衣服、鞋子等边缘特别缝制圆棱的边儿"。"绳"本谓"织带"。《说文·系部》："绳，织带也。"段玉裁注："绳，织成带也。"《后汉书·南匈奴传》："童子佩刀，绳带各一。"清·章炳麟《新方言·释器》云："凡织带皆可以为衣服缘边，故今称缘边曰绳边，俗误书作'滚'。"

赣方言区昌都南昌、永修，吉茶吉安、吉水、永丰，抚广乐安、南城、崇仁、黎川以及鹰弋弋阳，等地，常言"滚边"或"绳边"；末资湖南常宁,则说"衮边"。

过身[kuo³⁵ sin⁴²]

婉词,去世。"过",由本义"经过"或"走过"引申为"时间、事情的结束",又引之为"人的生命终结"。清·吴趼人《二十年目睹之怪现状》第五回:"说是刘老爷接了家报,老太太过了。""身",《广韵》平声真韵失人切:"躬也。"《说文·身部》释之"躬也,象人之身",析形不确,本义为"身孕"。《诗经·大雅·大明》:"大任有身,生此文王。"引申为"生命"。《楚辞·离骚》:"鲧婞直以亡身兮,终然夭乎羽之野。"故"过身",亦即"生命的终结",人死之讳言。《二十年目睹之怪现状》第一〇回:"自从你祖老太爷过身之后,你母亲就跟着你老人家运灵柩回家乡去,从此我们妯娌就没有见过了。"

赣方言区昌都南昌、都昌、永修、星子,宜浏宜春,吉茶吉安、吉水、峡江、永丰以及抚广乐安、南城、金溪、福建建宁等地,今犹习用其语。当然,还有其他说法,如宜浏新余、吉茶永新说"过哩",昌都安义、修水"过嘚",安徽宿松"过世",其义亦然。

划算[fa35son·]

谋划,盘算。"划",《广韵》入声麦韵呼麦切:"划作事也。"义为"谋划"。唐·杜甫《送从弟亚赴安西判官》:"须存武威郡,为划长久利?"又,"算"上声桓韵苏管切:"物之数也。"本义"计算"。《仪礼·乡饮酒》:"无算爵,无算乐。"引申为"筹划"。《孙子兵法·计篇》:"夫未战而庙算胜者,得算多也。"同义复合结构"划算",谓之"谋划""盘算"。清·坑余生《续济公传》第二三五回:"韩毓英只得就西面一张椅上坐下,划算道:既有了当不得的大事,他何不同提督去谈,因何要把我留在这里?"又,第二三一回:"长贵把封银子拿出,取了三锭,心中划算道:不过吃了二十多两,有这三锭小宝,一定只多不少。"《汉语大词典》以茅盾《林家铺子》为证,其例过晚。

据考察,赣方言区昌都南昌、永修、修水、星子,宜浏宜春、高安,吉茶井冈山、泰和、吉水、峡江、永丰、莲花,抚广乐安、南城、崇仁以及鹰弋余江、弋阳等市县常用此义,此唯赣方言独存。

捡拾[tɕiɛn²¹³ sit²]

收拾或整理(东西)。"捡",《广韵》上声盐韵良冉切:"说文:拱也。"本义"拱手"。因拾物必敛手,故引申为"拾取"。《红楼梦》第二六回:"方才他问你什么手帕子?我到捡了一块。"又,"拾"入声缉韵是执切:"收拾也。"汉·王充《论衡·别通》:"萧何入秦,收拾文书。"复合结构"捡拾"，亦谓"收拾"或"整理（东西）"义。清·佚名《绣鞋记》第六回："有劳亲家往宝莲庵一走，内中行事可说桀枝、亚左知晓，叫他两个先往何家透个信息，准于八月十三，着凤姐捡拾衣物，等候人来相接，一同动身。"

赣方言区昌都南昌、修水，宜浏宜春、新余，吉茶井冈山、泰和、吉水、峡江、永丰、萍乡以及抚广黎川、乐安、南城、资溪、崇仁等市县，一指"收拾""整理"（东西）的行为动作。譬如，黎川话："把你个的书捡拾正收拾、整理好。"萍乡话："把房里捡拾一下。"二指"收拾""整理"（东西）的习惯。如萍乡话："该隻女人冒得一滴点捡拾，乱七八糟，被窝被子都不折。"湘语湖南双峰、娄底，客话福建长汀以及西南官话贵州黎平、沿河，亦用为动词"收拾""整理"义。

《汉语大词典》已收录"捡拾"一词，其义"搜集""拾取"，与方言"收拾""整理"义略有差异。

撂［liau^{11}］

丢或扔。古韵书或字书未见收录，其古音存疑待考。清·曾朴《孽海花》第三〇回："（彩云）到得家里……把衣服脱下一撂，小丫头接也接不及，撒得一地，倒在床上就睡。"李汝珍《镜花缘》第五十回："房中所有器具，撂的满天飞舞。"又，《红楼梦》第八一回："宝玉忍不住，拾了一块小砖头儿，往那水里一撂，咕咚一声，四个人都吓了一跳。"

赣方言区吉茶萍乡、泰和、永新、吉水，昌都安义、永修、修水，宜浏宜春、宜丰以及抚广乐安等地，常用此义。例如，吉茶萍乡话："粒弹子—种玩具喫吃饭还要耍玩，招呼小心我撂嘎扔掉你个的。"又，"他喫嘎完饭撂嘎丢下碗就走嘎唎走掉了。"安徽宿松亦习用此说。

现眼［ɕien^{35}ŋan^{213}］

出丑、丢脸。"现"，上已述之"显露"义。"眼"，《广韵》上声产韵五限切："目也。"本义"眼睛"。《庄子·盗跖》："比干剖心，子胥抉眼，忠之祸也。"引之"视力所及"。复合词"现眼"为"不良行为暴露于众人眼前"，亦即"出丑""丢脸"之意。清·文康《儿女英雄传》第三一回："作贼的落到这个场中，现眼也算现到家了。"《红楼梦》第八三回："别修的像我嫁个糊涂行子，守活寡，那就是活活儿的现了眼了。"

赣方言区昌都南昌、修水、星子，宜浏新余，吉茶吉水、永丰、峡江，抚广乐安、南城以及鹰弋鄱阳、弋阳等市县，今犹常言之。此外，其他方言区如吴方言、晋语、江淮、兰银以及中原官话等也通行。

攒劲 ［tsan²¹³ tɕin³⁵］

使劲、用力。"攒"，《广韵》去声桓韵在玩切："聚也。"本义为"聚集"。司马相如《上林赋》："攒立丛倚，连卷累佹。"又，"劲"劲韵居正切："劲健也。"《说文·力部》释之"强也"，本义为"强劲有力"。《墨子·节葬下》："耳目不聪明，手足不劲强，不可用也。"故"攒劲"为"使劲用力"义。清·文康《儿女英雄传》第六回："他单臂一攒劲，用力挑开了那棍，回转身来。"佚名《施公案》第一〇三回："（黄天霸）急将身往上一纵，手往下一招，便将那物招在手内，瞧了瞧，扑哧一笑说：'小子真会玩。'说罢单臂攒劲，嗖的一声打去。"又，第一一三回："（谢虎）一转身直扑庙外而来，浑身攒了攒劲，只听'嗖'的一声蹿在墙头。"

"攒劲"一语，赣方言区昌都南昌、安义、永修、修水、星子，宜浏高安、吉茶泰和、吉水、永丰、萍乡，抚广乐安、南城、崇仁、黎川、宜黄以及鹰弋乐平、余干、弋阳等市县，今习用之。如南昌话"攒劲喊""攒劲走""攒劲喫"，萍乡话"来不赢唡，要攒劲""攒劲做，不要蛇懒"。湘语湖南长沙，江淮江苏镇江，中原青海西宁以及西南官话地区，亦如是用之。

《汉语大词典》已收录此条，但古籍例证阙如。

着气 ［ts'ɔk² tɕ'i²¹³］

生气。"着"，《广韵》入声药韵张略切："服衣于身。"引申为"挨着"。唐·杜甫《阆山歌》："中原格斗且未归，应结茅斋着青壁。"又引之为"遭受"。杜甫《曲江对雨》："林花着雨燕支湿，水荇牵风翠带长。"又，"气"去声未韵去既切："气息也。"《说文·气部》释之"云气也"。段玉裁注："气本指云气，引申为凡气之称。"所谓"凡气"，既可指空气、天气、节气，也可指元气、精气、运气，还可指志气、意气、生气等。《释名·释天》："气，忾也。忾然有声而无形也。"《战国策·赵策四》："太后盛气而揖之。"复合结构"着气"，亦即"生气"义，出自清代文献。清·吴敬梓《儒林外史》第一一回："夫人告诉说，编修公因女婿不肯做举业，心里着气。"《红楼梦》第五二回："晴雯方才又闪了风，着了气，反觉更不好了。"

"着气"一语，赣方言区昌都南昌、新建、永修、安义、星子、武宁、修水，宜浏宜春、高安、新余、奉新、靖安、宜丰、上高、万载、丰城、樟树、新干、分宜，抚广抚州、黎川、乐安、南城、崇仁、金溪、资溪、宜黄、南丰、广昌、进贤、东乡以及鹰弋鄱阳、乐平、余干、余江、横峰、铅山等市县，今尚惯用。例如，南昌话："莫着气，跟渠他着什哩什么气。"吉茶吉安、永丰、峡江，亦存此语。

三　表示性质或情态意义

赣方言中，表示这类语义成分的，大多通行地域很广，其构成均已双音复合化了。例如：

开通［kʻai⁴²tʻuŋ·］

言行大方，不拘谨守旧。"开"，本谓之"开门"，引申为"（人）性格开朗，无拘束"。李白《梦游天姥吟留别》："安能摧眉折腰事权贵，使我不得开心颜。"又，"通"本义为"通达"。《列子·汤问》："指通豫南，达于汉阴。"又引为"情理通达"。《荀子·不苟》："上则能尊君，下则能爱民，物至而应，事起而辨，若是则可谓通士矣。"所以，复合词"开通"为"（人）言行开朗大方，不受拘束"义。清·李宝嘉《官场现形记》第五五回："幸喜他读过几年外国书，人还开通，又听得这事不会白做的，将来州官总得另外尽情。"曾朴《孽海花》第三回："众人起身让坐，动问姓名，方晓得是姓云，字仁甫，单名一个宏字，广东人，江苏候补同知，开通阔达，吐属不凡。"

唯赣方言区昌都南昌、永修、星子、修水，宜浏高安、分宜，吉茶吉安、泰和、吉水、峡江、永丰以及抚广乐安、南城、崇仁等市县，今常用此义。如吉水话："该女仔那姑娘真箇真是开通，话老公个礼金渠她自己讲说定，冒话不好意思害羞。"吴语江苏苏州亦言"开通"，但其义为"开导"，与赣方言"言行大方，不拘谨守旧"大相径庭。

脸面［liɛn²¹³miɛn·］

体面或因体面而显得光荣。"脸"，《集韵》上声琰韵居奄切："颊也。"《正字通·肉部》释之"面脸，目下颊上也"。南朝梁·吴均《小垂手》："蛾眉与曼脸，见此空愁人。"引申为"面子"或"情面"。《水浒传》第二一回："婆惜也不曾睡着，听得宋江骂时，扭过身回道：'你不羞这脸！'""面"，王筠说文句读："颜前者，谓自额以下通谓之面也。"本义"脸"或"面部"。复合词"脸面"，谓之"体面"或"好面子"。《红楼梦》第五九回："你再略煞一煞气儿，难道这些人的脸面和你讨一个情，还讨不下来不成？"第七二回："倘或老太太知道了，倒把我这几年的脸面都丢了。"又，李宝嘉《官场现形记》第二三回："他老人家是奉过老太太教训的，道是女人最重的是名节，最要紧的是脸面。"

因有"面子"而体面光荣。赣方言区昌都南昌、永修、星子、修水，宜浏宜春、高安、新余、靖安，吉茶吉安、泰和、吉水、峡江、永丰、萍乡以及抚广乐安等市县，今不仅常用"面子"义，还进而用为"体面光荣"义。如吉水话："渠闹里他家里今年一下考到两个北大，带线连带渠个他们的爹娘真箇真是很体面呀。"又，萍乡话："该家人家屋里嫁女儿多么脸面仔，净都是几样新大件。"

起劲 [tɕʰi²¹³ tɕin³⁵]

情绪高，劲头大。"起"，《广韵》上声止韵墟里切："兴也。"《说文·走部》释之"能立也"。段玉裁注："起本发步之称，引伸之训为立。又引伸之为凡始事凡兴作之称。"因而有"引发""兴起"义。汉·刘邦《大风歌》："大风起兮云飞扬，威加海内兮归故乡。""劲"，本谓"强健有力"。《列子·说符》："孔子之劲能拓国门之关，而不肯以力闻。"引之为"劲头""兴趣"。清·文康《儿女英雄传》第七回："赶他死了，我说，这还守个什么劲儿呢！"复合词"起劲"，意为"情绪高，劲头大"。清·李宝嘉《官场现形记》第三八回："所以他们趋奉太太，竟其比趋奉老爷还要来得起劲。"韩庆邦《海上花列传》第五五回："自家想：陆里再有啥好结果？……覅晚歇忒起劲仔，倒弄得一场空。"

赣方言区昌都南昌、永修、星子、修水，宜浏宜春、高安，吉茶泰和、吉水、永丰以及抚广乐安、南城、崇仁等市县，今犹惯用其语，既可作褒义，又能作贬义。如吉水话："该伙后生那些年轻人正去哩正在比赛，舞得搞得真箇真是起劲。"又，"昨夜晡夜晚，一伙贼牯盗贼来偷东西，发现哩了还打人，有个特起劲猖狂。"

熨帖 [yt⁵ tʰiɛt⁵]

形容（事情）已经完全做好、办妥。"熨"，《广韵》入声物韵纡物切："火展帛也。"本谓"火熨"义，引申为"熨平"。《南史·何敬容传》："衣裳不整，伏床熨之。"又转引为一般的"弄平"，并与"帖"一并连用，意为"做好"或"办妥"。又，"帖"帖韵他协切："券帖，又床前帷也。"《说文·巾部》释之"帛书署也"。段玉裁注："木为之，谓之检；帛为之，谓之帖。皆谓标题，今人所谓签也。"本谓之"以帛制成的书签"，转借为"合适妥帖"义，亦作"贴"。"熨帖"或"熨贴"始见唐代，但仍表达"把衣物烫平"为多。如唐·杜甫《白丝行》诗："美人细意熨帖平，裁缝灭尽针线迹。"白居易《春末初夏闲游江郭》诗之二："展张新小簟，熨帖旧生衣。"而"（事情）办妥"义，似至清代才得以问世。清·赵翼《瓯北诗话·查初白》："初白近体诗最擅长……内召以后，更细意熨贴，因物赋形，无一字不稳惬。"

"熨帖"之"做好""办妥"义，赣方言区昌都南昌、新建、安义、永修、湖口、星子、武宁，宜浏宜春、高安、上高、丰城、樟树、新干、新余、分宜、宜丰、奉新、靖安，吉茶吉安、安福、永丰、莲花、萍乡，抚广黎川、南丰以及鹰弋鄱阳、乐平、万年、横峰、铅山、贵溪、余江、弋阳、彭泽等市县，均常用之。如南昌话"桌子还冒检收拾熨帖"，萍乡话"房里捡收拾得蛮很熨帖""事仔事情还冒没有做熨帖"。

四　表示程度意义

这一时期，赣方言中还出现了表示程度语义的新词类——副词，这也是以往很少见的语言现象，尽管数量少，但其分布地域却很广。例如：

蛮［man^{35}］

表示程度，相当于"很"。"蛮"，《广韵》平声删韵莫还切："南夷名。"本是对"我国古代南方民族"的贬称。《诗经·小雅·角弓》："如蛮如髦，我是用忧。"毛传："蛮，南蛮也。"后借作程度副词，其义等同于"很"。清·韩庆邦《海上花列传》第二一回："再有第二个阿姐，叫黄二姐，算顶好点，该仔几个讨人，自家开个堂子，生意倒蛮好。"西周生《醒世姻缘传》第五回："三间高高的门楼，当中蛮阔的两扇黑漆门。"

"蛮"表程度义，赣方言区昌都南昌，宜浏宜春、新余、分宜、高安、上高、万载、宜丰、靖安，吉茶泰和、吉水、永丰、峡江、遂川、安福、万安、莲花、萍乡，抚广乐安、宜黄，鹰弋鄱阳、铅山等市县，皆习以用之；另外，大通湖南平江，湖北大冶、咸宁、通山、通城等地，亦见使用。

以上对赣方言中的近代汉语词汇成分进行了考释，一共 60 个词语，其中单音词 6 个，双音词 50 个，多音词 4 个，复音词约占同时期总数的 90%。从各个阶段看，元代 12 个词语中，双音词就有 11 个，仅 1 个单音词。其中表示人的称谓、处所以及事物名称的 6 个词语，都是双音词；表示行为动作、心理活动的 3 个，也是双音词；表示性质、情态以及施事关系的 3 个词语中，2 个是双音词。明代 23 个词语中，双音词 20 个，多音词 2 个。其中表示人的称谓、事物现象与名称的 8 个词语，双音词 6 个，多音词 2 个；表示行为、动作的 7 个词语中，仅 1 个单音，其余都是双音词；表示性质、情态的 8 个词语，都是双音词。清代 25 个词语中，单音词 4 个，双音词 19 个，多音词 2 个。其中表示人的称谓、时间与事物名称的 10 个词语中，单音词仅 2 个，6 个双音词，2 个多音词；表示行为动作、心理活动以及发展变化的 10 个词语中，9 个是双音词，仅 1 个单音词；表示性质、情态以及程度的 5 个词语中，也是 1 个单音词，其余都是双音词。

上述情况显示，这个时期赣方言中的汉语词汇发展的特点是双音词占绝对优势。此外，还出现了不少多音词，这是以往不多见的语言现象。赣方言中的汉语双音成分大量产生，我们认为主要通过以下几个途径来实现：其一，以旧词赋予新义，或者说在旧词的基础上引申派生出新词新义。如"烧酒"，是唐代产生的一种酒名，而元代以后则泛指"蒸馏而成的酒"，通称为"白酒"；"古怪"，宋代指"奇异而非同常情"，而明代产生了"聪明而不同一般"的意义。其二，以单音词转化为语素复合成新词新义。这也是一种主要的构词方式，以这种方式复合的词语占有大多数。如"巴结"表示"勤奋"义，产生于明代，实际上它就是以单音词作语素复合而成的一个新词。其三，新造词语与词义，这也是赣方言汉语词汇发展的一种重要方式。如元代的"现世"（"出丑、丢脸"），清代的"花边"（俗称"银圆"）等，似乎都是为适应其时的社会生活、生产等需要而产生的新词新义。

第六章 从古语词看赣方言形成与发展的运行机制及内外动因

法国约瑟夫·房德里耶斯（J. Vendryes）认为："使语言不受任何外来影响而不断发展的理想几乎从来也没有实现过。相反，相邻语言的影响在语言的发展中常常起重大的作用。这是因为语言的接触是历史的必然，而接触必然会引起渗透。"① 语言发展史也表明，语言的形成和发展同其他语言的接触与影响是分不开的，而且在一定的条件下与语言运行机制和内外动因的交互作用也是有密切关系的。对于这一点，不同的人有着不同的语言史观。有的主张语言是"单线演进"的，认为语言的演变仅仅是内部的动因作用；有的则认为语言大多是多元的，是在与其他语言接触、渗透、融合的机制下演变的，也是在其内外动因相互作用的条件下形成与发展的。因而，语言的运行机制与形成动因问题，便成为学者们语言认知上一个颇存争议的重要的焦点问题。

第一节 两种不同的方言史观

在汉语方言形成的问题上，语言学家也存在两种不同的方言史观。一种认为汉语方言这些子语都是从中原古汉语这一祖语中分化而来的，它们好像一棵树干上分出来的若干树枝，形成了一个直线性的分化机制，完全符合施莱哈尔（August Schleicher）的谱系树理论。我们把这一方言形成的理论模式，称为"直线型"一维方言史观。而另一种则反对那古典进化式的"单线演进"论，主张汉语方言是多层次、多元性、多源头的，其形成既有同一语种的同源分化，又有不同语种的异源聚合，是由多种原始语言

---

① ［法］约瑟夫·房德里耶斯（J. Vendryes）：《语言》（岑麒祥、叶蜚声译），商务印书馆1992 年版，第 310 页。

文化长期碰撞、交互作用，并且经过多次重组整合而产生的。这种理论，不单涉及汉语方言的"向量"在时空上的延伸与扩散，还联系到语主的变迁，它表现为一种层迭式的多维的运行机制与形成动因。因此，我们把这一方言形成的理论模式，称为"层迭型"多维方言史观。

一　"直线型"的一维方言史观

这一方言史观的代表人物，主要有高本汉、王力、游汝杰等学者。

20 世纪初叶，瑞典汉学家高本汉（B. Karlgren）运用西方历史比较语言的方法，研究汉语和汉语方言的形成及其发展变化，这使中国语言学界发生了深刻的变革。他认为"汉语的演变从上古到中古再到现代汉语方言是直线发展的，由周秦古音（《诗经》音系谐声音系）演变为隋唐《切韵》音系，又从《切韵》音系中分化出现代汉语各个方言音系。"① 所以，他"以《切韵》为枢纽，上联先秦古音，下联现实的方言，把文献资料和方言的差异结合起来，整理和解释汉语演变的规律。《中国音韵学学研究》就是这一理论体系的核心和基础，集中研究方言和《切韵》的关系。他认为切韵音系是现代汉语各个方言的原始母语，因而汉语史的研究必须把方言和切韵系列的韵书结合起来，使所拟测的古音'跟这个语言的历史上的旧材料相合'，而且'还要能够把中国全部方言（不只一两处方言），解释到一种可信的程度'。"② 他这"三点一线"式的直线型理论模型，在中国语言学界长期占据主导地位，并一直影响到今天。

王力先生早年是追随高本汉理论的。所以，他也认为汉语各方言"同出一源"，它们是"兄弟姊妹"关系。他说："汉语方言是历史形成的。各地的方言无论如何复杂，追溯到最后还是同出一源。这就说明了为什么各地方言的语音有着对应的规律，词汇有许多共同的地方，语法更是基本上相同。"③ 还说："从历史上看方言的发展，会引起人们很大的兴趣。原来这些方言都是兄弟姊妹，各自保存着老祖宗的一些东西。"④ 他的《汉语音韵学》就是追随高氏理论的一种具体体现。但是，"高本汉用《切韵》这把'刀'把汉语史一切为二，认为现代的方言只能跟《切韵》联系，而与《切韵》以前的汉语无关。这就不能不与实际的语言现象发生冲突，而

---

①　李葆嘉：《汉语起源与演化模式研究》，黑龙江教育出版社 2001 年版，第 27 页。

②　徐通锵、陈保亚：《二十世纪的中国历史语言学》，刘坚主编《二十世纪的中国语言学》，北京大学出版社 1998 年版，第 233 页。

③　王力：《王力文集》第三卷，山东教育出版社 1985 年版，第 685 页。

④　同上书，第 686 页。

且也必然会影响高本汉对汉语史的研究。"① 因而，后来他又对自己早年的追随进行了自我否定："从前有人说，《切韵》音系就是隋唐音系。其实，《切韵》并不代表一时一地之音。"② 认为《切韵》是"南北是非，古今通塞"，不能成为联系古今之枢纽，在汉语史研究中没有特殊地位，可以抛开它。正因为这样，在以后的研究中，王力先生撇开了《切韵》，完全以历史时间推移的顺序来确定汉语史的分期，并选择各个时期具有代表性的作家以及韵文、韵书或反切材料来构拟各个时期的音系，比较各个时期音系的异同（如他的《汉语语音史》（1985）就是如此）。对此，徐通锵、陈保亚先生评论说："王力只注意书面材料的整理和排比，只注意时间，而忽视语言的空间差异的比较。"③ 黄笑山先生也指出："这种做法似乎舍弃了历史比较法引进以来重视现代方言的传统。另外，他把语音史看成是一种理想的标准音系的直线发展，语音演变中没有方言的因素，没有方言基础的变更以及由此引起的语音变化，等等，而实际上他所选用的拟音材料是有方言的差别的。"④

游汝杰先生也多次说过，汉语南方方言直接来源于古汉语。在《方言与中国文化》中说："汉语南方六大方言：吴、湘、粤、闽、赣、客的产生，都是由历代北方居民向南方迁徙发其端的。"⑤《汉语方言学导论》中又说："汉语南方方言吴语、湘语、粤语、赣语、平话的直接源头是古代北方汉语，闽语和徽语是从吴语分化出来的，客家方言是从赣语分化出来的。"⑥ 在《中国文化语言学引论》中，他再次作过类似的重申，并且还着重地描画了汉语方言分化的历史层次示意图。⑦

从树形图上可以看出，南方各大汉语方言是同一母语即古汉语生出来的子孙后代，且其树形上的每个节点只有一个入口，表明汉语方言的产生与发展是直线型的，它们从母语分化出来之后，彼此之间就没有影响。这种汉语方言的形成发展模式，无疑是建立在历史比较语言学基础之上的，仍属"单线演进"式的。

---

① 徐通锵：《历史语言学》，商务印书馆 1991 年版，第 136 页。
② 王力：《汉语语音史》，中国社会科学出版社 1985 年版，第 164 页。
③ 徐通锵、陈保亚：《二十世纪的中国历史语言学》，刘坚主编《二十世纪的中国语言学》，北京大学出版社 1998 年版，第 238 页。
④ 黄笑山：《中古音研究的回顾与展望》，《古汉语研究》1998 年第 4 期。
⑤ 周振鹤、游汝杰：《方言与中国文化》，上海人民出版社 1986 年版，第 47 页。
⑥ 游汝杰：《汉语方言学导论》，上海教育出版社 1992 年版，第 110 页。
⑦ 游汝杰：《中国文化语言学引论》，高等教育出版社 1993 年版，第 24 页。

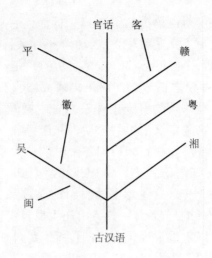

　　台湾学者张光宇先生也主张，汉语方言的南北关系仅仅表现为北方汉语的古今关系，南方的文白音韵都源自北方，只是有时代先后之别而已。①

二　"层迭型"的多维方言史观

　　这一方言史观的代表人物，主要有桥本万太郎、邓晓华、潘悟云、李葆嘉等学者。

　　20 世纪中叶后，日本学者桥本万太郎建立了语言"地理推移"的历史演变模式，提出了与西欧历史比较语言学不同的语言史观——"同化型语系"理论。他认为，所谓"同系语言"并非从"同一祖先"分得的"血液"，而"事实上"是指"借用或同化的部分"。② 也就是说，"同一语系"的各种语言并非完全由同一祖语分化而成，更多的是各种语言在接触过程中相互借用或互为同化所产生的结果。汉语与南方方言的关系，是一种中原汉语长期不断"同化南方语言"的关系。他的夫人余蔼芹在《南方汉语和台话连续体中的底层》中也认为，南方汉语是古代"百越语言"被"汉语化"的结果。③ 桥本万太郎以空间地理推移追溯汉语的历史演变，几乎涵盖了汉语以及汉语方言语音结构、基本词汇与句法结构整个系统的全

---

①　张光宇：《汉语方言发展的不平衡性》，《中国语文》1991 年第 4 期。

②　[日] 桥本万太郎：《语言地理类型学》（余志鸿译），北京大学出版社 1985 年版，第 200 页。

③　同上书，第 203 页。

部内容。①

邓晓华先生力倡汉语方言是多维"层选"演变而成的。他认为"古南方汉语"（按：实指南方方言）的形成，既非完全是"土生土长"，也绝非完全是"北方迁入"，它是一个"多元结构体"。首先，南方除了大的文化区之外，还有若干个地域性的文化区系，如福建闽越、广东南越、江西干越、江浙吴越等，它们共同构成了一个大的南方文化交互作用圈，这是南方汉语方言形成的基础。其次，历代南迁汉人与土著住民聚居，他们彼此之间也形成了一种语言文化上互动机制，而这种互动机制是双向或多向的："一方面古北方汉语主流文化透过'往下渗漏'的机制影响各个地区的地方文化，另一方面地方文化透过'往上传送'的机制成为古汉语主流文化的一部分，从而形成了如闽客这样的'复合型'或'混合型'汉语方言。"② 这样一来，在南方区域与区域之间语言文化互动的同时，南北族群之间语言文化也不断地接触与互动。因而，南方各大汉语方言的形成，是南方与南方、南方与北方多种语言文化长期交互作用过程中"地方化"的结果。这就决定了南方汉语方言的多样性以及多层次："1）古百越语（如古南岛语、南亚语）；2）百越民族后裔——壮侗、苗瑶语（包括由壮侗、苗瑶语混合而成的畲语）；3）自汉、六朝、唐宋各个时期由于科举等'文教传习'作用而南播的北方汉语文读系统，这也包括北人南迁传播的北方汉语。这是南北方汉语同源的根本。"③

潘悟云先生认为南方方言是一种"混合语式的汉语"。他说："语言的演变决不止于这么一种模式，有时候，一种新的语言的出现并不是语言分化的结果，而是一种语言在另一种语言的影响、同化下形成。"④ "汉语的南方方言并不是从北方汉语方言中分化出来，而是古代的百越语在北方汉语的不断影响下，通过语言的混合，旧质不断消亡，新质不断增加而形成的新语言。"⑤ 这些新质语言就是克里奥尔式的混合语——南方汉语方言。在论述这一问题时，作者首先从南方人类基因与北方汉族居民大不一样这个全新的角度，论证了汉语南方方言形成的主体是当地土著居民而非北方

---

① ［日］桥本万太郎：《语言地理类型学》（余志鸿译），北京大学出版社 1985 年版，第189—198 页。

② 邓晓华：《试论古南方汉语的形成》，邹嘉彦主编《语言接触论集》，上海教育出版社2004 年版，第 279 页。

③ 同上书，第 280 页。

④ 潘悟云：《汉语方言史与历史比较法》（稿）。

⑤ 潘悟云：《语言接触与汉语南方方言的形成》，邹嘉彦主编《语言接触论集》，上海教育出版社 2004 年版，第 312 页。

移民，是他们在北方汉文化以及汉语言接连不断的影响下，逐渐地变换自己母语——古百越语的性质，最终形成了以本族语言为底层的混合语——南方汉语方言；然后又从南方汉语方言的内部系统进一步论证其语音、词汇和语序等方面都留有百越语的底层特征。从而得出结论：现代南方汉语方言并不是从同一母语中分化出来的，而是几种母语相互接触与相互混合的结果。这种语言演变如图所示：

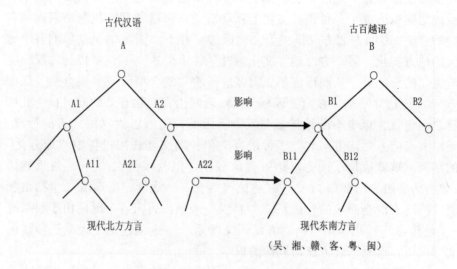

语言接触、混合而形成新语言的模型

从图示可以看出，南方各大汉语方言具有层迭型的多维特点，因为这些南方方言的形成不仅来源于几种母语，而且即使在每一种汉语方言形成之后，仍然还受中原权威方言以及其他方言的影响。这个影响过程一直持续到现在，它在图示的每一个节点可能有两个或两个以上的入口表明了这一点。①

李葆嘉先生也是力主南北汉语具有多维特点的一位学者。他站在语言哲学的高度，提出了语言演变的"时间·空间·语主"三维向量观，建构了"冲突交融·混成发生·推移发展"理论模式。他认为，语言的时间变化是语主的世代传承差异，语言的空间变化是语主的群体迁徙差异，语言

---

① 参见潘悟云《汉语方言的历史层次及其类型》（稿）；《汉语方言史与历史比较法》（稿）；《语言接触与汉语南方方言的形成》，邹嘉彦主编《语言接触论集》，上海教育出版社2004年版，第298—313页。

的社会变化是语主的社会身份差异。因此，研究语言，一方面要遵循从空间发现时间的方法，以汉语方言、民族语言和周边语言以及考古学、历史学的研究成果来追溯华夏汉语的源流，探索华夏汉语与接触语言互动交融的演变大势；另一方面要力求从复杂的事物中发现简单的线索，建立起能够对考古学、传说学、历史学、遗传学、人类学、民族学和语言学中一系列纷繁复杂问题进行通盘解决的理论模式。他还认为，原始华夏语是一种历史混合语，它是在伴随着多种原始文化撞击整合为中原文明的互动过程中所产生的一种多元性、层迭性混合语。所以，南北汉语都不是那种简单的一语分化。南方汉语方言是秦汉以后华夏文明与语言对周边文化与语言逐步扩散且同化程度个别的结果，同时华夏汉语也因受到周边语言的侵染而发生了剧烈的异质变化，从而异化了汉语本身。①

第二节　赣方言形成与发展的运行机制

任何事物的形成与发展变化都同其运行机制密切相关，是其内外组织相互关系与其运行规律共同作用的结果。而机制，就是事物（自然现象或社会现象）内外组织相互关系及其相互运行变化的一种规律。赣方言的形成，也是在这样一种运行机制的作用下逐渐实现的，而且它还是一个十分复杂的问题。它不仅与其形成的人文语言环境关系很大，而更重要的还与其族群互动、语主变换、语言时空延伸及扩展等因素密切关联在一起。

一　赣方言形成与发展的语言文化环境

1. 语网·语系·语区

远古时代，中国的语言状况究竟怎样？李葆嘉先生提出假说，旧石器时代，黄河、长江流域存在一个"连锁型语网"，而这个"语网"到了新石器时代就演变成"分化型语系"和"同化型语区"了。他认为："在语系或语区形成之前，当有连锁型语网状态。随着文明的传播和人口的迁徙，语言的发展总体趋势从相递趋于近同或走向分化，由远古语网演变为太古语区或语系。"② 据考古学发现，大约距今7000年的新石器时代，中国境内就形成了三大考古文化系统，即以种稻农业经济为特征的青莲岗水

---

① 李葆嘉：《汉语起源与演化模式研究》，黑龙江教育出版社2001年版，第6、45—129页。
② 同上书，第98页。

耕文化系统，以种粟农业经济为特征的半坡仰韶旱耕文化系统和以狩猎、牧畜或游牧经济为特征的北方细石器文化系统。① 与此同时，相应地也形成了三大原始语区：太古青莲岗语区、太古仰韶语区以及太古北方细石器语区，或以其族名称之曰太古夷越—苗蛮语区、太古氐羌语区和太古胡狄语区。而每个原始语区又包含若干个不同的部族语群，如太古夷越—苗蛮语区就包括了九夷族、百越族、苗蛮族和僚人族等多种语群。② 其时，赣江流域的山背文化归属于太古青莲岗文化系统，那么赣都语也应属于太古夷越—苗蛮语区的苗蛮族语群，其词汇也就自然而然地打上了苗蛮语群的烙印。

2. 原体·习俗·图腾

远古历史上，赣都地区为苗蛮族与干越族聚居地，又历经吴、越、楚三国角逐，终归于楚。因而，先秦时期，苗蛮、干越、荆楚等族应是赣都居民的主体，或谓之"原体"。尽管先秦历代陆续有中原汉人入赣，但是那时他们还构不成赣都地区居民的主体，只能说是其中一个较重要的组成部分。自古以来，赣都地区有尚鬼、崇巫、喜卜、好祀之风，这正是古苗蛮、干越以及吴楚诸民族所共有的遗风。而其中尤以生活了达千年以上的干越族遗留给赣都地区的文化习俗特征最为显著，如断发文身、缺齿拔牙、耜耕农业、干栏建筑、悬棺崖葬、喜食水产、善造舟船、盛行傩戏等"越族"文化体系的习俗，在赣都地区经世不衰。此外，几千年来，赣都各地一直信奉古越人所崇拜的蛇（龙）鸟（凤）图腾，乡村民间尤喜雕龙画凤，寓含龙凤呈祥、大吉大利，这后来已衍化为整个中华民族所信奉的吉祥物了。

3. 有段石锛·几何印纹陶

在考古文化里，赣都地区有两个最重要的器物特征，一是有段石锛，二是几何印纹陶。关于有段石锛，林惠祥对它的分类、分布及其人类学的内涵作过非常详细的考证和论述。一般的石锛分布很广，但是有段石锛的形制比较特殊，仅仅分布在亚洲的东南部。③ 赣都地区，修水的山背文化（距今约 5000 年）和赣江流域的筑卫城—樊城堆文化（距今 4500—5000年），出土了大量新石器时代富有造型艺术的高级型有段石锛。山背有段石锛与东南一带的有段石锛，有着一定的共性，显然是相互影响的结果；

---

① 石兴邦：《中国新石器时代考古文化体系及其有关问题》，黄盛章主编《亚洲文明论丛》，四川人民出版社 1988 年版，第 40 页。

② 李葆嘉：《汉语起源与演化模式研究》，黑龙江教育出版社 2001 年版，第 104—109 页。

③ 林惠祥：《中国东南区新石器文化特征之一：有段石锛》，《考古学报》1985 年第 3 期。

而筑卫城—樊城堆有段石锛，虽与山背文化的有段石锛存许多相似之处，但更多的还是表现为赣地土著文化或"先越文化"的个性特征。除此之外，赣都地区还出土了大量新石器时代最富特征的几何印纹陶。几何印纹陶是一种表面拍印各种几何图案纹饰的陶器。几何印纹陶的装饰艺术，早在八九千年前的万年仙人洞陶器上就开始萌芽，它连同而后山背文化与筑卫城文化陶器上出现的拍印纹饰，成为日后"广泛流行于东南地区以印纹陶为代表的文化遗存"（考古学家安志敏语）的先声。夏商周时代（即青铜时代），是赣地几何印纹陶发展的鼎盛时期，不仅有山背和筑卫城几何印纹陶文化，还出现了"万年类型"和"吴城类型"的几何印纹陶文化体系。① 据专家研究，几何印纹陶主要分布在我国东南地区，是古代百越民族的文化遗存，也是南方古代一种特有的物质文化形式。② 经考古学分析，南方古印纹陶是古越人在吸收中原汉文化因素的基础上创造的，其地域分布与闽、粤、吴、湘、赣方言分布的区域是相符的。因此，南方汉语方言（除客家）分布的地理格局在先秦时期已经奠定了基础，并在此基础上与北来移民的语言进行交流和融合，逐渐发展为现代南方汉语方言。③

二　赣方言形成与发展的运行机制

语言是一个民族的重要标志，而人又是民族语言的主体。民族语言或方言的形成与发展，无不与人和人的活动密切相关。因而，语言、民族与语主是三位一体的关系，三者不可切割。这正如社会语言学家郭熙所说的，语主存在于民族社会之中，"语言的存在和发展表现为语主、空间和时间的三维向量。语言的空间存在表现为语主的迁徙，语言的时间存在表现为语主的传承，语言既是一种文化形态，又是其他文化的载体"。④

赣都民族的语主几经变更，人文背景交错层迭，这使其运行机制也显得非同一般。那么，赣方言又是在一种什么机制下衍化而成的呢？我们认为，赣方言是在这样一种运行机制——"接触·混合·推移"的交互作用下形成和发展的。赣方言的形成与发展史，实质上就是一部民族语主变换的语言接触史，一部民族语主传承的语言混合史，一部民族语主迁徙的语言推移史。一句话，赣方言的形成与发展史，是一部民族语言"时间·空

① 李国强、傅伯言：《赣文化通志》，江西教育出版社 2004 年版，第 58—64 页。
② 陈文华、陈荣华：《江西通史》，江西人民出版社 1997 年版，第 90 页。
③ 邓晓华：《人类文化语言学》，厦门大学出版社 1993 年版，第 205—208 页。
④ 社会语言学家郭熙语。引自李葆嘉《中国语言文化史》，江苏教育出版社 2003 年版，第 572 页。

间·语主"三维互动的变迁史。

1. 苗蛮族的始创

远古时期，东南沿海、江淮流域各属太古夷越和苗蛮语区，而赣鄱流域归属于苗蛮族居住的语区。大约五帝—夏禹时代，苗蛮族成为赣鄱地区的语主。在长期的劳作繁衍中，苗蛮族创造着自己的民族语言文化，并一代代地传承下去，同时还不断地与华夏、夷越等民族接触、交往，甚至以战争为媒介（如华夏尧舜禹曾与鄂湘赣苗蛮族多次发生大战）来传播人类社会的文明，并在激烈的冲突中促使其语主转换和语言融合。语言演化的结果，不只是苗语语音、词汇、语法沉积为赣方言的"底层"成分，同时也异化了接触、交往、冲突过程中的他族语言。据学者研究，华夏语在同化其他语言的过程中，也不可避免地异化了自己。"根据甲金文可以推断，早期的雅言，语法方面东夷、苗蛮格式占优势，西羌格式也有所保存；词汇方面西羌成分占优势，但东夷、苗蛮成分也不少。"①

2. 干越族的传承

随着苗蛮族的衰落，赣鄱语主继之而起的是血管里混流着苗蛮以及寒族血液的"干越族"——百越族的一支。事实表明，语言的演化与推移，不仅在时空的延伸与扩散中进行，更重要的是在语主的迁徙或其他活动中产生。在赣鄱地区生活了长达千年以上的干越族，商周时期与其他民族不断地接触、交往、冲突，终至混合。在这漫长的过程中，干越人不断地吸收其他民族的长处和精华，创造了自己民族的灿烂文化，传继演化着民族特有的语言文字。据考古发现，山背类型和筑卫城—樊城堆类型的陶器文化，就弥遗着江汉—东南古越文化渊源的影迹；吴城青铜镌刻的古越文字，其"细胞"里也融入了中原商文化的"基因"。与此同时，还保留着古老的夷越遗风，如断发文身、干栏建筑、悬棺崖葬、傩戏舞曲等。数千年来，这些古越遗风在赣鄱地区也渐染成俗。在词汇的衍化过程中，这个时期是共时的多源异质的语言文化相互碰撞，并与历时的民族词汇"底层"结构连续体交融在一起，一同传承着赣鄱地区的民族语言文化。

3. 吴越楚的交叠变换

春秋战国时期，是中国历史上一个大变革、大改组、大融合的时代。其时，赣鄱地区，吴、越、楚在同一地域与不同时间的激烈冲突中交替登场。相应的，语主高频率地不断交叠变换：楚—吴—越—楚；其语言也错综交杂：楚语—吴语—越语—楚语，它们在剧烈的震荡中混成共存着，并

---

① 陈其光：《汉语源流设想》，《民族语文》1996 年第 5 期。

与递嬗的苗越土著"底层"语以及同化或异化的华夏语交织在一起，经过一个漫长过程的过滤、优选、成型与完善，最终衍生出赣鄱地区一种混合型的交际语。

4. 秦汉以后的汉化蜕变

秦汉时期，是历史上一个大统一的时期。经过春秋战国各民族力量的大较量，各民族语言的大融合，儒、墨、道家文化巨人的涌现以及决定中华民族文化走向的"元典时代"的孕育与开创，终于迎来了一个史无前例的全国各民族语言文化大统一的时代。对此，有学者作过这样精辟的论述："春秋战国是中国民族迅速融合的时期，也是华夏族迅速壮大的时期。战国以前，秦、楚、吴、越、徐、淮、巴、蜀等都不属诸夏。战国以后，他们都加入华夏的行列了。强大的汉朝建立以后，南楚、闽、粤等也成了'汉'的一部分，而华夏的族名也被'汉'取代了。"① 大统一之后，秦汉帝国的政治、经济、军事、文化在中华大地上的整体推进，也使汉语向全国各地成规模地推移发展。正是在这种历史背景下，赣鄱地区也发生了历史性的蜕变——语主以汉化的土著和汉民族为主体，并在汉语不断推移发展的同化过程中，经过不断地整合、重组，产生了一种以汉语为主体而融其他多源层迭异质于一体的新语言——南方汉语方言——赣方言。诚然，正如罗美珍先生所说的那样，一种新语言或新方言的产生，"从固有体系到形成新的格局是一个漫长的历程，需要经过语音、词汇、语法三方面的深入渗透才能逐渐改变其原有特质。"② 而在这新旧语言替换的过程中，原有的弱势语言会对新的强势语言施加一定的影响。也就是说，原有语言在替换的语言中会留下它的"底层"成分，这会"使强势语言在替代弱势语言之后受到弱势语言干扰而形成强势语言的变体。"③ 这也是赣方言形成与发展变化的真实反映。

秦汉以后，赣方言的发展还受到过北方汉语几次成规模性向南推移扩展的深刻影响：一是两晋"永嘉之乱"，万余北方移民进入赣北鄱阳湖流域；二是唐朝"安史之乱"，又有数以万计的北民涌入赣北、赣中的洪（今南昌）、抚（今抚州）、饶（今鄱阳）、吉（今吉安）、袁（今宜春）诸州；三是南宋"靖康之难"，大量北民又一次迁入赣北、赣中，并推移

---

① 陈其光：《汉语源流设想》，《民族语文》1996 年第 5 期。
② 罗美珍：《论族群互动中的语言接触》，《语言研究》2000 年第 3 期。
③ 同上。

扩展到赣南地区。① 这样一来，赣方言就构成了一个多层叠加的立体型词汇系统。

赣方言的运行机制再次表明，任何民族的语言都不可能孤立而静止地存在。在其形成与发展的过程中，它必定要同其他民族的语言相互接触、相互影响。尤其是民族的大融合，它必然会带来语言的大融合，这是语言形成与发展变化的一种普遍现象。考古学家和人类学家也发现，"汉族和华夏各民族的细胞中，都有上古四大族属即炎黄、苗蛮、百越、东夷的基因群。"② 毫无疑问，汉语和华夏各民族语言的"细胞"里，同样也必然会深深地打下上古四大族属语言"基因群"的烙印。而赣方言的"细胞"里，当然也不会出乎这个例外。

三 赣方言形成与发展的历史阶段

赣方言形成与发展阶段的确立，必须以这个民族语言"时间·空间·语主"三维转换的运行机制为依据。纵观其历史转换过程，赣方言的形成与发展大致划分为两大阶段：秦汉以前多语转换阶段和秦汉以后汉语方言阶段。

秦汉以前，这个阶段赣语主要有"苗蛮语""百越语""古吴语""荆楚语"，不可否认还有其他方言或语种的影响借用成分以及华夏汉语的接触融合成分。这个阶段的赣语词汇也可以分为不同的历史层次：底层成分——苗蛮语、百越语，遗留成分——古吴语、荆楚语。

秦汉以后，是中原汉语辐射、推移的阶段，汉语对赣鄱地区的影响从北到南不断地扩展，因而赣方言的主体是汉语异化而变了体的汉语方言。这个阶段以北民几次南迁为契机也可以分为不同的历史层次：原始赣方言形成——秦汉时期，赣方言发展之一——两晋时期，赣方言发展之二——唐朝时期，赣方言发展之三——南宋时期。

上述两大阶段以及不同的历史层次，是据赣方言形成与发展的基本事实划分的。它与汉语史上古、中古、近代三个时期的划分，是并行不悖的。因为赣方言的萌芽形成期，其过程十分漫长，完全可以从秦汉上溯到商周甚至更早的史前时代，而中古以后赣方言虽然经过三个迅速发展的阶段，但这难以从根本上动摇赣方言起码从"元典时代"到秦汉以后近千年

---

① 石方：《中国人口迁移史稿》，黑龙江人民出版社 1990 年版，第 215、246—250、297—298 页。

② 李春：《人类语言的大趋势》，《北京大学学报》1995 年第 5 期。

来所奠定的汉语方言的根基。因此，它充其量是同一语言系统的内部调整，而不是不同语言系统的异质变化。

据此，赣方言词汇形成与发展的历史阶段，如下表所示：

	历史朝代	民族文化	词汇层次	词汇演变
上古期	五帝—夏	苗蛮族	苗蛮语	底层成分
	商—周	百越族	百越语	
	春秋—战国	吴—越—楚	吴—越—楚语	遗留成分
	秦汉	秦汉中原文化	前2世纪中原汉语	词汇汉语化（原始赣方言形成）
中古期	两晋（"永嘉"）	两晋中原文化	2—4世纪中原汉语	词汇汉语化（赣方言发展之一）
	唐代（"安史"）	唐代中原文化	7世纪中原汉语	词汇汉语化（赣方言发展之二）
	宋代（"靖康"）	宋代中原文化	12世纪中原汉语	词汇汉语化（赣方言发展之三）
近代期	元明清			

由此可见，赣方言是在一种多维转换的运行机制下形成与发展的，是一个多族互动、多主迁移、多源交融的异质系统，也是一种同源分化与异源聚合而终至汉化的产物，而这正是赣方言有别于其他汉语方言的源点所在。

第三节　赣方言形成与发展的内外动因

事物的形成与发展，尽管其形式复杂多样，途径不尽相同，但有一点是共同的，即都是在其内外动因的作用下实现的。所谓动因，是指促使事物形成与发展变化的内外动力以及内外原因。赣方言的形成与发展，也毫无例外是其内外动因交互作用的结果。

一　赣方言形成与发展的外部动因

1. 社会交际是促使赣方言形成与发展的最根本动因

社会交际是人类语言产生与发展最首要、最根本的动因。一方面，语言的产生是社会交际需要所决定的，是在社会交际的过程中逐渐形成的。另一方面，语言的发展变化也是社会交际需要所决定的，它的任何发展变化都是在社会交际的过程中发生，又最终在社会交际的过程中得以实现。因此，社会交际既是语言产生的直接动力，又是语言发展变化的温床和催化剂。

毫无疑问，社会交际同样是赣方言词汇形成与发展的催生婆。从远古时期起，赣鄱地区就是一个开放的地区。它的语言文化传统，归属于南方语言文化交互圈。还在新石器时代，赣鄱流域就逐步形成具有南方地域特征的语言文化区——赣鄱区。南方语言文化交互圈形成之后，赣鄱流域先是属于苗蛮语言文化圈，继而属于百越语言文化圈，再次属于吴越·荆楚语言文化圈，最后融入华夏汉民族大的语言文化圈，成为汉语南方方言地域文化区之一——赣方言文化区。

在这一地域语言文化区形成与发展的过程中，赣鄱流域始终敞开着大门，同黄河流域华夏各族、长江流域鄂湘皖苏以及东南沿海浙闽粤等地，密切地进行着文化等方面的接触与交流，这也给赣鄱本土词汇带来了极大的影响。特别是大统一之后，秦汉在政治、经济、文化等方面加强了对全国的统治，并通过大力推行统一的文字、统一的民族共同语等措施，不断地加快南北语言文化的融合，从而出现了一个南北统一的汉民族大的语言文化交互圈。在这种"文教传习"背景的作用下，赣鄱本土的词汇也加快了汉化步伐的根本转型。史料以及考古材料均表明，从苗蛮至百越，从百越至吴楚，又从吴楚至秦汉（包括秦汉以后），赣鄱流域土著与之接触、交往，每一阶段都毫无例外地会给赣鄱本土的词汇带来层次深浅不同的异化。而每一次异化，又会使它在一定程度上偏离或者从根本上改变它原有的面貌。

总而言之，社会交际的需要，都会带来语言间的相互渗透、相互影响，而且这是经常发生的事情。而词汇又是语言要素中最活跃的成分，赣鄱土著语出现同源分化或多源聚合与异化的这种现象，在赣方言词汇的历史层次中表现得尤为突出。显然，社会交际是赣方言词汇不同层次语言面貌形成与发展的最根本动因。

2. 部族战争是促使赣方言形成与发展的最基本动因

民族文化的接触与交流，既可以在族群平等互动的祥和气氛中进行，也可以在族群刀光剑影的冲突环境下发生。季羡林先生说："文化交流并不总是在平静祥和的气氛中进行的。比较剧烈的撞击有时是难以避免的。"① 与文化孪生的民族语言也不会例外。语言的接触、交流、融合直至新质要素的形成与发展，有时甚至是以残酷的战争为代价。毋庸说原始华夏语在"涿鹿之战""冀州之战"以及"阪泉之战"三大部族战争中催生形成，即使今天的南方汉语方言很大程度上也是与部族战争相生的。著名学者罗杰瑞说："早在秦汉时代，汉人就进入南方，当时，帝国的军队以征服的方式把这一地区划入中国的范围。对这个地区早期征服的重要结果是，汉语被牢牢地根植于南方，并一直遗留到现在。"②

赣方言以及赣文化的形成与发展，也不是总在"平静祥和"的氛围中进行，时而也会受到部族战争冲突的洗礼，无论是史前苗蛮—百越语的岁月，还是史后吴楚—秦汉语的时期。据史料记载和考古发现，五帝—夏禹时，华夏族南下几征赣鄱流域苗蛮族，给赣鄱苗蛮语施加了一定的影响；春秋战国吴越楚角逐中，赣鄱流域语主交叠变换，终致干越土著语与之混合异化；战国末至秦汉时，赣鄱境内又发生了秦楚战争以及秦汉平越战争，这又促使赣鄱土著语在激烈冲突的交融中发生急剧的异质变化，最终演变为一种汉化了的新语言或新方言。尔后，与战争相生的"永嘉之乱""安史之乱"和"靖康之难"等，其间北民南迁的汉语仍然继续影响着赣方言，使其不断地发展变化。这正如萨丕尔所说的："语言自成为一个潮流，在时间里滚滚而来。它有它的沿流。即使不分裂成方言，即使每种语言都像一个稳固的、自给自足的统一体那样保持下来，它仍旧会时时离开任何可以确定的规范，不断发展新特点，逐渐成为一种和它的起点大不相同的语言，一种实际上的新语言。"③ 确实，每次部族战争之后，赣方言词汇不论是表层还是深层，都会发生不同程度的变化。因此，可以这样说，部族战争是促使赣方言词汇形成与发展的最基本动因。

3. 人口迁徙是促使赣方言形成与发展的最直接动因

人是语言的载体，语言的携带者；不论人到了哪里，语言总是会被带

---

① 季羡林：《现代语言学丛书·序》，东北师范大学出版社1997年版。

② ［美］罗杰瑞：《闽语词汇的时代层次》，《方言》1979年第4期（英文）；《陕西教育学院学报》1997年第2期，宋文程、张维佳译。

③ 萨丕尔：《语言论——言语研究导论》（陆卓元译，陆志韦校订），商务印书馆1997年版，第134—135页。

到哪里。人类的迁徙活动，远在太古时代就已开始了。从打造第一片石器起，人类不仅创造了语言，而且还开始了语主的乔迁之旅。

在语言发展史上，语主的迁徙不单会直接影响着语言扩散的方式，有时还会直接决定着语言形成与发展的方向。所以，有学者说："语言的变化是语主的变化，一部汉语的方言形成史就是一部中国的移民流播史。"①赣方言的形成和发展，也与历代赣鄱流域语主的迁徙和变换有着非常直接的关系。

据文献资料和考古材料看，三苗渊源于九黎族蚩尤—颛兜一脉。相传为争夺黄河流域一块肥沃平原，东南强大的九黎族在蚩尤的率领下与炎帝发生了一次大战。由于炎帝、黄帝两族联合作战，九黎族终归被打败。其结果，九黎族一部分人留在北方，另一部分退回南方。留在北方的九黎族后裔——三苗，后来又与尧帝发生了战争，败后被迫从北方迁入南方鄂湘赣地区。这样，赣鄱流域就有了苗蛮族的语主。不仅如此，赣鄱流域百越族的一支——干越族，也是由早已血肉相连的苗蛮族与南下的"寒族"融合而成的，故而其语主为异族而成，其词汇也是异源而合。②另有学者指出，夏商时期，赣鄱流域还有中原氏羌族团的夏人、虎人、灌人以及戈人等，分批南迁而来，与土著族结合一起，最终成为吴城民族中的成员。这在吴城商代文化遗址中出现的中原文化因素，得到了有力的证明。③可以肯定，他们的语言词汇也会给赣鄱流域留下一定的影响，尽管缺乏语言数据的稽考。

赣鄱流域，发生过多少次人口迁徙，也就有多少次语主变换，其词汇也会随之发生多少次程度深浅不同的异化。即便是部族之间的战争，也不是单纯的族际战争，其中一定会伴随着人口迁移，诸如吴越楚的争霸战争、秦灭楚国的统一战争、秦汉平越的拓疆战争，无一不是同时形成人口迁移大潮的，给赣鄱土著语带来了大的变化，甚至是结构体系上的根本改变。还有秦汉之后的"永嘉之乱""安史之乱"以及"靖康之难"等造成的北民南移浪潮，也一次次地冲刷着赣方言词汇，给它以深刻的影响。有学者说得好："方言的地理分布仅仅是语言相似性的共时表像，语言的历时差异仅仅是语言变化层的累积，人口的迁徙和语主的嬗变才是方言形成的真正动因。"④是这样的，人口迁徙和语主嬗变，确是促使赣方言词汇形

---

① 李葆嘉：《中国语言文化史》，江苏教育出版社 2003 年版，第 212 页。
② 张翙华：《赣文化纵横说》，中国文联出版社 2000 年版，第 17—24 页。
③ 李国强、傅伯言：《赣文化通志》，江西教育出版社 2004 年版，第 71 页。
④ 李葆嘉：《汉语起源与演化模式研究》，黑龙江教育出版社 2001 年版，第 160 页。

成与发展的最直接动因。

二 赣方言形成与发展的内部动因

1. 苗蛮语—百越语的交融传承是赣方言底层成分生成的动因

考古学与民族学发现，今苗瑶语族是古代苗蛮族的后代，壮侗（侗台）语族又是古代夷越族的后代。从古代南方印纹陶文化的分布以及现代苗瑶语和壮侗语的特点看，古代苗蛮语族和夷越语族同属一个语言文化圈。正因为如此，它们在语言上除具各自的特点之外，还有许多共有的特性，如主要语序是主—谓—宾，形态变化很少，没有格助词，量词较多，声调发达，数词定语在中心语之前，名词、形容词、指示词定语位于中心语之后，等等。① 这样一来，它们各自所独具的个性特点，就成了二者分属不同结构体系的源点；而它们之间所具有的共性特征，又成了后者传承前者的基础。这一点，在赣鄱苗蛮语与百越语交融传承的过程中表现得尤为明显。

前已述之，干越语是百越语的一个分支。由苗蛮语转换为干越语，其间看似属于异质融合变化，实则还是有一定的同源异流的传承关系。在这个异质变化与同源传承的过程中，二者常常会出现一个使人们难以认清其面貌的临界处，而这个临界处又往往使人们在认知上产生偏离现象。如赣方言中的"摣"，意为"五指取物"。黔东苗语 ta^3、川黔滇苗语 tp^3、瑶语布努话 tai^3、壮语 $tāw^2$、侗语 $təi^2$、水语 $tāi$、仫佬语 $tsāu$ 等读音，都与郭璞《方言》注的"仄加反（拟读为 tjag）"读音相似。"革"意为"老或皮色憔悴。"湘西苗语 ma^2qo^5、瑶语勉话 ku、布努话 ci^5、壮语 $tāw^2$、侗语 $təi^2$、水语 $tāi$、仫佬语 $tsāu$ 等读音，也与《广韵》古核切（拟读为 kek）对应。又如"姈"，"母亲"义，南方汉语、壮侗（台）语、苗瑶语均普遍使用。以上那些语言体系不同而其音义却又相似或对应的语言现象，实在难以简单地把它们确定为那一个语言类属。这正如俞理明先生所指出的："认知偏移，客观事物的界限，有时不是很清楚的，从量变到质变，常常有一个临界处，这个临界处有时很小，界限就比较容易划分，如果临界处比较大，就形成了所谓中间状态，造成辨识归类方面的把握不定。"②

我们认为，由于赣鄱流域干越族语主的转换，苗蛮语也必然要逐渐地向干越语转型。在这一传承与转型的过程中，赣鄱流域出现了一个苗蛮语

① 陈其光：《汉语源流设想》，《民族语文》1996 年第 5 期。
② 俞理明：《历时词汇学》（稿）。

一干越语并存的双语阶段，其时也会出现一个语言临界处的现象，最后渐次演变为单一的干越语。在与干越语融合的过程中，原有的苗蛮语一部分会被融为你我不分的新质语言成分，一部分则自行消亡，而另一部分生成了新质语言的底层成分。

同为赣鄱词汇的底层成分，干越语为吴楚语替换的方式则不大一样。吴楚语是以强力侵入的方式来替换干越语的。其间尽管有双语阶段，但是时段不会很长，因为它们之间的交替变换是闪电般的进行。干越语正是在这几种强势语言的激烈碰撞中，转而生成赣鄱混合土著语的底层成分，不论是其语音、语法还是词汇，都在赣方言中留下了不少底层痕迹。

2. 古吴语—荆楚语的交叠变换是赣方言孑遗成分生成的动因

赣鄱历史上，最为复杂的语言现象莫过于春秋战国时期。吴楚语的强力侵入，打破了干越土著语原有的格局；吴楚语的轮番较量，促使干越土著语不断地发生裂变；吴楚语的交叠变换，也加速了干越土著语的替换。替换的结果，土著语的一部分不可避免地成为当地语言词汇中的底层。

在这场吴楚语侵入、较量与交叠变换的剧变中，最终以荆楚语的取胜而独步赣鄱流域。此后的较长时间，南楚语成为赣鄱地区的土著语。由于楚语的长期浸染，赣鄱地区有南楚语"辞源"之称，其影响绵延至今。不过，除荆楚语的深远影响之外，古吴语也给赣鄱地区留下了不可磨灭的印记，它们都已成为现代赣方言词汇构成成分的主要来源之一。

在赣方言词汇中，吴楚语的孑遗成分，最常见的有名词、动词、形容词三类，而数量最大的还是动词成分。如名词"囝"（女儿，小孩）、"窠"（动物栖息之巢穴）、"镬"（锅）等，动词"勚"（器物磨损）、"莳"（插秧）、"攘"（拔取）、"揞"（掩藏，捂住）、"睇"（看，探望）等，形容词"惷呆"（愚蠢、呆傻）"阔"（宽、广、大）等，赣方言区均常用之。大量例子，详见第二章"吴楚语的遗留成分"一节，此不赘述。

据研究，"墟"也是荆楚语的遗留成分，而不是传统所说的百越底层词。其理由是，"墟"是"市"在荆楚语里的一个记音词，从古音分析，"市"为禅纽之部，"墟"为晓纽鱼部三等，前者在荆楚语中与后者的声纽相同。"吃（喫）"也被认为是荆楚语的遗留成分，而不是传统所认为的属于古汉语的一个俗体词。其理由，"喫"应当是"食"在荆楚语中的读音。《广韵》里"食"的读音有二：一是乘力切，船纽职部；二是苦击切，溪纽锡部开口四等。"乘力切"应属中原汉语的读音，而"苦击切"则是"食"在荆楚语中的读音，也是《广韵》中第二个读音的来源。再者，现代方言中表示"吃"义的读音也有两个系统：其一是吴语和湘鄂语的声母为舌面音，其二是以中原汉语为代表的其他方言的声母为齿音。前者所继承的是古代荆楚语的读音，而后者所继承的则是古代中原汉语的读音。[①] 据此看来，目前这还属一家之说。

吴楚语的遗留成分是赣方言词汇中的一个重要组成部分，这也是它们彼此之间相互推动，并与土著语交互作用所生成的结果。

3. 华夏汉语的接触影响是赣方言汉化成分生成的动因

在赣鄱的语言史上，与土著语接触最持久、最频繁的是中原华夏汉语；土著语受影响、同化或融合程度最深刻、最彻底的，也是中原华夏汉语。从石器时代到春秋战国时期，赣鄱地区在接受中原地区先进经济与文化影响的同时，也受到了华夏语的深刻影响，这在历史文献数据以及考古材料中都有所反映。尤以秦汉的统一为转折点，赣鄱土著语不只与汉语同化、融合，而且还发生了根本性的转型变化，由南楚语变成了一支汉语方言。特别是在两汉、六朝、唐宋各个时期文学语言或民族共同语南播以及科举考官制度实施等巨大作用下，赣鄱地区的语言受中原汉语的影响更加显著，越来越多地带有中原汉语的特点。赣方言中存有大量上古华夏汉语以及中古汉语的语言事实，就是其接触、影响、同化、融合及其转型而汉化生成的结果，这在赣方言词汇中表现得非常突出。汉语赣方言是不同历史时期影响、同化的产物，因而其语音、词汇和语法也呈现出不同历史发展阶段的时代层次。

例如，赣方言里有这样一个语言事实：北部词语至今还有全浊声母，而南部则没有这一现象。北部词语全浊声母有以下几种情况：（1）逢塞音、塞擦音不论平仄都读不送气浊音。昌都片的湖口、都昌、星子、修水等县读法如此。如：拖、驼—d，拍、白—b，匆、丛—dz，起、技—dʑ'。（2）逢塞音、塞擦音不论平仄都读送气浊音。昌都片的永修、德安等县有此读法。如：拖、驼—d'，拍、白—b'，匆、丛—dz'，起、技—dʑ'。（3）浊声母字读不送气浊音。昌都片的武宁等县有此读法。如：驼—d，白—b，丛—dz，旗—dʑ。[②]

为什么赣方言南北词语会出现这种语言现象的差异呢？语音发展史告诉我们，上古汉语塞音、塞擦音、擦音声母一直存在清浊对立的语音特征，而且中古从魏晋六朝、隋代《切韵》直到中晚唐的声母系统，依然保

---

① 王珏：《见系、照三系互谐与上古汉语方言分区》，《华东师范大学学报》2000 年第 4 期。

② 刘纶鑫：《客赣方言比较研究》，中国社会科学出版社 1999 年版，第 268 页。

留着这一特征。① 根据这一语音特征，我们是否可以这样推断：古语词凡读全浊声母的，可能是浊音还没清化的唐代以前的。也就是说，北部赣方言中全浊声母古语词，是唐代之前如先秦、秦汉、魏晋或隋唐等各个时期北民南移所形成的。而原为全浊声母后却变为清音声母的古语词，可能是唐宋浊音清化以后北民南移所形成的，这种现象在南北赣方言中都存在，也许这就是南部赣方言没有全浊声母的真正原因。这一语言现象与几次大规模的北民南移，由赣北鄱阳湖流域逐步向赣中、赣南地区扩展推移的历史时代，也是十分吻合的。

从赣方言全浊声母是否清化的动因，我们大致可以看出赣方言词汇汉化生成的历史层次，因为语言的三要素是紧密相连的，而语音同词汇的关系表现得尤为直接。语音是语言表达的形式，而词汇则是语言表达的内容；内容要通过形式来反映，而形式又要以内容为载体。方言词汇与方言词的读音，不但表现为内容与形式的关系，更重要的是通过方言词的语音形式，能够清楚地反映方言词汇不同发展阶段的历史层次。这正如严学宭先生所指出的："语音时间上的发展序列，可以寓于空间方言词的差异读音，或者说方言词的语音差异隐含着时间的发展序列。"②

以上就赣方言形成与发展的运行机制和内外动因这一问题作了一个初步的探讨。从中可以看出，任何事物的发展变化，总是在一定机制的运行下由其内外动因的交互作用而实现的。有了一定的运行机制，那么事物的内外动因便起决定性的作用，因为内因是事物变化的依据，外因是事物变化的条件。只有内因而没有外因参与的变化是不存在的，同样只有外因而没有内因促使的变化也是不存在的。因此，在事物发展变化的运行机制中，二者相互依存，缺一不可，它们共同构成辩证有机的统一体。上述分析表明，赣方言词汇系统是在"接触·混合·推移"这样一种机制的运行下形成的，是"时间·空间·语主"三维互动产生的结果；同时又认为，赣方言词汇还具有同源分化与多源聚合的性质特点，是其内外动因的长期作用，并经多次优化组合而形成的产物。

---

① 王力：《汉语语音史》，中国社会科学出版社 1985 年版，第 18、110、165、228 页。
② 严学宭：《新喻市方言词读音成分的层次性》，《民族研究文集》，民族出版社 1997 年版，第 293 页。

第七章　从古语词看赣方言词义的发展变化

认知语言学告诉我们，语言中的任何元素都不可能脱离人的认知活动而独立存在，没有人的认知活动就没有人类语言，同样也不会产生表达人的心智活动的词义。因此，认知与词义的关系十分密切。认知是词义产生的基础，认知的发展变化推动着词义的发展变化；词义又是认知活动的映射，词义的发展变化也反映着人们认知过程的发展变化。研究人的认知活动有助于研究语言中的词义，研究语言中的词义也有助于揭示人的认知规律，不仅普通语言中的词义研究是这样，就是区域方言中的词义研究也是如此。

众所周知，词义是人类认知活动的产物。那么，如何科学地界定"词义"呢？无论《现代汉语词典》还是《汉语大词典》，均释之为"指词的语音形式所表达的意义，包括词的词汇意义和语法意义"。显然，这并未从根本上揭示出它的本质属性。认知语言学认为，词义对社会生活的反映，本质上是人类通过心智活动将其获得对事物的认知以语码的形式加以抽象、概括的结果。因此，词义的发展变化，实质上也反映了人类对世界认知的发展变化，反映了人类对世界的认知能力，是人类认知发展变化在词义中的一种折射。

赣方言词义的发展变化，也真实地反映了赣鄱地区人们对复杂的内外世界的认知能力，也是以人们的心智活动而获得对世界认知不断深化的一种折光。

第一节　词义发展变化的途径

研究表明，赣方言中的词义演变蕴含着词义发展与词义变化两个方面的内容。之所以这样，那是因为词义发展是一般的引申，是一个词或字在其本义基础上产生了新义之后，其本义仍在使用；而词义变化则是一个词或字在其本义基础上产生了新义之后，其本义就消失不用了，只用它的新义。鉴于二者还有许多共性，故在阐述词义的发展变化过程中不作分门别类地区分，而是将其看作同一问题的两个方面，仅在具体分析时对其差异略加说明而已。

那么，赣方言词义以何种途径发展变化？其具体方式又表现在哪些方面？我们将从认知活动的发展变化这一视角对其作些分析。

一　词义发展变化的主要途径

在赣方言词义发展变化过程中，词义引申是其主要途径，这是一种有规律的词义运动。所谓词义引申，就是以词的本义为基础，通过联想而产生出新义的一种词义发展方式。这里的"联想"，就是人们认知域中的一种心智活动，而这种心智活动又与一定的民族文化传统有着密切的联系，这就使词义的引申也往往带有一定的民族自身所独具的方式和内容。正如陆宗达、王宁先生所说的，词义是从词的一点（本义）出发，沿着它的特点所决定的方向，按照各民族的习惯，不断产生出新的词义或派生出新的词语。① 周光庆先生也指出，词义的引申是以联想为必要的心理基础；而作为人的一种心理活动，联想又存在于文化传统之中并受其激发、引导和制约的。②

1. 词义引申的本源

任何事物的发展变化，都是有其本源的，而不是无源之水，无本之木。词义引申也不例外，这个本源就是词的本义。词的本义，也就是它的最初起始义。而这一起始义既是词义认知的源头，又是词义引申的起点和中心。因此，要把握词义引申的脉络，首先必须把握它的本源。

在词义的发展变化中，有些词的本义是最常用的基本义，其发展线索是比较清楚的。但有些词在其发展变化过程中，本义已经不常用或根本不用，这就难以看清其词义发展变化的轨迹了。在这种情况下，要弄清词义引申的本源，非得求助于历史文献不可。如赣方言区，人们常把"告知"或"传达（某种消息等）"谓之"报"，这里所用的是引申义。那么，其本义是什么？这一词义又是怎样发展变化来的呢？这就须从文献中去寻找答案。《说文》云："报，当罪人也。"崔浩注："当，谓处其罪也。"显然，"报"的本义是"按律判罪"。《韩非子·五蠹》："以为直于君而曲于

---

① 陆宗达、王宁：《训诂与训诂学》，山西教育出版社 1994 年版，第 109 页。
② 周光庆：《汉语词义引申中的文化心理》，《华中师范大学学报》1992 年第 5 期。

父，报而罪之。"此处的"报"用的就是本义，意即"判决"。古代判决罪人，一般都要上报的，故由此引申为向上级"报告"。《史记·滑稽列传》："是女子不好，烦大巫妪为入河报河伯。"因为向上级报告是为了告知或传达某种信息，故而又引申为"告知"或"传达（某种消息等）"的意义。起初也许倾向传达不好的消息，后来也就没有好坏之分了。如宋·杨万里《明发阶口岸下》诗："破晓篙师报放船，今朝不似昨朝寒。"元·王实甫《西厢记》第一本第一折："但有探长老的，便记着，待师父回来报知。"而赣方言里，"报"还是重在不好的消息，如丧事等。至此，我们比较清楚地看到，"报"的词义发展脉络为：判决（罪人）→（向上级）报告→告知或传达（某种消息等）。

词义是随着人们认知活动的不断深化而发展变化的，而认知域中的"联想"则是其中由词的本义通向引申义的桥梁。所以说，词的本义既是词义认知的源点，又是词义引申的起点。

2. 词义引申的方式

由于人们对世界的认知不断深化，词义的变化也日益复杂，许多词语都有两个或两个以上的意义，形成了复杂的词义引申网络。赣方言中，也有不少词语存在较为复杂的词义引申关系。就其引申方式而言，大致有以下几种情况。

（1）连锁式引申

连锁式引申是指词的本义 A 只有一个可作为生长点的义项，由这一义项引申演变出新义 B。同样的，B 又引申演变出新义 C，C 又引申演变出新义 D……这样一来，便形成了以 A 为始点的一环紧扣一环的链条线，这种方式也称之为链条式引申。这种引申义，因其距离词的本义远近不同而有所区别：距离近的谓之近引申义，距离远的谓之远引申义；直接由词的本义产生的称为直接引申义，由词的引申义再次引申过来的则称之为间接引申义。

赣方言中，这样的例子屡见不鲜。例如，"猋"本义为"群狗奔跑"，由其本义引申为一般的"奔跑"，又由"奔跑"义进而引申出液体类的"喷射"。如应钟《甬言稽诂》所言之状，"水激射如矢"，其"呼音如猋"。赣方言区传承了"奔跑"义，使用对象既可指动物，又能指人。如："渠他一下就猋跑得寻找不到人，不晓得几快多么快呀！"同时，还使用"喷射"义。如："有没有关住龙头，水紧总是猋起来。"其词义发展的图式为：A. 群狗奔跑→B.（人或其他动物）奔跑→C.（液体类）喷射。

"勌"的本义为"辛劳"或"劳苦"。《说文》："勌，劳也。"《诗经·小雅·雨无正》："正大夫离居，莫知我勚。"毛传："勚，劳也。"由人之辛劳引申为"器物因受磨损而失去了原有的棱角"，如段玉裁说文注："凡物久用而劳敝曰勚。"赣方言区如南昌、修水等市县，今多用"器物受磨损"义。其词义发展的图式为：A.（人）久劳而辛苦→B.（器物）久用而磨损。

从所举例子看出，这种词义引申的方式是随着人们认知活动的纵深拓展而逐步展开的。其引申的特点是，词义朝着一个方向发展变化，模式如图所示：

A→B，B→C，C→D……

（2）辐射式引申

辐射式引申是指词的本义 A 具有多个可作为生长点的义项，由它们引申演变出多个有并列关系的新义 B、C、D……这便形成了一个以 A 为中心的辐射网。派生出来的各个词义与本义有直接的引申关系。

赣方言中，这样引申的例子也为数不少。例如，"后生"的词义引申形成了多项并列的关系。本义为"较后出生"。《尔雅》释男子"后生为弟"。由此引申，一为"子孙"。如《诗经·殷武》句中的"后生"，郑玄释为"子孙"。二为"下一代"或"后辈"。如唐·李白《上李邕》："宣父犹能畏后生，丈夫未可轻少年。"三为"年轻人"或"小伙子"。如《古今小说》卷一三："真人年六十余……如三十岁后生模样。"四形容"年轻"。《水浒传》第二〇回："这阎婆惜水也似后生，况兼十八九岁，正在妙龄之际。"五为"来生来世"，即第二生世。《颜氏家训》："若引之先业，冀以后生，更为通耳。"其词义发展的图式为：

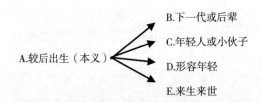

这些义项，在赣方言区皆为常用，尤以"年轻"义为最，且常常出现于乡夫村妇之口，甚至连从未读书识字的老人也习以用之。

又如人们生活中极为常用的"晓"，其本义为"天晓"或"明亮"。段玉裁说文注："俗云'天晓'是也。"《庄子·天地》："冥冥之中，独见晓焉。"《素问·六元正纪大论》："寒风晓暮，蒸热相薄。"赣方言区宜浏片，至今还保留"天亮"的用法，如宜春"天上晓起来哩！"由其本义派生出几个义项：一是"明白""知晓"。清·钱绎方言笺疏："卷十三：晓，明也。……晓为知也。"汉·司马迁《报任安书》："未能尽明，明主不晓。"二是"告诉""通知"。《汉书·苏武传》："单于使使晓武，会论虞常，欲因此时降武。"三是"开导使之明白"。明·冯梦龙《孙仲纯》："孙晓之曰：'汝愚民不知远计……盐多而不售，遗患在三十年后。'"四是"掌握"或"精通（某种技艺）"。三国·诸葛亮《出师表》："将军向宠，性行淑均，晓畅军事。"表示"明白""精通"义，赣方言区均以"晓得"双音形式出现，且多为人们日常生活中所使用。其词义发展的图式为：

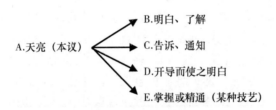

这种辐射型词义引申的特点是，各个词义直接从本义派生而出，以车辐之状朝着不同的方向延伸，模式如下图所示，状犹辐形之射。

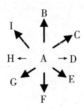

认知语言学认为，人的认知心理机制会影响词义的发展变化，这是各种语言的普遍规律。从上述例子可以看出，词义的派生是多向散发性的。这表明，人的心智意象活动是多维性的，其认知的意象形式也是多维而呈辐射型的。

（3）复综式引申

在词义发展变化的过程中，其引申方式不总是单一地进行的，有时连锁式和辐射式二者还会同时出现于同一个词的词义系列之中，形成多个层次交互引申的复杂关系，故而称之为复综式引申。

赣方言中，这类引申方式也不少见。例如，"缗"本义为"钓鱼丝线"。《说文》释之"钓鱼缴也"。《诗经·召南·何彼秾矣》："其钓维何？维丝伊缗。"高亨注："缗，钓鱼绳也。"由此引申出"以丝线钓鱼"义。如唐·韩愈《寄子侄老成》："采蕨于山，缗鱼于渊。"再引之为"安装弦线"。《诗经·大雅·抑》："荏染柔木，言缗之丝。"毛传："缗，被也。"陈奂传疏："被丝，犹言安弦耳。"从本义又引申泛指一般的"绳子"。如清·王应奎《柳南随笔》卷二："常以缗系脂，悬于当灶，而缗之操纵则于书室中。"因后有以绳穿钱之举，于是便特指"穿钱的绳子"，即《广韵》所谓的"钱贯"。《史记·酷吏列传》："排富商大贾，出告缗令。""缗"即汉书旧注的"丝也，以贯钱也"。随后又派生出"以绳串钱"义。如清·徐士銮《宋艳·奇异》："汴河岸有卖粥妪，日以所得钱置缿筒中，暮则数而缗之。"再引申出"成串的铜钱"。《旧五代史》："官库出纳缗钱。""缗钱"始用于秦汉，既言"千文成串的铜钱"，也泛指所有的铜钱；后因以其缴纳课税，故亦谓"税金"。如《史记·平准书》："异时算轺车贾人缗钱皆有差，请算如故。"赣方言区境内各片以及湖南平江，今犹存"以绳串钱"与"成串铜钱"等义，有"缗"或"缗钱"之说。即使现在，民间也还存藏着不少成串的铜钱，乡民们称之为"缗钱球"或"钱球"。综观词义发展的脉络，其图式为：

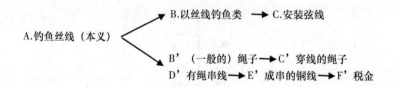

又如"食"，本义为"饭"。《说文》释之"一米也"。按：段玉裁注改"一米"为"入米"："入，集也，集众米而成食也。皀者，谷之馨香也，故其义曰入米。"从本义引申出嘉谷之类的"粮食"。《汉书·食货志上》云："食谓农殖嘉谷可食之物。"《商君书·慎法》："彼民不归其力于耕，即食屈于内。"后其范围扩大了，凡属可吃之物均为"食物"。《尚书·益稷》："暨稷播，奏庶艰食鲜食。"孔颖达疏："与稷播种五谷，进于众人，难得食处，乃决水所得鱼鳖鲜肉为食也。""食物"是人或其他动物所吃的，故又泛指"吃食物"义。《增韵》释之"啖也"。与此同时，还派生出用于液体等类食物的"饮""喝"或"吸"义。如《正字通》有"饮酒亦曰食"之句，《礼记》有"食粥"之语，《天工开物》则有"粟……早者食水三斗，晚者食水五斗"之说。赣方言除承继了"粮食"或"食物"义外，抚广广昌等地今还以"食"表达"吃""喝""饮""吸"等义，无论固体（如饭果等类）、液体（如水茶酒之类）或气体食物（如烟等）均可使用，相当于这个方言区的另一词"噢"的语用功能。"食"的词义发展图式可为：

A.饭（本义）→ B.粮食 → C.食物 < D_1吃（固体食物）　D_2饮、喝或吸（液体食物）　D_3吸（气体食物）

这种复综型词义引申的特点是，连锁与辐射这两种方式于同一语词的词义系列中交织在一起，构成了各式多层交叠而错综复杂的词义引申网络。如下图模拟的或许是其引申模式中的一类，各模式应是千差万别的。

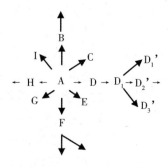

认知语言学认为，由于认知的方式或角度不同，同一物象在人的大脑中会形成不同的"意象"。而这不同的意象，就会使词义发生不同形式的发展变化。上述例子也表明，词义复综性的发展变化，不仅是人的认知成果在词义中的表征，而更重要的是能够揭示人的认知意象发展变化的规律。意象始终是词义所对应的认知成果在思维中的映现。研究它，能"为词义的传承发展寻找深层理据，同时关注动态词义的存现形式"。[1]

---

[1]　魏慧萍：《汉语词义发展演变研究》，内蒙古人民出版社 2005 年版，第 71 页。

二　词义发展变化的其他途径

在赣方言中，词义的发展变化除了词义引申这一主要途径之外，还有一些其他方面的途径，如语法功能的变化、修辞手段的运用等均会带给人们认知上的变化，这无疑也会引起词义的发展变化。

1. 语法功能的变化引起词义的发展变化

从赣方言古语词的探源中看，词语大多不仅有词汇意义，往往还有一定的语法功能。词汇意义是人的认知成果在语言中的概括反映，而语法功能又是认知成果所表现出来的词汇意义在语法结构中的延伸。词汇中的任何语法功能变化，诸如词义的虚化、词性的改变、词语所处句法位置的不同等，均有可能带来词义的发展变化。

（1）词义的虚化

人们对世界的认知，总是遵循着这样一条规律：从具体到抽象，从特殊到一般的过程。

词义的发展变化，似乎也是这样。赣方言中，就有不少虚语义是由实语义发展变化而来的词语。例如，"畀"的本义"给予"，一般用为实语义动词谓语。《尔雅》释之"予也"，段玉裁说文注之语源："古者物相与必有藉，藉即阁也，故其字从丌。"《史记·平准书》："有能告者，以其半畀之。"又因"畀"常作状语，其义便逐渐虚化成虚语义（介词）"用"或"被"。赣方言区抚广片广昌，吉茶片吉安、泰和等市县，至今还常用其实语义，也习用其虚语义。"把"也是这样，本义为"手握"。《孟子·告子上》："拱把之桐梓，人苟欲生之，皆知所以养之者。"赵岐注："把，以一手把之也。"又引之为"给"义。《京本通俗小说》："轿夫……要把四个人的夫钱。"赣方言区昌都、鹰弋、宜浏以及吉茶等片，包括湖南浏阳、平江，湖北蒲圻，今常用"给"这一实语义，作动词谓语。如吉茶吉水话："把伢仔个小孩的学费到我。"萍乡话："把我一本书。""把"又常作状语，故又虚化为虚语义（介词）"被"义。宋·辛弃疾《好事近》："采胜斗华灯，平把东风吹却。"境内赣方言大多都有这一用法。如："该伢仔那小孩把被狗啮哩一口。"又如"搦"，有一义项是"拿着"。《集韵》释之"持也"。南朝梁·刘勰《文心雕龙·序志》："于是搦笔和墨，乃始论文。"赣方言区抚广资溪等地，今仍用此实语义，一般做动词谓语。不过，更多的还是用作虚语义（介词）状语，意为"用"，如"渠他搦用笔画画"。显然，这是从实语义"拿着"虚化而来的。

（2）词性的改变

在特定的语境之中，有时同一词义范畴会出现不同词性义项的相互转化。而这种相互转化，又是由人们对事物认知的信息结构所决定的，因而词性之间的转化也是人类认知发展的结果。这类因词性改变而终将带来词义变化，也是赣方言词义发展变化的方式之一。例如，"坼"本义"裂开"，常作谓语动词。《说文》释之"裂也"。如《史记·鲁仲连邹阳列传》："两主二臣剖心坼肝相信，岂移于浮辞哉！"赣方言区昌都、吉茶等片今仍常用此义，如"树木坼了""墙角坼哩"等。赣方言里，还作及物动词带宾语，如"坼开哩一条缝"。当然，赣方言里更多的还是用为名词"裂缝"或"缝隙"义，如"地板开坼""碗上有坼"之类。这也承继了上古汉语作名词的用法，如《管子·四时》的"补缺塞坼"。又如"暍"，本义为"中暑"，不及物性的，多做谓语。《说文》释之"伤暑也"。如《汉书·武帝纪》："夏，大旱，民多暍死。"偶尔做定语，如《庄子·则阳》的"夫冻者假衣于春，暍者反冬乎冷风"。也用作形容词"热"义。《集韵》又释之"热也"。如《新唐书·韩思复传》："襄州南楚故城有昭王井……行人虽暍困，不敢视。"赣方言区如赣中吉安、吉水、峡江等地以及赣西北，今仍常用动词"中暑"以及形容词"热"等义项。实际上，上文的"畀""把"和"搦"等例，也有这种情况，此不赘述了。

（3）词所处句法位置的不同

在赣方言中，有些词由于所处句法位置的缘故，产生了与其本义联系很少或根本就没有联系的新义。词义的这种变化，认知语言学认为它是有界事物的内部"异质"变化，是人的认知能力在语言结构中的一种反映。①

赣方言中，这种词义变化的例子不少。如"析"，本是"破木"义。《诗经·南山》："析薪如之何，匪斧不克。"又引申为"劈开"义，如《史记·楚世家》有"易子而食，析骨而炊"之语，一般处于句法结构谓语的位置。赣方言区修水、泰和等地，有此意义和用法，如"析木柴""析瓜果"。但修水等地，"析"还常位于数词与名词之间，表示事物的数量单位，如"一析木柴""三析瓜果"类，相当于"块""瓣"等义。又如"沰"，本义为雨水类"落下"。《玉篇》释之"落也"。在句法结构中，它一般也处于谓语的位置上。赣方言区抚广、宜浏、吉茶等片不少地区，常用之作动词谓语。如吉茶吉水话："水沰［to⁴⁴］进来哩。""雨把你个你

---

① 陆俭明、沈阳：《认知理论与语言认知分析》，《汉语和汉语研究十五讲》，北京大学出版社 2004 年版，第 351 页。

的衣裳沕湿透哩。"在抚广、宜浏、吉茶以及昌都等片的多数地方,"沕"还用作表示液体或糊状物体的单位,把数词与名词联系在一起,其义类似于"滴"。譬如,吉水话"一沕[t'o⁵³]鼻屎",昌都南昌话"一沕粥"。还可迭用,如黎川话"一沕沕儿意份量少饭"。由于"沕"所处的句法位置不同,不单其词义起了变化,且其读音也不一样。再如"等",本义"整齐竹简"。《说文》释之"齐简也"。王筠说文句读:"整齐其简牍也。"孙常叙云:"'齐简',就是比而同之,剪掉新制简多余的长度。"由此引申为"等同"或"同样"义。《广雅》释之"齐也"。《墨子·杂守》:"为板箱,长与辕等。"在句法结构中,"等"一般居于谓语的位置。此义与用法,赣方言偶尔用之,如"渠侬他们两家拆迁费应该等个同样的,毛啥没什么差别。"此外,"等"还用为表被动的"被"或"让"义,在句法结构中大多处于状语的位置。如元·关汉卿《窦娥冤》:"我不要半醒热血红尘洒……等他四下里皆瞧见。"赣方言区境内各片,也常用于表被动。例如,南昌话"脚踏车自行车等人家偷泼了偷走了",吉水话"渠他冤枉等该那伙人打哩一餐一顿"。

上述几方面的情况表明,词语中语法功能的任何一个方面的改变,对词义的发展变化都会产生一定的影响,这也从另一侧面反映了人们对世界认知意象所发生的变化。认知语言学认为,语言的"语法结构跟人们对客观世界(包括对人自身)的认识有着相当程度的对应或'象似'(iconicity)关系,或者说语法结构在很大程度上是人的经验结构(即人认识世界而在头脑中形成的概念结构)的模型。"① 在赣方言词义的演变中,各种语法功能变化的方式是相互渗透、密不可分的,这与认知域中不同意象的交织投射"有着相当程度的对应或'象似'关系"。论述时分肌劈理,仅是为叙述的便捷而已。

2. 修辞手段的运用引起词义的发展变化

在赣方言词汇系统中,不少词语是由于修辞的运用而引起词义发展变化的。关于这一点,王力先生曾经也说过。他说:"词义的演变,和修辞的关系是很密切的。在许多情况下,由于修辞手段的经常运用,引起了词义的变迁。"② 不过,认知语言学认为,"人的语言能力并不是一种独立的

---

① 陆俭明、沈阳:《认知理论与语言认知分析》,《汉语和汉语研究十五讲》,北京大学出版社 2004 年版,第 345 页。

② 王力:《汉语词汇史》,商务印书馆 1993 年版,第 102 页。

能力，而跟人的一般认知能力紧密相关。"① 因此，修辞运用所引起的词义演变这一现象，就不单是纯一的语言现象，它还与人的一般认知方式密切关联，也是人类的一种认知现象。

鉴于修辞手段给赣方言词义带来变化的多样性与复杂性，这里仅着重探讨最常见的"隐喻"和"转喻"在词义演变中的认知作用。

（1）"隐喻"在词义演变中的认知作用

"隐喻"是语言表达中普遍存在的一种认知现象，它是词义"从一个认知域（来源域）向另一个认知域（目标域）'投射'的认知方式。"② 这种词义异域"投射"的认知方式，在赣方言词义演变的过程中是普遍存在的。

例如，"捩"本义"拧扭"。《玉篇》释之"拗捩也"。唐·陆龟蒙《杂讽》诗之一："人争捩其臂，羿矢亦不中。"赣方言区抚广、昌都、宜浏以及吉茶等片均常用之。如黎川话："捩拧手巾毛巾。"因为"拧扭"是把物朝着相反或不顺的方向扭转，故而又有"违拗、不驯顺"义，如《新唐书·张说传》"已捩贵臣之意"之语。赣方言也常以之形容一个人脾气"违拗任性"或"固执不驯"。如吉茶吉水话："该隻崽那个男孩真拗捩脾气执拗。"这在认知上给人一种形象化的心理意象。又如"门楣"，即"门梁"，江浙一带谓之"门龙"。长期以来，赣方言区也称之为"门龙"。那么，"门楣"何缘又谓之"门龙"呢？就赣方言区而言，是因为那架在门户上木刻的横梁，形似游龙，人们赋之以驱邪纳祥的寓意。如吉茶各地，乡间随处可见那雕刻龙状的门楣，当地人称之"门龙"。这种传导性的隐喻方式，不只是传递着词义变化的信息，更重要的是从人们认知意象的视点上传递着一种地域文化的价值取向。赣方言中"水色"的词义变化也是这样，其本义为"水的色泽"。如唐·元稹《和乐天早春见寄》："湖添水色消残雪，江送潮头涌漫波。"由此引申指"女性脸部的血色"。如一个女子脸色白里透红，健康好看，人们便谓之"水色好"；不然，则"水色差"，如清·佚名《情梦柝》有"下路女子极有水色"之谓。赣方言区抚广黎川，鹰弋万年、弋阳以及吉茶吉安、吉水、峡江等地，人们还常说肤色红润、青春、健康的姑娘"水色好"。这种认知意象上的流动，蕴含着诗的意境，给人一种美的感受。

---

① 陆俭明、沈阳：《认知理论与语言认知分析》，《汉语和汉语研究十五讲》，北京大学出版社 2004 年版，第 344 页。

② 同上书，第 355 页。

从上述例子看，"隐喻"的词义变化，一般是从一个具体可感的认知域投射到另一个较为抽象的认知域。这种从具体到抽象的过程，正是人的一般认知规律。

（2）"转喻"在词义演变中的认知作用

"转喻"与"隐喻"类似，也是词义演变中的一种认知现象。这一认知现象是词义在"两个相关的认知范畴（属于同一认知模型）之间的'过渡'。"① 其特点在于，它是词义演变中的一种指代手段。

赣方言词义的发展变化，也体现了这一认知现象的指代作用。如"郎中"，本为"官名"，为历代帝王掌管中央政府的重要事务。因为其所管事务，似医生知晓人之脏腑，故人们便称之为"郎中"，这一称谓通行于南方不少地方。明·凌濛初《二刻拍案惊奇》卷二九："真是孝顺郎中，也算做竭尽平生之力。"王古鲁注："吴语称医生做'郎中'或'郎中先生'！"赣方言也如吴语，今还以"郎中"指代"医生"。"挑脚"，其本义为"受雇替人挑运货物"，就如"走脚"谓之"跑腿"一样。"挑脚"后又转指"挑夫"，如《说岳全传》第五一回："又不去做挑脚，要这草鞋何用！"今赣方言区昌都、吉茶片如南昌、吉安、吉水等地，今还常用"挑夫"一义。例如，吉茶吉水话："渠他是个挑脚，累真把力累真苦力！"又如"灶下"，本指"土灶下"。《庄子·至乐》中有"蝴蝶胥也化而为虫，生于灶下"之语。又以之指代"厨房"。宋·孙惟信《水龙吟·除夕》："神前灶下，被除清静，献花酌水。"赣方言区抚广、鹰弋、吉茶等片以及福建泰宁、建宁，大多以"灶下"称代"厨房"。

赣方言中，这类例子还有很多。如以"花嘴"指代"花言巧语的人"，"博士"指代"木匠师傅"，"礁磨"指代"干苦力"，"花边"指代"银圆"等，就不一一列举了。

认知语言学认为，"认知框架"和"显著度"是"转喻"规律中两个最重要的要素。首先，认知框架是以人的经验建立起来的概念与概念之间各种相对固定关联的模式，它是人与外界交互作用的产物，这在词义的变化中得到了具体的反映。其次，显著度是指必须把两个相关的认知概念，置于同一认知框架内方显其可比性。也就是说，在同一认知模型内，A 转喻 B，A 必须比 B 显著，这样才能彰显出显著度的效应。② 上述例子，都

---

① 陆俭明、沈阳：《认知理论与语言认知分析》，《汉语和汉语研究十五讲》，北京大学出版社 2004 年版，第 357 页。

② 同上书，第 360、362 页。

体现了这一鲜明的特点。

第二节　词义发展变化的原因

词义是处于不断发展变化之中的。尽管词义发展变化的原因多种多样，但是从发生学上看，不外乎源自两方面——外部原因与内部原因。因此，要探究赣方言词义发展变化的原因，同样要把影响其词义发展变化的内外因素作为认知分析的切入点。

一　词义发展变化的外部因素

词义是物质客体世界与精神主体世界的认知反映。而这物质的客体世界与精神的主体世界，也就自然而然地成为影响赣方言词义发展变化的外部因素。

1. 词义发展变化中的客体世界

从词的探源中发现，赣方言词义的发展变化与物质客体世界的关系最为密切。因为"客体世界每一个引起人们注意的变化都及时地反映到词义中。客体世界的变化发展是推动义位演变的第一动力。这个动力又包括许多不同方面的动力，诸如：自然和社会个体（多是物质形态）、社会生活（政治、经济、文化、军事、风俗习惯）、科学技术、民族种族、社会集团、历史的发展变化，等等。"① 无论哪一方面发生变化，均会促使认知中的词义发生演变。

首先，自然或社会物质形态的改变，引起了认知中词义的发展变化。自然或社会物质形态是认知中词义形成的本源，它的发展变化必然要引起词义的发展变化。如"落色"在赣方言里是"褪色"义，亦即颜色变淡或脱落。"落"本谓"叶落"，如《礼记·王制》："草木零落，然后入山林。"后泛指物的"落下"或"脱落"。如三国魏·应璩《与侍郎曹长思书》中有"皮朽者毛落"之语。其"叶落"皆缘于"叶枯而泽衰"所致，故"落"又引申为"衰退"义；而把物的"褪色"谓之"落色"，正是此意。如南朝宋·颜延之《祖祭弟文》里有"蕃兰落色"之句。据目前所知，赣方言区昌都、宜浏、抚广、鹰弋、吉茶等片，人们常用之于衣物等方面的颜色变淡或落下。又如"地"，最初与"天"相对，指称大地。

---

① 张志毅、张庆云：《词汇语义学》（修订本），商务印书馆 2005 年版，第 256 页。

《易经·乾》："本乎天者亲上，本乎地者亲下，则各从其类也。"不过，古人认为它是由重浊之气凝聚而成的。《说文》："地，元气初分，轻清易为天，重浊阴为地，万物所陈列也。"后来，又引称土地。《广韵》："地，土地。"因为地是万物存载之所，也是人的尸灵安存之处，所以境内赣方言今不仅用通语中与天相对的"大地"及"土地"等义，还常以"地"指称"坟地""坟墓"，如抚广片包括福建建宁、泰宁有"挂地扫墓""地堆子坟丘"之说，吉茶等片（包括笔者家乡）也有类似的说法，可以单独指称，除具一定的语境之外，似乎不存在其他条件的限制。这样，虽然"地"的能指没有变化，但由于社会物质形态发生了改变，也就促使赣方言认知中的词义所指也发生了一定的变化。

其次，社会政治、经济、文化等方面的改变，引起了认知中的词义发展变化。如"镬"，本是一种炊器——"无足鼎"，古时一般用之煮肉及鱼、腊之类。后来，统治者以之用作烹杀人的酷刑，这就不再是一般的"炊器"了。《汉书·刑法志》："增加肉刑、大辟，有凿颠、抽胁、镬亨之刑。"颜师古注："鼎大而无足曰镬，以煮人也。"随着科技的发展，各式各样的锅类不断出现。尽管这样，赣方言区不少地方还是称"镬"。如吉茶永新、万安、莲花等县，今还把"锅"称为"镬"；抚广黎川等地也有此类说法。又如"花边"，本指器物边缘绘的花纹，后来衣服等编织物或刺绣物，饰边也带上各色花样。不仅如此，就连印刷文字图画也常饰上花纹边框，以此显示其立意之巧妙，还凸显其内容之重要。而"银圆"也称之为"花边"，或许缘于过去的银质货币，其边缘铸制着凸出打眼的花纹，故有这一俗称。如清·陈森《品花宝鉴》第一九回："听说在广东买来，一个是一千块花边钱。"赣方言区各片，如今仍普遍以"花边"称"银圆"。更有甚者，许多目不识丁的乡村长者，还把民国时期的银票以及新中国发行的纸钞，也称之为"花边"。

再次，社会生活的改变，引起了认知中的词义发展变化。社会生活的发展变化也是人们认知变化的一个重要因素，这也必然要反映到表达认知变化的词义之中。例如，"栏"是古越族的一种"干栏式"房屋建筑，其内住人，底层养畜，流行于长江流域及其以南地区。据考古发现，赣鄱地区新石器时代遗址中的那种陶屋，就属于这类干栏式建筑。樟树营盘里和贵溪仙水岩崖，还发掘了西周、春秋时期的"干栏式"建筑遗物。今赣鄱地区仍有各式各样的"栏"，而其认知中的词义所指已经起了变化，它不再是古越族那种人畜混住的屋或家，而仅指"家畜的住处"了，如赣方言各片都有"猪栏""牛栏"之说。又如"云梯"，是古代战争中攻城时用于攀登城墙的长梯。虽然后来战争中不用，而类似于此的一般房屋登楼的梯子却广为使用。因此，赣方言区的人们仍以认知心理意象的投射把它称之为"云梯"，但其认知中的词义所指却已发生了演变。像抚广崇仁，昌都南昌以及吉茶峡江，还有鹰弋一些地方如鹰潭市，如今还把那种可移动的简易木制的登楼梯子叫作"云梯"。

最后，社会关系的改变，也引起了认知中的词义发展变化。客体世界中存在着各种复杂的社会关系，这也是人们认知世界的一种反映。因此，社会关系的发展变化，也是认知中的词义发展变化的一个重要方面。例如，以"邻舍"指称"邻居"，历代文献用之不少。除考源文献之外，又如元·关汉卿《救风尘》："好也！把邻舍都番在被里面。"明·凌濛初《初刻拍案惊奇》："遇到一个邻舍张二郎入京来。"又，《红楼梦》第四八回："你既来了，也不拜一拜街坊邻舍去？"赣方言里，"邻舍"由"邻居"义进而扩至"乡邻"等义，地域由小而大，既可言"邻里"，亦可指"邻村""邻县"甚至"邻省"。虽然"邻舍"的能指未变，但其所指范围，却要依具体情况变化而变化。

当然，客体世界还有许多因素会引发赣方言认知中的词义演变，在此难以一一说明。一句话，词义的发展变化，也就是以旧语赋予新义，是要受其理据制约的，而其中最主要的取决于客体世界之间的相似性或相关性，以及词的语音形式与词义的认知内容之间相对应的关联性。赣方言词义的演变，也毫无例外地受到这一理据的制约。

2. 词义发展变化中的主体世界

从词的探源中还发现，赣方言词义的发展变化与人们认知事物的精神意识即主体世界也有很大关系。因为"主体世界的变化发展，必定是推动义位演变的第二个动力。这个动力包括的主要方面是：思维认识，思想观念，心理感情。"[①] 所以，人们的思维认识、思想观念以及心理感情的变化，也会引起认知中的词义发生演变。

其一，人们思维认识上的深化，促使认知中的词义发展变化。人们对世界的认知是不断发展、不断深化的。随着人们思维认识的深化，认知中的词义也必定要发生相应的变化。这是因为"人的思维从具体到抽象、从特殊到一般的发展都反映在语言里，反映在词义的变化里。思维从具体到抽象的发展和从特殊到一般的发展是紧密联系的，抽象化的过程往往同时

---

① 张志毅、张庆云：《词汇语义学》（修订本），商务印书馆 2005 年版，第 259 页。

就是一般化的过程。"① 赣方言词义的发展变化，也是人们认知思维不断深化的映现。如"觕"，本指具体的"角上"。《玉篇》释之"角上也"。进而演变为"牛角顶撞"义，由此产生出一般"顶撞"的抽象义。赣方言区抚广、昌都、宜浏、吉茶等片，常用这几个义项。如吉茶吉水话："渠他喜欢觕顶撞人，人家真不愿跟渠交往。"又如"驮"，本指具体的"马背负东西"，《集韵》释之"马负物"。由此泛指其他牲口负物，《集韵》谓之"畜负物也"。又引为人背负。如宋·孟元老《东京梦华录》："行菜者……肩驮迭约二十碗。"再产生"人负债"的抽象义。赣方言区鹰弋鄱阳，昌都南昌以及吉茶吉安、吉水等地，人们还常说"驮债"之类。再如"嗽"本指具体的"咬"或"啃"，"嗽骨头"正是用其本义；而"嗽蛆胡说""嗽牙交闲聊；乱扯"之类，则用其抽象的引申义。人们认知事物最重要的本质特征，就是由认识物体的具体可感性朝着认识物体的抽象化方向发展。因而，随着人们思维认识的不断深化，认知中的词义也不断地抽象化，这也是符合人们认知规律的。

其二，人们思想观念上的更新，也促使认知中的词义发展变化。世界是运动着的，事物也是变化着的，人们的思想观念也会随之更新，并促使认知中的词义不断地发生裂变。那么，思想观念究竟为何物？就其本质而言，思想观念是客观事物在人的认知活动中经过思维概括所形成的一种意识。这种思想观念或认知意识的变化，也是词义演变的最好注脚。如"驯善"的义值变化，在赣方言中就是随着人们思想观念的变化而变化的。"驯善"，本指人"驯顺善良"的品格，为人们所推崇。据《史记·蔡叔度世家》记载，蔡叔度之子因"率德驯善"，而被周公举为"鲁卿士"。赣方言区如吉茶各地，也常用此义。由此又引申出人"老实"或"逆来顺受"。赣郡地区有句古谚："人善有人欺，马善有人骑。"因此，曾几何时，在人们的思想观念中，"老实"或"顺从"被当作"无用被欺"的代名词，这就使"驯善"的品行一度遭人质疑，其义值也有所降低。当然，人"老实"或"顺从"有时也有其可取之处，那就是"安分守法"，任劳任怨，据考察还颇受一些用人单位的青睐。这样一来，"驯善"的义值又有所上升。在赣方言区，就是"驯善"的家畜，主人对之也是宠爱有加。又如"古怪"，其义"奇异""非同常情"，指人时多用于行为、脾气或性格怪异，属贬义。而赣语区，人们的潜意识是一个人只有"聪明"才能"非同一般"，故而它被转引为具有褒奖的"聪明"义。抚广、昌都、宜浏以

---

① 张永言：《词汇学简论》，华中工学院出版社1982年版，第56页。

及吉茶等片，今犹惯用此语。如吉茶吉水话："该女仔_{女孩}古怪得要死_{意即非常聪明}，渠啥个针线事_{什么针线活}总都舞得正_{做得好}"。此类义值的演变，其他方言也有类似现象。上述例子表明，赣方言中的词义演变以及义值升降与否，完全取决于人们的思想观念是否发生变化。而人们的思想观念，归根结底又是随着人们认知事物过程所产生的意象流动而变化的。

其三，人们心理感情上的变化，同样促使认知中的词义发展变化。在认知的过程中，词义的演变是多样性的，这与人们的心理感情多变性有密切关系。人们的崇尚心理、求美心理、喜好心理、忌讳心理、憎恶心理等等，均是促使赣方言词义演变的因素。

（1）崇尚、赞许的心理情感

人们普遍存在一种崇尚、赞许真、善、美的认知心理，这是由人的天性本能所决定的。赣方言词义的发展变化，也反映了这样一种普遍存在的认知心理现象。例如，"齐整"本谓"整齐""井然有序"。《六韬·龙韬·兵征》中有"三军齐整"之谓。又引之"齐备"义。如《金瓶梅》第六回："另安排一席齐整酒肴预备。"因为"整齐"和"齐备"都含有"好"的义素成分，故又用于女性的"端庄""漂亮"。如元·白朴《东墙记》第二折："据相貌容颜齐整，论文学海宇传名，堪人敬。"境内赣方言，今依然广用"齐备"和"端庄"或"漂亮"等义。如吉茶吉水话："嫁妆办得真箇_{真是}齐整_{齐备、有排场}。"宜浏上高话："渠个_{他的}女仔_{女孩}生得蛮齐整_{端庄、漂亮}。"显然，人们以"齐整"言之，无疑表达了一种崇尚、赞许的认知心理。

赣域素来崇尚礼义，以诚待人，这亦反映在赣方言的词义上。如"作礼"，本谓"行礼"或"施礼"。如《西游记》第四五回："径到五凤楼前，对黄门官作礼，报了姓名。"因之引申为"讲礼貌"。赣方言区鹰弋、昌都、抚广、吉茶等片的一些市县，素有向长辈或德高者作揖的礼数，尤以贺庆时为甚。即使不施礼作揖，人们也处处以"讲礼貌"或"讲客气"来表达"作礼"的虔诚。

又如"巴结"，由"营取"义衍生出崇尚人们"勤奋努力"；"古怪"由"不同常情"义引申赞许人"聪明"；"标致"由器物的"精致美好"义转而赞美女性"漂亮"。凡此种种，无不表达了方言区人们认知中那种崇尚真、善、美的心理状态。

（2）向雅、求美的心理情感

向雅避俗、求美弃丑，也是人们普遍存在的一种认知心理特征。这一点，在赣方言词义演变中也有所凸显。如"东司"，本是唐代设于东都洛阳的一种"官署总称"。唐·白居易有"分命在东司"诗句。后来，人们雅称"厕所"为"东司"。宋·无名氏《张协状元》："早晨间侍奉我们汤药，黄昏侍奉我们上东司。"赣方言区亦常以之雅称"厕所"，如抚广南城、南丰、崇仁、金溪、进贤、福建建宁，昌都修水，吉茶莲花、永新、萍乡、鹰弋万年、余干，宜浏宜春、万载、清江、分宜等地，无论学人还是目不识丁者，均如是说。何缘有此之说呢？这源自唐宋以后，那些地方为士子、儒生以及商贾云集之地，故其说与此社会背景密不可分。赣方言里，类似的例子还有"出恭"。它本为元代科考中设置的名为"出恭""入敬"牌子，目的是防士子擅离座位。士子如欲入厕，须先领此牌子方可进入。当然，士子入厕是为大、小便，故人们便把解大小便雅称为"出恭"。元·关汉卿《四春园》第三折："俺这里茶迎三岛客，汤送五湖宾，喝上七八盏，管情去出恭。"赣方言区宜春、萍乡、万载、抚州、南城、修水、清江、余干、南丰等地，人们不只惯用"出恭"这一雅称，而且还细分大便为"大恭"、小便为"小恭"。

赣方言中类似的例子还有很多，如"蛇"雅称为"青龙"，"猪头"为"神福"或"纱帽"，"猪骨头"为"圆宝"，"坐月子"为"蓄皇帝"等，无不打上了人们认知事物过程中的那种向雅、求美的心理情愫的烙印。

（3）亲善、喜爱的心理情感

人与生俱来就是具有丰富情感的神灵。在七情六欲中，最为可贵的是亲善、友爱之情。毫无疑问，在人们的认知过程中，这也是赣方言词义变化中的一个重要内容。如"囝"，本是闽人自家"儿子"的称谓。《集韵》："闽人呼儿曰囝。"赣东抚广广昌等地，因地缘关系，多受闽语及吴越语的影响，亦习用此语，不仅称自家"儿子"为"囝"，还可称别人家的"孩子"。长辈亲切地称小孩为"囝"或"到囝"，其中饱含了对孩子无限仁善、慈爱、包容的宽广情怀。赣方言中，类似的例子还有"囥"，赣东北鹰弋鄱阳等地常用之。

又如"婆婆"一语，本是人们对老年妇女以及孙儿对祖母的尊称。而赣方言区如吉茶吉水等地，还有一种移情于物的用法。农家往往把家畜看成家庭中的重要成员，尤其是当家畜（如耕牛、母猪等）给主人带来丰厚的经济收益时，主人会喜不自禁地赋予家畜人的情感，与之对起话来。每当此时，主人不仅要轻柔地抚摸家畜的头与身，还会从心坎里喃喃地呼唤"婆婆"的爱称。

（4）委婉、忌讳的心理情感

在赣方言中，有大量委婉、忌讳的表达方式，这两者又往往水乳交融。而这正是人们认知心理情感在词汇中的一种映射，也是促使词义超常演变的一个重要因素。如"死"是人们普遍忌讳的一种心理现象，故而出现了许多婉称。赣方言表达人"死"的婉称，就有"过世""过身""去世""过去""作古""走哩""过哩""老哩"等词，与之相应地也赋予了它们"死"的意义。又如"棺材"也是人们忌讳的，赣方言有"寿器""寿材""寿树""寿木""寿房"，还有"老屋""千年屋"等婉称，人们用"寿""老""千年"冀望于人岁长久。不过，这些婉称依然还是相应地获得了"棺材"的意义。

还有许多忌讳婉称的用法，如"洗猪"（杀猪）、"顺风"（猪耳朵）、"招财"（猪舌头）、"相公"（蛆）、"君子"（老鼠）、"享福"（睡觉）、"喫茶"（吃药）、"旺"（猪血等）、"喫起"（吃完）、"有出息"（屋漏）等，这些都使词义获得了超乎寻常的发展变化。

（5）厌恶、憎恨的心理情感

厌恶与憎恨是一对相伴相随的孪生姐妹，这也是人们认知过程中产生的一种心理情感，它也必然要反映到词义的发展变化之中。如"睩"，古代常用义"看"。《玉篇》释之"视貌"。赣西北修水等地，今口语用其引申义"眼珠转动"，含有一种厌恶的心理情感。又如"龌龊"，古汉语常用义"气量狭小"。李善文选注"小节也"，因之引申"卑劣下流"。如清·李伯元《官场现形记·自序》："（南亭亭长）熟知夫官之龌龊卑鄙之要凡，昏聩糊涂之大旨。"赣方言区抚广、鹰弋、昌都、吉茶等片，常用此义，表达对人或事的憎恶之情。如吉茶吉水话："该隻人那个人真个真是龌龊，特斯故意杠马脚趁人不注意，横插一脚把人家该女仔姑娘舞倒哩弄倒了。"再如"龅牙"或"龅齿"，"牙齿突露唇外"义。这虽是一种自然的生理缺陷，但人们看着总感觉不舒服，以致产生厌恶感。如吉茶吉安、吉水、峡江等地，常以之作詈词。此类例子，赣方言中还有如"木虫"（愚笨、迟钝的人）、"花嘴"（以花言巧语惑众的人）、"鬼头"（狡猾的人）、"阴刀子"（阴险）、"二"（傻）、"蝇"（营利小人）等，在一定程度上均表达了人们认知心理上的憎恶情感。

大量例子表明，"语义不仅仅是客观的真值条件，而且是主观和客观的结合，研究语义总要涉及人的主观看法或心理因素。"[1] 因为事物之间的

---

① 陆俭明、沈阳：《认知理论与语言认知分析》，《汉语和汉语研究十五讲》，北京大学出版社2004年版，第346页。

联系是通过人的认知"心灵空间"以语义映射的形式来实现的。① 虽然人们对同一"物象"心理意象的"投射"有其共通性的一面，甚至产生情感上的共鸣，但也不可否认它的另一面，即在某种程度上，认知同一物象"由于人们的注意点不同或观察角度不一样，就会在头脑中形成不同的'意象'，也就可能有不同的意义。"② 因此，认知过程中人们对同一"物象"形成不同的心理意象，并带来认知中词义一定的发展变化，这正是客观真值条件与主观心理因素有机结合的内在反映。

二　词义发展变化的内部因素

词义的发展变化不仅与其认知中的外部因素紧密相连，还与其内部因素密切相关，因为不论词语处于组合状态还是聚合状态下，词义及其要素价值都要受到语言自身结构系统中各个要素之间相关性及差异性的制约。③

语言学原理也告诉我们，语言结构系统中的各个要素是相互联系、相互制约的，无论哪一要素发生变化，都会引起词义的连锁反应。况且，语言各个要素的发展又是不平衡的，还有用语的简约性与词义的多样性这一矛盾，都需要语言中的其他要素自发参与才能有效调节，使之于不平衡中协调发展。

一般说来，影响词义演变的内部因素有语音、语义、语法、语用等要素。这看上去似乎简单，但实际上它们之间形成了一个复杂多变的结构网络体系，以至于在词义分析中对其错综复杂的关系往往是剪不断，理还乱。不过，语言系统中任何要素发生变化，都不可能独立于人的认知活动之外。鉴于这一点，我们分析赣方言词义演变内部动因时就从各要素中的某一认知视点来探赜其内在关系。

1. 言语中的音转，是词义发生变化的一个契合点

词的第一基本要素是语音，这是词的认知单位，也是认知活动的体现。众所周知，每个词都是以"形"通过"音"来表达"义"的，不论它以何种"形"来表达义，均不能脱离语音这一认知形式，这好似一张纸难以把正反两面切开一样。尽管方块汉字或词（古代字即词，二者本质上属同构关系）有时能望"形"见"义"，似乎与语音无关，"但是汉字和

---

① 常再盛：《从物象空间到心灵空间——石涛"片石山房"设计释读》，《艺术设计史论》2005 年第 12 期。

② 陆俭明、沈阳：《认知理论与语言认知分析》，《汉语和汉语研究十五讲》，北京大学出版社 2004 年版，第 347 页。

③ 张志毅、张庆云：《词汇语义学》（修订本），商务印书馆 2005 年版，第 90 页。

其他拼音的文字一样，同样和语言里的词相联系，它必须能读，通过读音确定自己所表示的是语言里的哪个词，这样才谈得到字义的问题。……即使不读出音来，它也与心理的语音映象联系着，不是说与语音没有任何关系。"① 清代学者段玉裁曾为王念孙《广雅疏证》作序时指出："因形以得其音，因音以得其义。"因此，就其本质而言，任何词义的变化都是依托于语音这一物质形式的。正如哲人灼见，认知中的词义变化与其语音流转的关系十分密切。所谓"义随音转""声因义生"，便体现出言语中音义之间相互关联、辅成相济的辩证关系。

在赣方言中，词义演变就表现出这样的关系。例如，"妗"意为"舅母"，但这并非其本义，而是音转的结果。清·章炳麟《新方言·释亲属》云："（舅与妗）幽侵对转，舅妗双声，故谓舅妻为妗。""妗"犹"衿"或"襟"，所谓"连衿"或"连襟"本为"心相连"，以之喻亲；故"妗""舅"相连，也以喻亲。今赣东抚广及赣东北鹰弋等片，犹称"舅母"为"妗"。又如"衮"，本为古帝王、上公穿的礼服。《周礼·春官·司服》："享先王则衮冕，享先公飨射则鷩冕。"郑玄注："衮，卷龙衣也。"后引之为一般的"衣边"。清·唐训方《里语征实》释之"衣边曰衮。《通雅》：'纯，缘也'，纯音'衮'，犹今言'衮边'"。"衮"与"滚"又音同义通。因此，"衮"如同"滚"，用如动词，即在衣服、鞋子等边缘"镶边"。"衮边"或"滚边"还谓之"绲边"，这在清·章炳麟《新方言》中有所论及。赣方言区境内各片谓之"衮边""滚边"或"绲边"，皆做动词。

赣方言中，这样的例子还不少，如"无"与"毛"的音转、"忒"与"太"的音变、"孚"与"菢"的音通等，均引起了认知中的词义变化。实质上，语用里的"音变义通"就是词义演变中的"义随音转""声因义生"现象，而这正是人的心理运算与认知加工的契合，是社会意象在认知中的映现。

2. 用语的简约性，是一语多义现象产生的必然结果

使用语言，人们总是力求以最少的语码表达尽量多的内容，因为事物的发展是无限的，人的认知也是无穷的。面对无限多的认知内容，人们不可能也没必要去造无限多的新词来表达，这样就势必要产生词的多义现象。这一现象，在赣方言词义的演变中也是显而易见的。例如，"打"的词义多达十余项，而在与某一对象组合时，只出现其中一项，不会同时出

---

① 叶蜚声、徐通锵：《语言学纲要》，北京大学出版社1974年版，第156页。

现几项：打山歌（"唱"义）、打谎（"说"义）、打嘣（亲嘴，"亲"义）、打乌面（涂黑脸，"涂"义）、打茶（"泡"义）、打梦感（"做"义）、打懒腰（"伸"义）、打石头（"扔"义）、打巴掌（"拍"义）、打丁斗（"翻"义）、打鞋（"纳""缝制"义）、打禾（"脱粒"义）、打牙祭（"加餐"义）、打伙（"合"义）、打指模（"按"义）、打格子（"画"义）、打秋风（"非法索取钱财"义）等。又如"喫"，也是一语兼数义：（1）吃（固体类食物）。《说文新附考·口部》释之"食也"。（2）饮或喝（液体类食物）。《篇海类编》释之"饮也"。如唐·杜甫有"对酒不能喫"的怨言。（3）吸（气体类食物）。如清·陈康祺亦有"尤恶喫烟"的恨语。实际上，"喫"还有不少义项，如喫茶（"品尝"义）、喫打（"挨"义）、喫气（"遭受"义）、喫利息（"赚"义）、喫老本（"依靠"义）、喫头（"聚赌"义）、喫墨（"纸张吸收"义）、喫身（"适合"义）、喫价（"十分""很"义，词义虚化了），等等。

赣方言中，这类多义现象也是语用简约性的体现，它符合用语力求经济的原则。从上述例子还可以看出，尽管一词多义，但在实际运用过程中，因其受到具体认知活动的制约，只能显示其多义中的某一义项，而不至产生词义含混不清，影响表达效果的现象。

语用中的任何词语都不是孤立存在的，它总是和别的相关的词语发生这样或那样的联系。由于词语组合的对象不同，它不光会使词语与词语之间的组合关系发生变化，有时还会成为词义衍化的一个关切点，上述例子也证明了这一点。

3. 语法功能的改变，是引起词义变化的另一诱因

引起词义变化的因素是多方面的，而语法功能的改变，则是其中不可忽视的一个重要内因。

在赣方言中，有些词义发生了新的变化，它们或是语法位置的改变，或是语类功能的转换，或是词汇意义的虚化。这是因为，在词汇的组合关系中，每个词语都有自己特定的语法位置，而特定的语法位置就决定了它的语类语法功能，也决定了它的词汇意义；反之，也是如此。如果这个特定的语法结构或者其他几项中的任何一项发生了改变，并长期处于已被改变的状态之中，那么这就不可避免地要引起某个词语的系列变化，如词性发生改变、词语产生新义、实语义可能出现虚化现象，等等。

在上一节"词义发展变化的其他途径"中，已经探讨了赣方言词汇的语法功能如词义虚化、词性改变以及词语所处句法位置不同等对词义发展变化所产生的影响，并依次列举了"畀""把""搦""圻""喝""析"

"洈""等"例子加以阐述,这里就不赘述了。

4. 语用意象中隐含的语力,是词的原生义与新生义系连的黏合剂

词义既在认知中产生,又在认知中发展。正因为这样,词义才与人们的认知活动紧密相关。

在语言的发展变化中,语用中的语境是认知中词义演变的土壤和温床。也就是说,认知中的一切词义演变,都是以语用中的语境为其根植、萌芽、生长的本源,而语用意象中隐含的"语力"又是认知中词义演变原生义与衍生义"系连"的黏合剂。通过"语力"这一黏合剂的作用,一个词可以把各种语境下认知的衍生义与原生义"系连"起来,从而形成一个庞大的词义网络体系(如前文的"连锁式""辐射式""复综式"等,可谓这种词义网络体系的具体表现)。

王力先生曾说,修辞手段的经常运用会引起词义的变迁(1993)。关于修辞运用问题,有些学者(如利奇等)也把它归为词义的语用范畴。这样看来,修辞运用与词义变迁的关系实质上就是一定认知条件下的语用意象与词义演变之间的关系。很多情况下,修辞也是依靠语用中"语力"的帮助,来构建认知中词义相互关系的网络体系。

认知中的词义有表层义与深层义之分。其表层义是词语表现出来的静态语义,而深层义则是词语在一定语用环境中表现出来的言语义——动态语义。这动态语义往往是由认知中词语的超常组合或词义感染产生的,其中又潜藏着词义链中新意与旧义"系连"的纽带——"语力"。

上一节分析赣方言中的"隐喻"和"转喻"在词义演变中的认知作用就体现了这一特点(详见"修辞手段的运用引起词义的发展变化")。这里再列举两例。如"碨磨",在赣方言中其义就显出超常变化。赣地人常说:"牛碨磨,马吃谷;爹作田,崽享福讽喻不公平。"此处"碨磨"的语用张力即"语力"十分交杂:其一,它把语言静态的表层义"研磨"或"拉磨"与言语动态的深层义"苦力"交织"系连"在一起;其二,它以一个认知域内的实体义,通过语用中的意象投射而指称另一个认知域内与之对应的且属意象化的抽象义;其三,多种修辞格的综合运用,通过"语力"的媒介作用,这样就把实体与虚幻、人与物、色彩与情感的诸般元素十分和谐地交融于一体。

又如"萍",赣方言谓之"藻",表层义为"浮萍"。《广韵》引方言释之"江东谓浮萍为藻"。这种草本植物的突出特点是寄浮于水面,根底极其浅短,常随风来回飘荡。因而,生活中的人们通过语用心理意象的投射,又以"语力"为桥梁,使之出现了认知中的异域跨越,以彼域中的实

体义与此域中的抽象义对接起来，从而"萍"又演化出另一深层意境：人世间失意漂泊、人事无常的生活。如唐李颀《赠张旭》诗："问家何所有，生事如浮萍。"以"萍"写"世事难料""人生不定"，这在唐诗、宋词韵文里已经发挥到了极致。特别是杜甫，在经历了花泪鸟惊、颠沛流离的国破家难生活之后，对"萍"的感受更为深切，晚年不少诗作写到了"萍"，诸如"相看万里外，同是一浮萍"（《又呈窦使君》）、"乱后故人双别泪，春深逐客一浮萍"（《题郑十八著作虔》）和"苔竹素所好，萍蓬无定居"（《将别巫峡，赠南卿兄瀼西果园四十亩》）等；宋代苏轼的词，也别有一番意味："不恨此花飞尽，恨西园、落红难缀。晓来雨过，遗踪何在，一池萍碎。春色三分，二分尘土，一分流水。细看来，不是杨花点点，是离人泪。"（《水龙吟·次韵章质夫杨花词》下阕）显然，这并非写景，而是景中移情，以"萍碎""杨花点点"抒写思妇因心碎而落下点点"离人泪"。这种寓情于景的意象映射，赣方言里也有如"聚散匆匆，云边孤雁，水上浮萍"这样的人生感叹。

"总之，在语用中，语言单位先闯进了一个异常语境，寻觅一个新搭配伙伴（词或义位），造成了语义结构网络的新差异。这种差异起初只是千千万万个修辞用法，其中有数以万计的在时间上延续下来、在空间上扩展开去，继而引起不同程度的义变，得到语言共同体的认同，取得义位系统的正式席位。语言实际上就是由差异构成的网络，由差异引起的语义链中的新旧质的生灭过程在历史长河中永动不停。"①

以上分析了赣方言词义发展变化的内外原因。事实上，在词义演变的过程中，其内外动因是交互作用的，难以截然分开，只是主次不同而已。

第三节　词义发展变化的总体趋势

赣方言的发展变化，尽管出现各种情况，但就其总体趋势而言，认知中的词义是在量变中深化，又在质变中改变了其指称范围以及色彩义值。当然，不论词义如何发展变化，都没有超出质量互变这一范畴。

一　量变中义域不变而义值加深的词义深化

词义中的量变，是说其词义的指称对象、范围没有发生变化，只是认

---

① 张志毅、张庆云：《词汇语义学》（修订本），商务印书馆 2005 年版，第 270 页。

知中的词义"对该对象本质属性的反映发生了一些变化，由不科学或不够科学变得更加科学，由不够深刻、准确变得比较深刻、比较准确。"① 赣方言中这种认知义域不变而义值有所加深的词义反映，我们称之为量变中的词义深化，其模式为：A→A'。

量变中词义深化的例子，赣方言中不在少数。例如，"霞"古今指称的对象、范围没有变化，均指客观存在的一种天象景观。古人称之"赤云气"，如《说文新附》："霞，赤云气也。"而今人的认知程度则深入、细致、科学得多。在赣方言区，人们是这样界定"霞"的："日出、日落前后天空及云层上因日光斜射而出现的彩色光象或彩色的云，即云霞或彩霞。"这种认识还是比较科学而准确的。又如"筬"，是织布机上的一个机件，直至 20 世纪中叶，赣都地区广大乡村还在使用。考察历代文献，其指称对象、范围古今基本一致。《广韵》释之"织具"。可证材料，除考源文献《朱子语类》等外，还有如清·俞正燮《癸巳存稿·升数》的"宋时织筬用六成至十五成，成四十齿，两缕共一齿，是八十缕为成"之类。赣方言区人们认知中的"筬"，其含义更为细致而准确："织布机上的部件之一，长方形，以竹篾为齿，齿排列如梳状，经线从筬齿间穿过，用以确定经线的密度，保持经线的位置，拉筬可将纬线打紧。"再如"笱"，《广韵》释之"取鱼竹器"。赣都地区多濒江湖，发洪水时人们常在鱼梁口用笱承水，捕鱼拦虾。20 世纪 70 年代前，以笱捕鱼还是乡村农家孩子的最大乐趣。因而，人们至今对"笱"仍怀恋情。关于"笱"的释义，《现代汉语词典》是："＜方＞竹制的捕鱼器具，鱼进去出不来。"古今释义，大同小异。还是赣方言区人们的认知深切："笱是一种捕鱼器具，这种器具用细篾条编织而成，口大颈小，颈部装有逆向的竹须，鱼入而不能出来。"赣方言中"箩""昼"等变化，都是类似于量变的词义深化。

上述例子表明，赣方言词义中的量变，尽管认知中的义域没有变化，但是由于人们对事物的认知不断加深，这就使词义变得更加科学、更加准确，也更加深刻了。

二　质变中指称范围与色彩义值改变的词义变化

在语言的发展变化中，词义质变与量变的本质区别是认知中的词义指称范围及色彩义值发生了根本性的改变，已经由此义变成彼义了，其模式是：A→B。具体地说，在赣方言的词义演变中，其指称范围有的已经扩

① 贾彦德：《汉语语义学》，北京大学出版社 1999 年版，第 375 页。

大，有的已经缩小，有的已经发生了转移，其色彩义值也有贬降扬升的变化。

1. 词义指称范围的改变

词义指称范围的改变，其结果不外乎出现以下几种情况：词义的扩大、词义的缩小以及词义的转移。

（1）词义的扩大

词义扩大是指其词汇意义所表示的外延有所扩大。也就是说，缩小了词义的内涵特征，扩大了其指称范围。其模式表示为：A < B。A 为原词义指称的范围，B 为词义演变后所指称的范围。

赣方言中，引起认知中的词义扩大有许多因素。有的由指称某种特定的个体事物扩大到指称某一类相关的事物。如"舷"，本指"船两侧的边沿。"《玉篇》释之"船舷"。王念孙广雅疏证亦云："舷，此谓船两边也。"赣方言里，指称范围不仅传承了"船舷"义，而且还扩大到指称一般器物的"边沿"或"边缘"，如"碗舷""台舷""床舷""江舷"之类。有的由指称特定对象的行为动作，进而扩大指称一般类似对象的行为动作。如"骉"，本谓"众马奔驰"。《广韵》释之"众马走貌"。赣方言里，既承继了本义，又扩大了其指称范围，言之为"人或其他各类动物的奔跑"。又如"噢"，本指"吃"（固体食物），又扩之用于"喝"或"饮"（液体食物）以及"吸"（气体食物），还用来指称其他方面，如"噢亏（使己受损）""噢劲（使劲干活）""噢冤枉（贪占不应得的东西）"等。此外，形状、特征相似的，也会引起词义的扩大。

（2）词义的缩小

词义缩小是指其词汇意义所表示的概念外延有所缩小。也就是说，扩大了词义的内涵特征，缩小了其指称范围，与词义扩大正好相反。其模式表示为：A > B。赣方言里，引起词义缩小的，有的由通名转化为专名，或由泛指变为特指。如"饮"，本泛指"饮料""浆汤"或"米饭汤"等。《周礼·天官·酒正》："辨四饮之物：一曰清，二曰医，三曰浆，四曰酏。"汉·张机《金匮要略·诃黎勒散方》："上一味，为散，粥饮和，顿服。"赣方言区如安义、进贤、崇仁、靖安、奉新、高安等地，"饮"今专指"米饭汤"。从石器时代起，赣鄱地区就有干栏式建筑（如陶屋），"栏"用于人、畜两住，历史文献也有相关记载。今赣鄱地区的"栏"，只剩下"家畜住处"义，如"牛栏"等，其指称范围缩小了。赣方言里，有的表示性质或状态的，其指称范围也有缩小的情况。如"标致"，古代凡物、人（女性）"秀美"，均可称之为"标致"。今吉茶吉安、永新、吉水、萍乡等地，仅指"女性漂亮"，不再用于"物"的方面了。赣方言里，还有不少词义缩小的例子，如"咽（专指嗓音沙哑）""粉（专指粉条）""肉（专指猪肉）""瘸（专指跛脚）"等。

（3）词义的转移

词义转移与词义扩大或缩小一样，也属词义指称范围的改变。不同的是，词义扩大或缩小是在某个指称的意义范围内变化的，而词义转移则是词义由指称 A 的意义范围转移到指称 B 的意义范围，当然其变化存在不同的情况。但无论如何，转移之后它们仍然保持意义上的联系。词义转移的模式，以图表示为：A→B。

在赣方言中，词义转移存有以下几种情况。

①词的中心义素已经变化，而其他义素还保留着

这种情况的词义转移，往往会带来词性上的变化。如"眸"，本义"眼珠"。《说文》释之"目童子也"。又泛指眼睛。曹植《洛神赋》："明眸善睐。"刘良注："眸，目也。"再指"眼看"这一情态动作。如《荀子·大略》中有"眸而见之也"之语。今赣方言区鹰弋万年、吉茶吉水等地，仍用"窥看"义，如"眸一下""眸哩两眼"。与其本义相较，虽有词义上的联系，但已发生了转移，词性上也发生了变化。

赣方言里，也有认知中的词义发生了转移，而词性不改变的。如"嗅"，本义是"以鼻辨气味"。《玉篇》："齅，《说文》：'以鼻就臭也。'亦作嗅。"赣方言除承继这一本义外，还转而用之如公牛或公狗等雄性动物对发情的母性动物紧追不舍，也喻指不怀好意的男性追随女性，谓之"嗅骚"。

②词的中心义素没有改变，而其他义素发生了变化

这一情况的词义转移，是具有共同上位义素的两个下位义素之间的转移，而其词语性质则不改变。如"姑丈"，本指"姑母的丈夫"，即姑夫，此义在宋元明清等文献中就已证之。赣方言里，"姑丈"其意已经发生了转移，由"姑夫"转指"女婿"。赣方言区宜浏、吉茶片各个市县，昌都片的部分地方，还有客话赣州蟠龙、上犹社溪等地，均指称"女婿"义，而无"姑夫"意。"姑丈"所指称的"姑夫"和"女婿"，有共同的上位义素——"亲属成年男性"，也有区别的下位义素——"姑母丈夫"和"女儿丈夫"。如对它们作义素分析，应为：

姑夫——［＋亲属类］［＋成年］［＋男性］［＋姑母丈夫］［－女儿丈夫］

女婿——［＋亲属类］［＋成年］［＋男性］［－姑母丈夫］［＋女儿

丈夫〕

在赣方言里，它们之间发生词义转移，还是有理据的。我们发现，其间密切的内在联系，都是指称婚嫁女子一方的丈夫。

赣方言里，词义转移的现象很普遍，诸如"茶（指中药）""熨帖（指高兴）""停当（指女人能干）""老子（指丈夫）""姐姐（指婶婶）""跳（指跑）""抻敔（指平整）"等，均属此类。

2. 词语色彩义值的变化

在词义演变中，有些词语的认知色彩义值发生了转移。有的由褒义或中性转化为贬义，即色彩义值的贬降；有的则由贬义或中性转变为褒义，即色彩义值的扬升。

（1）词语义值的贬降

赣方言里，有些词语的色彩义值，在某种认知语境中会随着词义的变化而有所改变。如"睐"，本为"看"义。《玉篇》释之"视貌"。这属于一般的"看"，无所谓褒贬。后来，其感情义值出现了贬降。《楚辞·悯上》有"哀世兮睐睐"语，王逸章句："睐睐，视貌。贤人不用，小人持势也。"今赣方言区修水等地，也用"眼珠转动（意指不怀好意）"这一贬义。又如"驯善"，古以之褒誉人的良好品德。《史记》就有蔡胡因"率德驯善"而被举为"鲁卿士"的记载。但后来有人把它与"老实被欺"等同起来，于是其感情义值便贬降了。赣方言里的"扫帚星"，也是这样由中性义值贬降下来的。

（2）词语义值的扬升

赣方言里，词语色彩义值的扬升，也是随着认知中的词义变化而变化的。如"水色"，本指"水面呈现的色泽"，无所谓色彩而言。唐·元稹有"湖添水色消残雪"的诗句。但若指人的"脸部血色"，其色彩义就凸显出来了。如清·佚名《情梦柝》有"下路女子极有水色"之语。此处的"水色"，显然是赞扬那里女子的肤色极佳，健康红润。这在赣方言区抚广、鹰弋、吉茶等片，也常如此使用。又如"烂贱"，本指"地位极其低贱"。"烂"表示程度，"极"义；"贱"，《广雅·释言》释之"卑也"，即"位卑"义。赣方言区吉茶吉安、吉水、峡江等地，常反其意而用之，以之称赞某人或某物无论遭受怎样的不幸或折磨，都能顽强地生存下去，具有极强的生命力。如吉水话："渠他斫树把得被树砸断哩脚筒骨，有过几久就好哩，真个烂贱啦。"甚至某种草本植物（如韭菜、空心菜等）生命力强，也被赞为"烂贱"。

以上我们运用认知理论，着重从语言具有的共性与个性方面来分析赣方言词义发展变化的基本特点。我们认为，语言尽管有其独特的个性，但更多的还是有其普遍的共性。其共性之一就是，词义都是人们认知活动的产物，它既在人们的认知活动中产生，又在人们的认知活动中发展。也就是说，无论它对物质的客体世界还是精神的主体世界做出何种反映，也无论它受到内因外力的何种作用，词义的任何发展变化与人的认知活动都是紧密相关的。不然的话，词义就难以得到正确的诠释。不仅如此，而且多数语言在其词义发展变化的途径、方式、内外动因及其总体趋势等方面，也是有其共同特点和共存规律的。从上述的分析中，我们看到赣方言词义的发展变化，既反映了其自身的个性特点，也表现了大多语言中的一般规律。无论赣方言词义怎样演变，其结果不外乎是量变和质变。尽管有各种不同的情况出现，但它们之间又是相互作用、相互影响的，有时还会相互转化。它们就是在这样多种内因外力的作用下，共同推动着方言词义发展变化的。

第八章 从古语词看赣方言词汇的主要特征

每一种语言在其词汇产生与发展的过程中，都会表现出多方面的性质特征，通语是这样，方言也不例外。从所考释的词语来看，赣方言的词汇特征也是多方面的，如在词源、词义和构词诸方面，其性质特征既有与通语词相通的一面，也有与它不同的一面。下面就对赣方言的词汇特征做些粗浅的分析。

第一节 赣方言词汇的词源特征

考察一种语言的产生与发展，都会涉及一个词源问题。在谈论汉语词源的历史时代特征时，王宁先生说过："汉语词汇的积累大约经历过三个阶段，即原生阶段、派生阶段与合成阶段。"[①] 赣方言词汇，其词源也同样经历了这三个阶段，并且具有每个阶段所呈现的性质特征。

一 词汇的原生特征

词汇的原生特征，是指一种语言或方言词汇在最初起源时音义结合所呈现出来的性质特点。语言学原理告诉我们，就其起源而言，"语言符号的最大特点是它的音与义的结合是任意的，由社会约定俗成"。[②] 而起源于远古时代的原生词汇，最初是什么样的状态，由于其产生的历史时代过于久远，人们至今还无法弄清楚。譬如，汉语词汇的研究，尽管目前已经取得了丰硕成果，但纵观学者们的研究，也只能从很成熟的甲骨文时代开始，之前原生词汇的状况如何仍然不得而知。可以肯定地说，不管通语还是方言，它们各自都应有不少最初产生的原生词汇。当然，从汉语词汇史

---

① 王宁：《关于汉语词源研究的几个问题》，《陕西师范大学学报》2001 年第 1 期。
② 叶蜚声、徐通锵：《语言学纲要》，北京大学出版社 1997 年版，第 29 页。

看，春秋战国时期是汉语词汇发展的一个关键期。这个时期，汉语除在原生词汇基础上派生了大量新词之外，还产生了不少原生词，这也是这一时期成为汉语词汇发展转折点的一个重要原因。通语词是这样，那方言词又何尝不是这样呢？在赣方言词汇系统中，就有不少先秦时代的原生词。从其音义结合的情况看，原生词的声母，不少保留了上古疑母 ŋ 和日母 ȵ，如"艾"［ŋai¹¹］、"熬"［ŋau³⁵］、"牙"［ŋa³⁵］，"日"［ȵi¹³］、"忍"［ȵin²¹³］、"肉"［ȵiuk⁵］，有的轻重唇音不分，如"蚊"［mɛn³⁵］、"望"［moŋ²¹］；韵母方面，有的还保留了上古的入声韵部，如"目"［muk⁵］、"毒"［t'uk⁵］（觉部），"乐"［lok⁵］、"勺"［sok⁵］（乐部），"白"［p'ak⁵］、"尺"［ts'ak⁵］（铎部）。① 赣方言词汇中呈现出来的这种情况，显然不完全是其音义结合的内在规律所致，很大程度上应是社会"约定俗成"的原则在起决定作用。

二　词汇的派生特征

词汇的派生特征，是指一种语言或方言原生词汇在其派生出新的单音词时音义结合所呈现的性质特点。从汉语词汇史看，周秦时代是汉语原生词汇派生出单音新词的高峰时期，因为其时不仅产生了许多有关生产活动及日常生活的词汇，还出现了大量反映社会意识形态等方面的具有抽象性、概括性的实义词汇，甚至虚义词汇也非常发达，这在以前是不多见的。毫无疑问，这也是汉语方言词汇（自然也包括赣方言词汇）得以快速发展的一个奠基时期，从赣方言词汇的探源中也可以看出这一点。

这一时期，赣方言原生词派生新词时，其音义结合所表现出来的性质特征，大体有以下几种情况。

其一，由一个原生词派生出几个意义或音义不同，而它们之间仍有密切联系的新词，这几个派生出来的新词仍用同一词形表示。例如，赣方言中的"整"，《说文》释之："齐也。"段玉裁注之"禾麦吐穗上平"。其原生义为禾麦穗"齐平"，由此泛化出一般的"整齐"。如《左传·僖公三十年》："以乱易整，不武。"这一意义，赣方言区抚广、昌都、宜浏以及吉茶等片皆谓之"齐整"。又派生出"治理"义，如《后汉书·张衡传》："衡下车，治威严，整法度。"因为乱而不整，必须通过整治或治理才能使之归正，恢复事物的原貌。赣方言里的"整治疗病""整修理屋房子""整修理车"等中的"整"，与此派生义密切相关。在赣方言里，作形容词的

---

① 邵百鸣：《南昌话词汇的历史层次》，《江西社会科学》2003 年第 6 期。

"整"与作动词的"整",其读音不一样。前者多与"齐"连用,一般读轻声,如"房仔摆得好齐整整齐",赣东黎川读〔tɕiŋ〕、赣北南昌〔tsaŋ〕或〔tsɿn²¹³〕、赣中吉水〔tin〕;后者,除声调外,各地读音基本一致,如黎川〔tsaŋ⁴⁴〕、南昌〔tsaŋ²¹³〕、吉水〔tsaŋ²¹³〕、赣西萍乡〔tʂã³⁵〕。

其二,由原生义引申派生出另一新义,这一新义是用不同词的音形来表示的,但它与原生词之间存在着同源关系。如赣方言里的"噍",其原生义为"咬"或"啃"。《说文》释之"啮也"。赣方言区境内大多数市县常用此义,如"噍蔗"、"噍包粟"(即玉米)、"噍烂哩再吞"等,均切原生义。其读音,赣东黎川〔t'iau¹³〕、赣北南昌〔tɕ'iɛu²¹〕、赣中吉水〔tɕ'iau³¹〕。由其原生义又派生出"咀嚼"意,即反复嚼碎食物。《苍颉篇》释之"咀嚼也"。此一派生义,赣方言区昌都、吉茶片多用"嚼"来表达。如萍乡话:"揪韧很韧个,几真难嚼仔。""嚼烂来把你吃让你吃现成的,想得个史这样好!"又,吉水话:"该沰那块牛肉真箇真很韧,嚼哩半工半天总嚼不烂。"其读音,南昌〔tɕ'iɔʔ²〕、吉水〔tɕiau³¹〕、赣西萍乡〔ts'iɔ¹¹〕。其实,赣方言里"嚼"的这一意义和用法,也是承继古汉语的,如汉·刘安《淮南子·说林训》:"嚼而无味者,弗能内于喉。"赣方言里,"噍"及"嚼"还常用作抽象引申义或转义,如"噍蛆乱说""噍舌头瞎说、胡说"等;南昌人还习用"乱嚼乱扯""瞎嚼胡扯""听渠他嚼意即别信他"之类说法。又如"欸",《说文》云:"欸,訾也。"段玉裁注:"按訾者呰之字误……呰者,诃也。"其原生义即"呵斥",又派生出"叹息"或"叹息声"。如汉·扬雄《法言·渊骞》:"始皇方猎六国,而翦牙欸!"李轨注:"欸者,绝语叹声。"还用为应答声,如《方言》卷一〇:"南楚凡言然者曰欸。"不过,赣方言里,表达"叹息"或"叹息声"与"应答声",一般还是有一个明确的分工。表达"叹息"或"叹息声",一般用"唉"字;而"应答声",则多用"欸"字。如吉水话:"唉〔ai⁵³〕!该隻那件事不晓得知道舞啥个什么原因,该样里这样就舞弄坏哩。"又,"听到爹老子爸爸喊渠他,渠'欸〔ɛ⁵³〕'哩一句,就死命拼命样子追跑回去。"赣方言"唉"字用之"叹息"或"叹息声",汉语里古已有之,如《史记·项羽本纪》:"唉!竖子不足与谋。"司马贞索隐:"皆叹恨发声之辞。"

其三,以一个词为语源义,由它衍生出若干个音义相近或相关的同源词。如"少"为"小"义,由它衍生出"杪""秒""眇""妙"等词,其意都与语源义有关。如树梢谓"杪",禾芒云"秒",渺小曰"眇",微妙言"妙"。赣方言中的"树杪"即为"树梢"或"树末","杪"正是"树上端小"之义。又如"卢"为"黑色"义,它又滋生出"垆""玂"

"栌""矑""黸"等词，其义皆与"黑色"有涉。如"垆"为黄黑色土，"玈"称古韩黑骏犬，"栌"指一种青黑栌橘，"矑"谓黑眼珠。而"黸"其义亦"黑色"，与"卢"实为一词。王力先生说："在黑的意义上，'卢、黸'实同一词。"① 赣方言今还习用"黸"，常把"铁生锈"之类谓之"生黸"，这与语源义是密切相关的。

诚然，两汉以后，虽然还有上述派生新词的出现，但已不是主流了。新词产生的主流，进入了由单音向复音合成的时代。在谈到《破僧事》中使用的单音词词量时，俞理明先生指出："从产生时代来看，以先秦为高峰，两汉以下大幅度递减，说明了汉语单音词从那时开始，已经不是新生词语的主要形式，单音形式的造词能力大大减弱，新生的单音词对后代的影响也大不如前了。"②

三　词汇的合成特征

在原生和派生阶段，产生的新词都是以单音词为主的。经过了极其漫长的原生阶段以及迅速发展的派生阶段之后，单音词已累积到了相当大的数量，它不仅给人们记忆带来了极大的负担，而且由于一个单音词所承担的义项太多，势必造成交际上的混乱，更重要的是难以适应不断发展着的事物在语言表达上的要求。因此，以复音合成新词，这既是主客观上的迫切需求，也是词汇发展规律的必然结果。

那么，词的复音合成或者说词的复音化，最原始、最基本的动因是什么呢？王力先生说："汉语复音化有两个主要的因素：第一是语音的简化，第二是外语的吸收……因为复音化是减少同音词的重要手段之一。"③ 不过，唐钰明先生则认为，这两点"只能说是中古以后迅速复音化的新因素，而决不是汉语复音化最原始、最基本的动因"。他认为，汉语复音化的源头远在商周，其原始动因并非为了减少同音词，"而是为了追求语义的精密化"。不管合成词中的偏正式还是联合式，也不管其双音化还是多音化，均是为了语义的精密化，"语义精密化才是它一以贯之的基本原因"。④

---

① 王力：《同源字典》，商务印书馆 1982 年版，第 150 页。
② 俞理明、潭代龙：《共时材料中的历时分析——从〈根本说一切有部毗奈耶破僧事〉看汉语词汇的发展》，《四川大学学报》2004 年第 5 期。
③ 王力：《汉语史稿》，中华书局 1980 年版，第 340 页。
④ 参见唐钰明《金文复音词简论——兼论汉语复音化的起源》，《著名中年语言学家自选集》（唐钰明卷），安徽教育出版社 2002 年版，第 132—135 页。

　　词的复音合成，除了它的基本动因之外，还具备了一个必要条件，就是已经准备了足够量的单音词作为复音合成的构词元素。实际上，尽管周秦是单音词派生的鼎盛时期，但是复音词也占了一定的比例，如《论语》里的复音词约占其总词数的 15%，而《诗经》则约占其总词数的 25%。①只不过两汉以后，复音合成已经变成了汉语最主要的构词方式。赣方言词汇的构成情况，大体也是这样。以所考释的古语词而言，周秦时期大都是单音词，仅极少量的复音词；而两汉以后，则情况相反。可以说，在词汇方面，赣方言与通语基本上是同步发展的。

　　那么，词的合成特征又是怎样的呢？所谓词的合成特征，是指几个构词成分复合成一个词时在音形义等方面呈现出来的性质特点。词的复音合成，尤其早期的，以赣方言而言，其词汇大体表现为以下特征。

　　其一，词义较单音词更单一，更明确，也更精密。以前，单音词一词多音、一词多义的现象很普遍，它加大了理解上的困难，或者说给人们带来了似是而非、模棱两可的不必要的麻烦。而词的复音合成，则使词义变得单一化，它使表义对象更为明确，词义表达也更加精密，这就大大减少了类似单音词所带来的那些问题。赣方言里，如"发蒙"上古复音合成时只有"启发蒙昧"一义，孔颖达易经疏之"以能发去其蒙也"。其引申义"初始识字学习"，还是中古后才出现的。又如"拘礼"一词，从古至今是"作揖打躬"或"拘泥于礼法或礼节"义，此义今天仍为赣方言所传承。类似的古语词，赣方言里还有如"老妪""邻舍""勤力""去归""云梯"等，均体现了词义的单一性、明确性、精密性特征。

　　其二，有些词的复音合成，其构词元素的结合还不甚紧密。表现在：或词形可变，或语序可换，或语素合成与独用兼而有之。

　　（1）有些词的构词成分，要么能以同词异体所变易，要么可被通假语素所替代。赣方言中，如"甀算"或作"䰙算"，王筠说文句读："甀，字与䰙同。"《广雅·释器》："鬹谓之䰙。"王念孙疏证："甀，与䰙同。"钱绎为方言卷五笺疏："䰙与甀，声义并同。"又如"牛牸"，义为"母牛"。"牛牸"又作"牛字"。《广雅·释兽》："牸，雌也。"王念孙疏证："牸之言字。生子之名。牛母谓之牸，犹麻母谓之苧矣。"又云："牸，或通作字。"

　　（2）有些词的构词成分，其语序位置可以相互变换，而词义仍不发生变化。赣方言中，如"去归"意即"回家"。《吴越春秋》有"悲去归兮

──────────

　　① 参见向熹《简明汉语史》（上），高等教育出版社 1993 年版，第 406 页。

何无梁"之语。"去归"又可谓之"归去"。陶渊明《归去来兮辞》:"归去来兮! 田园将芜,胡不归?"赣方言两说均可,其义未变。又如"齐整",本谓"整齐"。《六韬·龙韬·兵征》中的"三军齐整",正是此义。赣方言表达此义,"齐整"与"整齐"两说其便。再如"尘灰"与"灰尘"、"欢喜"与"喜欢"、"闹热"与"热闹"等,均具如此特征。

(3)有些词的构词成分,合成与独用兼而有之。赣方言里,像"发蒙",或复合成词,如宋玉《高唐赋》:"盖发蒙,往自会。"或独用为词,如《论语·述而》:"子曰:'不愤不启,不悱不发。'""阶级",赣方言"台阶"义。同义训释时,则复合成词,如《广韵》《玉篇》以"阶级"同训"阶"和"级"。也出现于文献典籍中,唐·陆龟蒙《野庙碑》有"升阶级,坐堂筵"之语。而独用成词的为常,如《孟子·离娄下》:"礼,朝廷不历位而相与言,不踰阶而相揖也。"《吕氏春秋·安死》:"孔子径庭而趋,历级而上。"又如"邻舍"也是如此。这些构词成分,只是后来组合在一起的时间久了,才逐渐地凝固成为一个复合词。

考察赣方言词汇的词源特征,对于我们进一步认清赣方言的本质,探论赣方言的产生与发展以及其他相关疑而未决的问题,都是有着实际而积极意义的。

第二节 赣方言词汇的词义特征

每一种事物或现象都具有一定的特征,它是形成人们对词的认知意象——词义特征的理据。人们在事物或现象特征上不同的价值取向,就构成了不同的认知意象。因而,事物或现象的复杂性,便使构词理据——认知意象——词义特征也呈现出它的多样性。

一 词义凸显事物或现象的某一个或几个特征

事物或现象具有多方面的特征,诸如性质、状态、方式、功能、质地、大小、形状之类。那么,词义对事物或现象的反映,总是以其中的某一个或几个特征为标志,这不仅表达了词义内容,同时也提示了构词理据。例如,赣方言中的"龅牙",释之为"牙齿不齐而突露在唇外",它是以形态特征构成词义理据的。"笓帚",释为"用竹丝等扎成的洗刷锅、碗、杯等的用具",它以质地(竹丝)和功用(刷洗用具)两个特征为词义理据。又如"笱",《说文》释之"曲竹,捕鱼笱也。"段玉裁注:"笱,曲竹为之，以承孔，使鱼入其中不得去者。"《广韵》释之："鱼笱，取鱼竹器。"古籍从质地、功用方面揭示其词义理据；而赣方言的释义，则使词义理据变得交杂得多："笱是一种捕鱼器具，这种器具用细篾条编织而成，口大颈小，颈部装有逆向的竹须，腹大而长，鱼入而不能出来。"它不仅从质地、功用方面，还从大小、形态等方面，凸显了它的特点。也就是说，对事物特征取意的不同，也就形成了其认知意象或词义特征的多样性。

二 词义蕴含着浓厚的历史文化习俗内涵

不同的地域，有其不同的历史文化习俗。而这千百年积淀下来的独特的历史文化习俗，则构成了赣方言词汇反映这方面内容的词义特征或理据。

例如，赣方言区，人们称"身躯"为"文身"，而"文身"的内涵则包含着当地相当浓厚的历史文化习俗。因为商周至春秋战国，赣都地区属"干越"族，又濒江湖之滨，受其影响，先民也喜文身断发，好泛舟驾船。他们经常潜入水中，为免受"蛟龙"咬伤，故在身上绘刻不同颜色的花纹或图案。当然，也不排除"文身"也许还是其时出现的饰身习俗，或是民族图腾的标识。这就是"文身"词义的构成理据，它真实地反映了远古赣都人民濒水劳作生息的文化习俗。"开面"，其词义的理据也同样如此。20世纪 60 年代之前，赣都地区一直有为未婚女孩修脸饰容的习俗，这是女孩成年出嫁前的一种仪式。旧时女孩婚前从不修脸饰容，只有临近出嫁之前才由亲友或请饰容师为她修脸饰容，诸如改变发式，洁净脸与脖上汗毛等，故谓之"开面"，也即"开脸"。这一仪式象征着女孩行将结束未婚的闺秀时代，已是成婚之人了。又如，过去赣省不少乡间有领养幼女习俗，待其长大后则收作自己的儿媳妇，即俗称"童养媳"。这样，不仅省去了昂贵的娶媳彩礼费，更重要的是培植了类似于"父女"或"母女"那样的"血肉之情"，以实现领养者老有所养，老有所靠，老有所终的愿望。赣方言区乡间长者，常把"童养媳与未婚夫结婚同房"谓之"圆房"。由此可见，丰富的地域文化习俗，是形成赣方言词义特征或理据的一个重要内容。

三 词义与理据的联系是以修辞为媒介和桥梁

有些词从其词义是很难推出其理据的。在这种情况下，就要依靠修辞手段把词的词义与其理据联系起来，这时修辞也就成了它们连接在一起的媒介和桥梁。

这类词义的理据是隐性的，却有很好的表达效果。例如，赣方言把"掌握了医药知识、以治病为业的人"谓之"郎中"，亦即"医生"。"郎中"本谓"中央政府高级官员"，从战国至清代为历代帝王掌管中央之重要事务。其词义与理据之间，似乎风马牛不相及。二者为何联系在一起呢？其缘故是郎中所掌之事，类似医生知晓人的五脏六腑，故而人们把医生也称之为"郎中"。这就以借代的艺术，把看似毫不相干的词义与理据巧妙地黏合在一起。又如，赣方言区，人们大都把"门户上的横梁"称为"门龙"。何以不称"门楣"，而要谓之"门龙"呢？缘起于那架在门户上木刻之横梁形似游龙。"龙"是一种神异之物，能驱邪纳祥，早已成为民族的吉祥物。这里不但是以比喻的手法把二者融为一体，而且还表现了人们崇龙的民族心理，具有浓郁的地域民俗文化气息。

四　词义源于典故或故事传说

典故的内容，是这类词语的词义特征以及构词理据。这类词语，从字面上是难以把握其词义和理据的，因为其中还留有大量的语义空白，需要从故事的内容中去填补。这类词语的理据，也具有隐性的特点。例如，赣方言区，一些地方如鄱阳把"死"谓之"拜斗"，它是以诸葛亮五丈原禳星拜斗的故事为理据。据说，当年诸葛亮北伐，病重五丈原，且感命在旦夕。于是，便设香花祭物，布大小明灯，祈拜北斗，以求延寿。后因魏兵攻来，魏延慌闯诸葛亮的禳星帐，致使主灯扑灭，诸葛孔明也旋寻而死。又如，在男女关系上，凡有嫉妒心的，赣方言谓之"噢醋"。据传，唐贞观年间，国力富实，人民乐业，许多重僚置田买舍，娶妻纳妾，唯魏征依然是旧舍老妻。一次，唐太宗以魏妻体弱多病为由，要他纳妾，魏徵不允，并说即使遵旨，老妻也不会应允。于是，太宗宣魏妻上殿，但魏妻始终未允，便引太宗大怒，赐饮毒酒。待饮完之后，魏妻并未毒死，仅觉酒味甚酸。其实，太宗并非真要将她毒死，而是以醋代酒，喻讽其"嫉妒"之心。从此，人们便有"吃醋"之说。其故事本身，就是构词理据。再如赣方言中的"不郎不秀""绿帽""解手""狗腿子"等，都属这一类。

五　词义以曲折婉转的方式表达

生活中，有些事物或现象人们不愿意直接说出来，便借助某些与之相关的事物或现象曲折婉转地表达出来。这类词语的词义特点是，含蓄委婉，意在言外，人们唯有深思，方能领悟其中的言外之意。例如，赣方言区，人们习称牲畜"舌头"为"招财"，其言外之意不要"蚀本"（因"舌"音似"蚀"），而要"为家招来财宝"。又如，装死人的木器，人们不愿称之为"棺材"，而美其名曰"寿器"。以"寿器"婉称"棺材"，古已有之。除考源文献外，还有如唐·杜牧《池州李使君殁后十一日》："缙云新命诏初行，才是孤魂寿器成。"《西游记》第七五回："将白马卖了，与师父买个寿器送终。"以"寿"称之，反映了人们渴望生命长久的美好愿望。人们还把如厕大小便，谓之曰"出恭"。"出恭"本为元代科考中为防士子擅离座位而设的一种牌子。士子如欲入厕，须先领此牌子，所以便赋予了"出恭"一词"如厕解大小便"的意义。如《金瓶梅》第一九回："西门庆正在后边东净里出恭。"赣方言里，这类现象还有很多，如"东司（厕所）""过身（死）""相公（蛆）"之类。

世界上的事物或现象是复杂多样的。因而，对其所表现出来的词义特征及其理据，也难以一一阐述。实际上，还有很多方面没有涉及，诸如同义语素泛化，或语素偏义以及几个语素义融合生成新义等问题，均有待进一步考察。

词汇是一种符号，它可以代表各种各样的事物或现象，不管是客观存在的还是主观想象的；而词义则是各种事物或现象在人脑中的能动反映，是各种事物或现象本质核义的一种再现。词义所反映的，是事物或现象的特征而不是概念，所以，它往往能够揭示出一个词的词源意义。"词源意义就是构词的理据——这里用的是引进而经过我们重新定义的'理据'。由于它的概括、抽象性，又被称作'词义特点'；从它在认识上的构成过程和原理而言，我们称之为'意象'。"① 而"意象，指命名时认识上对事物特征的理解和取意。对同一种特征可以有不同的理解，遂有不同的取意。对事物特征的理解和取意，在认识上构成意象，命名时作为依据，作为成素而蕴含、积淀在词的意义中，就是词源意义"。②

在这里，我们对赣方言词汇的构词理据——在"词义特点"这一认知层面上的词源意义，只是做了一个尝试性的初步而肤浅的分析。

---

① 王宁、黄易青：《词源意义与词汇意义论析》，《北京师范大学学报》2002 年第 4 期。
② 同上。

第三节　赣方言词汇的构词特征

构词特征是指由语素构成词表现出来的结构规律，即词的内部结构中语素组合方式表现出来的特点。

赣方言的构词方式是多种多样的，因而其内部结构中的语素组合方式所呈现出来的特征，也是多种多样的。

一　单纯词及其特征

单纯词，即由一个语素或词根构成的词。赣方言中，有大量的单音单纯词；相较而言，多音单纯词则少得多。

1. 单音单纯词及其特征

赣方言中，单音单纯词在所考释的词源中占有很大的比例。例如：晡、畀、猋、葳、坼、忖、枞、窖、簟、咄、吠、缚、秆、堌、笱、面、蠖、埘、澆、劳、噍、眸、茶、堑、敲、摧、穰、爹、舐、豚、罅、嗅、餍、喝、勚、趮、甑、斫、整、筑、詈、浇、饲、蟲、偋、撑、吃、殠、搋、甸、佮、歆、颈、剀、涠、啮、搦、搂、趖、煨、汯、錾、濽、炙、牸（上古），煠、煏、趵、鐾、匏、髼、笕、驮、鞧、箇、觘、噇、黀、牯、掴、绗、桁、戽、褯、跍、搡、搧、赹、捩、笪、睒、篾、学、焱（中古），忺、等、囟、趸、搿、抿（近代）。

这里列举的，是赣方言中的一部分古语词。为了行文简洁，在此就不再释义了。如有必要，可参看上述考源章节的相关内容。前已所述，在探源的古语词中，上古单音单纯词，占其时总数的80%以上；中古单音单纯词逐渐减少，占其时总数的45%上下；而近代的单音单纯词，占这个时期总数的12%左右。

从上述列举的单纯词看，其特征是由一个独用的实词语素构成的。

2. 多音单纯词及其特征

赣方言中，就其所考察的词源而言，属于多音单纯词的比例很小。例如：

（1）龌龊　腌臜　玲珑　尴尬　鏖糟　逍遥

（2）撇脱　停当　潇洒

（3）邋遢

第（1）类，古双声、迭韵词。赣方言中，“龌龊”义指“言行卑鄙恶劣"。古籍中，"龌龊"亦作"偓促"或"握齱"。清·雷浚《说文外编》卷一二："《说文》无龌字、龊字，……偓促、握齱，皆即龌龊。"又如"腌臜"，"肮脏"义。宋·赵叔向《肯綮录·俚俗字义》："不洁曰腌臜。""腌臜"还作"腌䏨""腌簪"。有的学者把类似这种表义相同而书写形式不同的词，称为"衍声词"。① 赣方言里，"玲珑"指"人的精明"，"尴尬"指"来得不巧"，"鏖糟"义为"不干净"。清·唐训方《里语征实》："俗以不洁为鏖糟。"而"逍遥"则为"悠闲自得的样子"。

第（2）类，非双声迭韵词。"撇脱"是"爽快"或"随便"义，"停当"指人的"聪明、能干"，"潇洒"指人的"洒脱"或"悠闲自在的样子"。

第（3）类，古外来词。"邋遢"是古代满语。"邋遢"为"不整洁"义。宋·释适之《金壶字考》："邋遢，不整貌。"

上述例举表明，这类单纯词的特征是，一个词由两个或两个以上的音节（或字）构成，但是不论其音节有多少，其中的每个音节（或字）在构词中单独都不能表达这个词的任何意义，只有几个音节（或字）连缀起来才能表示这个词的一个整体意义。

二 派生词及其特征

派生词，是由词根和词缀结合起来而构成的。词根即是构成词语基本意义的构词成分，是一种有实在意义的语素，故也称之为实义语素；而词缀则无实在意义，只有附在词根上才起构词作用，这种成分也称之为虚义语素。根据其与词根结合的关系，词缀可分为三类，即：附在词根之前的为前缀，附在词根之后的为后缀，在词根之间的则为中缀。从探源的情况看来，赣方言中属于派生词的，不是很多；而中缀派生词，则少之又少。以下举些词例，如：

老官　老庚　老公　老婆

索子　盏子　杌子　簟子　蠛子　戏班子　戏子

镢头　花头　荐头　兴头

渠们

邋里邋遢　龌里龌龊　腌里腌臜

第（1）类，是以前缀"老"构成的派生词。赣方言里，"老官"多用于称呼"男人"，古籍里也有此用法；"老庚"之谓，如清·俞樾《右台仙馆笔记》所云为"同岁者之称"，不论男女老少，其关系密者均可称

---

① 张寿康：《构词法和构形法》，湖北人民出版社 1981 年版，第 23 页。

之；"老公"或"老婆"则是对丈夫或妻子的俗称，这与多数方言的称谓一样。

第（2）类，是以后缀"子"构成的派生词。赣方言里，"索子"泛指"绳子"，"盏子"义为"小妆盒"，"杌子"多指"小凳子"，"簟子"谓"竹席"，"蠓子"是一种"小飞虫"，"戏班子"为"剧团之旧称"，而"戏子"虽"演员"之称谓，却含贬义。

第（3）类，是以后缀"头"构成的派生词。赣方言里，"镢头"指一种"锄头"或"大锄"，"头"做名词性词根的后缀；"花头"谓"花招"或"手段"，"头"做名词性词根的后缀；"荐头"指"举荐人"，"头"则属动词性词根的后缀；"兴头"指人的"兴致"或"劲头"，"头"为形容词性词根的后缀。

第（4）类，是以后缀"们"构成的派生词。赣方言里，"渠们"为代词"他们"或"她们"，第三人称复数形式。唐·刘知几《史通·杂说中》："渠们、底个，江左彼此之辞。"浦起龙通释："渠们，犹言他们。"

第（5）类，是以中缀"里"构成的派生词。赣方言里，"邋遢""龌龊""腌臜"等插入中缀"里"，构成了"A 里 AB"叠加式，意味着程度的加强。

这类派生词的特征是，词根是构成和体现一个词的词汇意义不可或缺的主要成分，它具有体词和谓词等类的实在意义；而词缀则不具备词汇意义，却具有标明一个词的词义类别或语法功能的作用。例如："戏＋子"不等于"戏"，已经改变了它的词汇意义：演戏的人；"兴＋头"不等于"高兴"，这不仅改变了词汇意义，而且还改变了词义类型（即形容词→名词）：兴致、劲头。虽然有些词缀对词义没有影响，但实际上是词的语法功能的一种表征，如"索子""荐头"等词中的"子""头"，就标志着它们是名词；而"渠们"中的"们"，没有改变词的词汇意义，只是用来表示词的语法意义。

三　复合词及其特征

复合词是由词根与词根组合而成的。由于词根与词根组合关系的不同，也表现出不同的结构类型。就赣方言来说，词汇组合关系中所显示的结构类型主要有以下几种：（1）联合式；（2）配合式；（3）串合式；（4）迭合式。①

---

① 陈光磊：《汉语词法论》，学林出版社 2001 年版，第 30—38 页。

1. 联合式复合词及其特征

这种类型的复合词，其构词成分之间的关系是平等的。按其组合的语义类型，又可分为以下小类。

（1）同义联合式。如：

　　惷呆　阶级　劳慰　气息　冰凌

这一小类的构词特征是，词中不同的构词成分，其意义内核基本相同，它们之间或以同语释义，或彼此互训。如"惷呆"，《说文》释"惷"，"愚也"；颜师古注"呆"，亦"愚也"。"阶级"亦即台阶，《广韵》训"阶"，"阶级也"；又释"级"，"亦阶级"。"劳慰"的"劳"，《集韵》释之"慰也"。"气息"，两个词根古代都有"呼吸"义，而"气味"则为其延伸义。"冰凌"之"凌"，《广雅》释之"仌也"。王念孙疏证引毛传注："凌阴，冰室也。"李贤注《后汉书·张衡传》亦云："凌，冰也。"

（2）平行联合式。如：

　　声气　尘灰　捡拾　包瞒　巴结

这一小类的构词特征是，词中不同的构词成分，其意义内核虽有某些相似，但更多的还是相关，其间的组合是平行关系。如"声气"，是指人说话的"声音"和"语气"，如《红楼梦》第五回："宝玉听了是个女孩的声气。""尘灰"，本是"飞扬的尘土"和"物质烧后的残渣"两种东西，但又形似。"捡拾"，前者"以手将物捡起"，后者重在"收拾"或"整理"物什。"包瞒"，"包"的实义是"裹着（东西）"，无所谓色彩，"掩藏"为其抽象义；而"瞒"则为"隐瞒"，或带欺骗性，《正字通》释之"以匿情相欺"。又如"巴结"，"巴"是为设法"营求"己欲之物而"忙碌着"，钱大昕《恒言录》释之"不足而营之"。而"结"重在"要"，《玉篇》释之引许慎言："结，要也。"显然，其义相关的还是多于相似的。

2. 配合式复合词及其特征

这种类型的复合词，其构词成分之间是中心成分与附加成分的组合关系。按其中心与附加的组合关系，又可分为偏正式和述补两类。

（1）偏正式

这类构成方式是以后一个语素为构词的中心成分，而前一个语素则是附加的，起着修饰、限制中心成分的作用。如：

　　老妪　旧年　浮藻　寿器　滚水
　　枞树　甀箅　牛牸　天色　树杪

鲜甜　飞滚　后生　冰冷　霍闪

从上述词语的构成特征看，有的是定—中关系，如前两组；有的是状—中关系，如后一组。或者说，有的是以名词性语素为中心成分的，如第一、第二组；有的是以动词性语素为中心成分的，如"飞滚""后生"以及"霍闪"；有的则是以形容词语素为词的中心成分，如"鲜甜"和"冰冷"。

（2）述补式

这类构成方式是以前一个语素为构词的中心成分，而后一个语素则是补充说明中心成分的。如：

磕破　落后　认得　开通　箍紧

从其构成方式看，后一成分是补充说明前一行为或动作结果的。在其构词特征上，一般来说，多数词的中间能加"得"，表示结果的可能，如"磕得破"；或者加"不"，以否定结果的可能，如"磕不破"。这样，即使加了"得"或"不"，也没有改变其为一个词的性质。

3. 串合式复合词及其特征

这种类型的复合词，其构词成分之间是陈述与被陈述、支配与被支配的组合关系。按其成分之间的组合关系，又可分为主谓式和述宾式两类。

（1）主谓式

这类复合词，其构词成分之间是陈述与被陈述的关系。如：

心甘　面熟　天光　天晴　肚饥

从其构成特征看，前一语素所表示的是有关被陈述的事物，后一语素则表示相关的性质或动作以对前者进行陈述，其间的关系是一种主谓关系；其构成成分，大多为"名＋形"和"名＋动"两种情况。

（2）述宾式

这类复合词，其构词成分之间是支配与被支配的关系。如：

发蒙　拘礼　整病　炙火　俏伙
落色　袞边　讲口　开面　圆房
着气　造孽　过身　学事　拜堂

上述词例显示，其构成特征是一种述宾关系。也就是说，前一语素表示有关的行为动作即述语，后一语素是行为动作所支配、关涉的对象即被支配者；其成分大多以"动＋名"的结构方式组合，当然也许还有少量的"动＋形"或"动＋动"等形式。

4. 叠合式复合词及其特征

这种类型的复合词，往往构形与构词特征兼而有之；相较而言，其构形成分则更丰富，大多为同一语素相叠组合而成。赣方言里，这类词成分之间的组合方式，多数是"AABB"型，也有少数"A 里 AB"型。如：

齐整→齐齐整整　　标致→标标致致　　的实→的的实实

懵懂→懵懵懂懂　　抻欱→抻抻欱欱　　巴结→巴巴结结

腌臜→腌里腌臜　　龌龊→龌里龌龊　　邋遢→邋里邋遢

有些迭合词，"AABB"型与"A 里 AB"型之间，可以相互转化。如：

懵懵懂懂→懵里懵懂　　抻抻欱欱→抻里抻欱　　巴巴结结→巴里巴结

腌里腌臜→腌腌臜臜　　龌里龌龊→龌龌龊龊

但第一组的"齐整""标致""的实"以及第三组的"邋遢"，则不能如此转化。

构词语素的叠合，有增强其语义表达效果的作用。

上述分析表明，赣方言的构词特征，是复杂多样的。从其构成方式看，有单纯词、派生词、复合词等结构类型；从其音节构成以及语素发展趋势看，也符合汉语词汇发展的一般规律——构词方式由单音单纯词逐渐向双音双语素或多音多语素派生词、复合词的方向发展，而其呈现出来的特点也相应地由简单变成繁复了。

简而言之，赣方言的词汇从其词源特征看，既表现了原生音义结合内在的规律性以及社会成员的规约性，同时也表现出由语源词引申派生出不同新词的发展趋势，而新词大量产生的根本途径还是依赖于词汇的复音合成，这也是主客观要求的必然结果；从其词义特征看，认知意象的多维性，使得赣方言的词义特征以及构词理据以各种复杂多样的形式内容凸显出来，这既表明了人的认知对象的复杂性，也反映了人的认知意象的发展性；而在构词特征方面，赣方言词汇的结构形式也呈多样性，除了其单纯与派生的结构类型外，最主要的是复合结构中的"联合""配合""串合"以及"叠合"等复杂多样的类型方式，不论是其音节的构成还是语素的组合，都符合语义由粗疏向精密、由简单向繁复方向发展变化的一般规律。而词源、词义以及构词三者虽各具性质特征，但又是那样有机地结合在一起，共同构成了赣方言词汇特征的整体内容。

第九章　从古语词看赣方言词汇地域分布特点及成因

　　方言属于一种语言的地方变体，是一定地域的交际用语，因而其分布自然就带有一定的地域性。

　　赣方言历史悠久，其古语词也源远流长，广泛分布于赣、湘、鄂、徽、闽诸省赣方言区的各个地域，是赣方言词汇系统中一个十分重要的组成部分。

　　考察赣方言古语词的地域分布状况，分析其分布特点，探究其分布成因，这对于我们了解赣方言的形成与发展无疑具有重要意义。

第一节　赣方言词汇地域分布状况

　　赣方言主要分布于赣省赣江中下游、抚河流域以及鄱阳湖平原等广大地区，其区域面积及居民人口达到全省的2/3。此外，闽西北，皖南、皖西南，鄂东南、鄂中南，湘东、湘东南、湘北、湘东北及其西南等地区也有分布。赣方言使用人口4800多万。依据赣方言各区域的不同特点，赣省境内划分为昌都、宜浏、吉茶、抚广和鹰弋5个方言片，境外划为大通、耒资、洞绥和怀岳4个方言片。① 赣方言九大片区地理分布情况，大致如图9-1所示。

　　从赣方言242个古语词考源来看，其地域分布是不平衡的。例如，赣北有全浊音词语，而赣中存与不存兼而有之；抚广、吉茶、鹰弋、宜浏等片，多以"东司"雅称"厕所"，以"出恭"婉代"大小便"，而昌都片则十分罕见。

　　那么，赣方言古语词地域分布状况如何，下面将对其作一具体考察。

---

　　① 谢留文：《赣语的分区（稿）》，《方言》2006年第3期。

不过，在考察其地域分布之前，先简要介绍一下各片区位人口现况。

一 赣方言各片区位人口

1. 昌都片

（1）赣中北的市县 主要有南昌市、南昌和新建2县。

南昌市是我国唯一的一个毗邻长江、珠江三角洲和闽南金三角的省会城市，辖5（市辖）区4县；市辖区587平方公里，人口222万。① 南昌话是赣方言的代表。南昌县辖11镇7乡，1839平方公里，人口101万。新建辖12镇6乡，2193平方公里，人口69万。

（2）赣西北的市县 主要有武宁和修水2县，均位于鄂赣或湘鄂赣交界处。

武宁辖8镇11乡，3507平方公里，人口39万，境内以赣方言为主，仅石门乡通行客家话。修水辖18镇18乡，4504平方公里，人口85万，境内6/7的人口使用赣方言，其余1/7（约16万人）说客家话，主要分布于何市、上奉、黄沙、宁州、三都、桃里、漫江等乡镇。

（3）赣北的市县 主要有安义、永修、德安、星子、都昌和湖口6个县。

安义辖7镇3乡，656平方公里，人口29万。永修辖11镇4乡，1940平方公里，人口39万。德安俗有"楚尾吴头"之称，辖4镇9乡，859平方公里，人口24万。星子古有"南国咽喉、西江锁钥"之誉，辖7镇3乡，596平方公里，人口27万。都昌处江右"五水汇一湖"（赣、抚、饶、信、修五大水系和鄱阳湖）之要冲，辖12镇12乡，1988平方公里，人口83万。湖口居赣、鄂、皖交界处，为赣省"水上北大门"，素称"江湖锁钥，三省通衢"，辖5镇7乡，669平方公里，人口30万。

2. 宜浏片

（1）赣中的市县 主要有樟树（县级）、丰城（县级）2市和新干县，均位于赣江中游。

樟树素誉"南国药都"，辖10镇4乡，1287平方公里，人口60万。丰城辖20镇7乡，2845平方公里，人口139万。新干辖6镇7乡，1248平方公里，人口33万。

---

① 说明：赣、湘、鄂、皖、闽赣方言区的市县面积和人口，均以中国地图出版社出版的《中国分省系列地图册》（2013年版）中的数据为准。

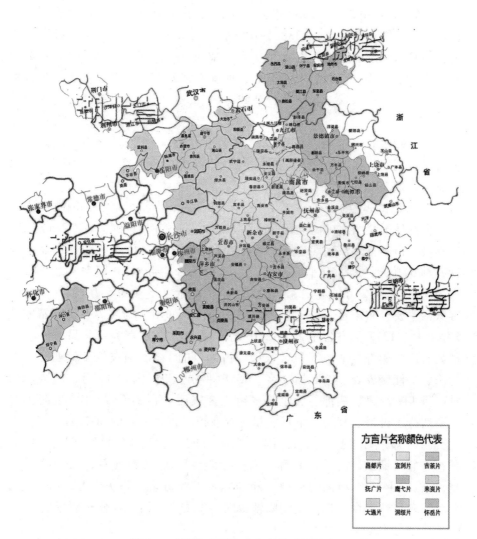

图 9-1 赣方言区九大方言片地理分布
（具体详见书前彩图）

（2）赣中西或赣西的市县　主要有新余市、高安（县级）市和分宜、万载2县，宜丰县位于赣西。

新余辖1（市辖）区1（分宜）县；市辖区1776平方公里，人口87万。高安辖18镇2乡，2439平方公里，人口84万，境内华林乡有说客家话的。分宜辖6镇4乡，1388平方公里，人口33万。万载位于赣湘交界处，西境与湘浏阳接壤，辖9镇7乡，1714平方公里，人口53万；境内与湘交界的一些乡镇如西坑、潭埠、仙源、官元山、赤兴、白水等大部村落和双桥、高村、株潭、黄茅、高城、岭东、白良、茭湖等部分村落通行客家话。

位于赣西的宜丰辖7镇5乡，1935平方公里，人口29万；境内除赣方言外，同安、天宝、黄岗、潭山等乡镇部分村落说客家话（约3万人，占总人口的10%）。

（3）赣西北的市县　主要有宜春市和上高、奉新、靖安、铜鼓4县。

宜春处于赣西北山区向赣抚平原过渡地带，辖1（市辖）区3（县级）市6县；市辖区2532平方公里，人口109万。上高位居赣、湘通衢之要冲，辖6镇6乡，1350平方公里，人口37万。奉新辖10镇5乡，1642平方公里，人口32万；境内4/5说赣方言，其余1/5（约5万人）客家话，客家话主要分布于甘坊、七里、西塔、澡溪、仰山、柳溪等乡镇。靖安辖5镇6乡，1377平方公里，人口15万，境内以赣方言为主，另有一些乡镇如官庄、璪都、中源等说客家话，占人口的1/3。铜鼓位于赣西北与湘浏阳、平江交界处，辖6镇3乡，1548平方公里，人口14万；境内如永宁、排埠、温泉、三都、大段等乡镇说客家话（占70%人口），① 赣方言主要通行于带溪、高桥、港口、棋坪等乡镇（仅占人口的30%）。

（4）湘东的市县　湘省浏阳（县级）市地处湘、赣边界，罗霄山脉北段，东邻赣铜鼓、万载、宜春，南接赣萍乡，辖27镇6乡，4997平方公里，人口144万。境内通行赣、湘和客家三大方言。赣方言集中于城区、北乡、东乡、南乡一带，是浏阳辖域内的主要交际语，其分布地域最广。

3. 吉茶片

（1）赣西南或赣中南的市县　主要有井冈山（县级）市和遂川、泰和、万安3县。

井冈山地处赣西南赣湘交界的罗霄山脉中段，古誉为"郴衡湘赣之

---

① 注：颜森认为，60%以上的人口说客家方言。详参《江西方言的分区（稿）》，《方言》1986年第1期。

交，千里罗霄之腹"，辖6镇12乡，1270平方公里，人口16万；境内一些地方通行客家话，如黄坳、下七、长坪3个乡，罗浮、大井、朱砂3个垦殖分场（约占原市辖人口的40%）及大陇、茅坪、睦村，荷花、柏露、龙市、东上、坳里、葛田等乡镇的一些村落（2万余人）。遂川位于赣西南赣湘交界处，其西与湘桂东、炎陵为邻，辖11镇12乡，3102平方公里，人口58万；境内1/3的人口说赣方言，2/3说客家话，草林、堆子前、左安、高坪、大汾一些乡镇80%说客家话，衙前、汤湖、大坑、双桥、新江、五斗江、西溪、南江、黄坑、戴家埔、营盘圩等乡镇多数人亦如是。

泰和地处赣中南水陆要冲，古有"咽喉苏广、唇齿闽浙"之称，辖16镇6乡，2666平方公里，人口56万；境内主要通行赣方言，还有一些地方如碧溪、桥头、塘洲、沙村、老营盘、小龙、灌溪、苑前、上模、上圯、中龙、石山等乡镇部分村落说客家话（约6万人）。万安位于赣中南罗霄山脉东麓，辖9镇7乡，2046平方公里，人口31万；境内以赣方言为主（约占人口的60%），另其东南部顺峰、涧田、宝山、武术、桂江、罗塘等乡镇说客家话（约占人口的40%）。

（2）赣中的市县　主要有吉安市和吉安、吉水、峡江、永丰、安福5县，其中吉安、吉水和峡江位于赣江流域。

吉安市位于罗霄山脉中段，西临湘桂东、炎陵、茶陵，扼赣湘咽喉之通道，辖2（市辖）区1（县级）市10县；市辖区1331平方公里，人口56万；境内主要通行赣方言，少数客家话（如青原区东固、富田和吉安县天河、敖城、官田、指阳等乡镇部分村落）。吉安县地处吉泰盆地，辖12镇7乡，2111平方公里，人口49万。吉水辖15镇3乡，2475平方公里，人口53万；境内80%说赣方言，20%说客家话的主要分布于县境东、南部螺田、冠山、白沙、丁江、乌江、水南等乡镇及文峰镇山区（约10万人）。峡江辖6镇4乡，1287平方公里，人口18万。永丰地处吉泰盆地东沿，辖8镇13乡（其中1个民族乡），2695平方公里，人口45万；境内主要通行赣方言，还有一些乡镇如潭头、三坊、君埠、龙冈畲族等大部以及中村、上溪等部分村落和沙溪镇长坑村说客家话。誉为"赣中福地"的安福，辖7镇12乡，2793平方公里，人口40万。

（3）赣西的市县　主要有萍乡市和莲花、上栗、芦溪、永新4县。

地处赣湘边界的萍乡西与湘醴陵、北与浏阳接壤，赣省西大门，古有"湘赣通衢""吴楚咽喉"之称，辖2（市辖）区3县；市辖区1065平方公里，人口87万。享有"中国莲花之乡"美誉的莲花，其西南与湘茶陵、攸县相交，辖 5 镇 8 乡，1062 平方公里，人口 27 万。上栗为"中国傩文化之乡"，其西与湘醴陵为邻，北与浏阳相依，辖 6 镇 4 乡，712 平方公里，人口 49 万。芦溪为萍乡东大门，古有"枕吴头而压楚尾"之称，横锁赣湘要道，辖 5 镇 5 乡，963 平方公里，人口 30 万。永新地处罗霄山脉中段，西与湘茶陵相接，辖 10 镇 13 乡，2195 平方公里，人口 52 万；境内主要通行赣方言，其坳南、曲江乡 2000 余人说客家话。

（4）湘东或湘东南的市县　湘醴陵（县级）市、茶陵县、攸县、炎陵县。

醴陵位于湘东赣西，与赣萍乡、上栗交界，辖 18 镇 8 乡，2156 平方公里，人口 106 万；境内主要通行赣方言，另有湘方言、客家话分布。茶陵地处湘东赣西的湘赣边界，辖 12 镇 4 乡，2496 平方公里，人口 62 万；境内主要通行赣方言，还有客家话分布。

地处湘东南赣西南的攸县，东邻赣萍乡、莲花，辖 15 镇 4 乡，2649 平方公里，人口 79 万；境内主要通行赣方言，也有客家话分布。炎陵地处湘东南赣西南的罗霄山脉中段，辖 6 镇 9 乡（其中 1 个民族乡），2030 平方公里，人口 19 万；境内说赣方言的约占人口的 1/3，分布于炎陵西片霞阳、三河、鹿原和东风等乡镇，另 2/3 的人口说客家话。

4. 抚广片

（1）赣东或赣东南的市县　赣东抚州市和崇仁、南城、东乡 3 县，赣东南南丰、广昌 2 县。

抚州位于抚河上中游，东邻闽建宁、泰宁、光泽、邵武，拥有"襟领江湖、控带闽粤"的区位优势，辖 1（市辖）区 10 县；市辖区 2121 平方公里，人口 119 万，市辖区、县少数民族 7700 余人（占人口的 0.2%）。崇仁辖 7 镇 8 乡，1520 平方公里，人口 37 万，其中少数民族 200 余人。素有"赣地名府、抚郡望县"之称的南城，辖 9 镇 3 乡，1698 平方公里，人口 33 万。"赣东门户"的东乡辖 9 镇 4 乡，1262 平方公里，人口 47 万，其中少数民族 500 余人。

"傩舞之乡"南丰，其东南临武夷山脉，辖 7 镇 5 乡，1909 平方公里，人口 30 万。抚州南大门的广昌，位于武夷山西麓，东邻闽建宁，居赣闽粤交通要冲，有"中国白莲之乡"誉称，辖 5 镇 6 乡，1612 平方公里，人口 25 万；境内主要通行赣方言，外还散居着畲、蒙古、壮、回、满、瑶、苗、土等少数民族，驿前镇说客家话。

（2）赣中东或赣中的市县　赣中东宜黄、黎川 2 县，赣中乐安、金溪 2 县。

宜黄地处抚州市南部，辖7镇5乡，1944平方公里，人口23万。黎川以赣省"第二瓷都"而著称，位于武夷山脉中段西麓，其东、南与闽光泽、邵武、泰宁、建宁毗邻，是赣入闽的东大门，辖6镇8乡，1729平方公里，人口25万。

乐安辖9镇6乡，2413平方公里，人口37万。金溪位于武夷山脉与鄱阳湖平原的过渡地带，辖7镇6乡，1358平方公里，人口31万。

（3）赣东北或赣中北的市县　资溪、进贤2县。

赣东北的资溪是赣省东大门，为赣入闽之要道，地处武夷山脉西麓，东境与闽光泽接壤，辖5镇2乡，1251平方公里，人口11万。进贤素称"东南之藩蔽，闽浙之门户"，处于赣中北水陆交通之要冲，辖9镇12乡，1952平方公里，人口84万。

（4）闽西北的市县　闽建宁、泰宁2县。

地处闽西北赣东南的建宁，处于武夷山麓中段，辖4镇5乡，1791平方公里，人口15万。泰宁素有"汉唐古镇、两宋名城"美誉，位于武夷山中段闽赣交界处，其西北紧靠赣省黎川，辖2镇7乡，1540平方公里，人口13万。

5. 鹰弋片

此片鹰潭、景德镇、乐平（县级）、贵溪（县级）4市和余江、万年、余干、鄱阳、横峰、弋阳、铅山7县均位于赣东北，彭泽县处于赣省最北端。

"中国铜都"——鹰潭，处于武夷山脉向鄱阳湖平源过渡地带，濒临长江中下游，辖1（市辖）区1（县级）市1县；市辖区137平方公里，人口23万，辖区市、县内汉族人口占99.6%，少数民族0.4%（4600余人）。景德镇是世界著名瓷都，位于鄱阳湖东岸，赣皖浙交界处，与皖安庆、池州为邻，辖2（市辖）区1（县级）市1县；市辖区430平方公里，人口48万。乐平辖14镇2乡，1973平方公里，人口91万。贵溪为中国铜工业的中心，地处信江中游，南邻闽光泽，辖14镇6乡（其中1个民族乡），2480平方公里，人口62万。余江地处信江中下游，辖6镇5乡，937平方公里，人口39万。万年为贡米之乡，处于鄱阳湖东南岸，辖6镇9乡，1140平方公里，人口41万。余干素有"江南名郡""八省通衢"之称，辖6镇19乡，2326平方公里，人口106万。有着"中国湖城"之称的鄱阳，处于鄱阳湖东岸，与皖东至交界，辖14镇15乡，4215平方公里，人口159万。横峰地处赣闽浙皖之要冲，辖3镇7乡，655平方公里，人口22万；境内主要通行赣方言，但龙门乡上源排、戈家村有600余人说客家话。弋阳地处信江中游，辖 9 镇 8 乡，1592 平方公里，人口 41 万。上饶市的"南大门"铅山，南邻福建，北望安徽，辖 7 镇 10 乡（其中 2 个民族乡），2178 平方公里，人口 47 万，其中汉族占人口 99.36%，少数民族 0.64%；境内以赣方言为主，此外还有闽南语、客家话、吴语等通行。

彭泽为赣省最北部，北濒长江，其境东与皖东至为邻，北与宿松、望江隔江相望，素有"七省扼塞""赣北大门"之称；辖 10 镇 3 乡，1542 平方公里，人口 38 万。

6. 大通片

（1）鄂东南或鄂中南的市县　位于长江中游南岸、鄂东南赣北的有大冶（县级）市、咸宁市、赤壁（县级）市（原蒲圻市）和嘉鱼、崇阳、通城、通山、阳新 5 县，其中咸宁、崇阳、通城、通山、阳新等市县居于鄂赣湘或鄂赣接壤交界处；监利县则位于鄂中南。

大冶系武汉、鄂州、九江城市带的腹地，曾隶属于江西行省，现辖 1 乡 9 镇，1566 平方公里，人口 94 万。咸宁素有鄂省"南大门"之称，辖 1 市 1（市辖）区 4 县；市辖区 1502 平方公里，人口 60 万。赤壁也为鄂省"南大门"，辖 15 镇，1723 平方公里，人口 52 万。嘉鱼北与武汉接壤，辖 8 镇，1017 平方公里，人口 37 万。崇阳南邻赣修水，西接湘临湘，辖 8 镇 4 乡，1968 平方公里，人口 47 万。通城位于咸宁、九江、岳阳金三角中心交汇点，为"鄂南明珠"，辖 9 镇 2 乡，1129 平方公里，人口 49 万。通山南境与赣武宁、修水毗邻，辖 8 镇 4 乡，2680 平方公里，人口 47 万。阳新东南紧靠赣瑞昌，西南接赣武宁，宋元时隶属江西行省或江西道，现辖 16 镇，2783 平方公里，人口 102 万。

监利位居鄂中南长江北岸，辖 18 镇 3 乡，3118 平方公里，人口 154 万；境内方言较复杂，其南部主要通行赣、湘方言，北部仙沔方言。

（2）湘东北或湘北的市县　位于湘东北赣西北的有岳阳市、临湘（县级）市和平江县，其中岳阳、临湘为"湘北门户"；华容县位于湘北鄂南。

岳阳位于湘赣交界处，东临赣铜鼓、修水，辖 3（市辖）区 2（县级）市 4 县；市辖区 1413 平方公里，人口 107 万，辖区市、县内除赣方言外，还通行湘方言。临湘辖 13 镇 5 乡，1719 平方公里，人口 52 万。平江亦位湘赣交界处，东与赣修水、铜鼓相接，辖 18 镇 9 乡，4114 平方公里，人口 109 万。

华容北倚长江，辖 12 镇 8 乡，1591 平方公里，人口 71 万。

7. 耒资片

位于湘东南赣西南的有资兴（县级）市和耒阳、安仁、永兴 3 县，其中资兴、安仁地处罗霄山脉西麓。常宁（县级）市位于湘中南。

资兴地处湘赣粤交汇点，辖 10 镇 8 乡（其中 2 个民族乡），2730 平方公里，人口 37 万。耒阳有"荆楚名区""三湘古邑"之称，辖 13 镇 18 乡，2648 平方公里，人口 137 万。安仁为郴州市"北大门"，辖 5 镇 12 乡，1462 平方公里，人口 45 万。永兴地处郴州市北陲，辖 14 镇 7 乡，1980 平方公里，人口 68 万。

常宁辖 15 镇 7 乡（其中 1 民族乡），2048 平方公里，人口 91 万。

8. 洞绥片

洞口、绥宁、隆回 3 县均位于湘西南，其中绥宁与桂省毗邻。

洞口辖 10 镇 12 乡（其中 3 个民族乡），2719 平方公里，人口 87 万，境内通行赣、湘方言。绥宁为少数民族主要分布区，其人口占总数 62.3%，辖 6 镇 19 乡（其中 14 个民族乡），2917 平方公里，人口 37 万。隆回辖 18 镇 8 乡（其中 2 个民族乡），2868 平方公里，人口约 123 万，境内主要通行赣、湘方言和西南官话。

9. 怀岳片

（1）皖南的市县　地处长江中下游南岸、皖南赣东北的有东至、石台 2 县。

东至素誉"尧舜之乡"，其南、西南与赣景德镇、浮梁、鄱阳、彭泽等市县毗邻，辖 12 镇 3 乡，3256 平方公里，人口 55 万，境内上乡通行赣方言，其中、下乡分别说徽语和江淮官话。石台辖 6 镇 2 乡，1403 平方公里，人口 11 万，境内以赣方言为主；其因赣方言而使吴、徽语急剧减弱，并完全挤压、覆盖了江淮官话。

（2）皖西南的市县　处于皖西南赣东北的有池州市和怀宁、岳西、潜山、太湖、望江、宿松 6 县，其中怀宁、潜山、太湖、望江、宿松等均位于长江下游北岸。

池州位于长江下游南岸，西南与赣九江、景德镇、上饶毗邻，辖 1（市辖）区 3 县，2432 平方公里，人口 67 万，境内通行赣方言、吴方言和江淮官话。怀宁"濒长江、襟江淮、控鄂赣"，辖 15 镇 5 乡，1276 平方公里，人口 70 万。黄梅戏之乡——岳西，跨长江、淮河两大流域，辖 13 镇 11 乡，2398 平方公里，人口 41 万。潜山素称"京剧之祖"，辖 11 镇 5 乡，1686 平方公里，人口 59 万。太湖辖 10 镇 5 乡，2031 平方公里，人口 57 万。望江位于皖赣交界处，东南与赣彭泽隔江相望，辖 8 镇 2 乡，1357 平方公里，人口

64 万。宿松居皖西南边陲皖赣交界处，南与赣湖口、彭泽隔江相望，辖 9 镇 13 乡，2394 平方公里，人口 84 万，境内通行赣方言和江淮官话。

二　赣方言词汇地域分布状况

从古语词的分布状况看，有的分布地域很广，有的则十分有限。例如，"滗、索、晏"等几乎通行于赣方言各大片，而"苶、薉"类仅局限于一两个片之内。

考察古语词的分布状况，主要依据通行地域进行分类。例如，"爹"既通行于境内昌都、宜浏、吉茶、抚广、鹰弋五大方言片，又通行于境外宜浏湖南浏阳、抚广福建建宁和泰宁，另外大通、耒资、怀岳三大方言片也有分布，所以我们一般将其通行范围视为八大方言片；因其中的湖南浏阳与福建建宁、泰宁分属于宜浏、抚广两大方言片范围之内，故不另计其数。

1. 古语词八大方言片的分布

昌都、宜浏、吉茶、抚广、鹰弋方言片共存的词语有"圻、滗、爹、牯、挼、晏、索"。此外，以上词语还通行于境外方言片。据其通行地域不同，又分为几种情况：（1）"爹"通行于宜浏湖南浏阳，抚广福建建宁、泰宁，大通湖北咸宁、赤壁、大冶、通城、通山、崇阳和湖南平江，耒资湖南安仁、耒阳、常宁以及怀岳安徽宿松、岳西、池州等地；（2）"索"通行于吉茶湖南醴陵，抚广福建建宁，大通湖北咸宁、赤壁、嘉鱼，耒资湖南安仁、常宁以及怀岳安徽宿松、岳西、池州等地；（3）"圻"通行于吉茶湖南茶陵和醴陵，大通湖北咸宁、赤壁、大冶、通城、通山、崇阳和湖南平江，耒资湖南安仁、耒阳、常宁以及怀岳安徽宿松等地；（4）"滗、挼"通行于大通湖北咸宁、赤壁、大冶、通城、通山、崇阳和湖南平江，耒资湖南安仁、耒阳、常宁以及洞绥湖南洞口、隆回等地；（5）"牯、晏"通行于大通湖北咸宁、赤壁、大冶、通城、通山、崇阳和湖南平江，耒资湖南安仁、耒阳、常宁以及怀岳安徽宿松、岳西、池州等地。

2. 古语词七大方言片的分布

昌都、宜浏、吉茶、抚广、鹰弋方言片共存"牸、敤、敨、整、噍、敠、跕、蛮、攇、炙、撒脱"。以上词语境外方言片的分布，主要类型是：（1）"敠"通行于宜浏湖南浏阳，吉茶湖南茶陵，抚广福建建宁，洞绥湖南洞口以及怀岳安徽岳西、池州等地；（2）"噍、蛮、炙、撒脱、牸、敨"通行于大通湖北咸宁、赤壁、大冶、通城、通山、崇阳和湖南平江，耒资湖南安仁、耒阳、常宁等地；（3）"跕"通行于大通湖北咸宁、赤壁、大冶、通城、通山、崇阳和湖南平江，洞绥湖南洞口、隆回等地；

（4）"搂、骰"通行于大通湖北咸宁、赤壁、大冶、通城、通山、崇阳和湖南平江，怀岳安徽宿松、岳西、池州等地；（5）"整"通行于耒资湖南安仁、耒阳，洞绥湖南洞口等地。

3. 古语词六大方言片的分布

以境内而言，其分布的基本类型主要有5种，而每一类中境外方言片的分布又有所不同：（1）昌都、宜浏、吉茶、抚广、鹰弋方言片共存"把、箇、郎中、焱、缗钱、开面、行、筑、抻、喫、后生、揩、齐整、甑、砑、氅、掇、等、发痧、花边、笓、旧年、静办、捒、邋遢、牛栏、趱、薤、舿、笐帚、行时、圆房、熨帖、造孽、篁、佮、龌龊"。以上词语在境外方言片中的分布又有不同的情况：①"把、箇、郎中"通行于宜浏湖南浏阳等地；②"开面、发痧、花边"通行于抚广福建建宁、泰宁等地；③"把、抻、喫、揩、齐整、氅、掇、等、缗钱、静办、舿、龌龊、邋遢"通行于大通湖北咸宁、赤壁、大冶、通城、通山、崇阳和湖南平江等地；④"焱、筑、行、后生、甑、砑、笓、牛栏、薤、笐帚、行时、熨帖、佮、开面、发痧、花边、箇、郎中"通行于耒资湖南耒阳、安仁、常宁等地；⑤"趱、篁"通行于洞绥湖南洞口、隆回等地；⑥"捒、旧年、圆房、造孽"通行于怀岳安徽宿松、岳西、池州等地。（2）昌都、宜浏、吉茶、抚广方言片共存"蜀、掌、凶、断夜、浉"。其中，境外方言片的主要分布：①"蜀"通行于宜浏湖南浏阳，大通湖北咸宁、嘉鱼，怀岳安徽岳西等地；②"掌"通行于吉茶湖南茶陵、醴陵，抚广福建建宁、大通湖南平江、湖北阳新和怀岳安徽宿松等地；③"凶"通行于吉茶湖南茶陵、醴陵，大通湖南平江以及怀岳安徽宿松、岳西等地；④"断夜"通行于大通湖北东南部，耒资湖南安仁、耒阳等地；⑤"浉"通行于大通湖北咸宁、嘉鱼，怀岳安徽岳西、池州等地。（3）昌都、吉茶、抚广、鹰弋方言片共存的"驮"，境外洞绥湖南洞口以及怀岳安徽岳西、池州等地也有分布。（4）昌都、宜浏、吉茶方言片共存的"灒"，境外大通湖北咸宁、赤壁，耒资湖南耒阳、常宁以及洞绥湖南洞口等地也通行。（5）昌都、宜浏、抚广方言片共存的"树杪"，境外吉茶湖南茶陵、大通湖北阳新、怀岳安徽池州等地也存有。

4. 古语词五大方言片的分布

其分布类型主要有以下6种不同的情况：（1）昌都、宜浏、吉茶、抚广、鹰弋方言片共存"殍、眸、发蒙、秆、拘礼、邻舍、面、毛、洇、早晏、砑、鲍、冰冷、拜堂、东家、饭甑、服侍、飞滚、过世、桁、霍闪、划算、几多、襦、落色、眠梦、起劲、烧酒、扫帚星、水色、通书、煨、歇、学堂、心甘、戏班子、相帮、现眼、圆房、灶下、纵、炸、猪栏、攒劲、着气、拗、颈、推、香几",境外一些地区如宜浏湖南浏阳通行"推",抚广福建建宁、泰宁通行"眠梦、灶下、香几"等词语。(2)昌都、宜浏、抚广、吉茶方言片共存"去归、罯、炕"。其中,"去归、罯"境外大通湖北咸宁、大冶,"炕"咸宁、嘉鱼等地也通行。(3)昌都、宜浏、吉茶、鹰弋方言片共存"搭、吙、今朝、衮边"。另外,境外分布有几种情况:①"搭"通行于宜浏湖南浏阳、末资湖南末阳和常宁等地;②"吙"通行于吉茶湖南茶陵,抚广福建建宁,大通湖北阳新等地;③"今朝"通行于抚广福建建宁、泰宁以及怀岳安徽岳西、池州等地;④"衮边"通行于末资湖南安仁、常宁等地。(4)昌都、宜浏、鹰弋方言片共存的,境外大通湖北咸宁、末资湖南常宁等地也通行的有"鏧"。(5)昌都、吉茶、鹰弋方言片共存的,境外大通湖北咸宁、赤壁和末资湖南末阳等地也通行的有"槽房"。(6)吉茶、抚广、鹰弋方言片共存的"戽",境外大通湖北咸宁、赤壁、嘉鱼以及怀岳安徽岳西、池州等地也通行。

5. 古语词四大方言片的分布

主要有以下8种不同的分布情况:(1)昌都、宜浏、吉茶、抚广方言片通行"蟲、劳、暍、趱、标致、巴结、包瞒、舠、捆、古怪、过身、绗、学、紧要、精灵、捡拾、磕破、开通、落得、脸面、摺、认得、搉、机、蹶、现世、现世报、现世宝",境外抚广福建建宁也存"过身"一词;(2)昌都、吉茶、抚广、鹰弋方言片通行"缚、云梯、长是、落后、戏子、鲜甜、勤力、欮";(3)昌都、宜浏、吉茶、鹰弋方言片通行"伙、腌臜";(4)宜浏、吉茶、抚广、鹰弋方言片共存的如"尘灰、煏、豺狗、东司、发市、滚水",其中"尘灰、豺狗、东司、滚水"等境外抚广福建建宁、泰宁也通行;(5)昌都、宜浏、吉茶方言片以及境外大通湖北咸宁、赤壁等地共存"扳罯";(6)昌都、抚广、鹰弋方言片以及境外末资湖南安仁等地共存"作礼";(7)宜浏、吉茶方言片以及境外末资湖南末阳、常宁和洞绥湖南洞口等地共存"㑋";(8)吉茶、抚广方言片以及境外宜浏湖南浏阳、怀岳安徽池州等地共存"笡"。

6. 古语词三大方言片的分布

其分布主要有12种不同的情况:(1)昌都、宜浏、吉茶方言片共存"门龙、的实、姑丈、花头、懦善、气息、要、驯善、牙人、牙祭";(2)昌都、宜浏、鹰弋方言片共存"跳";(3)昌都、吉茶、抚广方言片共存"撅、坿、阶级、剀、搦、屭、滚水、花嘴、懵懂、声气、天色";(4)昌都、抚广、鹰弋方言片共存"抿、树表、朝饭";(5)宜浏、吉茶、抚广方言片共存"曷、揩、讲口、食、走、舐、镢头、镬、篋、鼺"，境外抚广福建建宁也存"走、镢头、镢"等词；（6）宜浏、吉茶、鹰弋方言片共存"班辈"；（7）宜浏、抚广、鹰弋方言片共存"艁"；（8）吉茶、抚广、鹰弋方言片共存"忖、老妪、健旺"；（9）昌都、吉茶方言片共存"晡、橦"，境外耒资湖南耒阳存"晡"，湖南常宁存"橦"；（10）昌都、抚广方言片以及境外洞绥湖南洞口共存"澼"；（11）吉茶方言片以及境外抚广福建建宁和耒资湖南常宁共存"潡、廛槽"等；（12）抚广、鹰弋方言片共存"螱、老伧、停当"，境外怀岳安徽池州存其"停当"。

7. 古语词两大方言片的分布

其分布主要有 10 种不同的情况：（1）昌都、吉茶方言片共存"錾、窨、澄、齧、堑、挑脚、兴头"；（2）昌都、抚广方言片共存"契爷"；（3）昌都、鹰弋方言片共存"豚、盏子"；（4）宜浏、吉茶方言片共存"趖、寿器、火头"；（5）宜浏、抚广方言片共存"猥亵"；（6）宜浏、鹰弋方言片共存"噇"；（7）宜浏方言片以及境外耒资湖南常宁共存"睒"；（8）吉茶、抚广方言片共存"荼、界、咄、筍"；（9）吉茶、鹰弋方言片共存"发头、烂贱、家事"；（10）抚广、鹰弋方言片共存"饲、姈"。

8. 古语词一大方言片的分布

此类分布主要有 5 种不同的情况：（1）昌都片独存"穰、荐头"；（2）吉茶片独存"勤紧、无定着、向火"；（3）抚广片独存"葳"；（4）鹰弋片独存"堀"；（5）耒资片湖南常宁独存"鞴"。

三 赣方言特征词地域分布图例

每一种方言均有其独特的语音现象和语法功能，无疑也应具有独特的词汇意义，因为只有这样才能凸显出其富于某一特定地域色彩的本质特征。著名方言学家詹伯慧先生说："拿词汇方面来说，方言中蕴藏着大量富有地方色彩的独特词语，只要我们深入考察，便可以从中选取'只此一家'的典型方言词语；用来识别某一方言的特征条目。"[1] 当然，首倡汉语方言特征词研究的是李如龙先生，他不仅提出了汉语方言特征词理论，还身体力行地进行方言特征词的研究实践，认为方言特征词既可分一、二级，如果数量大还可按不同的重要性将其分为三级。[2] 可以毫不夸张地说，这为汉语方言词汇研究开辟了一个新领域，具有重要的理论意义和应用价值。

---

[1] 詹伯慧：《汉语方言及方言调查》，湖北教育出版社 2004 年版，第 54—55 页。

[2] 李如龙：《汉语方言特征词研究》，厦门大学出版社 2002 年版，第 1 页。

　　关于赣方言特征词，21 世纪初已有学者作过初步的研究。曹廷玉在其《赣方言特征词研究》论文中统计出"一级特征词"35 条，"二级特征词"53 条；① 刘俐李等学者也收集了赣方言"一级特征词"和"二级特征词"，分别为 33 条、51 条。② 曹、刘收录的特征词数目大致相当，其词条也多有重合。

　　笔者主要关注赣方言居民日常口语中的古语词，除实地调查收集的第一手语料外，还广取有关方志、词典、专著、论文等研究成果（前已专述，于此从略），撷选 310 余条古语词（其中，其他语种或方言 75 条、古汉语 242 条）作断代考释。根据李如龙先生的理论，笔者又从古语词中择选出 35 条特征词作为列举，并据之绘图以详观分布，然未穷其所有。这35 条古语词均属居民日常用语，有的特征词派生力也很强，是本区内常见而区外未见或少见的一级特征词。

　　1. 表示名物类别的特征词

　　（1）杪：本指"树梢"，引申为"他物末端或末梢"，其本义、引申义赣方言均用。主要分布于南昌、安义、永修、星子、高安、抚州、乐安、崇仁等地，本区怀岳安徽池州也存"树杪"之说。

　　（2）褯：指"婴儿尿布"。主要分布于南昌、安义、新建、永修、星子、都昌、武宁、丰城、靖安、吉安、资溪、黎川、南丰、鄱阳、万年、余干、贵溪等地，仅表述略有差异而已，如有"褯片""褯子""褯片仂""尿褯仂"等说法。

　　（3）杌：指"无靠背的小方凳"。主要分布于南昌、都昌、永修、安义、新建、丰城、高安、丰城、宜春、万载、永丰、萍乡、抚州、乐安、南丰、黎川等地。

　　（4）云梯：指"可移动用以登房屋楼层的木梯"。主要分布于南昌、峡江、崇仁、鹰潭等地。

　　（5）树表：指"树梢"。主要分布于修水、星子、南城、鹰潭、余江、横峰、弋阳、万年等地，鹰弋一些地方用字略有不同，如说"树标"，其义完全等同。

　　（6）堑：本指"壕沟"，引指一般的"坑沟"，赣方言多用引申义。主要分布于南昌、修水、永丰等地。

　　（7）殠：指"食物臭气"。主要分布于南昌、修水、星子、高安、泰

　　① 李如龙：《汉语方言特征词研究》，厦门大学出版社 2002 年版，第 139、156 页。
　　② 刘俐李：《现代汉语方言核心词·特征词集》，凤凰出版社 2007 年版，第 232—234 页。

和、永丰、乐安、崇仁等地，本区宜浏湖南浏阳也存其用法。

2. 表示行为动作的特征词

（8）喫：赣方言中，固体、液体、气体食物均可用之，兼表"吃""喝""饮""吸"等义。主要分布于南昌、新建、永修、都昌、宜丰、上高、铜鼓、宜春、安福、萍乡、永丰、永新、万安、泰和、莲花、南城、资溪、余江等地，本区大通湖北咸宁也有分布。

（9）坼：本为"开裂"，引申为"裂缝"，赣方言均用之。主要分布于南昌、永修、修水、高安、泰和、南城、崇仁、弋阳等地，本区大通湖北咸宁和末资湖南安仁也用其二义。

（10）整：本义"禾麦穗平"，赣方言多用其"治病""修理"等引申义。主要分布于南昌、分宜、吉安、吉水、萍乡、井冈山、永新、金溪、抚州等地，本区末资湖南安仁和洞绥湖南洞口也用其引申义。

（11）吠："狗叫"，赣方言用其本义。主要分布于星子、井冈山、泰和、永丰、黎川、乐安、鹰潭、弋阳等地。

（12）揔："敲击"义，赣方言指敲人击物。主要分布于南昌、高安、上高、宜丰、泰和、永丰、莲花、吉水、鹰潭、弋阳等地，本区宜浏湖南浏阳也用此义。

（13）咄："责骂"或"呵斥"。主要分布于泰和、广昌、乐安、崇仁等地。

（14）畀："给予"义，赣方言除作动词"给"外，还虚化为介词"被"义。主要分布于吉安、泰和、广昌、崇仁等地。

（15）趨：本义"走"，赣方言用其"奔跑""快速滑行"等引申义。主要分布于南昌、永修、修水、高安、永丰、乐安、南城、崇仁、弋阳等地，本区洞绥湖南洞口也有分布。

（16）澄：意为"让粉末类杂质下沉，使浑浊的液体变清澈"。主要分布于南昌、永修、修水、永丰等地。

（17）漉：意为"从液体中取东西"，赣方言多用水中"捞取"或"打捞"义。主要分布于修水、星子、乐安等地，本区洞绥湖南洞口也用其义。

（18）趚：本义"行走"，赣方言常用其"追赶"引申义。主要分布于宜春、泰和等地。

（19）眹：本指"眼珠"，赣方言常用其"窥看"引申义。主要分布于南昌、星子、高安、永丰、吉水、乐安、崇仁、万年等地。

（20）趫：本为"疾速"义，赣方言常用其"快速奔跑"引申义。主要分布于修水、宜丰、高安、吉水、乐安等地。

（21）觩：本义"角上"，赣方言常用其"牛以角互顶"引申义。主要分布于南昌、修水、高安、吉水、黎川、乐安等地。

（22）筑：本指"以木杵捣土使实"，赣方言用其本义，也用其"以物使之塞实"引申义。主要分布于南昌、都昌、宜春、万载、上高、吉水、萍乡、南城、抚州等地，本区末资湖南耒阳也存。不过，有些地方用"箏"表达，其义未变。

（23）敨：本义"展开"，赣方言用其"解开"或"打开"引申义。主要分布于南昌、安义、永修、吉安、吉水、泰和、永丰、萍乡、广昌、余江、鄱阳等地，本区大通湖北咸宁、赤壁和末资湖南耒阳也有分布。

（24）作礼：本为"行礼"义，赣方言大多用其"讲礼貌"引申义，不一定非得"举手施礼"。主要分布于南昌、永修、修水、星子、乐安、南城、崇仁、抚州、广昌、余江、弋阳、鄱阳等地，本区末资湖南安仁也存此说法。

（25）偋：本指"隐蔽处"，赣方言多用其"隐藏"或"躲藏"引申义。主要分布于新余、宜春、吉安、峡江、莲花、吉水、萍乡、安福等地，本区末资湖南耒阳、常宁和洞绥湖南洞口也有分布。

（26）齧：本义"牙咬"，赣方言泛指一切动物的"咬"。主要分布于修水、吉安、吉水等地。

（27）潝：本义"将湿米滤干"，赣方言用其本义。主要分布于吉水、泰和等地以及本区末资湖南常宁。

（28）驮：本义"马负物"，赣方言习用其"扛""负债"引申义。主要分布于南昌、吉安、吉水、黎川、鄱阳等地，本区洞绥湖南洞口和怀岳安徽池州也存其用法。

3. 表示性质状态的特征词

（29）开通：指"谈止大方，自然而不拘束"。主要分布于南昌、永修、修水、星子、高安、分宜、泰和、吉水、峡江、永丰、乐安、南城、崇仁等地。

（30）懦善：本为"善弱"义，赣方言常用其义。主要分布于南昌、高安、泰和等地。

（31）健旺：意为"身体强健，精力充沛"，赣方言多用其义。主要分布于南昌、修水、泰和、弋阳、万年、铅山等地。

（32）猥衰：本指"言行卑劣下流"，赣方言多指"言行不检点"，语义较本义要轻些。主要分布于南昌、宜丰等地，虽抚广南城、抚州、临川也习用"猥"，但其为中性"玩耍"义。

（33）花嘴：意为"花言巧语"，赣方言多用其义。主要分布于南昌、泰和、吉水、峡江、乐安等地。

4. 表示指代或疑代的特征词

（34）箇：指代"这""这个""这些"或"那""那个""那些"等，赣方言常用其义。分布于南昌、永修、安义、高安、萍乡、泰和、永丰、乐安、南城、崇仁、鹰潭等地，本区宜浏湖南浏阳和耒资湖南安仁也存其用法。

（35）曷：疑代"怎么"或"怎样"，赣方言常用其义。分布于南昌、高安、泰和、峡江、广昌、乐安等地。

赣方言古语特征词九大片区地理分布情况，大致如图 9 - 2 所示。

第二节　赣方言词汇地域分布特点

语言的地域分布形态，除其社会因素外，还受其自然地理条件的影响。不同的自然地理条件，势必形成语言地域分布上的不同形态，不同的地域分布形态也就构成了语言分布的不同类型特点，通语是这样，方言也是如此。赣方言的地域分布，其态势既显多样性，又呈不平衡性，除其社会因素外，无疑与其各种自然地理因素的相互作用有着密切的关系。下面，我们主要从其自然因素——地势格局方面考察赣方言地域分布的类型特点。

在考察赣方言地域分布特点之前，首先有必要了解一下学者们研究汉语方言地域分布类型的相关情况以及赣方言区域自然地理格局。

一　汉语方言地域分布类型特点

关于汉语方言地域分布类型特点，国内外学者均做过一定的探讨。

在国外，俄罗斯学者扎维雅以"黄河—渭河线"为界，把官话方言分为北部官话和南部官话。[①] 日本学者岩田礼对汉语方言地域分布类型特点作了一个较为全面的分析，将其归纳为四种类型："南北对立"型、"长江"型、古老"长江"型和"楚地"型、"东西对立"型。[②]

---

① ［日］岩田礼：《汉语方言解释地图》，白帝社 2009 年版，第 13 页。

② 同上书，第 13—16 页。

图 9-2　35 条赣方言古语特征词地理分布

（具体详见书前彩图）

在国内，一些学者从不同的角度对汉语方言地域分布特点也作了不同的分类。有的从移民方式方面对其进行分类。例如，李葆嘉先生将其分为"换用""覆盖""自变""交融""渗透"与"混合"等六种类型。①游汝杰先生将其划为"内部一致的大面积""蛙跳""渐变""相似"与"孤岛"等五种类型。②有的从自然地理条件方面对其进行分类，在这方面研究卓有成效的有曹志耘、项梦冰等学者。曹志耘先生在分析岩田礼汉语方言地理分布特点的基础上，又根据全国930个方言点进行了深入的研究，绘制了《汉语方言地图集》，提出了"对立型"与"一致型"的地理分布类型。在其"对立型"的地理分布类型中，存在"南北对立型"和"东西对立型"。"南北对立型"——"秦淮线"和"长江线"。"秦淮线"，即以"秦岭—淮河线"作为中国"北方"和"南方"的地理分界线；"长江线"，即以长江天险形成阻隔南北方言的一条鸿沟。他认为，"长江线"的南北对立，"严格地说不单纯是南北之间的对立，而是'东南—非东南'之间的对立。""东西对立型"——"阿那线"，即从内蒙古兴安盟的阿尔山市至广西百色市的那坡县之间的那条直线成为汉语方言东西对立的分界线。③

在其"一致型"的地理分布类型中，存在"长江流域型""江南漏斗型"和"东南沿海型"三种情况。"长江流域型"是以长江流域水运系统所构成的一个巨大带状的地理单元，在这个单元里许多方言特征以水路为媒介传播、扩散，从而形成了一种与长江流域地区相对应的地理分布类型，当然其中不少是呈局部性分布的。"江南漏斗型"是"长江中下游平原，再往南就遇到了由武夷山、南岭、雪峰山构成的一个漏斗形屏障。该'漏斗'的北端在长江一带，中心正好是长江以南的两大水系——鄱阳湖水系和洞庭湖水系，亦即赣省以及湘省的部分地区。在北方汉语向南推进的过程中，官话的部分语言特征突破长江天险，进入该'漏斗'区并逐渐扩散，在长江以南地区形成北大南小的分布。'漏斗'的内部与官话一致，两边为东南方言的原有形式"。

"东南沿海型"主要指东南沿海地区由于受到西部武夷山脉和北部南岭的阻挡而形成的一个相对独立的地理分布单元。④

此外，项梦冰等学者将方言地理分布特征分为"连续分布"和"非连

---

① 李葆嘉：《中国语言文化史》，江苏教育出版社2003年版，第240页。
② 游汝杰：《汉语方言学教程》，上海教育出版社2004年版，第213—214页。
③ 曹志耘：《汉语方言的地理分布类型》，《语言教学与研究》2011年第5期。
④ 同上。

续分布"两大基本类型，认为一般情况下"人们更愿意在宽泛的意义上使用连续分布这一概念，以便容纳当不连续的分布以明显的'众星拱月'方式出现时的情形"。① 而且还着重介绍了 Matteo Bàrtoli 的"区域模式"假设——孤立区域模式、侧翼区域模式、主要区域模式和晚期区域模式，"Matteo Bàrtoli 的四个'区域模式'，除'主要区域模式'显然跟'孤立区域模式'和'侧翼区域模式'有抵触外，其他三个区域模式都相当迎合人们的经验，尽管其适用性尚需得到更为充分的验证。"②

其他学者如谢奇勇（2002、2011）③、陈立中（2002）④ 等结合其地的汉语方言地理分布特点也做了一定的研究。

二　赣方言区域地势基本格局

前已所述，赣方言分布于赣省大部，湘、鄂、皖和闽四省部分地区。而此处的赣方言区域地势格局，主要是就赣省境内基本情况而言的，未及境外地区。

赣省地跨东经 113°35′—118°29′、北纬 24°29′—30°05′，素以"赣"而简称，另有"豫章""江右"之别名。面积约 17 万平方公里，人口4804 万。目前，辖 11 个地级市、10 个县级市、70 个县、20 个市辖区，省会南昌市。⑤ 赣省地势格局大体是这样的：东南西边陲三面环山，中部丘陵与盆地错落相间，北部河湖冲积平原广阔坦荡。

1. 东南西边陲环山地势

东部自北至南是黄山余脉、怀玉山和武夷山。赣皖边境的黄山余脉是赣省东隅水系与长江干流的分水岭；浙赣边境的怀玉山把乐安江与信江中上游的水系分隔于北南两侧，成为鄱阳湖水系和钱塘江水系的分水岭；赣闽省界的武夷山南北纵贯 550 公里，富有"北引皖浙，东镇八闽，南附五岭之背，西控赣域半壁"之气势，其主峰黄岗山海拔 2158 米，既是赣省的"屋脊"，也是"华东第一峰"。

南部为大庾岭和九连山。大庾岭呈北东—南西走向，其东支沿大余南

---

① 项梦冰、曹晖：《汉语方言地理学》，中国书籍出版社 2013 年版，第 41 页。
② 同上书，第 45—46 页。
③ 谢奇勇：《湘南宁远县"土话"分布状况及特点》，《湖南师范大学社会科学学报》2002年第 4 期；谢奇勇、李益：《湖南省临武县语言（方言）的分布》，《湘南学院学报》2011 年第 4 期。
④ 陈立中：《湖南境内客家方言分布概况》，《湖南大学学报》（社科版）2002 年第 4 期。
⑤ 杜怀静：《江西省地图册》，星球地图出版社 2015 年版，第 3 页。

赣粤边境绵亘与九连山衔接，西支由崇义、大余向西南赣粤湘边陲延伸与诸广山斜交，其隘口与谷地为南岭南、北交通咽喉；九连山也盘桓于赣粤边境之间，其北延至雩山，西接大庾岭，东连武夷山。

西部及西北部有罗霄山脉、幕阜山和九岭山。耸峙于赣湘边陲的武功山、万洋山、诸广山等属罗霄山脉之列。武功山位罗霄山脉北段，地处赣省宜春、分宜、安福、萍乡、莲花、新余、清江、新干、丰城及湘省茶陵、攸县之间，延绵长达 290 公里，面积达 7000 平方公里；万洋山居罗霄山脉中段，地处赣省永新、宁冈、井冈山、遂川、万安与湘省酃县、桂东之际，主峰南风屏海拔 2120 米，赣西之"屋脊"；诸广山列罗霄山脉南段，地处赣省遂川、崇义、上犹及湘省桂东、汝城之中。另外，地处赣西北边陲的幕阜山处于九江、瑞昌、德安、武宁、修水与湘平江和鄂通城、通山、阳新之交，其东延余脉庐山拔地而起，为驰誉中外享有世界文化遗产之尊的避暑胜地；绵延于赣西北永修、安义、新建、奉新、靖安、武宁、宜丰、万载、修水、铜鼓及湘省浏阳之间的九岭山，其东延余脉西山，夏日凉爽宜人，素有"小庐山"之称，也为避暑游览的佳处。[①]

2. 中部丘陵与盆地错落相间地势

赣省中部地区位于鄱阳湖平原东南缘与赣南闽粤湘赣边界如武夷山、九连山、大庾岭、罗霄山脉等山地内侧之间，是由山地过渡到平原的一个丘陵盆地带。

除赣南地区一些县市外，赣抚中游如东乡、临川、崇仁、宜黄、南城、南丰、乐安、永丰、安福、永新、万安、泰和、吉安、峡江、吉水、新干、樟树（原称清江）等县市皆属丘陵盆地区域，其地势特点为低山、丘陵、岗地与盆地交错分布，呈波状起伏，坡度较为平缓。整个丘陵区红色岩系遍布，故有"红色丘陵"之称。丘陵之间错落镶嵌着一些断陷盆地，如南丰盆地、宜黄盆地、永丰盆地、永新盆地、吉泰盆地、峡江盆地和清江盆地等，其中面积最大的是吉泰盆地（4500 平方公里），其次清江盆地（3600 平方公里）。在丘陵区内，还点缀着一些形态独特、景观奇异的"丹霞"地貌，如南丰戈廉石、南城麻姑山等。[②]

从地形大势看，中部地区仍属赣省东南西三面边缘山地的内侧，其山

---

① 《江西省自然地理志》编纂委员会：《江西省自然地理志》，方志出版社 2003 年版，第 35—39 页。

② 同上书，第 40—42 页。

势逐渐降低，为低山—丘陵—盆地分布类型。①

　　3. 北部河湖冲积平原广阔坦荡地势

　　赣省北部为长江和鄱阳湖水系冲淤而成的"鱼米之乡"，全国重要的商品粮基地——鄱阳湖平原，亦谓"赣北平原"。

　　鄱阳湖平原地处长江中下游南岸，其分布北起长江，南达樟树、临川，东抵乐平、万年，西至安义、高安等 25 个县市。实际上，鄱阳湖平原囊括了鄱阳湖湖滨平原、饶河中下游平原、信江中下游平原、赣抚平原、修水中下游平原和长江（赣省段）南岸平原，即通常所说的"鄱阳湖地区"，面积达 3.85 万平方公里。不过，鄱阳湖平原面积集中的疆域主要分布于鄱阳湖沿岸的南昌、新建、进贤、余干、鄱阳、都昌、湖口、星子、德安、永修以及九江市庐山区等 11 个县市区（即"鄱阳湖区"），仅小部分面积分支伸入于临川、樟树、乐平、安义、丰城、高安等县市内。鄱阳湖平原为赣省第一大平原，与江汉平原、洞庭湖平原合称为长江中游三大平原。

　　鄱阳湖平原广阔坦荡，滨湖地带地势低平，土地肥沃，港汊纵横，草洲滩地连片，湖池稻田相间，这使鄱阳湖犹如一颗璀璨的明珠镶嵌于其中。而鄱阳湖周围又由众多的湖、泊、塘、堰散布着。从空中俯瞰，鄱阳湖"周围的湖、泊、塘、堰就像撒满大地的无数颗小珍珠，而港、汊、河、渠又如晶莹的玉带把大大小小的明珠联结成串，构成一幅光彩夺目的玉带连珠景象"。②

　　赣省有赣江、抚河、信江、饶河和修水 5 大河流。"其中赣江最长，从南向北纵贯全省，其余 4 条河流或其主要河段都在地域较为宽阔的北半部，5 条河流均顺地势从南、东、西三面汇入鄱阳湖，形成完整的鄱阳湖向心水系。鄱阳湖接纳 5 河来水之后，直接注入长江。"③

　　综观所述，赣方言区域地势的基本格局是：赣省东、南、西边陲三面群山环绕，层峦叠嶂，形成边缘山地；赣中地区丘陵与盆地交错分布，并由外向内、由南向北逐渐倾斜；赣北鄱阳湖平原面积广大，河湖交织，地势低平，呈现出一种大平而小不平的地貌特点。这种南高北低，并由四周渐次向鄱阳湖平原倾斜的地势，构成了一个向北敞口的大盆地。

---

① 《江西省自然地理志》编纂委员会：《江西省自然地理志》，方志出版社 2003 年版，第285 页。

② 同上书，第 41—44 页。

③ 同上书，第 272 页。

三　赣方言词汇地域分布主要特点

一定的地势格局，势必影响到一定地域的方言分布。从赣省境内情况来看，赣方言词汇在地域上的分布是不平衡的，其类型特点多种多样。综观其类型特点，大体呈现出以下几种分布状态。

1. 呈连续型区域分布状态

所谓连续型区域分布，主要是指几个相对独立的地域，由于方言词语的跨域分布将其连接在一起，从而形成了一个连续不断的整体状态。就赣省境内而言，赣方言中的词语大部分是几大方言片连续分布的，只是分布的情况不同而已。有的是昌都、宜浏、吉茶、抚广、鹰弋五大方言片连续分布的，如“牸、敲、敨、噍、敥、跍、攚、炙、坼、滗、奓、搂、晏、索、箇、郎中、猋、筑、抻、喫、齐整、掇、发痧、笕、静办、捩、邋遢、趖、筅帚、圆房、殠、眸、发蒙、拘礼、溮、龅、服侍、桁、褯、落色、水色、煨、炸、攒劲、摧、香几”等。有的是四大方言片连续分布的，仅是分布状态不同而已：或昌都、宜浏、吉茶、抚广片连续分布，如“匐、揅、囪、沰、詈、蝨、喝、趮、标致、巴结、包螨、鲄、绗、落得、撂、杌”等；或昌都、宜浏、吉茶、鹰弋片连续分布，如“搭、吠、今朝、衮边”等；或宜浏、吉茶、抚广、鹰弋片连续分布，如“煏、东司、发市”等。有的是三大方言片连续分布的，也有不同的分布状态：或昌都、宜浏、吉茶片连续分布，如“门龙、懦善、气息、驯善、牙人、牙祭”等；或昌都、抚广、鹰弋方言片共存“抿、树表、朝饭”等；或宜浏、吉茶、抚广片连续分布，如“曷、揹、食、舐、镬、篾”等。诚然，不可否认，在连续分布的整体中也存在一定的局部分布，而且还蕴含着中心区域的一定辐射与向心的相互作用，如昌都地区的方言对境内其他区域来说始终存有较大的影响力。

2. 呈蛙跳型区域分布状态

所谓蛙跳型区域分布，主要是指方言的同一词语在几个相对独立的地域中不是连续不断的分布，而是跨越了一个或几个地域，使之形成了ABA这样的分布状态，犹如蛙跳之形。赣方言词语境内分布，就有一部分呈现出这一状态。例如，方言词“槽房”等，在昌都、鹰弋和吉茶几片中都有分布。其中，昌都与鹰弋两片相连一起，而吉茶片与其之间则横着一个宜浏片。与此类似，“晡、鋆、澄、堑、窖、澄、豁、兴头、橦”等分布于昌都、吉茶片中，“发头、烂贱、家事”等分布于鹰弋、吉茶片中，其间也为宜浏片所隔。

3. 呈侧翼型区域分布状态

所谓侧翼型区域分布，主要是指方言词语沿着东西侧翼或南北方向呈连续性地域分布，而中心区域却不存其分布所形成的一种状态。这种分布状态视具体情况有所不同。在赣方言词语分布中，一是由四个方言片呈侧翼性连续分布的，其分布情形又有所差异：有的由赣西北至东北向东而中分布，形成了一个环抱状的大弧形，如"缚、云梯、长是、驮、落后、戏子、勤力、歕"等词在昌都、鹰弋、抚广、吉茶片的分布；有的则由赣东北至西北向西而中分布，也形成了一个环抱状的大弧形，如"吠、今朝、衰边、忺、腌臜"等词在鹰弋、昌都、宜浏、吉茶片的分布。二是由三个方言片呈侧翼性连续分布：有的由赣西北至东北而东分布，形成一个半弧状，如"抿、树表、朝饭、作礼"等词在昌都、鹰弋、抚广片的分布；有的由赣北直插东而中分布，亦形成一个环状小弧形，如"摅、坿、劓、搦、餍、懵懂、声气、天色"等词在昌都、抚广、吉茶片的分布；有的则由赣东北至东而中分布，形成一个弧状，如"戽、忖、老妪、健旺"等词在鹰弋、抚广、吉茶的分布。三是由二个方言片呈侧翼性连续分布的：有的分布于赣东抚广—赣中吉茶片，构成一小弧形，如"茶、畀、咄、笞"等词；有的分布于赣西宜浏—赣中吉茶片，如"偋、赴、寿器、火头"等词；有的则分布于赣东北鹰弋—赣东抚广片，如"蠛、老伧、停当"等词。

4. 呈长江型区域分布状态

所谓长江型区域分布，主要是指地处长江流域沿岸的广大地区，其方言词语呈连续性或非连续性的分布状态。鄱阳湖平原地区位于长江中下游南岸，域内面积广涉20多个县市，基本上涵盖了赣方言区的昌都片全部、鹰弋片和宜浏片相当部分地区，还延伸至抚广片的一些地区。在这几个方言片内，连续性或非连续性分布了一批方言词语。其分布主要有如下几种情况：或分布于昌都、鹰弋、宜浏区域内，如"鐾、跳"等词；或分布于昌都、鹰弋、抚广区域内，如"作礼、抿、树表、朝饭"等词；或仅分布于昌都、鹰弋区域内，如"盏子、豚"等词。

5. 呈孤立型区域分布状态

所谓孤立型区域分布，主要是指有些方言词语仅分布于一个方言区中的一个相对独立的方言片区域之内，而不与这个方言区的其他方言片发生区域性的连续分布状态。诚然，这类孤立型区域性分布状态不是主流，其词语分布的数量极为有限，赣方言词语的地域分布状况中就存在这种情况。例如，昌都片独存的"穰、荐头"，鹰弋片的"坩"，抚广片的

"蕨"，吉茶片的"勤紧、无定着、向火"，等等。境外赣方言洞绥片不少用语也属这一类型。

　　以上分布类型特点是就一般情况而言的，实际上其中还存有重合或交叉等多种情况。例如，"蟆、老伧、停当、作礼"等既属侧翼型区域分布状态，也属长江型区域分布状态，这是因为有些侧翼型地区同时又在长江型区域之内；反之亦然。再则，连续性分布状态既是绝对的，也是相对的，因为有时在连续性分布中还会被切割成不连续的局域状态；还有以封闭性的环状内嵌于连续性的整域中，这也会造成不连续的局域状态。不过，无论赣方言词汇呈现出何种分布格局，其态势还是犹如众星拱月、百川归海一般，由赣东—赣中—赣西之方汇聚而至，倾向赣北大南昌的鄱阳湖平原。

第三节　赣方言词汇地域分布形成原因

　　方言的地理分布是由多种因素交互作用而形成的，其中既有自然因素的作用（诸如地理形势、交通环境等），也有社会因素的作用（如经济文化、行政区划、居民迁徙等）。如果说自然因素在方言地理分布中是处于一种静态的状况之中，那么社会因素在方言地理分布中就是处于一种动态的变化之中了。这两种作用互为条件，相互补充，共同构成了一种方言地域分布的主要格局。赣方言地域分布的形成，就是这几种因素相互影响、共同作用的结果。

一　赣方言词汇地域分布形成的自然因素

　　从自然因素来看，赣方言地域分布主要与其地理形势、交通条件及其相关自然元素有着密切的关系。

　　1. 地理形势因素

　　地形地貌，对方言的形成无疑会产生很大影响。在交通极为闭塞、条件十分落后的情况下，由于山脉、河流隔断等原因，不同地区人们无法或很少相互往来。如此一来，不同地区人们的用语势必朝着各自的语言方向发展，渐渐地便产生了越来越大的差异。如绵延千里、横亘于赣闽边境的武夷山，就成了赣、闽方言的分水岭；与此类似，因为长江之阻，也使长江两岸地区形成了不同的方言区。

　　赣省的自然地理，对于赣方言地域分布自然也产生了很大的影响。

前已有述，赣省三面环山，其边缘内侧是山地—丘陵—盆地错落分布的广大区域，这在一定程度上形成了一种封闭或半封闭的状态。尽管处于这种封闭或半封闭的状态之下，但在以自然经济为主的古代社会，只要耕者有其耕，力者有所用，人们一般就能过上自给自足的安定生活。正因为这样，他们不会轻易离乡，而是眷恋故土，乐于世代为居。所以，其方言用语根深蒂固，尤其穷乡僻壤的山区，其方言往往尽显地域特色。例如，赣方言中，有些方言片词语呈孤立型区域分布就属这种情况。

当然，也有地理形势大体类似，几个不同方言片的词语形成相似性分布的情况，如赣江、抚河流域地区，其方言词语大多呈侧翼型分布状态。而沿长江南岸的鄱阳湖平原地区，因其地理形势格局相同或相近，即使这一平原地区为几个不同的方言片，其方言词也仅在这一沿江地区出现，而其他非沿江地区则很少出现甚至不出现。也就是说，方言词的分布，很大程度上是与一定的地理形势密切相关的。

2. 交通地理因素

交通地理条件对于方言的形成与分布也有很大关系。倘若几个不同地区交通便利，方言隔阂无疑就小；反之，方言差异就大。在极度缺乏交通设施的古代，河流在一个地区交通条件中占有重要地位。交通是否畅通，人员交往是否便捷，河流在其中往往起到一个重要的枢纽作用。游汝杰先生认为："山川形势的作用是以交通往来为前提的。有舟楫之利的河流并不会造成方言的阻隔，大运河决不是方言的分界线。河流只有在不利航行时，才有可能成为方言的分界线。"[1]

赣省属长江流域，自古就形成了一个完整的水系。境内除五大河流外，还有星罗棋布的大小不等的其他河流与湖泊。所以，在交通极不发达的古代，水上交通也就成了赣省连接内外地区的主要通道。例如，赣省的第一条大河——赣江，纵贯赣省南北全境，自古以来就成了沟通赣省内外水上交通的大动脉。据考证，历代从赣省迁往粤北的居民，就是沿着赣江这一水路上溯进入粤北的，这也是粤北方言带有赣方言特点的主要原因。

就一般情况而言，同一流域的居民"在社会、交通、经济、文化、语言方面具有鲜明的个性"，[2] 即使他们属于不同方言区或方言片，由于交往容易，接触较多，其语言的相互影响也明显，方言词的地域分布往往显示出一致性。例如，赣江流域中下游地区尽管属于不同的方言片，但有不少

---

① 游汝杰：《汉语方言学教程》，上海教育出版社 2004 年版，第 122 页。

② 同上。

颇具流域特色的方言词是共存的；信江流域也是如此，这一流域共同的、独具特色的方言词也是其他地区所没有的。又如，修水河流域的修水、武宁等区域地形相似，修水河流经幕阜山与九岭山两大山脉之间，又处于赣西北边缘地带，其方言用语特色基本一致。毫无疑问，这些流域性方言词的地域分布，也是形成其侧翼型状态特点的又一主因。

3. 其他自然因素

赣方言词汇的形成与分布，还与其历史的自然传承有一定的关系。例如，有学者根据赣鄱印纹陶区与赣方言分布区相符合这一特点，推论其方言分布的自然地理格局在先秦时就已奠定了基础。① 从赣鄱区印纹陶的产生来看，其历史十分悠久。有资料显示，早在新石器时代，赣鄱区就产生了几何印纹陶。在新石器至战国时的印纹陶遗存中，考古发现赣鄱区有修水山背、清江筑卫城、吴城、新干牛头城、九江磨盘墩和大王岭等重要遗址。根据印纹陶产生的年代，大致可以分为七个不同的历史时期。其一、二期产生于新石器至夏朝，以修水山背下层、清江筑卫城中下层为代表，距今 5000—4000 年；三、四期产生于商代，以清江吴城一、二、三期为代表；五期产生于西周前期，以新干铜器墓和彭高、奉新诸遗址为代表；六期产生于西周晚期至春秋早期，以磨盘墩下层、筑卫城上层为代表；七期产生于战国，以大王岭遗址和清江观上墓葬为代表。赣鄱区的印纹陶独具特征，其产生的时代又是最早的，而且其中不少是其他地区鲜见的。因而学者认为，与宁镇、太湖、湖南、岭南、闽台和粤东闽南等区相比，赣鄱区"有可能已率先跨入了文明社会的门槛"。而且，从清江吴城遗址出土遗物分析，一类具有鲜明的地方特色，另一类则有明显的商文化作风。② 这就表明，从古至今，赣鄱区受北方文化的影响，其方言在已有自然地理分布的基础上又与北来移民语言进行接触、交流乃至融合，从而形成了南方汉语方言之一——赣方言。

由此可见，影响赣方言地域分布格局的，既有历史传承中自然地理的稳定性，又有历史发展中人文生态的变化性，是其历史自然传承的稳定性与其社会生态的变化性相互影响、相互作用、相互统一所产生的必然结果。

---

① 杨锡璋：《南方古印纹陶与汉语南方语言》，《华夏考古》1990 年第 4 期。
② 李伯谦：《我国南方几何形印纹陶遗存的分区、分期及其有关问题》，《北京大学学报》1981 年第 1 期。

二　赣方言词汇地域分布形成的社会因素

从赣方言地域分布的社会因素来看，主要与行政区划、经济文化以及居民迁徙等方面有关。

1. 行政区划因素

长期而稳定的政区隶属关系，对于某一地区的方言分布会产生较大的影响。正如游如杰先生所说的："在历史上二级政区长期稳定的地区，现代方言的区划事实上与旧府的辖境关系甚为密切。这有两方面的原因：一方面府（州）是一群县的有机组合体，府治不但是一府的政治中心，而且一般也是该府的经济、文化、交通的中心。古代交通不发达，一般人又视背井离乡为畏途，除非有天灾人祸，离开本府的机会很少，社会活动大致在本府范围内进行。所以一府之内的方言自然形成一种向府治方言靠拢的凝聚力。另一方面许多府的属县往往是由本府中一两个最古老的母县析置的，由老县分出新县。"① 事实确乎如此，由于长期稳定的政区隶属关系和向心力的推动作用，必定使同一区划中的方言趋于一体化。考察赣方言各片地域分布情况，可以看出这与历史上的政区有着十分密切的关系，政区在一定程度上奠定了各方言片的基础。例如，隋朝统一后，无论隋唐郡县或州县还是宋元州县或路县的政区，均使赣省赣方言各片的区域大体已经确定，除部分区域有所变动之外，这也是各方言片词语呈区域性分布的一个成因，这是一方面。另一方面，赣省历代都有新县建立，其中不少新建的县都是从老县中析出而置。例如，明朝时期，万年县从余干县析出而立，东乡县在临川、金溪、安仁、余干、进贤等县部分乡都基础上组建而成，峡江县从新干县（古称新淦县）分出而建，横峰县（古称兴安县）从弋阳县分离而出，等等。尽管新县已从老县中分离出来，但其方言、习俗等文化现象却基本一致。

在赣省行政区划史上，还有这样一种情况：部分州县，唐宋元时期隶属外省，从明朝起归属赣省。那些州县明朝前不属赣方言，而属政区的那个方言区。例如，明朝之前，隶属江浙行省饶州路的鄱阳、德兴、安仁（今余江）3 个县及余干、浮梁、乐平 3 个洲，信州路的上饶、玉山、弋阳、贵溪、永丰（今广丰）5 个县及铅山直隶州②和隶属安徽行省翕州的婺源（中唐至 1934 年，长达千余年）等，就属这种情况。尽管那些地区

---

① 游汝杰：《汉语方言学教程》，上海教育出版社 2004 年版，第 122—123 页。
② 许怀林：《江西省行政区划志》，方志出版社 2005 年版，第 50—51 页。

（除婺源外）归属赣省已达六七百年之久，但其方言却出现了不同的分化情况。有的地域政区已经改变而方言依旧不变，如上饶、玉山、永丰（今广丰）等市县以及德兴市部分地区一直属于吴方言，婺源回归赣省不足百年自然还属徽语。有的地区随着政区的改变其方言也发生了变化，如鄱阳、余干、乐平、弋阳、贵溪、铅山等市县隶属赣省后都变成了赣方言。

归属赣方言的如鄱阳、余干、乐平、弋阳、贵溪、铅山等，大都属于长江—河流—滨湖地区。早在两千多年前，这些长江—河流—滨湖地区村落密集，农耕兴旺，就已发育成一个地区性的经济中心，也属同一个政区——豫章郡，因而它们自然而然地形成了共同的方言类型——长江区域型或侧翼区域型。当然，不可否认，这些已属赣方言地区的方言之中，至今仍不免还留有一些"吴楚之音"。

毋庸置疑，政区的归属对于方言的地理分布会产生一定的影响，但不会产生决定性的影响，因为还有其他方面的因素也会影响到方言的地理分布。

2. 经济文化因素

方言的地域分布，不仅受到政区的一定制约，还与其社会经济、文化心理等方面也有密切的关系。

一方面，一定历史时期社会经济文化的发展繁荣，会带来方言地域分布上的变化。例如，宋朝是赣省历史上一个经济文化鼎盛繁荣时期，也是赣省历史上各方言片相互影响、相互融合的一个关键期。这一时期，赣省政局相对稳定（尤其北宋时期），人口大量增加，经济发展繁荣，特别是赣中及赣江中下游地区交通发达，土地肥沃，物产丰富，使得吉州、抚州、洪州、饶州、临江军、建昌军等成为赣省经济发展的中心。这些地区不仅工业、农业、商业等经济迅速发展，而且文化教育发展得也非常快。兴办家族教育、书院教育、科举教育等文化事业——兴教崇文成了那一时代的主旋律。于是，讲学热、求学切成了人们崇尚的一种社会风气。据统计，宋代赣省13州军书院最终达270余所。其中，北宋时期兴办的书院50多所（不完全统计），居全国之首。而且其中还不乏一些著名书院，如王安石苦读的鹿冈书院、曾巩潜学的慈云书院、号称"宋兴之初，天下四书院"之一的白鹿洞书院①、文天祥状元揭榜的白鹭洲书院，等等。兴教崇文这一优良的文化沃土孕育着宋代赣省1300多位作家，而欧阳修、王安石、曾巩等名家则为这一时期全国文坛的领军旗手。与此同时，文化教

---

① 许怀林：《江西通史·北宋卷》，江西人民出版社2008年版，第251—258页。

育的蓬勃发展，还为不同地区人们的接触、交往提供了十分有利的条件；在这个过程中，作为联系人们情感的根本纽带——方言，它们之间相互影响、相互渗透、相互交融也就不可避免，其结果就使方言形成一种板块式地域连续分布的形态。

另一方面，一个政区的中心不仅是这个政区政治、经济的中心，往往还在这个政区的文化方面起着引领作用，其方言也具强势性或权威性，对周边的弱势方言既具极大的影响力，也具很强的渗透力，这在某种程度上也会带来方言地域分布上的变化。例如，南昌历代都是赣省首府，也是这个政区政治、经济、文化的中心，这个政区一些重大的政治、经济、文化活动大都在此进行，这个政区其他地方的人们一般都有心生向往、企望向其靠拢的心理（包括言语心理），其强势的昌都方言又如一个强大的磁场，对境内周边相对弱势方言如抚广、宜浏、鹰弋、吉茶等片形成了一股极强的向心力，它的强势扩散、辐射迫使那些弱势方言（或方言片）向它靠近乃至融合，这也是中心区域方言构成辐射型分布的一个特点，从上述赣方言地域分布的各种基本类型中就可以看出这一点。这是因为，方言代表着一种文化认同，同一方言（或方言片）的人们犹如居住于同一社区空间，具有相同的文化心理和共同的文化认同感，这样人们交往互动会自然而然地拉近彼此的心理距离，使双方沟通变得更加容易，更加顺畅。

3. 居民迁徙因素

方言地理的演变与历史上的人口流动有着十分复杂的关系，其中最为显著的是居民迁徙活动会引起方言的地理转移或扩散。① 在人类社会发展史上，居民迁徙这一社会活动一直不停地进行着。纵观赣省的发展史，其居民迁徙从上古到中古到近现代也没有停止过。从居民迁徙的方式看，其与当今方言地理分布类型是有密切关系的。不同的迁徙方式，其方言地理分布类型不尽相同，赣方言的地理分布类型大体也反映了这一基本特性。

赣省居民的迁徙活动有几种情况：一是外地居民迁入，二是本地居民迁出，三是本地居民内迁。

（1）外地居民迁入

外地居民迁徙入赣，并非如一些学者所说的仅是中古以后的事，其迁移史实则源远流长。毋庸追溯尧舜禹、夏商周、春秋战国时北方三苗族、氐羌族、徐戎族等入赣的事实（前已有述，兹不赘言），单是秦汉时期——尤其两汉北民成规模性南迁入赣，使得赣省人口急剧增加，由原第

---

① 游汝杰：《汉语方言学教程》，上海教育出版社 2004 年版，第 122 页。

53 位跃居全国第 2 位就能说明这一点。据统计，赣省"公元 2—140 年，户增长 5.02 倍，人口增长 3.74 倍，在全国的比重，户由 0.54% 增为 4.35%，人口由 0.61% 增为 3.48%。"如东汉灵帝中平年间（公元 184—189 年），汝南郡（今河南）上蔡一批居民迁至赣省建成县西置成上蔡县（唐初更名为上高县，沿用至今）。实际上，汉代以后，历代都有外地居民迁入赣省。如魏晋时期，随着晋室南迁，大批中原人进入赣省，赣省境内增设的几个侨置郡——西阳郡、南新蔡郡、安丰郡、松滋郡、弘农郡、太原郡等，都是以北民避乱流寓而来的人口侨建的。隋唐至宋元，也是赣省人口大增长的时期。"安史之乱""靖康之难"及"蒙元南侵"，赣省皆为北民南迁的重要地区。如唐代，安史之乱使北方人口大为减少，而赣省人口却迅速增加；宋代，赣省人口约占全国总数的 1/10，元代就增加了 1 倍，占全国总数的 1/5 以上。另据统计，在全国的各路中，元代人口超 100 万的 19 个，而赣省境内就有 4 个——饶州路、吉州路、龙兴路、抚州路，人口比重占全国总数的 24.23%，达到历史最高水平。[①] 很显然，其中除人口自然增长因素外，它与外民迁入是有很大关系的。

历代外民迁赣不限于北民，南方省份居民也有不少迁入的。例如，明清时期，有湖南、湖北等地居民迁入安义的；有广东、湖南、福建、浙江等地居民迁入吉水的；有浙江、湖北、湖南、广东、福建等地居民迁入靖安的，等等。

（2）本地居民迁出

历史上，赣省在接纳大量外民的同时，也输出了不少本地居民。赣省居民外迁带有一定的规律性，以迁往相邻如湖广、江北、两淮等省区的为多。

民间历来有"江西填湖广"的说法，这是有史可稽的。

有学者研究，从唐五代直至明清时代，由赣省向湖南移民持续了七八百年之久，湘东地区几乎都是赣籍居民，使得其地湘语也发生了质的变化，带上了赣语特征。[②] 翻开中国移民史，从湖南各个地区赣籍移民的统计来看，其数目非常之多，而两宋、洪武年间迁居的人口尤多。谭其骧先生在研究湖南人由来时说："湖南人来自天下，江、浙、皖、闽、赣东方之人居其什九，江西一省又居东方之什九；而庐陵一道，南昌一府，又居

---

① 马巨贤、石渊：《中国人口·江西分册》，中国财政经济出版社 1989 年版，第 25—29 页。
② 周振鹤：《汉语方言地理是怎么形成的》，《地图》2009 年第 5 期。

江西之什九。"① 迁入湖南的赣民"占全数几及三分之二"。②"南宋以前，移民之祖籍单纯，几尽是江西人"，湖南人的祖先大半皆为赣省人。③ 如湘北岳阳、平江、南县，唐至清代赣民移居的 126 族，其中以两宋、洪武年间迁入的最多，"宋代以前迁入氏族仅占 10%，宋代氏族占 45.6%，元代氏族占 15.5%，洪武氏族占 28.8%"。④ 而湘中，当地氏族志统计，赣民从唐至清迁入醴陵、湘阴、益阳的 684 族，其中仅洪武年间就达 345 族，占其时湘中移民总数的 81.3%。⑤ 湘中其他地区如常德府、宝庆府等，有赣省的大量移民。另外，湘南、湘西地区也有不少赣民迁入。史料记载，仅元末明初（洪武）年间，赣民入湘的就达 670 族，占其时移民入湘总数的 78.5%。⑥

　　另据史料记载，湖北黄州府、武昌府、德安府、荆州府、汉阳府、沔阳州、襄阳府等地区，历代均有赣民迁入。以洪武年间为例，黄州府迁入的赣民就达 33.8 万；武昌府武昌、蒲圻、大冶、通城、通山等县，12 万移民中有 10 余万是赣民；德安府 6 万余人口中 4 万多为移民，其中赣民占绝大多数；荆州、汉阳、沔阳等府州，26 万移民中赣民为 21 万；襄阳府及其他地区也有不少赣民迁入。不过，就赣民入鄂的数量来看，80% 集中在鄂东南、鄂东北地区。"根据各府的移民原籍作一统计，在湖北的 98 万移民人口中，江西籍移民约为 69 万，占总人口的 70%。在 79 万民籍移民中，来自江西的移民约为 55 万。其中，来自饶州府和南昌府的移民大体相当，各为 19 万左右，吉安府（治今吉安市）移民约为 8 万，九江府移民约为 3 万，余为其他。军籍移民中也含有相当数量的江西籍战士。"⑦

　　赣民历代迁居的另一主要线路是江北安徽。仅以洪武而论，赣民入皖安庆、池州、庐州、和州、滁州等府州的计达 40 余万之众，而其中又以安庆府为最，达二十七八万之多。⑧ 据统计，安庆府"移民占总人口的 75%—80%，移民总数约为 32.6 万人。其中，江西移民占 87%，约为 28.3 万……安庆卫的军籍人口有可能来自江西或其他省，如是，江西籍的民籍移民约为 27 万。可以说，洪武年间的外来移民重建了安庆府的人

---

① 谭其骧：《长水粹编》，河北教育出版社 2000 年版，第 221 页。
② 同上书，第 175 页。
③ 同上书，第 222—224 页。
④ 曹树基：《中国移民史 第五卷 明时期》，福建人民出版社 1997 年版，第 88 页。
⑤ 同上书，第 100—102 页。
⑥ 同上书，第 126 页。
⑦ 同上书，第 133—148 页。
⑧ 同上书，第 79 页。

口"。史料还记载，池州府其时总人口约 11.7 万，其中民籍移民约 6.8 万，主要来自赣省。①

此外，赣省居民还有迁徙闽、粤、苏、豫、黔、川、滇等省区的。如洪武时期，赣省饶州等府居民万余人迁入河南南阳、汝宁府等地，11.6 万人迁入扬州府，5 万余人迁入淮安府，等等。兹不一一列举。

毫无疑问，今天湘东、湘东南、湘东北、湘西南，鄂东南，皖西南以及闽西北等境外赣语区的形成，无论其地理分布呈现何种类型的分布状态，均与赣省居民历代迁徙有着十分密切的关系。

（3）本地居民内迁

赣省居民境内迁移历代都会发生，这也是司空见惯的事情。例如，赣省瑞昌、德安建于明初及以前的 400 个村庄，不少就是本省其他地区移居而置的。据瑞昌、德安县地名档案统计，元末至永乐年间，由本省吉安迁建的有 57 村，南昌 39 村，其他地区 8 村，共 104 村。② 另据《靖安县志》记载，唐至清代，除外省移民外，本省移入赣西北靖安的有南昌、武宁、安义、奉新、新建、高安、都昌、临川、永修、德安、丰城、会昌、瑞昌、修水等地居民。③ 又如，由于战乱、灾害、谋生等，历史上赣北的高安、奉新、瑞昌、九江、丰城、南昌等县市，有不少居民迁入赣中吉水，或建村落户，或散居于十多乡镇百余个村庄中。④

可以这样肯定地说，方言蛙跳型的地域分布状态，与居民这种墨渍式的迁移方式是有很大关系的。

三　赣方言词汇地域分布自然因素与社会因素的交互作用

方言地域分布格局的形成，不仅离不开其自然和社会的因素，而且往往还是这两种因素交互作用的产物。自然条件是方言形成地域分布的一个基本前提，也是其形成的一种物质基础，没有这一基本前提和物质基础，方言也就没有生存之处，寄寓之所；与此同时，社会文化又是方言形成的一种生态环境，也是其形成的一个活水源头，没有这一生态环境和活水源头，方言也就没有人文之本，生命之源。

以其自然属性而言，任何方言都是某一特定地域的产物，其孕育与形成、发展与变化都离不开这一特定地域的地理环境，而其地理环境又

---

①　曹树基：《中国移民史　第五卷　明时期》，福建人民出版社 1997 年版，第 68—73 页。

②　同上书，第 368 页。

③　钟健华：《靖安县志》，江西人民出版社 1989 年版，第 113 页。

④　吉水县地方志编委会：《吉水县志》，新华出版社 1989 年版，第 495 页。

是影响方言地域分布类型的一个主因，是其自身与各种自然因素相互作用产生的结果；就其社会属性来说，任何方言都是某一特定地域人们思想情感联系的纽带，是人类存在的精神家园，人是通过自己的语言在改造客观自然的同时，创造着精神的社会文化。众所周知，人这种特殊的性灵之物，既生存于宇宙自然之间，又生活于社会文化之中，不仅是自然化的，还是社会化的。正因为这样，方言既是一种自然产物，又是一种社会产物。

自然地理差异是造成方言存在一定时空差异的主要因素，这会影响到其特定地域人们的物质生产方式。例如，分宜—遂川线以西，罗霄山脉北段以东的赣西地区，其间盘亘着万洋山、井冈山、武功山等诸多山脉，使得这一区域山高谷深，瀑泉飞湍，水流潺潺，赣江多条支流源出其里。这样的自然条件，在一定的程度上影响或决定着人们的物质生产方式，人们只有因势利导地利用其水力等自然资源进行相应的物质生产活动；这样相对封闭的地理环境，也在一定程度上制约着其方言的发展变化，一些经世久居的人群其方言用语便带着鲜明的地域特色——浓郁的"存古"色彩，因为那种特殊的地理条件限定了其方言空间的扩展，除非有数量占绝对优势的外来移民，才有可能对其方言用语产生影响或带来变化。否则，撼山易，撼其方言难。而鄱阳湖平原地区与之不同，自古以来鄱湖人就在彭蠡过着"渔舟唱晚"、黍稷馨香的惬意生活，鄱湖地区也成了赣省一个非常重要的鱼粮基地。这种优越的自然条件，有利的地理环境，历来都是外来移民过往或迁居的理想之地，因而其方言用语较之僻远山区更加开放，发展变化也更快。正因为这一地区与外界交往的频率远远高于山区，其方言又常与外来移民方言接触，使其不仅受到了一定的影响，甚至还出现了一定程度的融合，这就是赣北方言为何既具北方方言特点，又兼备南方方言特点的一个重要原因，有学者把这"从空间位置上反映了汉语方言内部时间跨度上的演化进程"的"一种相对不稳定的中间带"方言类型称为"中介型"。①

从赣方言地域分布的各种类型特点看，无论其地理环境是高山、丘陵、盆地，还是平原、河流、湖泊，不仅规定着人们的物质生产活动，在一定程度上还制约着人们一定的生活方式，这从人们的方言用语也能折射出来。例如，赣东南、赣西南或赣西高山地区反映人们日常生活、风土习俗的方言用语，不少是地处丘陵—盆地的赣中地区和赣北鄱湖平

---

① 李国正：《生态汉语学》，吉林教育出版社 1991 年版，第 288 页。

原所没有的，反之亦然；甚至位于赣中地区的赣抚流域反映人们生活习俗、文化事象的相当一部分方言用语，在鄱湖地区也是鲜有所见的，反之亦然，这是一方面。另一方面，人们的社会活动在一定程度上对方言地理分布又起着决定性的作用。社会文明程度越高，科学技术发展越快，自然物象社会化程度也就越高，其地理环境人文化进程也就越快。例如，赣省东南或西南不少僻远地区，大山长谷，地隘势险，历来封闭阻塞，交通不畅，除世居村民外，外人几乎罕至，因而其地理环境、方言面貌完好地保存了其原生态。新中国成立以后，由于政策的扶持，村村通公路，家家装广播电视，兴办了各级各类学校，不少地方还通了铁路，搞各种项目开发，建旅游景点，人员往来不断增多，这在一定程度上不单使自然地理环境人文化了，还改变了人们的生产、生活方式，而且对其方言用语也产生了很大的影响，尤其是普通话的推广与普及，业已成为地域方言加速变异的助推器。

总而言之，赣方言地域分布的类型格局，既离不开其生存的地理环境等自然条件，又离不开伴随人们从事各种活动所产生的社会文化，是其自然环境条件与社会文化因素交互作用而形成的一种自然人文化的产物。因为自然的地理环境在现代社会先进的生产、生活方式作用下逐渐地人文化了，自然物象往往会打上特定地域社会文化的烙印；而由人们生产、生活方式起决定作用的社会文化，其所建构的生态环境又是以自然地理条件为基础的——也就是说，这种生态环境实质上是一种社会人文自然环境。因而，它们共同作用决定着赣方言地域分布的形势，也决定着赣方言发展变化的方向。这正如学者所指出的那样："方言是一种语言的支裔和地方变体。它具有三性，即：群体性（支）、历史继承性（裔）和地域性（地方变体）。分布在不同地域的不同支系，由于生态环境和社会生活共同体的改变或所接触的其他群体的不同，其语言的语音、词汇、语法结构都会在继承原祖语、创新和融入三方面表现出差异。"因此，"方言不仅有语言结构的特征，还有社会人文的特征。划分方言时必须考虑群体性，处理好群体的来源、心理倾向、文化风貌等与语言结构的关系"。①

---

① 罗美珍：《划分客家方言之我见》，《龙岩学院学报》2015 年第 1 期。

第十章 从古语词看赣方言与其他方言之间的相互关系

无可否认，方言是一种十分复杂的语言现象，有的曾是通语后来变为方言的，也有曾为方言后来变成通语的，还有由甲方言演变为乙方言或由乙方言转变为甲方言的。正是这样，方言与通语或者方言与方言之间，便形成了千丝万缕的联系。对于这一问题，我们应该历史而辩证地看待。

在本章中，我们主要探寻赣方言与其他方言之间的相互关系，不涉及与之无关的其他问题。

由于地域和历史原因，赣方言与周边方言诸如客家方言、粤方言、闽方言、湘方言、吴方言、江淮方言等有着十分密切的关系，同时和其他非周边方言如四川方言、云南方言等也有不解之缘。因此，赣方言与周边或非周边的方言，往往形成了一种共存的语言现象。

下面主要从词汇方面，就赣方言与其他各大方言之间的关系作一简要阐述。

第一节 赣方言与周边方言的关系

一 赣方言与客家方言的关系

赣方言与客家方言的关系问题，历来成为学者们关注的焦点。半个多世纪以来，学者们在二者是否分合的问题上争论不休，直到现在还存在不同的意见。

主张赣、客方言应为一个区的代表人物，有罗常培、李方桂、赵元任、王福堂等学者。罗常培早在 1936 年《临川音系》叙论中提出了赣、客方言"同系异派"说；1942 年在《从客家迁徙的踪迹论客赣方言的关系》一文中又再次重申赣、客方言"是同系异派的方言"。① 1937 年李方桂和 1948 年赵元任所做的方言分区，也把赣方言与客家方言合在一起，统称为"赣客家语"。王福堂先生也认为："客家话和赣方言不存在真正能成为方言分区的依据的语音差异"，二者应当"处理成一个方言中的两个次方言"。② 他们主要以语音特点为标准来衡量赣、客方言是否应该分区，而没有考虑其他方面（诸如语法、词汇等方面）的差异，这难免会带些片面性。

主倡赣、客方言划为不同大区的代表人物，有颜森、李如龙、袁家骅、邓晓华、何大安、李荣等学者。颜森先生毕生致力于赣方言研究，曾用了几年的时间对赣省每个市县共 92 个方言点做过细致的实地调查，取得了大量的第一手资料，写成了《江西方言的分区稿》，并绘制了方言图。③ 1988 年，香港 LANGMAN 出版公司出版的《中国语言地图集》，其中有关赣省方言图的编绘及其文字说明，就是以此为蓝本的。颜森先生根据第一手数据，从语音、词汇等方面深入地阐述了赣方言与客家话的根本区别，强调二者应该划为不同的方言区。④ 李如龙等学者，在对赣、客之间的语音、词汇、语法进行了全面的比较分析之后，也认为："尽管客赣两方言是有紧密联系的姊妹方言，在汉语方言大系中，把它们分为两个大区还是比较合适的。"⑤ 袁家骅先生早已指出："我们发现南昌话在词汇方面似乎更接近吴、湘、江淮诸方言，而与客家话并没有特殊的亲密关系。"⑥ 邓晓华先生从语言谱系亲缘关系的角度分析，也认为客家话与闽方言的关系接近，而同赣方言的关系却较远。⑦ 而何大安先生则从语源、文化传播、音韵特征等方面，论述了"赣和客是两个不同支的大方言"。⑧ 20 世纪中叶以后，学者们对赣、客方言做了大量的实地调查，取得了一批研究新成果。根据这批研究新成果，著名语言学家李荣先生指出，从语音特

① 罗常培：《语言与文化》，语文出版社 1989 年版，第 151 页。
② 王福堂：《关于客家话和赣方言的分合问题》，《方言》1998 年第 1 期。
③ 颜森：《江西方言的分区稿》，《方言》1986 年第 1 期。
④ 颜森：《赣语》，侯精一主编《现代汉语方言概论》，上海教育出版社 2002 年版，第 143—144 页。
⑤ 李如龙、张双庆：《客赣方言调查报告》，厦门大学出版社 1992 年版，第 515 页。
⑥ 袁家骅：《汉语方言概要》，文字改革出版社 1989 年版，第 127 页。
⑦ 邓晓华、王士元：《古闽、客方言的来源以及历史层次问题》，《古汉语研究》2003 年第 2 期。
⑧ 何大安：《规律与方向变迁中的音韵结构》，北京大学出版社 2004 年版，第 99—102 页。

点和词汇差异看，"都不足以说明客赣合成一个方言区是合适的。"① 实际上，这已成为赣、客方言分区的指导性意见。

李如龙先生指出："只根据语音标准来为方言分区总是片面的。只有兼顾词汇、语法才能使分区更加全面，更加准确。"② 赣方言与客家方言的关系，十分错综复杂。为此，除李如龙等学者所作的《客赣方言调查报告》研究之外，刘伦鑫先生还专门以"客赣方言比较研究"（1999）为国家社科课题，作了全面而深入的研究。是否还会出现其他高论，人们正拭目以待，在此也就不作深论了。

二　赣方言与粤方言的关系

赣省南连粤省，自古就有"粤户"之誉。如今，人们又习惯喻称粤省是赣省的"后花园"。这不仅是就其地理毗连而言，更重要地反映了这样一个客观事实：古往今来，赣、粤两地的联系就十分紧密。

从历史上看，三代之前，赣、粤同属一个古老的苗蛮—百越文化圈，有段石锛、几何印纹陶为其共同的文化特征，而苗蛮—百越语则是其共有的语言"底层"。春秋战国时期，赣、粤又成为楚人的统治区域。李新魁先生说："在春秋与战国之时，南方的湖南、江西、广东、广西以及福建、浙江、江苏、安徽等地，由于楚国势力的不断扩展，终于成为楚之属地。如《水经注》卷三九说：'赣水又北径南昌县城西，于春秋属楚，即令尹子荡师于豫章者也。'因此，何光岳又说：'吴起在南海地区确立楚国的政治权。'这话不为无据。广东若干年来的考古发现，也正证明了这一点。"③ 楚方言对赣、粤方言的影响也是必然的，这反映在赣、粤方言许多共同来自于楚方言的词汇中。可以肯定地说，扬雄《方言》中所谓楚或南楚词汇，正是这些赣、粤相同词汇的共同"语源"。如"睇"，钱绎方言笺疏："南楚谓眄曰睇。" 现代赣、粤方言均习以用之。赣、粤方言称孵小鸡为"抱"或"菢"，《广韵》释之"鸟伏卵"，又引《方言》"南楚人谓鸡抱"。"崽"，《方言》云："湘沅之会，凡言子者谓之崽。"赣、粤方言称子亦然。又如，称盛物竹器为"筲箕"，《方言》："箵，南楚谓之筲。"看东西的动作谓之"睩"，《广韵》释之"视貌"，楚辞《招魂》"蛾眉曼睩"中的"睩"正是此义。还有很多楚方言词语的例子，均为赣、粤日常

---

① 李荣：《汉语方言的分区》，《方言》1989 年第 4 期。
② 李如龙：《汉语方言学》，高等教育出版社 2001 年版，第 32 页。
③ 李新魁：《广东的方言》，广东人民出版社 1994 年版，第 42 页。

用语。这些例子，在表明赣、粤方言与楚方言密不可分的同时，也说明了赣方言与粤方言的密切关系。

此外，特殊的地理位置和历史原因，使得赣、粤两地除了共享楚方言的"语源"之外，还有大量一致反映地方日常生活的古语词。如"潲水（淘米洗菜水）""畀（给予）""徛（站立）""揞（以手遮盖）""煠（水煮）""佮（合伙）""敿（歇息；呼吸）""走（跑）""食（吃、饮、吸）""索（绳索）""行（走）""滚水（开水）""竹篙（竹竿）""紧要（要紧）""新妇（媳妇）""几多（多少）""猪栏（猪圈）""争（差、欠）""袋（往口袋里装）""绗（用针在衣、被上粗缝）""绲（镶衣边）""斗（把散物合为一起，使之成整体）""张（设机关以诱捕动物）""抈（折断）""龅（牙齿凸露）""妗（舅母）""箸（筷子）""折（折叠）""戽（以手或工具舀水向远处或高处浇）""闹热（热闹）""翼（翅膀）""饮（喝）""晏（晚、迟）""包（保证）""禾（稻谷）""面（脸）""若果（如果）""宵夜（夜宵）""斯文（文雅）"，等等。

人们不禁要问：赣方言和粤方言为何会有如此多相同的古语词？其中的关系又是怎样的呢？

个中原因在于，尽管古代赣、粤两地重岩叠嶂，关山阻隔，但是这也难以阻断两地人民的频繁交往，因为南壄之界（今南康与大余之间）、赣江之水，是通往赣、粤两地天然的水陆通道。而且，粤地境内的浈江，也是连接南北的交通要道。廖晋雄先生说："始兴境内的浈江，自古就是南北交通要道，溯浈水东上，经赣江流域可达中原地区；顺浈水两下，经北江能直抵珠江流域。"[①] 在"平越"战争中，秦皇汉帝也正是利用了这些水陆要道的有利条件，才使驻扎在赣地的几十万大军顺利地进入了岭南地区。唐开元四年（公元 716 年），张九龄又奉诏开凿大庾岭，沟通了长江水系与珠江水系，成为唐宋以来五岭南北最重要的交通孔道，这就更把赣、粤两地紧紧地联系在一起了。在"靖康之难"的宋金战争中，特别是"南宋后期，金军大举南侵，纵深至湖北、江西等地，迫使江、浙、赣等省区百姓自大庾岭流入广东。"[②] 又据庄初升先生研究，两宋以来，赣省中、北、东部赣方言区大量居民直接或间接地迁入粤北，使得今天的粤北话也带有类似赣方言的特点。[③] 这正是赣方言与粤方言之间不可分割的根

---

① 廖晋雄：《从出土文物看始兴古代的历史》，《韶关大学学报》1991 年第 3 期。
② 石方：《中国人口迁移史稿》，黑龙江人民出版社 1990 年版，第 299 页。
③ 庄初升：《粤北土话中类似赣语的特点》，《韶关大学学报》1999 年第 5 期。

本原因。

三　赣方言与闽方言的关系

　　赣省东邻闽越，有"闽庭"之称；古又同属一个文化交互圈，彼此交往十分密切。历史上，赣省余干（今余干、乐平一带）既是赣人入闽的一条便道，又是闽越人东北入赣出江淮之要道。当年，秦朝大军剿越之战，就有一路大军是从余干这一要道攻入闽越的。

　　汉至魏晋时期，赣地居民入闽越的不少。据周振鹤、游汝杰先生研究，三国孙吴时代建置的邵武县，就是由赣省移民经临川越武夷山而建立的，然后散布到整个富屯溪和金溪流域。由于这个缘故，邵武一带隋代曾归属于赣省的临川郡，邵武一带的方言也因此与建瓯一带有所区别，到后来发展的差异也愈来愈大。① 又据李如龙先生研究，"吴永安三年，闽北首立建安郡，辖县7，闽北人口占着全闽半数。当时入住闽北的应有江东的吴人和江西的楚人。从现代闽语还能找到一批古吴语和古楚语的常用词。"② 两宋以后，赣省居民进入闽越之域的就更多了。由于赣人入闽的不断增多，它给闽方言带来了更加深刻的变化，"闽西北角的建宁、光泽已经蜕变为纯粹的赣语了。邵武、泰宁也大部分发生了质变，顺昌、将乐发生了相当的变化，连武夷山市及建阳也受到影响。从闽北方言与其他闽语的差异看，大多是赣语先后影响的结果。"③ 游汝杰先生也说："邵武的居民十之八九是从江西迁入的，其中大部分是在宋代迁入的，又以南宋初年迁入比北宋多。在江西人到来之前，邵武话应该是与建瓯话相似的闽北方言。江西人带来赣语后，两大方言交配成一种非驴非马的新方言。拿今天的邵武话和建瓯话以及江西的南城（即建昌，古属南城）话比较，可以看出邵武话中的闽语和赣语两大层次。"④ 今天，我们就发现大量古语词，赣、闽方言完全一样。如"鼎（锅）""薸（浮萍）""嬉（玩）""渠（他、她）""通书（历书）""禾（稻子）""秆（稻草）""颈（脖子）""话事（说话）""晓得（知道）""老弟（弟）""地（坟）""惊（怕）""几多（多少）""伶俐（干净）""尘灰（灰尘）""月光（月亮）""自家（自己）""洋火（火柴）""紫（绕线）""炙火（烤火）""錾（凿）"

---

① 周振鹤、游汝杰：《方言与中国文化》，上海人民出版社1986年版，第70页。

② 李如龙：《闽语》，侯精一主编《现代汉语方言概论》，上海教育出版社2002年版，第208页。

③ 同上书，第244页。

④ 游汝杰：《中国文化语言学引论》，高等教育出版社1993年版，第29页。

"舐（舔）""泅水（游泳）""面（脸）""箸（筷子）""曝（晒）""担（挑）""行（走）""困（睡）""徛（站、立）""乌（黑色）""灶前（厨房）""走（跑）""晡（晚）""斯文（文雅）""食昼（吃午饭）""欢喜（喜欢）""闹热（热闹）""夥（多）""箬（竹皮）""罅缝（裂缝）""报（告诉、传达消息）""板（棺木）""擘（剖开）""爆（鼓起、凸出来）""塍（田埂）""长是（经常）""重头（从头）""东司（厕所）""滚水（开水；热水）""开正（正月初）""眠梦（睡梦）""齐整（整齐；完备；漂亮）""挦（拔取）""筅帚（竹丝扎的刷洗用具）""斫（砍）"，等等。还有大量共同的方言词汇，就不一一列举了。

张振兴先生早就以方言词为例，具体而周详地论述了闽方言和周边方言的关系。在谈及其间的关系时，他说："闽语和它周围的吴、粤、客以及赣语等方言是汉语南方方言最大的共同体，互相之间具有十分密切的关系。"① 从上述分析的情况看来，我们也认为赣、闽的关系源远流长，而其共有的词汇就是这种关系长期发展的必然结果。

四　赣方言与湘方言的关系

赣方言与湘方言有着十分密切的关系，这在徐通锵先生利用斯瓦迪士编的百词表为汉语方言所测算的同源百分比中也得到了证实。根据他的统计，以南昌话为代表的赣方言与各个方言词语的同源百分比是：与长沙话（湘方言）达88%，与苏州话（吴方言）达84%，与广州话（粤方言）达78%，与梅县话（客家话）达77%，与北京话（北方方言）达76%，与厦门话（闽方言）达64%。由此可见，"长沙、南昌这两个方言与其邻近的方言的同源百分比也都比较高，说明以长沙话为代表的湘语和以南昌话为代表的赣语与其周围方言之间的接近性的程度都比较大，在研究汉语方言之间的相互关系时，湘语和赣语可能占有重要的地位。"②

二者的关系为何如此密切？原因是多方面的。一是远古时代，赣、湘属同一文化语言区——苗蛮语族，古楚语则是它的主要源流。二是湘语区春秋战国时属楚，现代湘语正是由古楚语中演变而来的。而赣省古有"吴头楚尾"之称，春秋时除东部一隅属吴境外，大部为楚之东境；战国中期全境归楚，直至秦统一。三是从唐末五代起，赣省大量人口相继迁入湘地，给湘方言带来了极大的变化。鲍厚星先生说："五代至北宋，江西占

①　张振兴：《闽语及其周边方言》，《方言》2000年第1期。
②　徐通锵：《历史语言学》，商务印书馆1991年版，第425页。

9/10，这一时期可称为'纯江西时代'。南宋至元代，江西占 5/6，其余 1/6 为江西以外的省份，这一时期可称为'初期混杂时代'。明代为移民极盛时期，移民成分最为复杂，江西籍为 178 族，非江西籍为 89 族，这一时期可称为'大混杂时代'（亦称'后期混杂时代'）。自五代至明，无论纯与杂，以江西人为外省移民的主体则是一致的。……随着江西籍移民的大量涌入湖南，赣语在湖南产生巨大影响，以至在湘东由北而南形成狭长地带的赣语区，或是在湘中、湘西南等其他地区留下了赣方言点，如洞口大部分、绥宁北部、隆回北部，或是让一些其他地点方言带上了不同程度的赣语色彩，如新化、衡山、麻阳、怀化、岳阳、华容等。同时，对于湘语内部形成清浊两大分野，赣语也有相当的影响。"①

由于上述诸种原因，今天的赣方言和湘方言在词汇方面有不少是共有的。如"崽（儿子）""脑壳（头）""秆（稻草）""郎中（医生）""嗅（闻）""发风（刮风）""话（说）""索（绳子）""炙火（烤火）""东司（厕所）""花甲（年龄六十岁）""豪猪（箭猪）""槽头（猪颈部的肉）""三魂七魄（人的魂魄）""寻（找）""搣（掰）""缗钱（铜钱）""枞树（松树）""懵懂（无知）""筑（以手塞物）"等。那么，其中究竟是赣方言影响了湘方言，或者湘方言影响了赣方言，还是赣、湘承继了同源词汇呢？因其关系十分复杂，我们也难以作出判断。

关于赣、湘方言的密切关系，有人据"咖"的读音和用法，推测"至迟在唐代，湘语、赣语的关系还非常密切"。"但由于在后来的发展中，各自受到不同方言的影响，因而区别日渐明显。湘语主要受到西南官话的影响，湖南西北部甚至因此而成为西南官话区，以至这个地区只是在个别点保留了'咖'；而赣语主要受到客家话的侵蚀，如南昌不用'咖'，而用'撇'，同客家话。"②

五　赣方言与江淮方言的关系

江淮方言又称"下江话"。据学者研究，赣方言与江淮方言的关系十分密切。袁家骅先生曾经指出，在词汇方面，南昌话更接近吴、湘、江淮诸方言。③鲁国尧先生甚至认为，赣方言与江淮方言还有同源关系。他说：

---

① 鲍厚星：《湘语》，侯精一主编《现代汉语方言概论》，上海教育出版社 2002 年版，第 122 页。

② 李冬香：《从湖南、江西、粤北等方言中的"咖"看湘语、赣语的关系》，《语文研究》2003 年第 4 期。

③ 袁家骅：《汉语方言概要》，文字改革出版社 1989 年版，第 127 页。

"客家方言与赣方言关系密切而且同源，自罗常培之论出，天下翕然从之。我们这里要指出的是，这两个方言与江淮方言也有同源关系。"①

　　现在，且不论它们是否同源，仅从地域、历史上看，就难以把赣鄱与江淮截然分开。就地域而言，赣鄱与江淮（如鄂、皖两地）毗连一起，而且赣省的九江、瑞昌等地就属江淮方言区。从历史上看，根据《禹贡》《尔雅》的九州岛之说，西周之前的赣鄱地区在行政区划上隶属于扬州之域，且赣鄱与江淮同属夷越—苗蛮语区。文献也有记载，远古苗蛮族居在洞庭—鄱阳湖流域，"三苗在江淮、荆州数为乱。"（《史记·五帝本纪》）永嘉之前，江淮本属吴扬语区。桥本万太郎曾提出吴湘一体说，②袁家骅也有类似说法："我们不妨把'南楚江湘'看作上古时期的一个方言群或土语群，是'楚语'的嫡系或支系，同时也是吴语的近亲。"③张光宇则将其方言地理的范围进一步扩大，称为"吴楚江淮方言连续体"（dialect – continuum）。④历史上，赣语也深受吴楚语的浸染，故而赣地与江淮在词汇方面多有相同，那是十分自然的事情。永嘉之后，江淮—皖南—赣鄱之间，形成了一条中原语言文化南流的走廊，江淮地区已由吴语区变成了官话区。尽管如此，正如有的学者所说的："江淮方言是在这一带原先的南方方言（主要是吴语）和不断南下的历代北方人的方言长期融合之下逐渐形成的。"⑤因为"江淮官话既有官话方言的特点，还有吴方言的特点，实质上是吴方言到官话方言的过渡区。"⑥这样一来，赣方言与江淮方言在语音、词汇特征方面，仍有割不断的联系，上述鲁氏"同源关系"说就说明了这一点。

　　赣方言与江淮方言之间的关系，也可以通过以下事实来说明。从语音特点看，赣方言临川、南昌话和江淮方言南通、泰州话都有两个入声调，而且阳入调值高于阴入调值（南昌除外）；古全浊声母今都读送气清音。⑦

---

①　鲁国尧：《客、赣、通泰方言源于南朝通语说》，《鲁国尧自选集》，河南教育出版社1994年版，第74页。

②　［日］桥本万太郎：《语言地理类型学》（余志鸿译），北京大学出版社1985年版，第31页。

③　袁家骅：《汉语方言概要》，文字改革出版社1989年版，第102页。

④　张光宇：《东南方言关系综论》，《方言》1999年第1期。

⑤　刘丹青：《南京话音档》，转引自钱曾怡《官话》，侯精一主编《现代汉语方言概论》，上海教育出版社2002年版，第9页。

⑥　钱曾怡：《官话》，侯精一主编《现代汉语方言概论》，上海教育出版社2002年版，第36页。

⑦　鲁国尧：《客、赣、通泰方言源于南朝通语说》，《鲁国尧自选集》，河南教育出版社1994年版，第74页。

从词汇方面看，除南昌受其影响外，赣北赣方言区的其他市县如德安、彭泽、星子、都昌、湖口、武宁等地，也因江淮方言的长期渗透发生了一些变化，这表现在部分方言词变得与江淮方言（如九江话）一样。如说"喝茶"，不说"喫茶"；"藏（东西）"说"收"，不说"囥"；"打闪"说"掣霍"，不说"打霍闪"；"舅父"说"母母"，不说"舅舅"；"牛公"说"牯牛"，不说"牛牯"；"睡觉"说"困醒"，不说"困觉"；"站立"说"站"，不说"徛"；"放"说"搁"；"现在"或"刚才"说"将"；等等。

由于赣鄱毗邻官话区，这种渗透多少年来就一直延续着。诚如张光宇先生所说的："近代以来，北方官话势力向南延伸，早期的南方话特色逐渐消退。近江一带的方言首当其冲，态势更加明显。常州的所谓'蓝青官话'，南昌的所谓'撇官腔'，长沙的所谓'塑料普通话'代表南方话向北方话靠拢的趋势。"①

第二节　赣方言与非周边方言的关系

一　赣方言与四川方言的关系

移民是川省人口史上的最大特点。有学者说，不仅成都是一座移民城市，就连四川也是一个移民省份。据文献资料看，这种说法一点也不夸大。从先秦直至清末，历代都有不少境外居民迁入川省，而其中明清时代的几次"湖广填四川"可谓达到了移民徙川的高潮，这也给四川方言带来了根本性的变化。

在历次迁徙的过程中，赣省徙川的也不少。不过，除此之外，赣与川还另有更深层次上的情结，这也是造就赣方言和四川方言之间存在一种"剪不断，理还乱"关系的渊薮。

赣、川自古与楚接壤。春秋战国时期，赣省还长期隶属于楚，而川省与楚的关系也非同一般，不仅军事上结成了联盟，更重要的还是文化上达到了相互交融的境界。

据文献记载，在楚郢都巴蜀人的聚居区，每当巴蜀人讴唱时，都会引起郢都楚人的强烈共鸣。《文选·宋玉〈对楚王问〉》中说："客有歌于郢

---

①　张光宇：《东南方言关系综论》，《方言》1999 年第 1 期。

中者，其始曰下里巴人，国中属而和者数千人。"而巴蜀之内，也有大量迁入的楚人，有的是王族宗支，有的是显臣贵戚，有的是逃难犯人，还有的是谋生百姓。甚至连其首领鳖令，也曾是楚鳖邑的军事首长。楚人给巴蜀带去了文化，还带去了"规堰潴、町原防"的水利技术，从而使巴蜀长期遭受洪水肆虐的灾害得到了有效的扼制。在《华阳国志·巴志》中，还记载了川东风情："其人半楚，姿态敦重。"不言而喻，巴蜀楚风不但由来已久，而且十分浓厚。从川省出土的文物中，人们也能清楚地看到，楚文化对巴蜀的影响是直接而深刻的。诸如成都羊子山 172 号墓、成都西郊战国墓、蒲江战国土坑墓、大邑五龙战国墓、新都战国木椁墓和荥经、青川墓群，以及墓中出土的各类铜器与铜器上的铭文等，无不深深打上了楚文化的烙印。[①] 不可否认，这与楚人入川有着密切关系。

文化与语言是一对孪生姊妹。当一种文化流动的时候，也会带来这种文化的载体——语言的扩散与影响，甚至是融合。而这种影响的意义十分深远，它必然要在某种语言的词汇系统中反映出来。例如，古楚语就给赣都地区留下了深深的烙印，不仅成为其时赣域楚语的辞源，而且影响延遗至今，构成了赣方言词汇中的一个不可分割的重要部分；在四川方言的词汇成分中，今天也还融有许多古老的楚语词，这无疑也是这种结果的必然反映。

下面列举的，是四川方言与赣方言同源的楚语词汇。如"撋"，义为"五指取物"。《方言》："南楚之间凡取物沟泥中，或谓之撋。"赣、川人们今尚用之。"老革革"，"老而粗糙"义。《方言》："革，老也，南楚江湘之间代语也"。明·李实《蜀语》："老曰老革革。"赣、川今还常用。"崽"，本"儿子"义。《集韵》："湘沅呼子曰崽。"又作詈词。章炳麟《新方言·释亲属》："成都、安庆骂人，则冠以崽字。"赣方言也有这一用法。"捋"，"拔取"义。《方言》："卫鲁扬徐荆衡之郊曰捋。"钱绎笺疏："今俗谓以指摘物曰捋。"此语今还为赣、川人们常用。又如"揞"，"掩藏"义。《方言》释之"藏也。荆楚曰揞"。赣、川今仍称"掩藏"或"隐藏"为"揞"。

人们总是生活在特定的环境（社会的或地理的）之中，而这必然会给词语留下特定环境的深刻烙迹。L. R. 帕默尔说："决定语言接触的社会交际从根本上来说是在空间中进行的接触和运动。"[②] 由于战国时期川东又掌

---

① 陈世松：《四川简史》，四川社会科学院出版社 1986 年版，第 19—22 页。
② 帕默尔：《语言学概论》（李荣等译），商务印书馆 1983 年版，第 117 页。

控在强楚的统治之下,① 加之历代人口迁徙而使"巴蜀多楚人",因而楚语的高频"接触和运动",给四川方言带来了不少影响。有学者说:"秦楚国力都伸展到巴蜀,秦楚方言(特别是楚方言)很早就传入这一地区。"② 实际上,这也说出了赣、川同受楚地语言文化浸润的根本原因。

一般说来,文化的交流、人民的迁徙乃至民族的融合,对当地语言不仅会产生较大的影响作用,有时甚至还是构成一种新的方言词汇的重要契机。当今四川方言的形成,无疑也是这方面的典型例子之一。

众所周知,秦汉以降,黄河、长江流域,或发生兵乱,或出现灾荒,或统治暴虐,或徭税繁重,以致历代都有无数移民迁居异地他乡。而川省,相较而言,地处偏远,物产阜实,政局稳定,是外来移民的首选之地。据史料记载,从秦朝"移秦民万家实之"始至清代止,每每都是以"数万家"或"十余万家"的移民流入川省。不仅如此,明、清两代,川省还大规模地招募外民入川开垦。抗战期间,川省是抗日的大后方,又接纳了不少外省移民。③ 在历代人口大迁徙中,赣省也时有大批移民入川。据赣省方志记载,唐宋赣人入川,元明清渐次高潮。陈昌仪先生也说:"清承明制,明代江西的赋税十分繁重而且极不合理。明代的江西先人由于承受不了超额的不合理的赋税,成批逃亡,近的逃入两湖,远的到达四川、贵州和广西。"④ 此外,赣省还有大批商人外出经商谋生,其中就有不少商人来到了川省。如《泰和县志》载:"清代县人(泰和县)旅居外地经商者……其中有不少就地定居,世代经商。广东韶关、南雄,湖南长沙、常德、湘潭、醴陵、衡阳,湖北武汉,四川重庆、成都等地,有不少泰和商民后裔。马市镇汪陂村涂氏族谱记载:'……康熙年间由汪溪分徙者或安福,或永新,或在永丰,或在兴国,或在赣县,或在四川之富顺。'"⑤《成都通览》统计,从元末明初至清代前期,外省人入成都的比率是:"湖广 25%,河南、山东 5%,陕西 10%,云南、贵州 15%,江西 15%,安徽 5%,江苏、浙江 10%,广东、广西 10%,福建、山西、甘肃 5%。"⑥ 又据川省地方志记载,成都、重庆、大足、璧山、巴中、大邑、

---

① 石方:《中国人口迁移史稿》,黑龙江人民出版社 1990 年版,第 100 页。
② 梁国均:《从〈蜀语〉看四川方言语汇的构成和来源》,《川北教育学院学报》1991 年第 2 期。
③ 崔荣昌:《四川方言与巴蜀文化》,四川大学出版社 1996 年版,第 8—9 页。
④ 陈昌仪:《赣方言概要》,江西教育出版社 1991 年版,第 7 页。
⑤ 康臣纬:《泰和县志》,中共中央党校出版社 1993 年版,第 113 页。
⑥ 黄尚军:《湖广移民对四川方言形成的影响》,《川东学刊》1997 年第 1 期。

富顺、南通、泸县、德阳、永川、大竹、简阳、阆中等市县，赣省移民均占有相当的比重。

历史上，有"湖广填四川"之说。实际上，在"湖广填四川"的移民运动中，真正入川的湘人不多。因为"从有记载的数据来看，这些迁往四川移民的祖籍都是江西，他们绝大多数是明嘉靖或洪武年间从江西来到湘南的。也就是说这些由江西迁来的移民在永州生活了两三百年后再迁到了四川。不知什么原因，湘南本地的人口迁往四川的很少，迁往四川的移民绝大部分是江西迁来湘南的居民。"① 还有从其他省份如广东、福建、湖北等地辗转入川的赣省人。如金堂县曾参的 82 世孙曾国枢珍藏的武城曾氏重修《奉旨敕封宗圣族谱》，就记载了曾氏后裔历次迁徙情况："15 传孙关内侯曾据于西汉末王莽始建国二年（公元 10 年）庚午岁 11 月 7 日，率家属近千人徙江南之庐陵（今江西吉安县）吉阳乡；34 传孙曾开国由吉阳徙云盖；57 传孙曾志诚由吉水徙长乐（广东五华）；74 传孙曾克让于清康熙年间由长乐徙四川金堂。"②

大量境外移民的涌入，使川省原有的土著语受到了极大的冲击。各方外来语与土著语汇聚，彼此接触，相互渗透，渐至融合。经过了这样一个长期的混杂竞争、不断整合、优势重组阶段之后，最终形成了一种全新的方言——独特的四川方言。在这新的四川方言中，人们往往还能找到其他方言里所蕴含着的共同成分。我们也发现，四川方言里就有大量意义用法与赣方言完全一致的词语。如"声气"指说话的"声音、语气"，今赣、川意义完全一样。"瞭"本义"谨视"，亦即"注视"，赣、川意义用法大致类似。"摋"义为"以手散物"，今赣、川同义，均为常用语。"瘔"为"药毒"义，据杨树达《长沙方言续考》"今长沙以药毒鱼毒鼠"也说"瘔鱼瘔鼠"，赣、川亦然。"趉"，《说文》释之"走意"，意即"跑得快"，今赣、川义同。还有大量的词例，如"橦（木段）""棬（牛鼻绳环）""发蒙（开始读书识字）""鞯（马障泥）""筬（织具）""落后（后来）""睒（电或电光）""熨帖（办妥）""凼（小水坑）""水色（健康而好看的面色）""跕（蹲）""搯（以手扼搯）""笕（竹空而引水的槽）""滗（去汁）""菢（鸡伏卵）""猋（快走）""挼（两手相摩切）""膌（精肉）""尥（脚跛行）""蔫（不鲜）""驮（背负）""肚皮（腹部）""舞（弄、做、搞）""晏（晚、迟）"等古语词，都是赣、川词汇

---

① 曾献飞：《湘南方言的形成》，《湘潭师范学院学报》2004 年第 1 期。
② 崔荣昌：《四川方言与巴蜀文化》，四川大学出版社 1996 年版，第 14—15 页。

中所共有的，其意义用法基本一样。

有人做过统计，仅以熊正辉《南昌方言里的难字》和《南昌方言词汇》所收的 1997 条词和词组而言，与成都话完全相同的，就有 679 条（约占 34%）。① 沈文洁还将成都话的 903 条词与外省 17 个点的方言词逐条比较，试图找出其中的亲疏关系。经过比较分析，最后得出结论：成都话有 400 多条词与南昌的相同，这"表明赣方言对成都话的影响也是很深的……成都话与湘、赣方言的关系远远超过了北京和沈阳，其原因一是湘、赣地区对四川的移民使然，二是四川与湘、赣的交往较为密切。"② 由此看来，在整个四川方言中赣方言词语所占的比例之高是不言而喻的。这种情况的出现，与赣省大量居民入川是有直接关系的。从川剧的形成，我们也能看出这一点。川剧是典型的移民文化的结晶，它是"江苏昆腔、江西弋阳腔、安徽'徽调'（西皮、二黄）、湖北'汉调'（西秦腔）、西北地区的秦腔与四川民间曲调灯戏相融合的产物。"③

上述情况表明，楚地的毗邻接壤，加之战争、人口迁徙等因素，这就自然而然地把赣、川两地紧密地联系在一起。楚语的大量输入，构成了赣方言与四川方言共有的渊源关系；而历次赣人的大批徙川，使得赣方言成为四川方言词汇系统中的一个重要来源，这样又形成了一种接触、渗透与融合的源流关系。

二 赣方言与云南方言的关系

赣方言和云南方言也存在一定的关系。我们发现，云南方言中不少方言词汇类似于赣方言的特点。不可否认，除部分共有的通语词汇之外，更多的是赣方言对云南方言施以影响的结果。

以下所列举的云南方言，其义与赣方言词汇是一致的。如"断"，"判决"或"断案"义。汉·桓宽《盐铁论·周秦》第五七："故吏不以多断为良，医不以多刺为工。"昆明话"法院挨房子断给老二了"。"挼"义为"揉搓"，《说文》："两手相切摩也。"昆明话"挨谷子放来手上挼"，其中的"挼"正是"揉搓"意。"声气"，说话"声音、语气"。《太平御览》卷三六一引《风俗通》："妪大怒曰：'卿常言儿声气喜学似我，老公欲死，欲作狂语。'""欶"为"吮吸"义，段玉裁说文注引《通俗文》"含

---

① 黄尚军：《四川方言与民俗》，四川人民出版社 1996 年版，第 258 页。
② 沈文洁：《成都话与普通话及各方言词汇的比较》，《华中师范大学学报》1996 年第 2 期。
③ 崔荣昌：《四川方言与巴蜀文化》，四川大学出版社 1996 年版，第 23 页。

吸曰欶"，今赣、滇均有把细滑食物吮吸口中称为"欶"的，如"欶面条"。"齆"义为"鼻塞"，《玉篇》释之"鼻病也"，如昆明话"这几日有点儿感冒，说话有点儿齆"。又如"瘿"为"颈部囊状瘤子"，《说文》释之"颈瘤"，今赣、滇均把此病称为"瘿"。再如"潷（液体向外溅出）""奓（张开）""斫（以刀斧砍）""痨（药毒，毒杀）""耸（怂恿）""揀（打，击）""爹（父亲）""顿（放置）""憨（傻，痴呆）""笕（引水竹管）""篾（剖成条状的竹片）""酸醋（醋）""呀（张口）""爷（父亲）""冤业（罪孽）""煠（水煮）""挨（紧靠）""尘灰（灰尘）""噇（无节制地大吃大喝）""肚皮（腹部）""红米（糙米）""剪头（理发）""解（锯）""日头（太阳）""砂糖（红糖）""伤（太，很）""向火（烤火）""自家（自己）""鏖糟（肮脏）""屙屎（排泄大便）""发（疾病发作）""活络（灵活）""肩头（肩膀）""笕槽（檐沟）""脚（液体残留的沉淀物）""街（集市）""瘌痢（黄癣）""晛（晾，晒）""冷饭（上餐没吃完的剩饭）""索粉（粉丝）""相因或相应（价钱便宜）""扳罾（用罾网捕鱼）""别个（别人）""承头（承当）""倒灶（倒霉）""老米（陈米）""落（经手钱财时私下克扣据为己有）""焖饭（紧盖锅以微火焖熟米饭）""那个（疑代，谁。那，今作哪）""㨨（手抓）""镦鸡（阉割过的公鸡）""转来（回来）""转筋（抽筋）""纵（皱）"，等等。上述古语词，既有滇省通用的，也有某些地区所用的。如"勘（器物磨损）""趚（跑得快）""罅（开裂）""沰（滴，液体量词）""涿（淋雨）""敠（以手散物）""冰凌（冰块，冰锥）""落后（后来）"等，就多用于昆明、楚雄、大理、保山、腾冲一带，也有少数用于蒙自、思茅、建水地区的；而"巴结（艰辛从事）""服侍（伺候，照顾）"等，则多用于昭通地区。

　　滇省的方言词汇，何以如此多的具有赣方言的特点呢？这是有其历史缘故的。从历史上看，滇省同属南方夷越之地，同时也受到过楚文化的影响。据史学家研究，春秋时期，"楚统一了长江、汉水、淮水流域，北达黄河、南迄现今的云南。"①文献还记载，战国时期，楚将庄蹻于滇为王。《史记·西南夷列传》云："始楚威王时，使将军庄蹻将兵循江上，略巴、蜀黔中以西。……蹻至滇池，地方三百里，旁平地，肥饶数千里，以兵威定属楚。欲归报，会秦击夺楚巴、黔中郡，道塞不通，因还，以其众王滇，变服从其俗，以长之。"《括地志》亦云："战国楚威王时，庄蹻王

---

①　沈益民、童乘珠著：《中国人口迁移》，中国统计出版社1992年版，第71页。

滇，则为滇国之地。"滇省今犹存在的一些楚方言词汇，多数在赣方言里也同样存在，如"革（老）""欸（应答声）""夥"（表"惊讶"声）"哈（讥笑）""癞（黄癣秃顶）""抟（圆）""崽（儿子）"之类。

当然，直接给滇省方言带来赣方言影响的，应该是元代以后的移民运动。从元代始，滇省实行屯田制度。其屯田规模当以明代为盛，既有军屯，又有民屯和商屯，等等。

元代以降，内地大批居民不断涌入滇省，而入滇的赣民又是其中数量最多的。李兆同先生说："明代的移民来自南北各地，其中尤江南、江西移民为最多。"① 赣民是通过军事留戍、商人寓居、仕宦任职、谪迁流放、矿业开发等多种途径进入滇省的。由于赣民众多，其活动足迹遍布滇省各个城乡，对其社会发展产生了深刻的影响。②

据文献记载，洪武年间，明将傅友德奉命征云南。取胜之后，朱元璋传谕旨傅友德"云南既平，留江西、浙江、湖广（今湖北、湖南）、河南四都司兵守之，控制要害。"③ 又，洪武二十二年，"（沐）英还镇，携江南（江苏和安徽一部分）、江西人民二百五十余万人入滇，给予籽种、资金，区别地亩，分布于临安、曲靖、武定、大理、姚安、鹤庆、永昌、腾冲各郡县。"④ 另据《明史》记载，"民屯的移民数约 300 多万人。数量最多的一批江南江西移民多分布于滇中和滇南。"⑤ 赣民入滇除被官方所征之外，还有不少是经商迁入的。石方先生说："迁入云南的商人以江西、四川籍者为最多，手工业中以两广移民为众。刘琨在《南中杂说》中道：'滇中无世家，其俗重财而好养女，女众年长则以归寄客之流寓者。……吾乡数十万人，捐坟墓，弃父母妻子，老死异域。' 刘琨是江西南昌人，书中所言数十万家乡父老流寓云南，可能有些言过其实，但江西商人在云南做买卖的居于多数这也是事实。云南的手工业多被两广移民所垄断。'做买卖的都是老表（江西人），巧手匠都是老广（两广人）'的民间俗语，反映的正是明朝流寓云南人口的原籍与从业情况。"⑥ 如昆明、昭通，其地商业均为赣商把持，"江右人贩运布匹，设号贸易者尤多"，故谚有"遍地江西"之说。形成如此局面并不奇怪，因为赣商人数在滇省达数十

---

① 李兆同：《云南方言的形成》，《思想战线》1999 年第 1 期。
② 古永继：《明清时期云南的江西移民》，《思想战线》2011 年第 2 期。
③ 《明太祖实录》卷一四三，洪武十五年三月丁丑。
④ 《滇粹·云南世守黔宁王沐英传后嗣略》。
⑤ 云南汉语方言志编写组：《云南方言的形成》，《云南师范大学学报》1989 年第 3 期。
⑥ 石方：《中国人口迁移史稿》，黑龙江人民出版社 1990 年版，第 338 页。

万之众，为外商寓滇之最。① 赣省《安福县志》也有相关记载："明化成时，仅云南姚安府就有江西安福，浙江龙游两地商人三四万之多。明末安福县四十六都刘文盛，经商至滇，落户腾冲，至今繁衍子孙 15 代，分布于云南保山、腾冲、龙陵、洛西、梁河、瑞丽等地。仅龙陵县就有 459户，2746 人。"② 此外，在滇从事开矿、冶炼的，也多为赣省移民。仅以滇南蒙自为例，"四方来采者，不下数万人，楚居其七，江右居其三"。③

从总体上来说，元末明初以后，滇省的移民主要来自湖广、江西、南京、陕西、四川等地。④ 由于外民的大量迁入，滇省的风俗习惯以及语言文化受到了较大的影响，甚至引起了深刻的变化，如滇南景东地区就是如此。对于这种情况，文献是这样记载的，景东"多江南、江西、湖广之贸易者寄居焉，今土著之人，语言、习俗骎骎有三江风，而夷民之濡染者，亦渐知学官话、改土风"。⑤ 毋庸讳言，赣民的大量入滇是引起滇省方言词汇演变类似于赣方言特点的根本原因，也是形成滇省方言词汇内部差异的一个主要因素。

总而言之，赣方言与其他方言之间存在千丝万缕的联系，不论与周边方言还是与非周边方言的关系，都是错综复杂的。本章在史料、考古、方志以及学者研究成果的基础上，从其历史源流的层面上来考察、审视它们之间的相互关系。

以上只是遴选了几支方言，简略地分析它们与赣方言的密切关系。在赣方言与周边方言的关系中，研究得最充分、成果最多的是赣、客方言的关系，当然争议最大的也是它们之间的关系。而赣方言与粤方言、闽方言、湘方言以及江淮官话之间虽然存有渊远的"同源"或"源流"之类的密切关系，不过至今对其研究仍然十分薄弱。在同非周边方言的关系中，赣方言与四川方言、云南方言之间也有类似"同源"以及"源流"方面的复杂关系，但对其研究是很不够的。此外，还有许多方面没有得到应有的研究，例如，赣方言与徽语、与平话，甚至与北方的某些次方言，其关系又何尝不是错综复杂的呢？这是因为，只要相互之间有接触，有交往，就会有语言的影响与渗透，甚至是语言的融合，过去是这样，现在是这样，将来还是这样。

---

① 古永继：《明清时期云南的江西移民》，《思想战线》2011 年第 2 期。
② 王先顺：《安福县志》，中共中央党校出版社 1995 年版，第 143 页。
③ 佚名：《续蒙自县志》卷二《物产志·矿物》，宣统稿本。
④ 云南汉语方言志编写组：《云南方言的形成》，《云南师范大学学报》1989 年第 3 期。
⑤ 刘慰三：《滇南志略·景东直隶厅》，方国瑜主编《云南史料丛刊》第 13 卷，云南大学出版社 2001 年版，第 260 页。

结　　语

　　远古时代，原始先民就在赣鄱这块神奇的土地上劳作、生息与繁衍。从打磨第一块石器起，赣省就开始了它那绵延不断的社会发展史，先民们也开始创造着本民族那独特的语言文化。尽管赣语或赣方言与赣文化的称名问世很晚，但这并不能否认它们先前就已存在的客观事实，就像广袤的宇宙空间还有无数颗星球不为人类所发现而不能否认它们的客观存在一样。考古和史料表明，赣鄱人民不仅在有信史记载以后创造了自己的语言文化，而且在史前石器时代就已经创造了自己的语言文化。

　　纵观赣方言的发展史，我们认为赣方言是一种同源分化与多源聚合的产物。最初是由苗蛮语与中原华夏语、东南吴越语和赣西荆楚语激烈碰撞而孕育、萌发的一种多源语，其中既有同源分化的情况出现，而更多的是异源交合的现象发生，在赣省出土的具有多重属性的先秦文物中也能看出这一点。当然，这是就原始赣语胚胎与其萌芽初成时期而言的。但是，在其成熟与发展的过程中，原始赣语主要还是受北方中原汉语的强烈影响。秦汉以后是赣方言的形成期，儒学教化渗透其中，从此开创了赣省文章节义之邦的一代淳风；魏晋南北朝又是赣方言的重要发展期，北人再次入赣，为赣方言注入了不少新的成分；而隋唐以降，一千三百多年的科考取士制度，再次给赣方言带来了极为深刻的影响，使宋、明两代出现了文风鼎盛，群星灿烂，各领一代风骚的蔚为大观，这也是赣鄱语言文化发展最为辉煌的时期。

　　人类语言发展史告诉我们，语言与人类社会是密切相关的，语言形成和发展的历史与人类社会的历史几乎是同步的，只是由于语言无信史记载而无法知晓它的最初也即最原始的形式而已。因此，现在每一种语言或方言要追溯它的所谓真正的和最初的语源形式，大都是某一语言已经发展到了一个特定阶段所呈现出来的形式状态，是一种相对的语源形式。李葆嘉先生说："也许，人类的文化或中华文明无法寻找到'源头'，因为'源

头'的'源头'之前还有'源头'。"① 我们认为，文化是这样，与文化密
切相关的语言又何尝不是这样呢？但是，在词汇尤其是古语词的研究中，
追溯它的"起源"又是十分必要的，因为"如果我们想要发现把语词及其
对象联系起来的纽带，我们就必须追溯到语词的起源。我们必须从衍生词
追溯到根词，必须去发现词根，发现每个词的真正的和最初的形式。"② 正
是基于这一点，在赣方言词汇的研究中，我们对其古语词也进行了一定的
探源工作。

　　上述几章，除底层遗留成分以及其他方言或语种成分之外，我们还着
重地对赣方言中的汉语词汇成分进行了探源考释性的工作。从所考释的
242 个汉语词汇成分来看，它大体反映了以下基本情况。

　　（1）上古先秦至秦汉时期，单音词占绝对优势，双音词占同时期词汇
总数的比例不是很大，大约 19%。其中先秦时期，双音词仅占其时总数的
约 16%，而秦汉时期，双音词的比例稍高些，已达其时总数的 21% 略强。

　　（2）中古时期，双音词有了很大的发展。与上古时期截然不同，其时
双音词已经占有一定的优势。不仅如此，宋代还出现了少量多音词，如
"无定着"等。这个时期，复音词超出了其时总数的半数。

　　（3）近代时期，不仅双音词占其时总数的 80% 以上，而且还产生了不
少三音或多音词，如"戏班子""扫帚星"以及"现世宝"等。此外，构
词方式更加复杂多样，还出现了不少重言叠加的语言现象。

　　这一情况表明，赣方言中的汉语词汇成分，也是遵循汉语词汇发展的
一般规律——从单音词向双音甚至多音词的方向发展。

　　赣都地区历史十分悠久，从远古至近代积累起来的，今仍活跃于赣都
人们日常生活中的词语，应是数千以计。而本选题所做的汉语词汇成分方
面的探源，不仅数量少，而且大多浅尝辄止，没有去做一番艰苦的探幽索
微工作。不但如此，在调查或披阅方志文献中，还遇上了大量有音无形的
词语，我们没有去做一一考证，而且调查也没有真正深入至今还保存着原
汁原味古语词的穷乡僻壤。从赣文化与生俱来的特性看，它始终秉持着
"兼容并蓄、厚德载物"的传统以及"激浊扬清、整合创新"的精神，这
在赣方言中也得到了淋漓尽致的反映，而本研究却远未把这种传统和精神
揭示出来。而且，赣都的主体文化源远流长，内容博大精深，反映其内容
的词语据有大半江山，这里也只是采其一鳞一爪，作了一般性的极为肤浅

① 李葆嘉：《中国语言文化史·自序》，江苏教育出版社 2003 年版，第 16 页。
② ［德］恩格特·卡西尔：《人论》，上海译文出版社（中译本）1980 年版，第 145 页。

的分析，还有盛行于赣鄱的纺织文化、铜业文化、儒佛道文化等方面的词汇，未能触及。此外，赣鄱地区还有大量表现民俗文化事象的特殊词汇，这些极具个性特点的自创性特殊词汇，既反映了人们生产生活的真实内容，又展示了这个地域年经日久的民俗事象，既彰扬了鲜明的地域文化，同时又传承了古老的民族精神，是地域文化与民族精神传统完美结合的有机统一。诸如节庆、婚丧、傩仪、龙舟以及乡戏等民俗文化事象，就存在不少这类特殊词语，但由于无历史文献可考，研究中也未涉及。

在词汇的综合研究中，我们又发现赣方言内部还存在一定的分歧，如境内与境外、赣南与赣北、这片与那片之间的差别，甚至同片之内的词语也存在一些细微的差异。这些词语的差异究竟有哪些类型，表现出哪些特点，是什么原因造成的，又是怎样造成的，个中谁起主要作用，谁起辅助作用等问题，均未进行过认真的分析研究，也未做出任何阐释。再则，赣省也是一个多民族聚居区，除了汉民族外，还有十多万人口的三十八个少数民族，其中畲族人口最多，已经超过八万。这些民族长期杂居在一起，也给各自的语言带来了一定的影响。那么，赣方言与少数民族语言相互之间有何影响，又怎样相互影响，其中规律又是什么，诸如此类的问题，未能给予回答。除此之外，还有很多方面没有涉及，无论是方言词汇的理论问题还是其实践问题。

总而言之，上述情况表明，本研究仅是万里长征走出了第一步，以后还任重而道远。

附录：汉语成分词源音序索引
（括号内数字为页码）

参考文献

（一）专著

1. 古代

陈彭年：《钜宋广韵》，上海古籍出版社 1983 年版。

段玉裁：《说文解字注》，上海古籍出版社 1981 年版。

丁度：《集韵》，中国书店 1983 年版。

顾野王：《宋本玉篇》，中国书店 1983 年版。

桂馥：《说文义证》，上海古籍出版社 1987 年版。

郝懿行：《尔雅义疏》，上海古籍出版社 1983 年影印。

刘熙：《释名》（毕沅疏证，王先谦撰集），上海古籍出版社 1984 年版。

陆德明：《经典释文》，上海古籍出版社 1985 年版。

钱绎：《方言笺疏》，上海古籍出版社 1984 年影印。

司马光：《类篇》，中华书局 1984 年版。

释·行均：《龙龛手镜》，中华书局 1985 年影印。

唐训方：《里语征实》，岳麓书社 1986 年版。

王念孙：《广雅疏证》，中华书局 2004 年版。

邢昺：《尔雅疏》（《十三经注疏》本），中华书局 1980 年版。

许慎：《说文解字》，中华书局 1963 年版。

扬雄：《方言》（周祖谟《方言校笺》），科学出版社 1956 年版。

翟灏：《通俗编》，商务印书馆 1959 年版。

朱骏声：《说文通训定声》，武汉古籍书店 1983 年版。

2. 现代

A

A. 怀特：《文化科学》，浙江人民出版社 1988 年版。

B

北京大学中文系语言学教研室：《汉语方言词汇》（第二版），语文出版社
　1995 年版。

C

陈梦家：《殷墟卜辞综述》，科学出版社 1956 年版。

陈原：《社会语言学》，学林出版社 1983 年版。

陈世松：《四川简史》，四川社会科学院出版社 1986 年版。

陈昌仪：《赣方言概要》，江西教育出版社 1991 年版。

陈昌仪：《江西方言志》，方志出版社 2005 年版。

陈保亚：《论语言接触与语言联盟——汉越（侗台）语源关系的解释》，语
　文出版社 1996 年版。

陈文华、陈荣华：《江西通史》，江西人民出版社 1997 年版。

陈光磊：《汉语词法论》，学林出版社 2001 年版。

崔荣昌：《四川方言与巴蜀文化》，四川大学出版社 1996 年版。

曹树基：《中国移民史 第五卷 明时期》，福建人民出版社 1997 年版。

D

丁惟汾：《俚语证古》，齐鲁书社 1983 年版。

丁启阵：《秦汉方言》，东方出版社 1991 年版。

邓晓华：《人类文化语言学》，厦门大学出版社 1993 年版。

邓文彬：《中国古代语言学史》，巴蜀书社 2002 年版。

董楚平、金永平：《吴越文化志》，上海人民出版社 1998 年版。

E

［德］恩格特·卡西尔：《人论》，上海译文出版社（中译本）1980 年版。

F

方国瑜：《云南史料丛刊》第 13 卷，云南大学出版社 2001 年版。

G

郭在贻：《敦煌写本王梵志诗汇校》，《敦煌语言文学论集》，浙江古籍出版社 1988 年版。

H

何九盈：《中国古代语言学史》，广东教育出版社 2000 年版。

何大安：《规律与方向变迁中的音韵结构》，北京大学出版社 2004 年版。

胡裕树：《现代汉语》，上海教育出版社 1995 年版。

胡兆量：《中国文化地理概述》，北京大学出版社 2001 年版。

胡松柏：《赣东北方言调查研究》，江西人民出版社 2009 年版。

黄盛章：《亚洲文明论丛》，四川人民出版社 1988 年版。

黄尚军：《四川方言与民俗》，四川人民出版社 1996 年版。

黄伯荣、廖序东：《现代汉语》，高等教育出版社 2002 年版。

侯精一：《现代汉语方言概论》，上海教育出版社 2002 年版。

J

季羡林：《现代语言学丛书·序》，东北师范大学出版社 1997 年版。

蒋绍愚：《古汉语词汇纲要》，北京大学出版社 1989 年版。

蒋冀骋、吴福祥：《近代汉语纲要》，湖南教育出版社 1997 年版。

蒋宗福：《四川方言词语考释》，巴蜀书社 2002 年版。

江蓝生、曹广顺：《唐五代语言词典》，上海教育出版社 1997 年版。

《江西省自然地理志》编委会：《江西省自然地理志》，方志出版社 2003 年版。

贾彦德：《汉语语义学》，北京大学出版社 1999 年版。

L

罗常培：《临川音系》，商务印书馆 1940 年版。

罗常培：《语言与文化》，语文出版社 1989 年版。

罗竹风：《汉语大词典》，汉语大词典出版社 1990 年版。

陆宗达、王宁：《训诂与训诂学》，山西教育出版社 1994 年版。

陆俭明、沈阳：《汉语和汉语研究十五讲》，北京大学出版社 2004 年版。

龙潜庵：《宋元语言词典》，上海辞书出版社 1985 年版。

吕叔湘：《吕叔湘文集》第四卷，商务印书馆 1992 年版。

李国正：《生态汉语学》，吉林教育出版社 1991 年版。

李如龙、张双庆：《客赣方言调查报告》，厦门大学出版社 1992 年版。

李如龙：《汉语方言学》，高等教育出版社 2001 年版。

李如龙：《汉语方言特征词研究》，厦门大学出版社 2002 年版。

李新魁：《广东的方言》，广东人民出版社 1994 年版。

李荣：《现代汉语方言大词典》（41 种分卷本），江苏教育出版社 1993—
　　1998 年版。

李崇兴、黄树先、邵则遂：《元语言词典》，上海教育出版社 1998 年版。

李宗江：《汉语常用词演变研究》，汉语大词典出版社 1999 年版。

李葆嘉：《汉语起源与演化模式研究》，黑龙江教育出版社 2001 年版。

李葆嘉：《中国语言文化史》，江苏教育出版社 2003 年版。

李恕豪：《扬雄〈方言〉与方言地理学研究》，巴蜀书社 2003 年版。

李国强、傅伯言：《赣文化通志》，江西教育出版社 2004 年版。

李少林：《中国文化史》，内蒙古人民出版社 2006 年版。

李军：《近代江西赣方言语音考论》（博士论文稿），2006 年。

鲁国尧：《鲁国尧自选集》，河南教育出版社 1994 年版。

林宝卿：《闽南方言与古汉语同源词典》，厦门大学出版社 1998 年版。

刘坚：《二十世纪的中国语言学》，北京大学出版社 1998 年版。

刘纶鑫：《客赣方言比较研究》，中国社会科学出版社 1999 年版。

刘俐李：《现代汉语方言核心词·特征词集》，凤凰出版社 2007 年版。

M

《苗族简史》编写组《苗族简史》，贵州民族出版社 1985 年版。

马巨贤、石渊：《中国人口·江西分册》，中国财政经济出版社 1989 年版。

O

欧阳觉亚、郑贻青：《黎语调查研究》，中国社会科学出版社 1983 年版。

P

帕默尔：《语言学概论》，商务印书馆 1983 年版。

濮之珍：《中国语言学史》，上海古籍出版社 1987 年版。

潘文国、叶步青、韩洋：《汉语的构词法研究》，华东师范大学出版社 2004 年版。

Q

钱乃荣：《北部吴语研究》，上海大学出版社 2003 年版。
桥本万太郎：《语言地理类型学》，北京大学出版社 1985 年版。

R

任学良：《汉语造词法》，中国社会科学出版社 1981 年版。

S

孙常叙：《汉语词汇》，吉林人民出版社 1957 年版。
孙锦标：《通俗常言疏证》，中华书局 2000 年版。
舒新城：《辞海》，上海辞书出版社 1979 年版。
石方：《中国人口迁移史稿》，黑龙江人民出版社 1990 年版。
沈益民、童乘珠：《中国人口迁移》，中国统计出版社 1992 年版。
萨丕尔：《语言论》，商务印书馆 1997 年版。

T

田继周：《秦汉民族史》，四川民族出版社 1996 年版。
谭其骧：《长水粹编》，河北教育出版社 2000 年版。
唐钰明：《著名中年语言学家自选集》（唐钰明卷），安徽教育出版社 2002 年版。

W

王力：《汉语史稿》，中华书局 1980 年版。
王力：《同源字典》，商务印书馆 1982 年版。
王力：《汉语语音史》，中国社会科学出版社 1985 年版。
王力：《王力文集》第三卷，山东教育出版社 1985 年版。
王力：《汉语词汇史》，商务印书馆 1993 年版。
王锳：《诗词曲语辞例释》（增订本），中华书局 1986 年版。
王锳：《唐宋笔记语辞汇释》，中华书局 1990 年版。
王福堂：《汉语方言语音的演变和层次》，语文出版社 1999 年版。
伍新福：《三苗历史探考》，贵州人民出版社 1992 年版。

吴曙光：《楚民族论》，贵州民族出版社 1996 年版。

魏钢强：《萍乡方言词典》，江苏教育出版社 1998 年版。

魏慧萍：《汉语词义发展演变研究》，内蒙古人民出版社 2005 年版。

汪维辉：《东汉—隋常用词演变研究》，南京大学出版社 2000 年版。

X

许宝华：《吴语论丛（后记）》，上海教育出版社 1988 年版。

许宝华、宫田一郎：《汉语方言大词典》（五卷本），中华书局 1999 年版。

许威汉：《汉语词汇学引论》，商务印书馆 1992 年版。

许怀林：《江西史稿》，江西高校出版社 1998 年版。

许怀林：《江西省行政区划志》，方志出版社 2005 年版。

许怀林：《江西通史·北宋卷》，江西人民出版社 2008 年版。

徐通锵：《历史语言学》，商务印书馆 1991 年版。

徐朝华：《上古汉语词汇史》，商务印书馆 2003 年版。

徐中舒：《汉语大字典》（缩印本），四川辞书出版社 1993 年版。

向熹：《简明汉语史》，高等教育出版社 1993 年版。

邢福义：《现代汉语》，高等教育出版社 1993 年版。

熊正辉：《南昌方言词典》，江苏教育出版社 1995 年版。

项梦冰、曹晖：《汉语方言地理学》，中国书籍出版社 2013 年版。

Y

叶蜚声、徐通锵：《语言学纲要》，北京大学出版社 1974 年版。

袁家骅：《汉语方言概要》，文字改革出版社 1989 年版。

袁宾、段晓华、曹澄明：《宋语言词典》，上海教育出版社 1997 年版。

俞理明：《历时词汇学》（稿）。

约瑟夫·房德里耶斯（J. Vendryes）：《语言》，商务印书馆 1992 年版。

游汝杰：《汉语方言学导论》，上海教育出版社 1992 年版。

游汝杰：《中国文化语言学引论》，高等教育出版社 1993 年版。

游汝杰：《汉语方言学教程》，上海教育出版社 2004 年版。

颜森：《黎川方言研究》，社会科学文献出版社 1993 年版。

颜森：《黎川方言词典》，江苏教育出版社 1995 年版。

余悦、吴丽跃：《江西民俗文化叙论》，光明日报出版社 1995 年版。

严学宭：《民族研究文集》，民族出版社 1997 年版。

［日］岩田礼：《汉语方言解释地图》，东京：白帝社 2009 年版。

Z

宗福邦、陈世铙、萧海波：《故训汇纂》，商务印书馆 2003 年版。

邹嘉彦：《语言接触论集》，上海教育出版社 2004 年版。

臧克家：《毛泽东诗词〈贺新郎·咏史〉鉴赏》，河南文艺出版社 2005 年版。

张相：《诗词曲语辞汇释》，中华书局 1953 年版。

张静：《现代汉语》（张志公校订），1979 年版。

张寿康：《构词法和构形法》，湖北人民出版社 1981 年版。

张永言：《词汇学简论》，华中工学院出版社 1982 年版。

张荷：《吴越文化》，辽宁教育出版社 1991 年版。

张翊华：《赣文化纵横说》，中国文联出版社 2000 年版。

张绍麒：《汉语流俗词源研究》，语文出版社 2000 年版。

张华文：《昆明方言词源断代考辨》，民族出版社 2002 年。

张志毅、张庆云：《词汇语义学》，商务印书馆 2005 年版。

朱居易：《元剧俗语方言例释》，商务印书馆 1956 年版。

朱正义：《关中方言古词论稿》，上海古籍出版社 2004 年版。

周振鹤、游汝杰：《方言与中国文化》，上海人民出版社 1986 年版。

钟旭元、许伟建：《上古汉语词典》，海天出版社 1987 年版。

赵诚：《甲骨文简明词典》，中华书局 1988 年版。

赵克勤：《古代汉语词汇学》，商务印书馆 1994 年版。

赵振铎：《中国语言学史》，河北教育出版社 2000 年版。

詹伯慧：《汉语方言及方言调查》，湖北教育出版社 2004 年版。

中央民族学院少数民族语言研究所：《壮侗语族语言词汇集》，中央民族学院出版社 1985 年版。

中国分省系列地图册《江西省地图册》（杜怀静主编）、《湖南省地图册》（张红主编）、《湖北省地图册》（晋淑兰主编）、《安徽省地图册》（高秀静主编）、《福建省地图册》（高秀静主编），中国地图出版社 2013 年版。

（二）　论文

C

蔡镜浩：《魏晋南北朝词语考释方法论——〈魏晋南北朝词语汇释〉编撰

琐议》,《辞书研究》1989 年第 6 期。

陈昌仪:《江西余干方言词汇》(一、二),《方言》1995 年第 3、4 期。

陈昌仪:《江西余干方言词汇》(三、四、五),《方言》1996 年第 3、4、5 期。

陈昌仪:《江西汉语方言主要常用口语本字考》,《南昌大学学报》2003 年第 1 期。

陈忠敏:《作为古百越语底层形式的先喉塞音在今汉语南方方言里的表现和分布》,《民族语文》1995 年第 3 期。

陈其光:《汉语源流设想》,《民族语文》1996 年第 5 期。

陈立中:《湖南境内客家方言分布概况》,《湖南大学学报》2002 年第 4 期。

陈立中:《论汉代南楚方言与吴越方言的关联性》,《中南大学学报》2004 年第 2 期。

常再盛:《从物象空间到心灵空间——石涛"片石山房"设计释读》,《艺术设计史论》2005 年第 12 期。

曹志耘:《汉语方言的地理分布类型》,《语言教学与研究》2011 年第 5 期。

D

丁声树:《关于进一步开展汉语方言调查研究的一些意见》,《中国语文》1961 年第 3 期。

邓晓华:《客家话跟苗瑶壮侗语的关系问题》,《民族语文》1999 年第 3 期。

邓晓华、王士元:《古闽、客方言的来源以及历史层次问题》,《古汉语研究》2003 年第 2 期。

东石:《〈客赣方言比较研究〉评介》,《南昌大学学报》2000 年第 3 期。

G

郭沫若:《释应监甗》,《考古学报》1960 年第 1 期。

郭锡良:《汉语史的分期问题》,《语文研究》2013 年第 4 期。

古永继:《明清时期云南的江西移民》,《思想战线》2011 年第 2 期。

H

黄尚军:《湖广移民对四川方言形成的影响》,《川东学刊》1997 年第

1 期。

黄笑山：《中古音研究的回顾与展望》，《古汉语研究》1998 年第 4 期。

J

江西博物馆《江西清江吴城商代遗址发掘简报》，《文物》1975 年第 7 期。

蒋冀骋：《湖南沅陵乡话词缀"立"［li］的来源》，《复印报刊资料（语言
　　文字学)》2004 年第 12 期。

L

［美］罗杰瑞：《闽语词汇的时代层次》，《方言》1979 年第 4 期（英文）。

［美］罗杰瑞：《从音韵看汉语方言》，《方言》2006 年第 1 期。

罗美珍：《论族群互动中的语言接触》，《语言研究》2000 年第 3 期。

罗美珍：《划分客家方言之我见》，《龙岩学院学报》2015 年第 1 期。

罗昕如：《湘语与赣语词汇异同研究》，《求索》2006 年第 10 期。

李伯谦：《我国南方几何形印纹陶遗存的分区、分期及其有关问题》，《北
　　京大学学报》1981 年第 1 期。

李学勤：《应监甗新说》，《江西历史文物》1987 年第 1 期。

李学勤：《新干大洋洲商墓的若干问题》，《文物》1991 年第 10 期。

李荣：《汉语方言的分区》，《方言》1989 年第 4 期。

李春：《人类语言的大趋势》，《北京大学学报》1995 年第 5 期。

李兆同：《云南方言的形成》，《思想战线》1999 年第 1 期。

李小凡、陈宝贤：《从"港"的词义演变和地域分布看古吴语的北界》，
　　《方言》2002 年第 3 期。

李冬香：《从湖南、江西、粤北等方言中的"咖"看湘语、赣语的关系》，
　　《语文研究》2003 年第 4 期。

李永新：《汉语方言中的混合形式——以湘语和赣语交界地区的方言为
　　例》，《宁夏大学学报》2011 年第 3 期。

李永新：《湘江流域汉语方言的区域性特征》，《云梦学刊》2011 年第
　　3 期。

刘自齐：《湘西方言本字考》，《吉首大学学报》1981 年第 4 期、1982 年第
　　1 期。

刘泽民：《客赣方言中的侗台语词》，《民族语文》2004 年第 5 期。

林惠祥：《中国东南区新石器文化特征之一：有段石锛》，《考古学报》
　　1985 年第 3 期。

林亦：《从方言词看广西粤语平话与江西客赣方言的关系》，《江西社会科

学》2001 年第 6 期。

廖晋雄：《从出土文物看始兴古代的历史》，《韶关大学学报》1991 年第
　3 期。

梁国均：《从〈蜀语〉看四川方言语汇的构成和来源》，《川北教育学院学
　报》1991 年第 2 期。

练春招：《从词汇看客家方言与赣方言的关系》，《暨南学报》2000 年第
　3 期。

　　M

马真：《先秦复音词初探》，《北京大学学报》1981 年第 1 期。

　　P

潘悟云：《汉语方言的历史层次及其类型》（稿）。

潘悟云：《汉语方言史与历史比较法》（稿）。

潘悟云：《吴语的语法、词汇特征》，《温州师专学报》1986 年第 3 期。

　　S

沈文洁：《成都话与普通话及各方言词汇的比较》，《华中师范大学学报》
　1996 年第 2 期。

孙宜志、陈昌仪、徐阳春：《江西境内赣方言区述评及再分区》，《南昌大
　学学报》2001 年第 2 期。

邵百鸣：《南昌话词汇的历史层次》，《江西社会科学》2003 年第 6 期。

邵百鸣：《南昌话词汇的历史层次新探》，《南昌职工科技大学学报》2003
　年第 1 期。

邵宜：《赣语宜丰话词汇变调的类型及其表义功能》，《方言》2006 年第
　1 期。

　　T

覃远雄：《部分方言否定语素"冇/冒"所反映的读音层次》，《方言》
　2007 年第 3 期。

　　W

王福堂：《关于客家话和赣方言的分合问题》，《方言》1998 年第 1 期。

王珏：《见系、照三系互谐与上古汉语方言分区》，《华东师范大学学报》

2000 年第 4 期。

王宁：《关于汉语词源研究的几个问题》，《陕西师范大学学报》2001 年第
　1 期。

王宁、黄易青：《词源意义与词汇意义论析》，《北京师范大学学报》2002
　年第 4 期。

温昌衍：《客赣方言关系词与客赣方言的关系》，《南昌大学学报》2003 年
　第 2 期。

温昌衍：《客赣方言中的古楚语词》，《农业考古》2009 年第 3 期。

温美姬：《客赣方言共有的几个本字考辨》，《江西社会科学》2006 年第
　4 期。

　　　　X

熊正辉：《南昌方言的子尾》，《方言》1979 年第 3 期。

熊正辉：《南昌话里的难字》，《方言》1980 年第 1 期。

熊正辉：《南昌方言词汇》，《方言》1982 年第 4 期，1983 年第 1 期。

熊正辉：《南昌方言的文白读》，《方言》1985 年第 3 期。

许宝华：《加强汉语方言词汇研究》，《方言》1999 年第 1 期。

谢留文：《汉语南方方言几个常用词的来历》，《方言》2000 年第 4 期。

谢留文：《赣语"公鸡"的本字及其反映的读音层次》，《语言科学》2006
　年第 5 期。

谢留文：《赣语的分区（稿）》，《方言》2006 年第 3 期。

谢奇勇：《湘南宁远县"土话"分布状况及特点》，《湖南师范大学社会科
　学学报》2002 年第 4 期。

谢奇勇、李益：《湖南省临武县语言（方言）的分布》，《湘南学院学报》
　2011 年第 4 期。

肖萍：《江西吴城方言农业词汇例释》，《农业考古》2008 年第 3 期。

肖萍：《江西吴城方言与南昌方言的词汇差别》，《南昌大学学报》2008 年
　第 5 期。

　　　　Y

余心乐：《赣西北方言词考释》，《江西师范学院学报》1964 年第 2 期。

颜森：《高安（老屋周家）方言的语音系统》，《方言》1981 年第 2 期。

颜森：《高安（老屋周家）方言词汇》（一、二、三），《方言》1982 年第
　1、2、3 期。

颜森：《新干方言本字考》，《方言》1983 年第 3 期。

颜森：《江西方言的分区（稿）》，《方言》1986 年第 1 期。

颜森：《江西方言研究的历史与现状》，《江西师范大学学报》1995 年第
　1 期。

云南汉语方言志编写组：《云南方言的形成》，《云南师范大学学报》1989
　年第 3 期。

杨锡璋：《南方古印纹陶与汉语南方语言》，《华夏考古》1990 年第 4 期。

严修鸿：《客家方言与周边方言的关系词》，《汕头大学学报》2001 年第
　4 期。

俞理明：《中古汉语的分期和词类研究》（稿）。

俞理明、潭代龙：《共时材料中的历时分析——从〈根本说一切有部毗奈
　耶破僧事〉看汉语词汇的发展》，《四川大学学报》2004 年第 5 期。

　　　　Z

张光宇：《汉语方言发展的不平衡性》，《中国语文》1991 年第 4 期。

张光宇：《东南方言关系综论》，《方言》1999 年第 1 期。

张振兴：《闽语及其周边方言》，《方言》2000 年第 1 期。

张振兴：《赣语几个重要字眼的方言研究启示》，《汉语学报》2010 年第
　1 期。

周光庆：《汉语词义引申中的文化心理》，《华中师范大学学报》1992 年第
　5 期。

周振鹤：《汉语方言地理是怎么形成的》，《地图》2009 年第 5 期。

赵振铎：《论先秦两汉汉语》，《古汉语研究》1994 年第 3 期。

郑张尚芳：《古越语地名人名解义》，《温州师范学院学报》1996 年第
　4 期。

庄初升：《粤北土话中类似赣语的特点》，《韶关大学学报》1999 年第
　5 期。

曾献飞：《湘南方言的形成》，《湘潭师范学院学报》2004 年第 1 期。

（三）方志

鲍洪深：《万载县志》，江西人民出版社 1988 年版。

白溪生：《吉安县志》，新华出版社 1994 年版。

陈萍：《铜鼓县志》，南海出版公司 1989 年版。

戴佳臻：《高安县志》，江西人民出版社 1988 年版。

花象太：《弋阳县志》，南海出版公司 1991 年版。

黄志鹏：《湖口县志》，江西人民出版社 1992 年版。

黄式国：《萍乡市志》，方志出版社 1996 年版。

金达迈：《丰城县志》，上海人民出版社 1989 年版。

景德镇市志编纂委员会：《景德镇市志略》，汉语大词典出版社 1989 年版。

景德镇市地方志编纂委员会：《景德镇市志》，方志出版社 1996 年版。

蒋南星：《星子县志》，江西人民出版社 1990 年版。

康臣纬：《泰和县志》，中共中央党校出版社 1993 年版。

《乐平县志》编纂委员会：《乐平县志》，上海古籍出版社 1987 年版。

刘极灿：《永修县志》，江西人民出版社 1987 年版。

刘丹：《莲花县志》，江西人民出版社 1989 年版。

刘汉艳：《波阳县志》，江西人民出版社 1989 年版。

刘希林：《安义县志》，南海出版公司 1990 年版。

刘振川、周慧：《抚州市志》，中共中央党校出版社 1992 年版。

刘永光：《永新县志》，新华出版社 1992 年版。

柳培元：《清江县志》，上海古籍出版社 1989 年版。

罗毅中、蓝宗英：《万安县志》，黄山书社出版社 1996 年版。

李寅生：《贵溪县志》，中国科学技术出版社 1996 年版。

李振雨：《鹰潭市志》，方志出版社 2003 年版。

梅中生：《修水县志》，海天出版社 1991 年版。

毛惠人、李贵发：《余江县志》，江西人民出版社 1993 年版。

《南城县志》编纂委员会：《南城县志》，新华出版社 1991 年版。

南昌市地方志编纂委员会：《南昌市志》，方志出版社 1997 年版。

欧阳轩：《吉安市志》，珠海出版社 1997 年版。

孙自诚：《德安县志》，上海古籍出版社 1991 年版。

邵天柱、罗水生：《都昌县志》，新华出版社 1993 年版。

涂兆庆、张镜渊：《武宁县志》，江西人民出版社 1990 年版。

王德全：《宜春市志》，南海出版公司 1990 年版。

王化成：《上高县志》，南海出版公司 1990 年版。

王建成：《分宜县志》，中国档案出版社 1993 年版。

王先顺：《安福县志》，中共中央党校出版社 1995 年版。

温剑：《永丰县志》，新华出版社 1993 年版。

肖源隆：《吉水县志》，新华出版社 1989 年版。

熊寿松：《乐安县志》，江西人民出版社 1989 年版。

谢峰：《新干县志》，中国世界语出版社 1990 年版。

徐冰云、魏在宽：《奉新县志》，南海出版公司 1991 年版。

徐克茂、赵水泉：《金溪县志》，新华出版社 1992 年版。

徐鹤龄：《彭泽县志》，新华出版社 1992 年版。

徐禹谟：《宜黄县志》，新华出版社 1993 年版。

新余市地方志编委会：《新余市志》，汉语大词典出版社 1993 年版。

姚行先：《宜丰县志》，中国大百科全书出版社上海分社 1989 年版。

姚瑞琪：《广昌县志》，上海社会科学院出版社 1994 年版。

《余干县志》编辑委员会：《余干县志》，新华出版社 1991 年版。

叶元富：《横峰县志》，浙江人民出版社 1992 年版。

游锦生：《资溪县志》，方志出版社 1997 年版。

杨佐经：《临川县志》，新华出版社 1993 年版。

钟健华：《靖安县志》，江西人民出版社 1989 年版。

钟应瑞：《宁冈县志》，中共中央党校出版社 1995 年版。

郑维雄：《铅山县志》，南海出版公司 1990 年版。

郑卫平：《万年县志》，方志出版社 2000 年版。

赵国祥：《峡江县志》，中共中央党校出版社 1995 年版。

曾琼英：《遂川县志》，江西人民出版社 1996 年版。

邹馥光：《井冈山志》，新华出版社 1997 年版。

　　说明：参考文献按通行的汉语拼音顺序排列；同一作者的多部著作或多篇论文按其时间先后顺序列出；同一姓氏的作者列在一起，其著作或论文也按时间的先后顺序排列。

后　记

又是一个艳阳三月天，我为将要付梓的书稿写后记。

记得十年前，也是这么一个阳春三月，我为博士学位论文写后记。

世上之事如此之巧，个中缘由有时谁也说不清楚。可不是？谁曾料到，相隔十年之久，同一人会在这样一个同属花季时节为同一书稿做着同一件事呢？不过，虽是这样，但前后心境迥然不同。

十年前的今天，我写后记是把春天视为"播下希望种子的时令"，同时也把它看作"一个收获希望果实的季节"，内心"充满着欢欣与喜悦"；而十年后的今天，物换星移，时过境迁，已步入"知天命"年岁的我，再也不存当年那犹似"少年狂"的梦幻了，而是另有一番感触！

世事维艰，人生坎坷！从娘胎呱呱坠地，正遇灾荒之年，我就饱尝着饥寒之苦；从启蒙求学伊始，又恰逢十年之乱，我于动荡中虚度时光，忍受着心灵文化荒芜之痛。幸而乾坤复步正轨，时代开启新篇！于是乎，我洗净一身泥土，从田亩间踏上了漫长的求学之路。先上中师，以微薄薪金赡养一家老小；后修大学课程，获得一份自认为可以通往更高层次的烫金证书；又经数年艰苦跋涉，在将要迈进"不惑"之年辞父母，别妻儿，跨入了心仪已久的大学门槛，开始了攻读硕士学位的僧侣式生活。其时，虽从师而学，然生性不敏，望其门而不得入其内。乙酉（2005年）之秋，我又负笈锦城，师从川大俞理明教授，研修词汇学诸科目。当时我是这样写下自己的心情的：

> 师长将我从汉语词汇王国的门外领进了一个五彩缤纷、变化万千的词汇万花筒的神圣殿堂。这使我惊喜万分，因为我那漂泊多年的求索之舟，终归在这里找到了停靠的港湾。

川大，是我人生旅途中的另一起点。在学期间，俞师倾其心智，谆谆教导，言辞切切，令人动容！为了不负师之厚望，以遂己之心愿，我殚精竭虑，寻思探访师之门路，梦想"铅刀一割"。然师之路径幽远，我深感才疏智浅，心力不逮，便走上了另一"旁门小道"——专事方言词汇，并以之作为学位论文研究之论题。虽未循正道，而先生从无责备之意，还与我一起筹划论文构架之事，并为最终完稿倾注了大量心血。如今思来，正是先生开此先例，使我在这"小道"上一走就十多年，而且从未回过头。师胸之宽广，犹海之纳百川！

有道是："家有敝帚，享之千金。"十余年来，我对书稿刊谬、补缺、修改不辍，数易其稿，其中改动七千六百余处，增删十三万五千多字，虽未尽意，或存舛误，但所历甘苦不言而喻。故而家帚自珍，亦我之谓！

古之文章，乃经国不朽之大业。所以，古之贤者欲传名于后世，常寄之于翰墨篇籍之间。而我等不才之辈，仅作些速朽文字，倘世人宽宏不戳脊梁而讪笑，则已足矣！

丁酉之秋，书稿就要出版。趁此机会，衷心感谢那些曾经甚至今天还在关心、支持、帮助我的尊贵达人及有关单位！

衷心感谢我的导师——四川大学博导俞理明教授！书稿得以完成并能获批资助，这应归功于先生当年"插柳"之恩；再则，先生获悉书稿出版，欣然拨冗赐序，给我以鼓励和鞭策！

衷心感谢中国社会科学出版社喻苗主任！在书稿申报资助与出版过程中，承蒙喻主任悉心指导，鼎力相助，其古道热肠使我无限感动！

在书稿申报资助和修改完善之中，还得到过以下单位、专家的支持与帮助：中国社会科学出版社推荐申报国家社科基金资助；国家社科规划办批准资助使之进一步完善；各匿名评审专家提出中肯而具指导性的修改意见；江西师范大学职能部门提供各方面便利条件，特此一一致谢！

此外，书稿还吸收了不少前哲时贤的研究成果，谨致谢忱！

拉杂赘言碎语，权作后记。

作者

丁酉（2017年）季春写于江西师大显微湖畔